HISTOIRE PARLEMENTAIRE

DE LA

RÉVOLUTION FRANÇAISE,

OU

JOURNAL DES ASSEMBLÉES NATIONALES,

DEPUIS 1789 JUSQU'EN 1815.

PARIS. — IMPRIMERIE DE FÉLIX LOCQUIN,
rue Notre-Dame-des-Victoires, 16

HISTOIRE PARLEMENTAIRE

DE LA

RÉVOLUTION

FRANÇAISE,

OU

JOURNAL DES ASSEMBLÉES NATIONALES,

DEPUIS 1789 JUSQU'EN 1815,

CONTENANT

La Narration des événemens; les Débats des Assemblées; les Discussions des principales Sociétés populaires, et particulièrement de la Société des Jacobins; les procès-verbaux de la commune de Paris; les Séances du Tribunal révolutionnaire; le Compte-rendu des principaux procès politiques; le Détail des budgets annuels; le Tableau du mouvement moral extrait des journaux de chaque époque, etc.; précédée d'une Introduction sur l'histoire de France jusqu'à la convocation des États-généraux,

PAR P.-J.-B BUCHEZ ET P.-C. ROUX.

TOME DIXIÈME.

PARIS.

PAULIN, LIBRAIRE,

PLACE DE LA BOURSE, N° 31.

—

M DCCC XXXIV.

PRÉFACE.

Celui qui, dans l'histoire de la révolution, n'étudie que les actes, et ne cherche à expliquer leur apparition que par la nécessité en quelque sorte matérielle qui les lie; celui qui, dans ce grand mouvement, ne voit qu'une suite d'événemens qui se commandent les uns les autres, celui-là ne peut tirer de cette histoire aucun enseignement. Alors, en effet, l'on reconnaît et l'on semble même prouver que les faits se provoquent d'une manière inévitable; de telle sorte que le premier étant donné, tous les autres suivent fatalement. Dans cette succession commandée par le seul contact, il n'y a point de place pour la liberté humaine : or, là où celle-ci ne peut avoir accès, là où toute volonté est stérile, qu'est-il besoin de savoir et d'expérience? L'homme qui ignore est plus heureux que celui qui sait; jouets également d'une fatalité invincible, le premier au moins ne subit pas les douleurs et les dangers d'une vaine résistance.

Mais afin d'expliquer notre pensée, prenons exemple dans quelqu'une des histoires qui nous ont précédés; car parce qu'elles se sont bornées à exposer un tableau dramatique de notre révolution, parce que les actes matériels étant choses évidentes et sensibles au premier aspect, elles n'ont tenu compte que de ceux-là, elles se trouvent avoir été uniformément écrites dans le système dont nous parlons.

L'historien, devenu fataliste comme la méthode qu'il a adoptée, nous montre d'abord comment l'embarras des finances et les résistances intéressées des parlemens aux projets des ministres de Louis XVI, amenèrent la convocation des États-généraux. Il nous peint ensuite comment la colère d'une longue oppression, parlant par la bouche de ceux qui, ainsi que Mirabeau, en avaient le plus souffert, et les ambitions naturelles des hommes, changèrent les États-généraux en assemblée constituante. Cherche-t-il à justifier ce premier accès révolutionnaire? Il ne peut invoquer que les principes dont s'autorisaient les constituans eux-mêmes; il s'appuie sur la doctrine du droit naturel. Ainsi, les actes de nos pères ne sont point un enseignement pour nous, mais un fait où nous restons enfermés.

Cependant l'écrivain continue son œuvre; il nous montre comment la résistance des intérêts blessés exaspère les craintes des révolutionnaires, et commande le 10 août; et enfin comment, plus tard, les menaces de l'invasion étrangère et les terreurs de la guerre civile, provoquent un combat à mort entre ceux qui possèdent le pouvoir et ceux qui veulent le conquérir : c'est là l'histoire de la convention.

Mais quel fruit le lecteur retire-t-il de cette narration? Il n'y recueille rien de plus que l'expérience que les accidens de la vie la plus vulgaire suffisent pour lui donner, savoir, que la contradiction irrite et colère les désirs, et les exalte jusqu'au délire. Il en conclut qu'il faut redouter les grandes passions partout où elles se rencontrent. Quant à l'homme du pouvoir, pour lequel l'histoire surtout est faite, qu'y apprend-il? C'est que toute volonté qui se prétend libre, fait erreur, c'est que le dévouement est folie. Il acquiert la preuve que, dans les choses sociales, une seule faculté est laissée à l'homme : celle de saisir les chances et d'en profiter pour sa fortune personnelle. Ainsi, l'histoire devient une démonstration en faveur de l'immoralité, un encouragement pour l'égoïsme, une accusation désespérante adressée à toutes les intentions pures et dévouées.

Ces historiens font comme des naturalistes qui s'occuperaient uniquement de décrire l'ordre de succession des phénomènes, sans tenir compte des forces qui les meuvent; de telle sorte qu'ils feraient une science sans conséquences pratiques, n'enseignant aux hommes ni les moyens de tourner ces phénomènes à leur profit, ni ceux d'intervertir leur ordre de succession. Telle est cependant la manière matérialiste d'écrire l'histoire, et c'est même la seule possible aux matérialistes. Il ne leur est pas permis en effet de voir au-delà de la fatalité des faits. La reconnaissance d'un seul *à priori*, d'une seule invention, ruinerait leur système. S'ils admettaient l'intervention d'un libre arbitre, ou la puissance de la volonté humaine, soit lorsqu'elle fait erreur, soit lorsqu'elle se dirige dans la vraie voie, ils reconnaîtraient qu'il y a dans le monde autre chose que la matière ou les actes dont un organisme physique pourrait expliquer l'apparition; car les actes de liberté sont des actes de l'esprit.

Pour nous, notre méthode est différente : nous considérons les actes comme les conséquences des idées; nous recueillons les uns avec autant de soin que les autres. Il n'est pas nécessaire, nous le croyons, de nous arrêter devant les lecteurs de cette histoire, pour prouver que notre méthode est la bonne. Le fait est une démonstration supérieure à tous les raisonnemens imaginables. Ils savent que la doctrine qui triompha parmi les juristes de l'assemblée nationale, fut celle du droit naturel ; ils savent qu'elle était en lutte avec celle de la souveraineté du peuple : ils verront plus tard que Robespierre dut son immense influence morale à la rigueur qu'il mit dans la défense de ce dernier principe, et qu'enfin le *Contrat social* de Rousseau triompha dans la convention. Partout ce sont les idées qui commandent les actes ; et c'est pourquoi nous tenons autant compte des prédications de la presse et des discussions des clubs, que des débats parlementaires.

Sous ce rapport, il est une observation que nous ne devons pas passer sous silence, car elle est encore à faire aujourd'hui. Il est un enseignement que nous devons mettre en évidence, car il retombe de tout son poids sur le vice capital de la presse de nos jours. Ce sera le but spécial de cette préface.

Parmi les doctrines émises dans les premières années de la révolution, nulle part on ne trouve le complet des tendances révolutionnaires. Partout ce sont des fragmens qui poursuivent leur route à part. On prononce les mots *souveraineté du peuple*, mais sans définir ni le mot *souveraineté* ni celui de *peuple*. Les uns entendent que le gouvernement doit être l'expression de la majorité, et en concluent le fédéralisme ; d'autres l'unité ; d'autres enfin, et Marat particulièrement, veulent que le pouvoir soit dictatorial. On articule le mot *progrès :* mais Condorcet présente tout le passé du genre humain comme une contradiction à cette loi ; il n'y trouve que des crimes. L'abbé Fauchet dit que la révolution réalise le christianisme ; mais il enseigne, il proclame la vérité du panthéisme. On en appelle à la fraternité : quelques-uns reconnaissent que Jésus-Christ l'a proclamée pour la première fois il y a dix-huit siècles ; mais on ne veut prendre que ce principe de l'Evangile ; on laisse l'idée de dévouement qui seule le comprend et l'explique. Il est remarquable, en effet, que ce dernier mot ne fut guère prononcé que par Robespierre. Aussi on déduit de la fraternité la promiscuité des langages, comme celle des habitudes, comme celle des mérites et des œuvres. On entend par égalité, un système de nivellement qui abaisse au lieu d'élever, qui donne à la paresse autant qu'au travail, au vice autant qu'à la vertu, et qui supprime la liberté.

Quelques hommes ne poursuivent que le seul mot de liberté qu'ils ont séparé de tous ceux qui en sont les corollaires, et ils arrivent jusqu'à mettre en doute le droit de la société sur ses membres. Parlerons-nous de ceux qui n'écrivent que dans un seul but, le triomphe de l'athéisme, et d'une sorte de paganisme consistant dans la déification de la raison et des passions humaines ; de ces prêtres qui, lorsque la question de morale leur est posée, ne savent répondre que par une question de forme et d'étiquette; de ces femmes qui viennent réclamer leurs droits à l'égalité et à la liberté; de ces mille idées éparses qui forment chacune l'unique mot de l'activité de quelque prédicateur ou de quelque journal? Ce serait répéter ce que nous avons dit, et devancer ce que nous raconterons plus tard.

La plupart de ces partis sont à l'état intellectuel au moment où nous sommes parvenus; mais plus tard ils concluent à des actes; et alors l'hostilité, l'erreur, l'absurdité, ne sont plus dans les mots, mais elles se traduisent par des violences. Qui ignore comment il fallut en finir avec Anacharsis Clootz, l'apôtre du genre humain, avec Hébert et ses partisans; comment le besoin national de l'unité écrasa les amis de la liberté absolue ou fédéralistes? etc.

Cependant la plupart des idées sur lesquelles étaient échafaudées ces doctrines avaient un point de départ vrai: c'était le côté par lequel elles séduisaient; mais ces idées étaient des conséquences; et en les élevant au rang de principes, en voulant, par suite, les rendre souveraines, même de ce qui leur était supérieur, on arrivait à ces absurdités dont la présence a caractérisé, d'une manière si fâcheuse, certaines époques de la révolution; on acquérait l'audace de jouer ces niaises comédies qui contrastaient si tristement avec les grands dévouemens qui sauvaient la patrie.

Il est facile de comprendre, du point de vue des lois logiques, comment une idée vraie en elle-même, et vraie à son point de départ, conduit à des résultats déraisonnables, lorsqu'on l'appelle à un rang qu'elle ne doit pas occuper. Cela arrivera toujours lorsqu'on voudra donner à une conséquence la valeur d'une généralité. En effet, une formule a un sens qu'elle reçoit du principe même qui l'a produite. Détachez-la de ce principe, elle perd sa véritable signification; elle a de plus, dans les idées qui lui sont collatérales, par cela seul qu'elle est déduite de quelque chose qui lui est supérieur, des limites qui la bornent et l'expliquent. Isolez-la; elle perd ses dernières certitudes: on peut alors en tirer tout ce que l'on veut, jusqu'à l'absurde. En effet, en séparant ainsi une conséquence de toutes ses relations, on fait la même chose que lorsqu'on retire certain mot d'une phrase: non-seulement on nuit à la phrase, mais on ôte au mot sa valeur, et on le rend propre à mille usages différens.

Ce vice, si dangereux lorsqu'il s'établit dans une science qui doit avoir des conséquences pratiques, a une origine aussi fâcheuse que lui-même. Bien rarement il est le fait d'une faiblesse d'intelligence ou d'un défaut d'études de la part de ses auteurs. Le plus souvent il n'a d'autre origine que l'égoïsme. L'homme qui s'enferme dans une conséquence peut, du sommet de ce poste, nier qu'il ait un maître, et se faire un moi tel qu'il le désire; il n'est obligé qu'aux conclusions qu'il lui convient d'adopter.

S'il entrait dans le principe, au contraire, il serait obligé de reconnaître beaucoup de supérieurs, surtout beaucoup d'égaux ; enfin il trouverait des corollaires moraux qu'il ne lui serait pas permis de changer, et qu'il faudrait accepter. Et puis il n'y a pas plusieurs principes vraiment généraux, vraiment féconds ; il n'y en a qu'un qui soit et ait été générateur : c'est le principe spiritualiste. Dans celui-là, les partisans du droit individuel trouvent sans doute la sanction de certaines libertés ; mais ils y trouvent aussi des devoirs et des obligations sévères : aussi, l'égoïsme est-il habile à se couvrir sous le rempart d'une conséquence détournée de sa source, et à se former ainsi le semblant d'une doctrine. Mais mettez ces hommes au contact des tentations ou de la douleur, vous les verrez enfin tels qu'ils sont. L'histoire des hommes de la révolution nous a laissé à cet égard de grands et nombreux exemples.

Certes, si de tels hommes avaient su quel mal ils se faisaient et ils apportaient aux autres, ils auraient changé ; mais il est difficile, impossible peut-être, de repousser une doctrine qui autorise toutes les dépravations de pensée et d'actes, auxquelles nous avons été dressés dans notre jeunesse. On aime, à l'égal de soi-même, une erreur qui nous justifie.

Ce vice fatal n'a jamais été plus flagrant qu'aujourd'hui. Aussi jamais, osons le dire, il ne s'est rencontré une pareille misère intellectuelle. Nous, qui ne sommes que des enfans, nous nous sentons des forces de géants, tant ce qui nous entoure nous paraît faible et dépourvu.

Nous ne nous arrêterons pas à compter combien de réputations modernes sont fondées sur le vol littéraire ou scientifique, combien de conséquences ont été détournées de leur principe ; à calculer le nombre et la combinaison des emprunts sur lesquels sont établies certaines grandes renommées de notre temps, et cependant nous en connaissons le détail, et nous pourrions nommer les vrais auteurs : nous nous attacherons seulement à quelques idées principales, et sur lesquelles l'erreur constitue un danger politique prochain. Telles sont celles que représentent les mots *progrès* et *humanité*.

L'usage du mot *progrès* est universel aujourd'hui et dans les vues les plus contradictoires. Il semble que ce soit une propriété commune, dont tout le monde ait le droit d'user et d'abuser, sans être tenu de rendre compte de son bon ou de son mauvais emploi. Sa fortune a été rapide. Il y a neuf ans, lorsqu'il fut repris comme signe philosophique par l'école du *producteur*, il souleva des tempêtes. L'athlète de la presse libérale, Benjamin Constant, le frappa d'anathème dans un long article inséré dans la *Revue encyclopédique*.

Dès ce jour, les malheureux novateurs furent traités en vrais excommuniés : toutes les voies de la publicité leur furent fermées ; ils furent même, chose remarquable dans ces temps d'incrédulité et de prétendue tolérance, abandonnés de la plupart de leurs amis. Tel fut particulièrement le sort de ceux qui, comme nous, avaient des relations plutôt politiques qu'individuelles : c'est que l'incrédulité est encore plus intolérante que la foi. Cependant, un an après, Benjamin Constant avait adopté, non-seulement le mot, mais à peu près l'idée ; et les hommes qui brillaient au premier rang de la philosophie, laissant de côté le mot qui était la bannière d'une école, s'emparaient autant que possible des conséquences de l'idée. Ceux qui se rappellent encore les enseignemens fameux de cette époque ne doivent pas oublier les modifications qu'ils éprouvèrent, et qui furent si brusques, qu'elles seraient inexplicables si l'on ne connaissait les contacts qu'ils avaient avec l'obscure école du progrès. Alors une direction singulière fut donnée aux élèves. Sans doute afin de ne pas reconnaître des maîtres vivans, et que l'on touchait, on les poussa à fouiller en Allemagne et en Italie. On leur fit traduire *Vico*, le théoricien de la philosophie circulaire, et *Herder*, l'historien de la perfectibilité panthéistique. Mais on manquait ainsi la vraie tradition de l'idée, la tradition dogmatique ; car elle vient réellement des savans réformateurs du seizième siècle ; et de Bacon leur encyclopédiste, elle arrive jusqu'à nous, conservée dans les livres des écrivains français. De cette fausse route indiquée par les professeurs de la restauration, il résulta que le mot *progrès* servit à couvrir des conséquences qui lui sont directement contradictoires, soit celles de la philosophie circulaire, soit celles des doctrines panthéistiques de l'Allemagne. Mais les erreurs et les emprunts ne s'arrêtèrent pas à ce point. On prit à l'école primitive un grand nombre des conséquences qu'elle déduisait de son principe, sans autre raison que parce qu'elles plaisaient et fournissaient des explications historiques commodes, ou des argumens utiles dans le moment ; mais, quant à étudier le principe lui-même, bien que sa fécondité se montrât intarissable, on ne s'en occupa pas. On laissa le travail à d'autres, et on s'empara des fruits. Ils oubliaient que tôt ou tard la postérité leur demanderait le nom de leur père, et que celui qui dit ne pas avoir de père, on l'appelle menteur. En vain ces hommes essaieraient de se justifier en montrant les erreurs dont une partie de l'école du progrès se rendit coupable : les religionnaires saint-simoniens étaient sortis de la route droite ; il fallait faire ainsi que nous, persister dans la voie traditionnelle et les attaquer. Eux aussi soutinrent qu'ils n'avaient pas de père ; ils se dirent révélateurs ; ils se divinisèrent. Maintenant, que reste-t-il du bruit qu'ils ont fait ? Soyez certain qu'il en sera ainsi de beaucoup d'autres. Certes, la postérité n'ira pas dans ce chaos de fragmens, de discours, de feuilletons, de livres de tout genre, dans ce mélange de conséquences contradictoires, étudier le principe. Elle ira le chercher là où il est entier, franc et pur ; elle ira aux points de départ ; elle suivra la voie des traditions, et c'est ainsi seulement qu'elle pourra comprendre un désordre qui resterait autrement inintelligible.

Parmi les usages abusifs que l'on a faits du mot *progrès*, ou de quelques-unes des conséquences qu'il engendre, il n'en est pas de plus extraordinaire que celle qui résulte de sa combinaison avec la doctrine d'expiation ou avec la doctrine matérialiste.

Que l'auteur de la palingénésie, le poète de la doctrine de l'expiation, se soit, dans ces derniers temps, rangé du côté de l'idée nouvelle ; que M. Ballanche, un des hommes qui ont le mieux étudié les conséquences du principe de la chute, vienne appuyer nos efforts de son autorité, c'est une démarche pleine de dignité et de franchise dont la philosophie doit le remercier. Il serait absurde de supposer qu'en cela il ait fait autre chose qu'un acte annonçant que ses convictions sont changées, qu'il n'ait fait en un mot qu'un acte d'éclectisme vulgaire. Il est par trop évident que le principe de l'expiation conclut au mouvement circulaire pour les sociétés, et à l'immobilité dans le devoir moral pour les individus ; tandis que le progrès conclut au mouvement en ligne ascendante et droite pour les sociétés, et à la croissance des devoirs moraux pour les individus.

Mais il n'en est pas de même de ceux qui, dépourvus de tout engagement antérieur, en sont aujourd'hui à faire élection d'un principe de croyance et d'une voie d'études. Lorsque ceux-là viennent à mêler ensemble les conséquences de la philosophie du progrès, et celles de la doctrine de la chute, ils font une œuvre ridicule et blâmable. Nous ne connaissons rien en effet de plus capable de fausser l'esprit et la logique du public, que de l'occuper d'idées incessamment contradictoires. Nous ne connaissons rien de plus immoral que de dresser l'intelligence des hommes à recevoir, sans en être blessée, à accepter sans peine, et comme des vérités de même valeur, des idées qui cependant sont opposées jusqu'à se nier les unes les autres. Il est évident, en effet, que le dernier résultat d'un tel enseignement, c'est d'exercer le plus grand nombre des hommes à mal raisonner, et d'apprendre aux organisations exceptionnelles à douter de tout, excepté d'elles-mêmes.

Jusqu'à ce jour, les Français ont été regardés comme le peuple le plus logicien du monde. Leur langue suffit pour en faire foi : c'est la plus claire, la plus méthodique, la plus précise de l'Europe moderne. Ce fait, facile à expliquer, a été déjà expliqué bien des fois. Les Français n'ont jamais eu qu'une croyance ; ils n'ont jamais servi qu'un seul principe : tout ce qui était en dehors était un ennemi. Ainsi, ils ont été catholiques intolérans tant qu'il fallut l'être ; lorsque le doute protestant se présenta, la majorité se prononça pour la croyance où il n'y avait ni contradictions, ni doute ; elle repoussa le protestantisme et resta catholique. Lorsqu'enfin la France commença sa réforme, elle opéra au nom d'un principe aussi absolu que doit l'être une doctrine religieuse : elle se fit un instant matérialiste.

C'est parce que la France a été la meilleure logicienne, qu'elle s'est placée au premier rang scientifique ; et c'est à cause de cela aussi que, parmi les nations, c'est elle qui a mis le plus d'énergie dans la réalisation des principes de la civilisation moderne. Pourquoi n'en est-il point ainsi de l'Allemagne, par exemple ? C'est que depuis trois siècles, depuis que Luther lui persuada la souveraineté de la raison individuelle, elle est livrée à l'enseignement des conséquences contradictoires. Aussi, que fait cette noble Germanie ? Au lieu d'inventer, elle amasse des matériaux ; au lieu de croire, elle doute ; au lieu d'agir, elle discourt. Comment en effet pourrait-il jamais raisonner, celui qui, pendant longues années, s'est appris à unir le pour et le contre, c'est-à-dire à se contredire lui-même incessamment ? Comment pourrait-il croire et agir, celui qui ne sait affirmer que des négations ?

Nous renvoyons la fin de ces considérations à une prochaine Préface. Nous sommes obligés de nous interrompre pour répondre à un doute élevé par un article inséré dans *le National*, sur une citation que nous avons faite dans notre introduction sur l'*Histoire de France*. Voici la lettre que nous écrivons au *National*, et qu'il a accueillie avec une bienveillance dont nous le remercions.

Monsieur le Rédacteur,

Nous venons vous prier de vouloir bien ouvrir vos colonnes à la réponse que nous devons aux accusations historiques contenues dans un article inséré dans votre n° du 24 août, sur notre *Histoire parlementaire de la Révolution française*.

Si nous nous adressions à un journal qui attachât moins d'importance à une vérité scientifique qu'à une considération individuelle, qui tînt moins à une question qui intéresse l'origine de la nationalité française, qu'à une question de personnes ; nous vous dirions, Monsieur, que, dans cet article, notre probité historique a été mise en doute, et, par suite, la valeur et l'utilité de nos travaux infirmée.

Sans doute, devant les hommes qui savent que nous sommes de ceux qui veulent faire de l'histoire, *une science positive* ; et que, par suite, à nos yeux l'autorité du fait est une autorité absolue et sacrée ; devant les hommes qui savent que pour nous le plus grand des crimes c'est d'altérer la mémoire des ancêtres, parce que c'est troubler la source de tout enseignement, et de tout avenir ; devant ceux-là, l'accusation sera nulle. Il en sera encore de même de tous les savans qui ont remué les origines de notre nationalité. Mais le public ne nous connaît pas, et le public doit vous croire ; vous nous permettrez donc de relever l'erreur, certainement très-involontaire, où est tombé votre rédacteur. Nous serons aussi brefs qu'il nous sera possible de l'être dans l'intérêt et pour la clarté de notre réponse. D'abord faisons connaître la question.

La plupart des historiens populaires qui ont écrit avant la révolution, ont accrédité l'opinion que les Gaules avaient été conquises par les Francs. Quelques-uns ne paraissent pas avoir eu, en cela, d'autre but que de justifier les priviléges de la noblesse, en lui faisant un titre du droit de la conquête dont elle se disait héritière ; quelques autres, au contraire, paraissent seulement avoir cédé à la crainte de contredire un préjugé alors tout puissant.

Quant à nous, nous avons vu toute autre chose dans les origines de la nationalité française ; et nous croyons fermement, qu'elle a été formée par l'union libre d'une vingtaine de cités ou départemens gaulois confédérés depuis long-temps sous le nom d'Armoriques, de quelques légionnaires romains et des Francs ; et par l'accession de ces trois élémens à un même but d'activité, celui qu'enseignait, que commandait alors la doctrine catholique. Notre critique pense qu'il n'en est point ainsi : il paraît préférer l'explication qui résulte d'une conquête habilement conduite ; nous disons il paraît, car il n'a pas exprimé d'opinion. Pour résoudre la difficulté, il suffit de consulter les pièces. Nous allons donc laisser parler les textes.

Procope (*Liv. I, chap. V, sur la Guerre gothique*), après avoir parlé de l'invasion des provinces situées entre la Loire, le Rhône et les Pyrénées, par les Goths Ariens, et de l'entrée dans le nord des Gaules, des Germains *qu'on appelle Francs*, raconte comment ces derniers étant arrivés sur les frontières du territoire des Armoriques, attaquèrent la confédération; il continue ainsi : « Les Armoriques donnèrent alors aux Romains une grande preuve de générosité et de bienveillance; elles soutinrent la guerre avec courage. Enfin, les Germains (les Francs) ne pouvant rien par la force, les invitèrent à s'associer avec eux, et à joindre leurs intérêts : à quoi les Armoricains consentirent avec joie, parce qu'ils étaient chrétiens les uns et les autres. Ainsi réunis en une seule nation, leur puissance s'accrut. Alors les autres soldats romains qui étaient campés à l'extrémité des Gaules, ne pouvant revenir à Rome, et ne voulant pas passer aux Ariens, leurs ennemis, se donnèrent, eux, leurs étendards et le pays qu'ils gardaient pour les Romains, aux Armoriques et aux Germains. Cependant ils ont conservé les mœurs de leur patrie. Leur postérité les suit encore (1). »

Cet événement qui est confirmé par plusieurs passages des écrivains de cette période, eut lieu l'an 497 (2), c'est-à-dire un an après le baptême de Clovis. Aussi les chroniques ne font mention de la présence de ce prince à Paris, l'une des cités armoricaines, que postérieurement à cette époque. Lisez, cependant, les historiens partisans de la conquête; vous y verrez que ce roi était maître de cette ville, long-temps avant qu'il eût accepté la foi chrétienne. L'on trouve au contraire dans les narrations contemporaines que Paris, pendant dix ans, soutint et arrêta les efforts des Francs (3).

Divers faits, mal interprétés ou mal lus, ont trompé ces historiens; d'abord c'est le passage d'une chronique anonyme, où l'on raconte que vers 494, après son mariage avec Clotilde, Clovis étendit son empire jusqu'aux bords de la Seine. Ils auront conclu de là qu'il avait acquis la cité de Paris. Une lecture plus attentive et plus prolongée du même écrivain leur eût appris qu'il s'agissait seulement de la prise de Melun (4), fait exposé d'ailleurs d'une manière explicite par un autre chroniqueur (5). Ensuite les historiens ont pu se laisser tromper en voyant que Childéric, père de Clovis, passa dans Paris; mais il ne faut pas oublier que ce fût à titre d'hôte, ou comme maître de la milice.

Clovis vint à Paris, en 507, pour lever l'étendard de la guerre qui mit fin à l'empire des Goths, qui occupaient tout le pays en deçà de la Loire (6). « Je supporte avec douleur, dit-il aux siens, la présence de ces Ariens qui tiennent une partie des Gaules. Allons donc, avec l'aide de Dieu, allons les vaincre et conquérir cette terre à notre obéissance (7). » Les chefs de l'armée, applaudirent à ce projet. « Seigneur, s'écria Clotilde, puisque tu fais ainsi, le Seigneur Dieu mettra la victoire dans tes mains. Mais écoute les conseils de ta servante : construisons une église en l'honneur du bienheureux saint Pierre, prince des apôtres, afin qu'il te soit en aide dans cette guerre. » Et le roi dit : « Qu'il en soit ainsi! que nous trouvions à notre retour, si Dieu le permet, une église élevée aux bienheureux apôtres (8). »

Le roi, étant sur son départ, reçut une lettre de Remi, évêque de Reims. La voici traduite aussi exactement que possible :

« *A l'illustre Seigneur, magnifique par ses mérites, Clovis roi, Remi évêque.* La nouvelle nous est parvenue que tu avais pris en main l'administration de la guerre (*administrationem secundum rei bellicæ*). Nous n'avons pas été étonné de te voir revêtir des fonctions qu'ont exercées tes pères. Voici sur quels principes tu dois régler ta conduite, afin que la loi de Dieu ne chancelle point dans ton âme, ni dans tes actes qui, à cause de leur humilité même, ont si glorieusement accru ton renom, car comme on le dit vulgairement, c'est le but qui juge les actions des hommes.

« Choisis des conseillers qui puissent faire honorer ta mémoire; maintiens ton commandement (*beneficium*) pur et honnête; sois plein de respect pour les prêtres qui sont près de toi, et que leurs avis soient ton unique recours. S'il règne entre eux et toi une parfaite harmonie, ton gouvernement (*provincia*) prospèrera. Donne de la sécurité au peuple qui t'a reconnu; console les affligés; protège les veuves; nourris les orphelins, ou mieux élève-les; afin que tous t'aiment et te vénèrent. Que la justice parle par ta bouche, que rien ne soit exigé ni des pauvres, ni des pèlerins. Ouvre ton prétoire à tous, afin que nul ne s'en revienne avec tristesse. Use libéralement de ton

---

(1) Rerum gall. et Franc. scrip. t. II, pag. 29.
(2) Rer. franc. script. t. II, index chronolog. , p. 59.
(3) Rer. franc. script. t. III. p. 370. Le manuscrit d'où cette citation est tirée, existe encore, nous croyons, dans la bibliothèque Sainte-Geneviève.
(4) L. C. t. II, pag. 550.
(5) L. C. t. II. p. 8.
(6) L. C. t. II. p. 553.
(7) Grégoire de Tours, l., t., II, p. 181.
(8) L. C. t. II, p. 554.

héritage pour racheter les captifs, et les délivrer du joug de la servitude. Si quelqu'un paraît en ta présence, qu'il ne sente jamais qu'il est un étranger. Joue avec les jeunes hommes; converse avec les vieillards; si tu veux régner, montre-toi noble (*Si vis regnare nobilis judicari*) (1).»

Ces recommandations, qui se rapportaient à la conduite que Clovis devait tenir dans les nouvelles provinces qui l'avaient reconnu pour chef, plus encore qu'à la guerre contre les Ariens, durent être favorablement accueillies; car tel était depuis long-temps son système : sa grandeur était principalement fondée sur l'assentiment des populations. Sa domination était même déjà vivement désirée par tout ce qui restait de chrétiens de l'autre côté de la Loire (2).

Il n'est point de notre sujet de raconter les accidens et les succès de la Guerre gothique. On sait qu'elle se termina par la conquête de tout le territoire d'au-delà de la Loire jusqu'au pied des Pyrénées. Au retour de son armée, Clovis adressa aux évêques de France la circulaire que nous traduisons ici :

« *A nos saints maîtres les évêques, dignes successeurs des apôtres, Clovis roi.*— La renommée n'a pu laisser ignorer à votre béatitude (*beatitudinem vestram*) quels ont été les actes de notre armée et les ordres qu'elle a reçus de nous avant son entrée sur le territoire des Goths. Avant tout, nous avions ordonné que les biens des églises fussent respectés, ainsi que l'asile des religieuses et des veuves dévouées à la vraie religion du Seigneur. Nous avions protégé des mêmes injonctions les clercs, les enfans des clercs, ceux des veuves, ainsi que les serfs des églises, ordonnant qu'il n'arrivât à aucun d'eux violence ou dommage : et afin que nos commandemens à l'égard de ces personnes fussent intégralement obéis, nous avons voulu que si quelqu'une d'entre elles subissait accidentellement la captivité soit dans l'église soit hors de l'église, elle fût sur-le-champ remise en liberté.

» Quant aux autres captifs laïcs que la loi de la guerre a mis sous notre main, nous vous reconnaissons les arbitres de leur sort. Ainsi, parmi les prisonniers, tous ceux tant clercs que laïcs que vous reconnaîtrez, jouiront immédiatement des conditions de la paix, sur une lettre de vous, marquée de l'anneau épiscopal. Nous devons cependant vous dire que le sentiment de notre peuple est tel, que ceux-là seuls seront avoués pour amis que vous aurez revêtus notoirement et sans délai de ce caractère, par les sacremens et par votre bénédiction; car, à cause même de l'hypocrisie d'un très-grand nombre et des inconstances qu'ils ont commises, une méfiance légitime nous a exposés et nous expose encore à faire, comme il est écrit, *périr le juste avec le méchant*. Priez pour moi, saints maîtres, très-dignes pères du siége apostolique (3).»

Après de pareilles citations, sera-t-il encore permis de dire que nous avons fait fléchir les faits à une théorie, lorsque nous avons écrit que l'unité de foi fut l'origine de l'unité d'action qui marque le début de notre nationalité à la fin du cinquième et au commencement du sixième siècle. Encore ce que nous venons d'extraire n'est qu'une petite partie de ce que renferment les trois volumes in-folio de la collection des Bénédictins de Saint-Maur, sur la première race. Arrivons maintenant à l'unique fait qui nous est contesté, et sur lequel notre critique a basé son accusation. Il s'agit d'une prière extraite d'un prologue de la loi Salique, et que nous avons choisie précisément parce que M. Augustin Thierry la rapporte comme un monument de la férocité barbare des prétendus conquérans.

Notre critique conteste la date de cette prière *Vive Jésus, qui aime les Francs*, etc. Il la rapporte au huitième siècle; il a emprunté tous ses raisonnemens à la neuvième leçon du Cours d'histoire de la civilisation moderne par M. Guizot. Il semblerait donc que nous avons à nous débattre uniquement avec ce dernier écrivain : mais point; car M. Guizot, après avoir mis en doute, d'une manière générale, la date que presque tous les historiens assignent pour la rédaction des divers textes de la loi Salique que nous possédons, ne discute d'un certain prologue que la deuxième et la troisième partie. Il ne parle pas de la première, c'est-à-dire de celle d'où nous avons extrait notre citation. M. A. A. a mal interprété M. Guizot. Mais il faut éclaircir la question; et notre critique reconnaîtra lui-même qu'il s'est laissé tromper, chose facile en ces matières; chose qu'il eût dû seulement nous reprocher, puisqu'il le croyait : car il eût dû savoir que la faute qu'il pensait relever, nous était commune avec les Bénédictins de Saint-Maur eux-mêmes, et bien d'autres.

(1) L. C. t. IV, p. 51.
(2) Gregoire de Tours, l., c., t. II, p. 181.
(3) L. C. t. IV, p. 54.

PRÉFACE.

Le manuscrit de la loi Salique, dont s'occupe particulièrement M. Guizot, fut édité par Hérold, et plus tard par Eccard : c'est sous ce dernier nom qu'il est inséré tome IV, page 120 de la collection des Bénédictins. Sa préface est divisée en trois parties très-distinctes. La première est celle d'où nous avons tiré la prière citée; il est difficile de mettre en doute sa haute antiquité; car elle porte pour date les noms de Clovis, de Childebert et de Clothaire; de plus, elle se trouve, toute seule, en tête d'un manuscrit plus ancien, tiré de la bibliothèque royale, et dit de Schilter; de plus la prière qu'elle mentionne, écrite en latin assez pur, est considérée comme plus *ancienne* que le prologue lui-même; car, comme le remarque le savant Eccard, *elle ne donne pas encore au chef militaire le titre de roi.*—La seconde partie porte pour titre *Des inventeurs des lois* : M. Guizot la rapporte au septième siècle, et non au huitième. — La troisième traite des divers rois législateurs des Francs; elle nomme d'abord Théodoric et Dagobert enfin. — Or, M. Guizot ne parle directement que de ces deux dernières fractions de la préface : et en leur assignant des dates diverses; il ne fait rien d'extraordinaire. Ses raisonnemens sur l'époque des différentes parties de la loi Salique, s'appliquent plus encore au texte des articles de la loi qu'au prologue; il déclare enfin qu'il incline vers l'opinion de Wiarda qui a publié en 1808, à Brême, un ouvrage sur ces matières.

Bien que toute cette discussion ne nous regarde pas, puisque dans tout cela il n'est pas question de la prière que nous avons citée, nous allons dire quelques mots de l'opinion de *Wiarda*. C'est un livre fort rare; il n'en existe peut-être qu'un exemplaire à Paris, à la bibliothèque royale; et nous sommes certains qu'il y a long-temps qu'il n'a été consulté. Lorsque nous l'avons eu dans nos mains, il n'avait que quelques pages coupées.

L'argumentation par laquelle Wiarda cherche, contre l'opinion de tous les savans, à reporter la date des manuscrits de Hérold, Schilter, etc., jusqu'au dixième siècle, est fondée sur ceci : que ceux qui sont écrits en latin pur, sont plus anciens que ceux où le latin est mêlé de mots barbares. Pour soutenir cette opinion assez étrange, il lui a fallu rejeter les inscriptions des manuscrits eux-mêmes. Ainsi on trouve en tête de ceux dont le style est le plus pur, ces mots : *corrigé par ordre de Karl*: Wiarda donne à ceux-là, la plus haute antiquité; sur d'autres, il y a jusqu'aux noms des rois de la première race qui décrétèrent les articles cités les uns après les autres : Wiarda les déclare modernes. Ainsi nous serions obligés de rejeter tous les capitulaires de la première race, parce qu'ils contiennent aussi quelques mots barbares et sont en mauvais style! Quelquefois il s'appuie sur deux ou trois passages que les auteurs ont considérés comme des interpolations de copistes. Sa première grande raison est que les Barbares n'ont écrit leurs lois que très-tard. S'il en était ainsi, pourquoi ces lois des Bourguignons, des Visigoths, des Ripuaires? Eussent-elles été faites quand il n'y avait plus de royaume bourguignon, visigoth ou ripuaire? Sa seconde grande raison, c'est que la loi Salique suppose une grande richesse territoriale? Mais la loi bourguignone suppose une richesse semblable; et cependant ces conquérans, à la différence des Francs, avaient pris les deux tiers des terres, et le tiers des colons, non la totalité. L'opinion de Wiarda ne nous paraît pas soutenable, surtout d'après cet argument. Une rédaction du dixième siècle contiendrait plutôt des mots du langage français qui commençait à naître, que des mots tudesques; elle eût été inutile; le vrai code d'alors était la collection d'Ansegise, qui contenait les capitulaires de Charlemagne et de Louis-le-Débonnaire. En définitive, si l'on admettait ainsi toute espèce de négations; l'histoire n'existerait plus. Nous nous sommes rangés du côté des Bénédictins et de nos savans nationaux; et nous y restons.

Il est temps de finir cette lettre, vous jugerez, Monsieur, si notre travail méritait l'accusation grave portée contre lui. Quant à notre croyance sur la loi de l'activité française; nous la laissons à discuter. Nous ferons seulement remarquer que les objections qu'on nous a faites, sont extraites du système enseigné par M. Guizot.

Agréez, etc.

HISTOIRE PARLEMENTAIRE

DE LA

RÉVOLUTION FRANÇAISE.

MAI 1791.

Ainsi que nous l'avons annoncé dans le volume précédent, nous allons exposer les travaux législatifs de l'assemblée nationale; ensuite, selon notre coutume, nous rendrons compte du mouvement de l'esprit public.

Droit de pétition et d'affiche.

SÉANCE DU 9 MAI.

[M. *le Chapelier*, au nom du comité de constitution. Le directoire du département de Paris vous a demandé un code pénal contre les écrits incendiaires. Il sollicite deux autres lois: l'une, pour conserver dans sa pureté le droit de pétition; l'autre, pour déterminer le droit d'affiche.

Je commence au droit de pétition, le plus précieux qui existe dans l'ordre social, l'apanage essentiel de la liberté. Sous un gouvernement despotique, on supplie; on se plaint rarement, parce qu'il y a du danger à se plaindre; on n'exerce jamais le droit de pétition. Dans un gouvernement libre, on ne supplie jamais, on se plaint hautement, quand on est lésé dans l'exercice de ses droits; on forme des pétitions, soit pour demander des lois nouvelles, soit pour demander la réformation des anciennes.

Nous distinguons donc la plainte de la pétition. Tout citoyen actif a le droit de présenter son vœu, soit au corps-législatif, soit au roi, soit aux corps administratifs. La plainte est un droit naturel de tout homme qui se croit lésé par une autorité ou par un individu quelconque. Le droit de pétition, tout citoyen doit l'exercer par lui-même, d'après le principe que les citoyens ne doivent déléguer que les droits qu'ils ne peuvent exercer. De là il résulte que nul corps, nulle société, nulle commune ne peut exercer le droit de pétition sous nom collectif, que la pétition ne peut être faite qu'au nom de ceux qui l'ont signée. De là il résulte aussi que les corps administratifs, ne devant exercer que le pouvoir qui leur est constitutionnellement délégué, ne peuvent représenter le peuple en matière de pétition; et n'ont que le droit d'exprimer leur vœu individuel. Leurs membres rentrent alors dans la classe des citoyens; ce sont des individus qui, partageant la même opinion, la constatent par la signature de chacun d'eux.

Il en est de même des sociétés particulières, des clubs, qui ne sont aux yeux de la loi que des individus. Ces sociétés ne peuvent collectivement former des pétitions; car alors elles deviendraient bientôt des corporations : si la loi leur donnait le droit de délibérer, de publier leurs délibérations, elle leur donnerait par là même les moyens de se revêtir bientôt d'une autorité qu'elles ne doivent pas avoir. Ces sociétés que la liberté a fait naître, sont utiles sans doute; elles excitent l'esprit public, facilitent les progrès des lumières; mais bientôt elles perdent tous ces avantages, si, pour former des pétitions, elles s'érigent en corporations, et s'approprient ainsi le droit individuel des citoyens.

Regardons donc le droit de pétition comme un droit inhérent à la qualité de citoyen, de membre de la société. Ce n'est pas le restreindre, c'est le conserver, au contraire ; car si les corps s'en emparent, les pétitions des simples citoyens paraîtront moins importantes, et elles doivent l'être toujours beaucoup aux yeux des législateurs : pour que les citoyens conservent le caractère d'hommes libres, il faut que leurs pétitions soient très-considérées. Relativement au droit de pétition des communes ou sections des communes, s'agit-il des affaires particulières d'une ville, les citoyens peuvent s'assembler en conseil de famille, pour délibérer sur leurs intérêts privés. Vous avez autorisé ces rassemblemens ; vous avez déterminé les formes dans lesquelles ils peuvent être provoqués. Mais s'agit-il des affaires générales du royaume? Alors les citoyens de chaque ville ne peuvent exprimer que des vœux individuels ; les habitans ne peuvent plus se réunir en conseil de famille, car ils font partie de la grande famille ; ils ne peuvent exprimer un vœu collectif, car chaque ville deviendrait alors une corporation. Quant aux grandes villes qui sont divisées en sections, vous avez décidé que les sections pourraient s'assembler sur la convocation d'un certain nombre d'entre elles. Elles ne doivent alors délibérer que sur l'objet pour lequel elles sont rassemblées. Sur les autres objets elles n'ont que le droit individuel de chaque citoyen. Si les sections ne sont pas d'accord, alors il doit être nommé des commissaires pour constater le vœu de la majorité. Ces commissaires ne doivent avoir d'autres opérations à faire que d'extraire la délibération ; ils ne peuvent y ajouter leur vœu individuel, sans usurper par là l'autorité des corps administratifs et celle du peuple. En un mot, le pouvoir des sections ou de leurs députés n'est rien ; il n'y a que celui des officiers municipaux.

Je passe aux droits d'affiche et de publication à son de trompe. Nous vous proposons de déclarer que ce droit ne peut appartenir à aucun individu, à aucune société, à aucune section de commune. Une section séparée n'est rien ; elle fait partie du corps collectif, elle n'existe qu'avec lui. La place publique est une propriété commune ; la société seule a droit d'en disposer. L'affiche et la publication au son du tambour servent à la promulgation des lois et des arrêtés des corps administratifs ; or, il importe que ces lois et arrêtés ne soient pas confondus avec les actes des sociétés particulières. On me dira que les affiches peuvent servir à l'instruction publique. Je réponds que ce n'est point au coin des rues que l'on s'instruit ; c'est dans les livres, dans la lecture des lois, dans les sociétés paisibles où l'on ne délibère pas, et où, par conséquent, on est éloigné de toutes passions. J'ajoute que les affiches coûtent des frais. On ne verrait donc se servir du droit d'affiche que les turbulens ou les intrigans qui voudraient exciter des mouvemens dangereux. (On murmure dans l'extrémité gauche.) Mais, me dit-on, laissez au moins cette faculté aux sociétés, aux sections de communes. Eh bien! voilà le danger que nous voulons prévenir. Nous ne voulons pas que des sociétés qui n'ont aucun caractère politique prennent la place de l'autorité publique, et parviennent à rivaliser les pouvoirs délégués par le peuple. Si tout le monde avait droit d'affiche, aurait-on le droit de couvrir l'affiche de son voisin ? A côté du droit du premier occupant se trouve le droit du plus fort. De là naîtront des rixes qui souvent ensanglanteront la place publique.

Ainsi, si le droit de pétition est un droit individuel de tout citoyen ; le droit d'affiche, au contraire, ne doit être exercé que par l'autorité publique. C'est d'après ces principes qu'a été rédigé le projet de décret que nous allons vous soumettre.

M. le Chapelier lit un projet de décret conforme aux bases qu'il vient d'établir.

Quelques membres applaudissent. — L'assemblée ordonne l'impression du rapport.

M. Robespierre. Le droit de pétition est le droit imprescriptible de tout homme en société. Les Français en jouissaient avant que vous fussiez assemblés ; les despotes les plus absolus n'ont jamais osé contester formellement ce droit à ce qu'ils appelaient leurs sujets. Plusieurs se sont fait une gloire d'être accessibles et de rendre justice à tous. C'est ainsi que Frédéric II écoutait les plaintes de tous les citoyens. Et vous, législateurs d'un peuple libre, vous ne voudrez pas que des Français vous adressent des observations, des demandes, des prières, comme vous voudrez les appeler! Non, ce n'est point pour exciter les citoyens à la révolte que je parle à cette tribune, c'est pour défendre les droits des citoyens; et si quelqu'un voulait m'accuser, je voudrais qu'il mît toutes ses actions en parallèle avec les miennes, et je ne craindrais pas le parallèle. Je défends les droits les plus sacrés de mes commettans; car mes commettans sont tous Français, et je ne ferai sous ce rapport aucune distinction entre eux : je défendrai surtout les plus pauvres. Plus un homme est faible et malheureux, plus il a besoin du droit de pétition; et c'est parce qu'il est faible et malheureux que vous le lui ôteriez! Dieu accueille les demandes non-seulement des plus malheureux des hommes, mais des plus coupables. Or, il n'y a de lois sages et justes que celles qui dérivent des lois simples de la nature. Si vos sentimens n'étaient point conformes à ces lois, vous ne seriez plus les législateurs, vous seriez plutôt les oppresseurs des peuples. Je crois donc qu'à titre de législateurs et de représentans de la nation, vous êtes incompétens pour ôter à une partie des citoyens les droits imprescriptibles qu'ils tiennent de la nature.

Je passe au titre II, à celui qui met des entraves de toutes espèces à l'exercice du droit de pétition. Tout être collectif ou non qui peut former un vœu, a le droit de l'exprimer; c'est le droit imprescriptible de tout être intelligent et sensible. Il suffit qu'une société ait une existence légitime pour qu'elle ait le droit de pétition; car si elle a le droit d'exister reconnu par la loi, elle a le droit d'agir comme une collection d'êtres raisonnables, qui peuvent publier leur opinion commune et manifester leurs vœux. L'on voit toutes les sociétés des Amis de la constitution vous présenter des adresses propres à éclairer votre sagesse, vous exposer des faits de la plus grande importance; et c'est dans ce moment qu'on veut paralyser ces sociétés, leur ôter le droit d'éclairer les législateurs! Je le demande à tout homme de bonne foi qui veut sincèrement le bien, mais qui ne cache pas sous un langage spécieux le dessein de miner la liberté; je demande si ce n'est pas chercher à troubler l'ordre public par des lois oppressives, et porter le coup le plus funeste à la liberté.... Je réclame l'ajournement de cette question jusqu'après l'impression du rapport.]

SÉANCE DU 10 MAI.

[*M. Grégoire, évêque de Blois.* Je combats le projet de décret qui vous est présenté par votre comité de constitution, comme injuste, impolitique, contradictoire et contraire aux droits naturels de l'homme. Je pourrais d'abord observer qu'après avoir anéanti les ordres, on les recrée en quelque sorte par la division des citoyens en actifs et non actifs. (Il s'élève des murmures au milieu de la salle.)

M. Martineau. Je demande que l'opinant soit rappelé à l'ordre.

M. Grégoire. Quelques distinctions que l'on ait voulu faire, je dis que le mot *pétition* signifie *demande*. Or, dans un État populaire, que peut demander un citoyen quelconque qui rende le droit de pétition dangereux? Des privilèges? Vous les avez anéantis. Il ne pourra que demander des lois relatives à la prospérité publique, ou défendre ses intérêts. Et ne serait-il pas étrange qu'on défendît à un citoyen non actif de provoquer des lois utiles, qu'on voulût se priver de ses lumières? Qu'on ne dise pas qu'il n'y a de citoyens non actifs que les vagabonds : je connais à Paris des citoyens qui ne sont pas actifs, qui logent à un sixième, et qui sont cependant en état de donner des lumières, des avis utiles. (On entend des rumeurs. — Les tribunes applaudissent.) Rejetteriez-vous ces citoyens qui vous présenteraient des projets, des pétitions relatifs à la tranquillité publique, à l'utilité générale du royaume? Ils s'adresseront à vous pour réclamer leurs droits lorsqu'ils seront lésés; car enfin la déclaration des droits est commune à tous les hommes. Refuserez-vous alors d'entendre leurs réclamations? Vous regarderez donc alors leurs soupirs comme des actes de rébellion, leurs plaintes comme un attentat contre les lois?.... Et à qui défendrions-nous aux citoyens non actifs de s'adresser? Aux administrateurs, aux officiers municipaux, à ceux qui doivent être les défenseurs du peuple, les tuteurs, les pères des malheureux. La plainte n'est-elle pas un droit naturel, et le citoyen ne doit-il pas avoir, précisément parce qu'il est pauvre, le droit de solliciter la protection de l'autorité publique?

On vous a dit qu'il en résulterait une coalition menaçante pour la tranquillité publique. Or, je soutiens que c'est ce qui résulterait justement du système contraire. Si vous ôtez au citoyen pauvre le droit de faire des pétitions, vous le détachez de la chose publique, vous l'en rendez même l'ennemi : ne pouvant se plaindre par les voies légales, il se livrera à des mouvemens tumultueux, et mettra son désespoir à la place de sa raison...... Mais vous avez déjà vous-mêmes jugé le contraire. L'année dernière vous avez admis à la barre une députation de domestiques, et la réponse que leur fit le président, de l'aveu de l'assemblée, consacrait le droit de plainte, le droit de pétition, comme un droit imprescriptible de tout homme en société.

L'article II du projet de votre comité renferme une double contradiction; son titre porte : Projet de décret sur la *pétition* des administrateurs du département de Paris. Et par le même projet on propose d'ôter aux administrateurs le droit de pétition! On permet cependant aux corps municipaux, administratifs et judiciaires, de présenter des mémoires; or ces mémoires renfermeront nécessairement une demande quelconque : une demande est une pétition. Voilà donc une seconde contradiction.

Je finis par quelques réflexions sur le droit d'affiche. Il y a différentes manières de manifester sa pensée : par des discours, par des écrits, par des placards. Or vous avez reconnu formellement le droit qu'a tout citoyen de manifester sa pensée d'une manière quelconque.

M'objectera-t-on que la liberté d'afficher peut avoir des inconvéniens? Si vous ne voulez faire que des lois qui ne puissent avoir aucun inconvénient quelconque, il faut renoncer à être législateurs; car il n'est aucune loi qui, à côté de grands avantages, ne puisse faire craindre quelques inconvéniens. Les inconvéniens vous donnent-ils le droit d'ôter aux citoyens une faculté que vous avez reconnue leur appartenir d'une manière imprescriptible? Punissez tous ceux qui abuseraient de ce droit, comme vous puniriez celui qui vendrait des drogues empoisonnées, sans pour cela défendre l'exercice de la pharmacie. Priver l'homme du droit naturel de manifester sa pensée parce qu'il peut en abuser, c'est vouloir paralyser toutes ses facultés, de peur qu'il n'en abuse; engourdir son bras, de peur qu'il n'assassine..... La liberté de penser et de manifester sa pensée d'une manière quelconque, est le levier de la liberté politique. Peut-être la révolution serait-elle encore à faire, si la loi qu'on vous propose eût subsisté il y a deux ans. (Quelques membres de l'assemblée et les tribunes applaudissent.) Est-ce après deux ans de discussion, après avoir reconnu et proclamé solennellement les principes de la liberté, qu'on veut l'enchaîner? En vérité, je croirais que nous sommes en arrière de la révolution, et que nous rétrogradons, parce que nous ne sommes pas faits pour la liberté..... Je demande la question préalable sur le projet de votre comité.

Baumetz propose l'article suivant :

« Le droit de pétition est individuel et ne peut se déléguer; en conséquence il ne pourra être exercé en nom collectif par les corps électoraux, judiciaires, administratifs ou municipaux, ni par les communes ou sections de communes, ni enfin par les sociétés de citoyens. Tout pétitionnaire signera sa pétition, et s'il ne le peut ou ne le fait, il en sera fait mention. »

M. Andrieux. Je demande qu'il soit établi des formes pour constater la pétition des citoyens qui ne savent pas écrire.

M. Robespierre. Je demande que le droit contesté hier aux citoyens appelés non-actifs, soit déclaré formellement, et qu'au lieu de dire que le droit de pétition est un droit individuel, on dise qu'il appartient à tout citoyen sans distinction. (On entend des murmures dans le milieu de la salle; quelques applaudissemens dans l'extrémité gauche.)

M. Moreau. J'appuie l'amendement de M. Andrieux. Il est essentiel que le vœu des pétitionnaires qui ne savent pas écrire soit constaté par un acte judiciaire; sans cela un intrigant pourrait présenter, au nom de deux ou trois mille citoyens, une pétition qui paraîtrait imposante, et ne serait qu'une imposture. A l'égard de l'amendement du préopinant, je ne crois pas qu'il puisse être admis. Le droit de pétition est un droit politique qui ne doit être exercé que par ceux qui font partie de la société et en supportent les charges, et auxquels la nation, la constitution a attribué tous les droits de cité, le droit de voter dans les assemblées primaires, le maintien de l'ordre public comme gardes nationales. Ce n'est pas là avoir rétabli les ordres, les distinctions anciennes : tout citoyen est présumé citoyen actif, ou peut le devenir.... Je demande la question préalable sur l'amendement de M. Robespierre.

M. le Chapelier. Je réponds à l'observation de M. Robespierre, qui cherche à renouveler la querelle commencée hier. (Il s'élève quelques murmures.) Le projet de M. Baumetz paraît devoir concilier les opinions. Il réunit dans sa rédaction le droit de pétition, le droit de demande, le droit de plainte, le droit de requête. Et si le premier est le droit du citoyen, les trois derniers sont le droit de tout homme. Aussi le projet de M. Baumetz les comprend tous, en disant que *tout pétitionnaire* signera sa pétition. Cet article passe et tranche sur toutes les difficultés ; il évite une discussion qui pourrait être considérable, et il dit tout.

Une partie de l'assemblée demande à aller aux voix.

M. Robespierre. Il résulte de ce que M. le Chapelier vient de dire, qu'il ne convient pas que tout citoyen sans distinction puisse exercer le droit de pétition. Il ne peut donc pas dire que sa rédaction concilie toutes les opinions.

Il faut, ou que M. le Chapelier nous accorde la rédaction que nous demandons, et qui tend à déclarer le droit le plus sacré de l'homme, ou qu'il combatte la demande que nous formons ; en un mot, il est impossible qu'on tranche une question de cette importance d'une manière aussi brusque. (Les tribunes applaudissent.) J'insiste donc pour obtenir la permission de prouver que l'article doit être rédigé de manière que le droit de pétition soit formellement reconnu appartenir à tous les citoyens sans distinction. La *pétition*, la *demande*, la *requête*, la *plainte*, voilà bien quatre mots; mais M. le Chapelier, ni personne, ne nous a prouvé la distinction qui existe entre eux; et encore moins que l'un doit être appliqué aux seuls citoyens actifs, et les autres aux citoyens non actifs. Est-ce ainsi que l'on élude les réclamations des membres de cette assemblée? Je dis que le comité de constitution n'a pas le droit de faire échouer en quelque sorte les délibérations de l'assemblée, en disant d'abord que l'article qu'on propose renferme notre vœu; et ensuite que, cependant, on est d'un avis contraire. (On demande à aller aux voix.) Je prie qu'on veuille bien m'écouter jusqu'au bout. Si le droit de pétition, comme M. le Chapelier vient de l'avouer, n'est pas un droit politique....

M. le Chapelier. Ne me faites pas dire une absurdité.

M. Robespierre. Je dis que bien loin que le droit de pétition soit un droit collectif.... (M. le Chapelier interrompt. — M. le président le rappelle à l'ordre.) Il est évident que le droit de pétition n'est autre chose que le droit d'émettre son vœu; que ce n'est donc pas un droit politique, mais le droit de tout être pensant. Bien loin d'être, comme on vous l'a dit, l'exercice de la souveraineté, de devoir être exclusivement attribué à tous les citoyens actifs, le droit de pétition au contraire suppose l'absence de l'activité, l'infériorité, la dépendance. Celui qui a l'autorité en main ordonne; celui qui est dans l'inactivité, dans la dépendance, adresse des vœux. La pétition n'est donc point l'exercice d'un droit politique, c'est l'acte de tout homme qui a des besoins. (Les tribunes applaudissent.) Or, je demande si cette faculté peut être contestée à qui que ce soit.... (On entend quelques rumeurs.—M. Martineau observe que la discussion est fermée.) Je demande à M. le président, une fois pour toutes, que l'on ne m'insulte pas continuellement autour de moi, lorsque je défends les droits les plus sacrés des citoyens....

M. le président (Dandré). Je demande si je ne préside pas bien, et si je ne fais pas tous mes efforts....

Une voix de la gauche. Non.

M. le président. Je demande que la personne qui a dit non se nomme, et prouve.

M. Laborde. J'ai dit non, parce que je m'aperçois que vous ne mettez pas le même soin à obtenir du silence pour M. Robespierre, que vous en mettiez lorsque MM. Baumetz et Chapelier ont parlé.

M. le président. On doit se rappeler que pendant tout le temps que M. Robespierre a parlé, je n'ai cessé de faire aller ma sonnette, et de fatiguer mes poumons; j'ai rappelé à l'ordre nominativement M. le Chapelier qui l'interrompait.

M. Robespierre. Le droit de pétition doit surtout être assuré dans toute son intégrité à la classe des citoyens la plus pauvre et la plus faible. Plus on est faible, plus on a besoin de l'autorité protectrice des mandataires du peuple. Ainsi, loin de diminuer l'exercice de cette faculté pour l'homme indigent, en y mettant des entraves, il faudrait le faciliter; et l'on veut au contraire, sous le prétexte de droit politique, le priver entièrement.... (On murmure.)

M. le président. Ecoutez M. Robespierre avec le plus grand silence.

M. Martineau. Mais la discussion est fermée.

M. le président. N'interrompez pas l'opinant.

M. Robespierre. Je vous assure que s'il était question ici de soutenir une opinion qui pût m'être favorable, je me garderais bien d'affronter tant de contradictions; mais je soutiens les droits d'un grand nombre de mes commettans. Je dis que toutes les distinctions qu'on vous a faites entre le droit de pétition, le droit de plainte, etc., sont injurieuses à l'humanité. Il faut que le comité de constitution s'explique, ou plutôt qu'il ne s'explique pas; il faut que l'assemblée fasse droit à nos justes réclamations, qu'elle rende un décret qui n'élude point insidieusement la question, mais qui déclare franchement et formellement les droits de l'humanité. Et puisque je ne demande autre chose qu'une explication claire, qui ne donne lieu à aucune équivoque dangereuse qui tendrait à priver un jour les citoyens inactifs de leurs droits; puisqu'il est vrai que le droit de pétition n'est pas un droit politique, mais le droit de l'homme, on ne peut refuser de mettre dans le décret que ce droit peut être exercé par tout citoyen sans distinction. C'est à quoi je conclus.

M. *l'abbé Maury.* Je viens défendre l'opinion de M. Robespierre. (Plusieurs voix : *La discussion est fermée.*) Je viens réclamer, pour tout citoyen qui a une volonté légale, qui est majeur, le droit de pétition ; je le réclame pour les corps administratifs, et je soutiens que la doctrine du comité de constitution est contraire à tous les principes de la justice, à toutes les notions politiques. (On murmure et on applaudit.)

M. *le président.* Malgré tout ce que vous venez de dire, on demande que la discussion soit fermée. (Plusieurs voix de la gauche: *Non.*) Des *oui* et des *non* ne sont pas la volonté de l'assemblée : je dois la consulter.

La délibération paraît douteuse.

M. *l'abbé Maury.* Dans le doute, je dois avoir la parole. Il faut que je sois au moins une fois applaudi des tribunes : cela ne m'arrive pas souvent.

La discussion est fermée, et l'article de M. Baumetz, amendé par M. Regnaud, est décrété en ces termes, à la place des sept premiers articles du projet du comité de constitution.

Art. Ier. Le droit de pétition appartient à tout individu, et ne peut être délégué ; en conséquence, il ne pourra être exercé en nom collectif par les corps électoraux, administratifs, judiciaires, municipaux, par communes, sections de communes, ni par des sociétés de citoyens. Tout pétitionnaire signera sa pétition ; s'il ne le peut ou ne le fait, il en sera fait mention nominativement.

M. le Chapelier fait lecture de l'article II portant que les citoyens qui voudront faire des pétitions ne pourront se réunir en assemblées de communes ; que les assemblées de communes ou sections de communes ne pourront être ordonnées, provoquées ou autorisées que pour des objets d'administration purement municipale.

M. Buzot. Je demande quels sont les motifs de cet article.

M. le Chapelier. C'est à chaque individu qu'appartient le droit de pétition, et il ne peut être exercé collectivement. Jamais les individus ne doivent se coaliser pour faire des pétitions. Tout citoyen qui veut former une pétition cesse de faire partie de tout corps particulier pour rentrer dans le corps social; il signe sa pétition en son nom particulier, et la fait signer par ceux qui la forment avec lui. C'est pour cela que les assemblées de communes ne doivent avoir lieu que pour des objets d'intérêt municipal.

M. Buzot. Je vois bien par cet article que certaines personnes qui exercent des pouvoirs délégués par le peuple ont grande peur à présent que le peuple n'exerce un droit qui leur serait incommode. Je pourrais même tirer de la délibération actuelle un motif de désir qu'il pût se faire à l'avenir qu'aucun administrateur, aucun fonctionnaire public ne participât à de pareilles délibérations.... Les communes sont autorisées, sans doute, à s'assembler pour délibérer sur leurs affaires municipales; mais suit-il de là que les citoyens d'une commune ne puissent, avec l'autorisation des corps administratifs, s'assembler, non pas pour *délibérer* sur les affaires publiques, mais pour discuter, pour s'éclairer, pour penser à ce qui les environne. Je suppose, par exemple, que dans une ville frontière la commune voie avec peine un rassemblement de troupes; pourquoi ne pourrait-elle pas se rassembler pour faire une pétition, pour exprimer au corps-législatif et au roi ses inquiétudes? Vous dites que nulle pétition ne doit être faite en nom collectif: eh bien! qu'est-ce qui empêche que la pétition ne soit individuellement signée par tous ceux qui y adhéreront? Mais pour que ce droit de pétition soit utilement exercé, ne faut-il pas que les citoyens puissent s'éclairer mutuellement, se communiquer mutuellement leurs pensées? N'est-il pas infiniment plus convenable qu'ils s'assemblent dans les salles de la commune, ou dans leurs sections, sous l'inspection de la police, et même de la force publique si cela est nécessaire, que s'ils s'assemblaient au hasard dans des lieux particuliers?... Je demande la question préalable sur l'article.

L'assemblée décide qu'il y a lieu à délibérer.

L'article est adopté en ces termes :

Art. II. « Les citoyens qui voudront exercer le droit de pétition déclaré ci-dessus, ne pourront se former en assemblée de commune par communautés entières ou par sections. — Les assemblées de commune ne peuvent être ordonnées, provoquées et autorisées que pour les objets d'administration purement municipale, qui regardent les intérêts propres de la commune. Toutes convocations et délibérations des communes et des sections sur d'autres objets sont nulles et inconstitutionnelles. »

M. Chapelier fait lecture de l'article III, ainsi conçu :

Art. III. « Dans la ville de Paris comme dans toutes les autres villes et municipalités du royaume, les citoyens actifs qui, en se conformant aux règles prescrites par les lois, demanderont le rassemblement de la commune ou de leur section, seront tenus de former leur demande par un écrit signé d'eux, et dans lequel sera déterminé, d'une manière précise, l'objet d'intérêt municipal qu'ils veulent soumettre à la délibération de la commune ou de leur section, et à défaut de cet écrit, le corps municipal ou le président d'une section ne pourront convoquer la section ou la commune. »

M. Robespierre. Je vois par cet article qu'on rend les officiers municipaux juges absolus et arbitraires des assemblées de communes; on leur donne le droit d'éluder sous les moindres prétextes les demandes des citoyens. Non-seulement on met des entraves aux convocations des communes, mais à l'émission même du vœu des citoyens. On donne aux municipalités la faculté de rejeter les plus justes réclamations par une fin de non-recevoir : car elles pourront toujours dire : cet objet n'est pas l'objet précis de la convocation. C'est ainsi qu'on parvient à anéantir insensiblement les droits des citoyens, à leur ôter toute influence, à les mettre dans la dépendance de leurs délégués, et sous le depotisme des municipalités. (On murmure.) Les objections banales qu'on fait contre ces raisonnemens, sont le désordre, l'anarchie. Eh bien! aurez-vous jamais autre chose que le désordre et l'anarchie si vous établissez les formes despotiques qu'on vous propose? D'un côté, oppression, de l'autre, indignation des citoyens; lutte perpétuelle entre les mandataires et le peuple; voilà ce qui résultera de cet ordre de choses. Lorsqu'au contraire les citoyens ont le droit de faire des représentations, d'éclairer leurs représentans, alors l'ordre se soutient sur les bases de la justice et de la confiance. Je conclus à ce que l'article du comité tendant à donner aux officiers municipaux le pouvoir d'éluder les réclamations des communes, soit rejeté par la question préalable.

On demande à aller aux voix sur l'article.

M. Buzot. C'est parce que je suis pleinement convaincu que cet article ne fait autre chose que de compléter la théorie de l'insurrection, que je prends encore une fois la parole. (M. Desmeuniers interrompt. — M. le président le rappelle à l'ordre.) Comme on demande à me répondre, je vais donner un peu plus d'étendue à mon opinion. (Les tribunes applaudissent.)

Mon observation tombe sur ces mots de l'article III : *Pour délibérer sur des objets seulement d'intérêt municipal.* Or, je dis que dans les circonstances où nous nous trouvons, et particulièrement à Paris, il est du plus grand danger de restreindre les rassemblemens de communes aux seuls cas où il s'agit d'objets d'intérêt municipal. Par exemple, le 18 avril, lors de la fermentation qu'occasionnait le départ du roi, si le peuple de Paris n'eût pu se rassembler, d'après les ordres mêmes du directoire de département, dans les sections, quel désordre n'eût pas produit cette fermentation? Au contraire, le peuple, en se divisant dans les 48 sections, s'est livré à une discussion raisonnée, s'est éclairé. Le temps a calmé son effervescence; il a trouvé dans des rassemblemens légaux, des motifs pour se calmer; et le directoire, en les provoquant, a évité une explosion dangereuse.

Si, pour s'éclairer sur les intérêts généraux, les citoyens ne peuvent se rassembler en sections, où voulez-vous donc qu'ils se rassemblent! sur les places publiques? Mais ce sont précisément ces rassemblemens trop nombreux, ces délibérations tumultueuses qui produisent l'effervescence.... Je crois que plus on veut comprimer la liberté, et plus elle se livre facilement, indignée des fers qu'on lui présente, à tous les dangers de l'anarchie. Laissez au contraire les citoyens discuter paisiblement, s'éclairer, calmer par le temps les inquiétudes, et vous aurez employé le seul moyen capable d'assurer l'obéissance à la loi. Si les communes ne peuvent se réunir pour présenter des pétitions, elles n'auront plus qu'un moyen d'exercer leurs droits : ce sera d'en venir à l'insurrection. (Les tribunes applaudissent.) Je demande donc la question préalable sur l'article.

L'assemblée décide qu'*il y a lieu* à délibérer.

M. *Goupil.* Je demande que l'on dise : pour délibérer sur des objets d'intérêt municipal ou *civique.*

M. *Fréteau.* Je crois qu'il peut être très-utile, même pour les corps administratifs, que les communes puissent discuter sur les affaires publiques dans les lieux ordinaires des rassemblemens. On me dit que l'article précédent, qui vient d'être décrété, porte que les communes ne pourront, dans aucun cas, délibérer que sur des objets d'intérêt purement municipal, et l'on m'oppose cette fin de non-recevoir à un amendement infiniment juste. Je suis d'avis effectivement, comme le dit l'article précédent, que les communes ne peuvent s'assembler pour *délibérer* sur autre chose que sur les affaires municipales; mais il ne s'ensuit pas qu'on ne puisse les autoriser à s'assembler pour *discuter*, pour *s'éclairer* sur des objets d'intérêt général. Quel inconvénient y a-t-il à ce que les sections s'assemblent, lorsqu'il ne s'agit pas de former une délibération, lorsqu'il ne doit pas en résulter une pétition en nom collectif, mais une discussion tranquille, sous l'œil des magistrats? Ce qui pourrait avoir lieu dans les places publiques, pouvez-vous le défendre dans les rassemblemens plus paisibles? (On applaudit, on murmure.)

M. *le Chapelier.* Il me semble que nous sommes d'accord, mais que nous ne nous entendons pas. Un article constitutionnel décrété il y a un an, porte que les citoyens pourront se rassembler paisiblement et sans armes, pour délibérer sur les affaires publiques, ou plutôt pour discuter. Qu'ils s'assemblent dans la chambre d'assemblée de la commune; la loi que nous vous proposons ne les en empêche pas. Seulement nous disons qu'ils ne doivent pas alors se regarder comme constitués en assemblée de la commune; ils s'assembleront comme simples citoyens sans qu'il y ait besoin de convocation de la municipalité. Tout ce que nous disons, c'est qu'ils ne pourront être convoqués en *assemblée de commune* que pour les affaires de la commune..... (Une partie de l'assemblée applaudit et demande à aller aux voix. — Plusieurs membres réclament la parole.)

M. le président met aux voix l'article III qui est littéralement adopté.] — Les suivans sont décrétés sans discussion.

Discussion sur le droit d'affiche.

[*M. le Chapelier.* La question que je vous présentai hier était de savoir si tous les citoyens, ou seulement l'autorité publique, doivent avoir le droit d'afficher. Nous pensons qu'il doit y avoir un lieu exclusivement consacré à l'affiche des actes de l'autorité publique. (*Plusieurs voix de la gauche :* Ce n'est pas là ce que vous disiez hier.) Il serait dangereux de confondre les lois avec des avis nullement obligatoires et qui ne sont que de simples indications. Un autre principe à consacrer, c'est qu'aucune section, aucune société n'a le droit de prendre des arrêtés, des délibérations, et de les faire afficher comme obligatoires. (*Plusieurs voix de la gauche :* Ce n'est pas là la question.) D'après ce principe, vous ne pouvez défendre les affiches qui, n'ayant aucun caractère obligatoire, ne sont que de simples indications. M. Goupil me disait hier : Je crois que le fond de vos articles est bon, en ce qu'ils tendent à distinguer les actes de l'autorité publique des avis des particuliers; mais pour qu'ils soient distingués, il suffit qu'un lieu quelconque leur soit exclusivement destiné, afin que les particuliers ne soient pas privés du droit d'afficher. (Une partie de l'assemblée applaudit.) Je conviens qu'il peut être utile qu'il y ait un lieu exclusivement destiné aux affiches de l'autorité publique, et d'où elles ne puissent être arrachées sans délit; car la promulgation presque ignorée qui se fait dans les greffes des tribunaux est insuffisante. M. Goupil va lire deux articles qu'il a rédigés; l'assemblée optera entre eux et ceux que je lui ai présentés; mais dans tous les cas, je demande qu'on consacre par un décret quelconque le principe qu'aucune section, aucune société non constituée ne puisse prendre ni afficher des délibérations. (On applaudit dans le milieu de la salle. — On murmure dans l'extrémité gauche.)

M. Goupil. Voici les articles que j'ai rédigés:

Art. Ier. Il sera assigné dans chaque ville un lieu exclusivement destiné à recevoir les affiches qui seront faites par l'autorité publique.

II. Ceux qui feront mettre dans ledit lieu une autre affiche quelconque seront condamnés à une amende de 100 liv., et même, s'ils sont trouvés en flagrant délit, ils pourront être arrêtés et conduits à la maison d'arrêt, jusqu'à la connaissance que les tribunaux auront faite du délit.

M. Legrand. Je crois que les articles de M. Goupil sont insuffisans et même dangereux; car il en résulterait que, sauf les lieux destinés aux actes de l'autorité publique, tout citoyen pourrait placarder. (*Plusieurs voix de la gauche* : Oui.) Or, il me semble que la responsabilité serait alors nulle; car on ne peut rendre un mur responsable. (Plusieurs membres du milieu de la salle applaudissent. — Dans l'extrémité gauche on murmure et on rit.—La droite garde le silence.) Je demande que le comité de constitution fasse un code pénal et un projet de loi pour la responsabilité qui doit accompagner l'exercice du droit de placarder.

M. Noailles. Le droit de placarder est une dépendance de la liberté de la presse; il tient à la liberté de manifester sa pensée d'une manière quelconque. Il ne doit pas y avoir plus de responsabilité pour l'exercice de ce droit que pour celui d'écrire et d'imprimer.

M. Legrand. Ce que je demande, c'est qu'on fasse une loi pour empêcher qu'on puisse placarder des calomnies contre les citoyens, nuitamment, par exemple. (On rit.)

M. Prieur. Quand vous feriez une loi contre les placards calomnieux, je demande si vous empêcheriez qu'on en affichât nuitamment. Voulez-vous au contraire consacrer les principes de la liberté ? les écrits calomnieux et incendiaires tomberont dans le mépris. Voulez-vous détruire les placards incendiaires, calomnieux et factieux ; laissez-en couvrir les murailles, et bientôt ils tomberont dans l'avilissement. Si vous les défendez, ils deviendront rares ; plus ils seront rares, plus ils seront recherchés, et plus ils feront d'effet. (On entend des rumeurs.) Et voici la preuve de ce que j'avance. La calomnie n'a-t-elle pas aiguisé tous ses poignards contre nous ? Ces libelles se vendaient dans les rues ; vos corridors en étaient pleins ; aujourd'hui il n'y en a plus. (On murmure.) On me dit qu'il y a encore *l'abbé Royou*, *l'Ami du peuple* ; je dis qu'ils ne sont plus lus que par les insensés, et que non-seulement tous ces libelles ne se vendent plus, mais que les honnêtes gens n'en veulent plus pour rien. Laissez donc une liberté entière, et les mauvais écrits tomberont d'eux-mêmes dans le néant.... Le droit d'affiche doit être respecté comme tout autre moyen de manifester sa pensée.

M. Regnaud, député de Saint-Jean-d'Angely. Le droit d'affiche appartient à tous les particuliers, sous les mêmes conditions que l'édition de leurs pensées. Mais je réclame contre l'attribution de ce droit aux sociétés, parce que je crois qu'il se rapprocherait du caractère de la loi, et semblerait leur consacrer une existence politique. Je demande donc que ce droit soit attribué seulement à tous les individus, et point aux sociétés.

M. Barnave. Je ne crois pas que la discussion, envisagée sous son véritable point de vue, puisse être l'objet d'un dissentiment d'opinion. Je distingue deux choses dans la question, l'une est le caractère légal qui doit être exclusivement attribué à la loi, et l'autre la manifestation de la pensée. Je vois trois points très-distincts dans la contexture des actes émanés des autorités constituées, savoir : l'intitulé, l'affiche et la publication. Quant à l'affiche, je pense comme M. Goupil, qu'il doit lui être réservé une place particulière. La publication doit être assujettie aux mêmes principes : c'est être sacrilége à la loi, que d'en emprunter les formes. L'intitulé doit aussi être particulier ; aucun acte d'association établi par la loi, ne pourra porter le même protocole. Si elles veulent faire connaître leur sentiment, ce ne doit être que sous le titre d'avertissement. Cela tombe alors, comme l'a dit M. Regnaud, sous les mêmes règles que la manifestation des opinions ; et je crois qu'à cet égard les individus réunis ont autant de droit que les individus séparés. Je demande s'il est quelqu'un dans cette assemblée qui puisse contester à un homme le droit de publier un livre. Eh bien ! par la même raison, il peut annoncer que ce livre traite de telle matière, qu'il renferme telles maximes. Si ce livre a été fait par une société littéraire, ou par une académie, cette société n'a-t-elle pas aussi le droit d'annoncer son livre comme un individu isolé : hors de cela vous franchissez les limites que votre caractère même a posées.

M. Dupont. Aucun citoyen ne doit être responsable des actions d'autrui : ainsi je demande que le droit d'affiche ne soit accordé qu'à toute société qui voudra faire signer ses membres au bas de l'imprimé, parce qu'un nom collectif ne suffit point à la responsabilité.

M. Baumetz. Toute la différence qu'il y a entre la manière d'énoncer son opinion par la voie d'une affiche ou d'un livre, c'est que dans le premier cas, on s'arrête au coin de la rue pour vous lire, et que dans le second, on vous achète des mains d'un libraire ou d'un colporteur ; ainsi je pense qu'il doit être permis de faire une affiche en nom collectif, comme un livre. On objecte qu'alors le droit de responsabilité n'existe plus. N'avez-vous pas le président et les secrétaires de la société, que vous traduirez devant les tribunaux, comme particuliers. Je demande donc que le droit d'affiche ne soit pas retiré aux sociétés.

M. Regnaud de Saint-Jean-d'Angely. Dans une société il n'y aura jamais qu'une partie de ses membres qui aura été de l'avis de la délibération, comment voulez-vous rendre la minorité responsable d'un acte auquel elle aura refusé de concourir?

M. Chapelier. J'adopte les diverses propositions qui ont été faites. Il en est cependant une à laquelle je m'oppose. On demande que les sociétés puissent afficher sous un nom collectif. Sous le point de vue de l'intérêt particulier, rien ne serait plus nuisible aux sociétés qui pourraient se trouver liées par vingt de leurs membres; et, sous le rapport de l'intérêt public, on donnerait lieu de craindre la renaissance d'associations qui finiraient par prendre un caractère politique. Je pense que les sociétés peuvent donner des avertissemens par la voie d'affiche, en mettant au bas la signature de deux ou trois personnes, et en y joignant le nombre des individus, au nom desquels cet avertissement sera donné.

La discussion est fermée.

L'assemblée consultée décrète l'article suivant :

« Art. XIV. Aucune affiche ne pourra être faite sous un nom collectif. Tous les citoyens qui auront concouru à une affiche seront tenus de la signer. »

M. Rœderer. Je demande, non pas seulement pour l'intérêt du trésor public, mais par une raison politique que toutes les affiches soient soumises aux droits de timbre. (On applaudit à plusieurs reprises.)

M. Biauzat. Vous ne devez pas établir le droit de timbre sur les affiches des personnes qui veulent débiter leurs ouvrages.... Je demande le renvoi de la proposition de M. Rœderer au comité, qui nous en fera un rapport détaillé.

On demande à passer à l'ordre du jour.

M. Rœderer. On peut décréter le principe et renvoyer au comité les détails. Il y a au droit d'affiche un petit danger qui n'est point attaché à la publication des livres; c'est particulièrement pour le prévenir que je propose le timbre. Lorsque dans un libelle, un aristocrate me traite de factieux, j'ai contre lui un facile recours, parce que je trouverai toujours, soit l'imprimeur, soit le libraire, soit le colporteur. L'affiche ne présente pas le même avantage. Je demande donc, avec le comité, que celui qui met l'affiche soit obligé de la signer, et je demande encore que l'on ne puisse pas mettre une fausse signature ; cela n'arrivera jamais si on est obligé de la porter chez un homme public pour y apposer le timbre.

L'assemblée décide qu'il n'y a pas lieu à délibérer sur la motion de passer à l'ordre du jour.

Le renvoi de la proposition de M. Rœderer au comité est décrétée.]

Organisation du corps-législatif.

SÉANCE DU 16 MAI.

[M. *Thouret.* Dans le rapport que je vais vous faire, je ne me livrerai point au développement auquel pourraient donner lieu les articles que vous présente votre comité de constitution : mon objet est d'offrir sur l'ensemble de simples aperçus généraux. Le travail du comité est composé de quatre-vingt-dix-neuf articles dont vingt-cinq ont déjà été décrétés. Je vais en indiquer les divisions. Par votre décret du mois de septembre 1789, vous avez décrété que le pouvoir législatif résidait dans l'assemblée nationale permanente, et qu'elle ne serait composée que d'une chambre. Ces dispositions font la matière des cinq premiers articles. Par votre décret du 22 décembre de la même année, vous avez établi les principes de la représentation, le mode des élections et les conditions d'éligibilité. Pour compléter ces premières bases, deux questions restent à résoudre. La première, celle de savoir si les membres de cette assemblée seront éligibles à la prochaine législature. (*Plusieurs voix s'élèvent dans toutes les parties de la salle* : Non, non, non. — On applaudit à plusieurs reprises. — Quelques minutes se passent dans une agitation assez vive.) Je suis convaincu que l'assemblée n'a pas perdu de vue qu'il faut entendre avec calme le développement des objets dont elle doit s'occuper. La seconde question qui reste à décider est celle de savoir s'il y a quelques fonctions publiques qui puissent exclure de l'éligibilité à la législature. C'est l'objet des articles VI et VII; les articles VIII, IX, X, XI, XII, sont relatifs au renouvellement biennal des législatures sans aucune espèce d'intervention du pouvoir exécutif. Ils portent que les assemblées primaires seront convoquées à une époque fixe, afin d'élire tous les représentans et que, dans les départemens où ce service aurait manqué par le défaut des préposés à cet effet, les assemblées primaires seraient convoquées par les commissaires que le corps-législatif alors séant délèguerait.

Depuis l'art. XIV jusqu'à l'art. XXII, le comité s'est occcupé des moyens de faciliter le rassemblement des députés, et de consacrer leur état d'activité toujours sans l'intervention du pouvoir exécutif. Nous avons pensé que si à l'appel qui sera fait par l'archiviste des députés inscrits sur la liste, qu'il sera tenu de dresser à mesure que les procès-verbaux d'élection lui parviendront, il se trouvait moins de 200 membres présens, il serait difficile de refuser un délai de huitaine. Mais si ce délai étant expiré, le nombre des députés présens est moindre de 373, c'est-à-dire si la législature n'a pas la moitié plus un du nombre total dont elle doit être composée, elle doit toujours être autorisée à se constituer provisoirement et à rendre un décret coercitif contre les absens. Si après un délai suffisant, le nombre n'est pas augmenté, la constitution provisoire doit être définitive. Nous nous sommes fondés sur ce principe, que dans une assemblée délibérante, ceux qui ont été suffisamment appelés, sont légalement représentés, quoiqu'ils ne s'y trouvent pas.

Depuis l'art. XXII jusqu'à l'article XXX, nous avons complété l'organisation intérieure du corps-législatif; savoir, ce qui a rapport à la vérification des pouvoirs et aux deux sermens à prêter; l'un, au nom du peuple Français, *de vivre libre ou mourir;* l'autre, le serment individuel de chaque représentant envers la nation. Nous comprenons aussi dans ces articles le projet de réduire le nombre des secrétaires à quatre; en y adjoignant deux greffiers pris hors de l'assemblée. Cette institution, soumise à la surveillance des secrétaires, a paru nécessaire à tous ceux qui, ayant été à portée de reconnaître cette imperfection de notre régime, n'ont pu s'empêcher d'en demander la réforme.

Depuis l'article XXXI jusqu'au XLVIIe article, nous sommes entrés dans les détails de la police intérieure du corps-législatif; nous proposons de consacrer la publicité permanente des séances sous une seule modification, applicable à des cas rares; savoir, celui où les circonstances exigeraient que, comme le parlement d'Angleterre, l'assemblée voulût se former en comité.

De l'article XLVIII à l'article LXVI, nous proposons le mode, suivant lequel le corps-législatif sera tenu de former ses décrets. Il s'élève sur cette partie de notre travail des dissentimens graves; mais nous devons tous nous rallier à la nécessité d'assurer la sagesse et la maturité des actes du corps-législatif. Tout le monde pense qu'il faut réunir tous les moyens propres à donner aux lois la confiance publique. Nous sommes d'accord sur cette vérité, nous le serons bientôt aussi sur les moyens de la mettre en pratique.

De l'article LXVI à l'article LXXXIV, nous établissons les dispositions nécessaires pour donner aux décrets le caractère de loi. Cette section de notre travail est presque déjà décrétée tout entière.

De l'article LXXXIV à l'article XCIII, nous établissons les pouvoirs du corps-législatif en matière d'administration et de finances; et nous déterminons quelques dispositions relatives à la fixation de la liste civile. Les sept derniers articles fixent le rapport du corps-législatif avec le roi. Placé au centre de l'administration, il doit régner entr'elle et lui une constante harmonie; c'est dans cet esprit qu'il est désirable, qu'il est bon de voir le roi venir faire l'ouverture solennelle de la session du corps-législatif; et dans le cas où le roi jugerait que l'intérêt public exige qu'une session soit continuée au-delà du terme que le corps-législatif aura annoncé pour sa clôture, il pourra demander une continuation de séance, et le corps-législatif sera tenu de délibérer sur cette proposition.

Voilà neuf divisions bien marquées. Toutes viendront par ordre de section de matière. Je vais, en ce moment, soumettre à la discussion les art. VI et VII ainsi conçus :

Art. VI. Aucun état, profession ou fonction publique n'exclut de l'éligibilité à la législature, les citoyens qui réunissent les conditions prescrites par la constitution.

Art. VII. Les membres de la précédente législature pourront être réélus.

Je vais maintenant sur ces articles vous exposer les motifs du comité.

M. Robespierre. Je demande la parole pour une motion d'ordre indiquée par la nature même de la délibération, afin que nous puissions voter comme de simples citoyens, et non pas comme des hommes qui pourraient être réélus. Je demande donc que l'assemblée décrète d'abord que les membres de l'assemblée actuelle ne pourront être élus à la première législature. (On applaudit à plusieurs reprises dans tous les parties de la salle, et on demande à grands cris à aller aux voix.)

M. Garat l'aîné. La proposition de M. Robespierre n'est pas posée comme elle doit l'être; car il présente comme une question indécise ce qui est déjà décrété. Le 14 septembre, un membre a fait la proposition de ne renouveler le corps-législatif que des deux tiers; mais les avis furent à peu près honorablement unanimes, et vous avez décrété que la législature serait renouvelée en entier. Nous étions alors au-dessus de toutes vues ambitieuses.... (Il s'élève des murmures.)

La très-grande majorité de l'assemblée se lève à deux reprises différentes, et demande à grands cris à aller aux voix sur la proposition de M. Robespierre.

M. Pétion. Il ne s'agit pas ici de juger la question, de savoir si les membres d'une législature pourront être réélus à la législature suivante, mais si les membres de l'assemblée actuelle seront éligibles à la première législature. C'est en ce sens que je demande que la motion de M. Robespierre soit mise aux voix. (Les cris recommencent : *Aux voix, aux voix.*]

Thouret expose les détails de l'opinion du comité; il pense que la motion tend à exclure les citoyens qui ont bien mérité de la patrie, en défendant les droits du peuple. Il vote pour laisser à la nation l'intégrité de la faculté d'élire qui lui appartient.

Prugnon pense que la rééligibilité assurerait la corruption de l'assemblée par les ministres.

[*M. Merlin.* J'ai hésité long-temps avant de me déterminer à vous communiquer mes idées. J'ai craint la perversité de quelques-uns de ces hommes qui ne peuvent supposer une droiture, une pureté qu'ils n'ont jamais eues. Je redoutais qu'ils ne m'imputassent des intentions secrètes et coupables. Mais ce n'est pas de l'opinion qu'on prendra de ses actions qu'un représentant du peuple doit s'occuper : son devoir est de tout ramener à l'intérêt général, et de sacrifier son amour-propre et même son honneur au salut public. (Plusieurs voix : *Au fait.*) La nation exige deux choses de ses représentans : qu'ils respectent ses droits, et qu'ils les fassent respecter par le pouvoir exécutif. Respecterions-nous ses droits en mettant de nouvelles bornes à sa confiance? Je dis de nouvelles bornes ; car vous avez déjà imposé des conditions à l'éligibilité. Il s'est élevé des réclamations à cet égard; exiger toute autre condition, ce serait porter atteinte à la souveraineté nationale. Je demande ensuite si nous ferions respecter les droits de la nation, en excluant du corps-législatif tous ceux qui auraient été membres de la législature précédente. Le pouvoir exécutif cherche toujours à étendre ses prérogatives. Si l'on veut conserver la liberté, il faut qu'on le surveille : or, supposez qu'il arrive une législature entièrement neuve, quels seront ses moyens de surveillance? Où sera sa force, où seront ses ressources pour contenir le pouvoir exécutif? Je ne puis m'empêcher de sentir que dans cette hypothèse la nation aurait à courir la chance funeste d'une grande versatilité dans les lois : ce sera par une surveillance éclairée par l'expérience, que la nation conservera le trésor où seront renfermées les contributions publiques, les sueurs du pauvre. Un membre dont l'opinion ne sera pas suspecte à cette assemblée, M. l'abbé Maury, disait que les ministres échapperont toujours facilement à des hommes peu expérimentés. Voyez si ces hommes peu expérimentés dont M. l'abbé Maury parlait en 1789, ne ressemblent pas à une législature absolument nouvelle. Quelques lumières, quelque patriotisme qu'on lui suppose, cette législature pourra avoir une marche faible ou incertaine; et la cour, ennemie perpétuelle du peuple, saisira le moment pour essayer quelque grand bouleversement.

Vous avez encore à craindre les mauvais choix, et il y en aura. Ils amèneront nécessairement dans le corps-législatif de ces hommes qui se font une gloire de leur attachement à un ordre de choses proscrit par la justice et la liberté. Ne craignez-vous pas que quelques hommes qui n'auront pas l'espérance d'être réélus ne respectent moins un caractère que la confiance de la nation ne pourrait leur conserver ? Pourquoi vous priver de la puissance morale de l'espoir de la réélection?... Ce serait à tort sans doute que j'appuierais mon opinion de la crainte de voir une législature nouvelle chercher à changer la constitution; mais que m'importe qu'elle ne la change pas, si elle la laisse périr!... Avoir le droit de faire des lois réglementaires, c'est avoir le droit d'entraver, de tuer la constitution... Il faudrait que la législature prochaine délibérât long-temps pour qu'il se formât dans son sein un Camus.... (On applaudit.) Il faut un temps considérable pour s'instruire d'une foule de détails que les membres des législatures devront savoir. En finance surtout, les détails sont indispensables : or, le nombre des hommes instruits en finance est bien petit dans les départemens.... On craindra sans doute l'influence d'un homme qui joindrait à une grande éloquence l'avantage d'avoir déjà concouru aux opérations d'une législature. Mais cet homme pourrait être sûr, j'en appelle aux mânes de Mirabeau, que s'il voulait tromper, abuser l'assemblée, il s'attirerait un reproche d'immoralité, dont la supériorité de ses talens ne suffirait pas à la longue pour effacer l'impression..... J'appuie donc l'opinion du comité.

M. Robespierre. Avant d'être convaincu de l'utilité de la motion que j'ai faite, de grands exemples m'avaient frappé. Tous les législateurs dont les hommes ont conservé le souvenir, se sont fait un devoir de rentrer dans la foule des citoyens, et de se dérober même à la reconnaissance. Ils pensaient que le respect des lois nouvelles tenait au respect qu'inspirait la personne des législateurs. Ceux qui fixent les destinées des nations doivent s'isoler de leur propre ouvrage. Je n'ai pas besoin de me perdre dans des raisonnemens subtils pour trouver la solution de la question qui vous est soumise.

Cette solution existe dans les premiers principes de ma droiture et de ma conscience. Nous allons délibérer sur une des principales bases de la liberté et du bonheur public, sur l'organisation du corps-législatif, sur les règles constitutionnelles des élections; faisons que ces grandes questions nous soient étrangères; dépouillons-nous de toutes les passions qui pourraient obscurcir la raison; je crois ce principe généralement bon; mais je vais un moment l'appliquer personnellement à moi. Je suppose que je ne fusse pas insensible à l'honneur d'être membre du corps-législatif, et je déclare avec franchise que rien ne me semble plus digne de l'ambition d'un homme libre. Je suppose que les chances qui pourraient me porter à cet honneur fussent liées aux grandes questions que nous allons résoudre: serais-je dans l'état d'impartialité et de désintéressement absolu qu'elles exigent ? Puisqu'il n'existe dans tous les hommes qu'une même morale, une même conscience, j'ai cru que mon opinion serait celle de l'assemblée. (On applaudit.)

C'est la nature même des choses qui a élevé une barrière entre les auteurs de la constitution et l'autorité législative, qui doit exister par eux et après eux. En fait de politique, rien n'est juste que ce qui est honnête, rien n'est utile que ce qui est juste, et rien ne s'applique mieux à la cause que je discute que les avantages attachés au parti que je propose. Quelle autorité imposante va donner à votre constitution le sacrifice que vous ferez vous-mêmes des plus grands honneurs auxquels un citoyen puisse prétendre ! Que les ressources de la calomnie seront faibles, lorsqu'elle ne pourra pas reprocher à un seul d'entre vous d'avoir voulu mettre à profit, pour prolonger votre mission, le crédit que vous donnerait près de vos commettans la manière dont vous l'avez remplie ; d'avoir voulu étendre votre empire sur des assemblées nouvelles, lorsqu'elle verra que vous avez sacrifié tout intérêt personnel au respect religieux pour les grandes délibérations qui vous restent à prendre !

Si l'on m'opposait quelque scrupule relatif à l'intérêt public, il ne me serait pas difficile de répondre. Désespère-t-on de nous voir remplacés par des hommes également dignes de la confiance publique ? (Il s'élève des murmures.) En partageant le sentiment, honorable pour cette assemblée, qui fait la base de cette idée, je crois exprimer le vôtre, en disant que nos travaux et nos succès ne nous donnent pas le droit de croire qu'une nation de 25 millions d'hommes libres soit réduite à l'impossibilité de trouver 720 défenseurs dignes de recevoir et de conserver le dépôt sacré de ses droits. Mais si, dans un temps où l'esprit public n'existait pas encore, où la France était loin de prévoir ses destinées, la nation a pu faire des choix dignes de cette révolution, pourquoi n'en ferait-elle pas de meilleurs, lorsque l'opinion publique est éclairée et fortifiée par une expérience de deux années, si fécondes en grands événemens et en grandes leçons ? (On applaudit.) Les partisans de la réélection disent encore qu'un certain nombre, et même que certains membres de cette assemblée sont nécessaires pour éclairer, pour guider la législature suivante par les lumières de l'expérience, et par la connaissance plus parfaite des lois qui sont leur ouvrage.

Je pense d'abord que ceux qui, hors de cette assemblée, ont lu, ont suivi nos opérations, qui ont adopté et défendu nos décrets, qui ont été chargés par la confiance publique de les faire exécuter, connaissent aussi les lois et la constitution. (On applaudit.) Je crois qu'il n'est pas plus difficile de les connaître qu'il ne l'a été de les faire. (Les applaudissemens recommencent.) Je pourrais même ajouter que ce n'est pas au milieu de ce tourbillon immense d'affaires et d'événemens, qu'il a été plus facile de reconnaître l'ensemble et de lier dans sa mémoire les détails de toutes nos opérations. Je pense d'ailleurs que les principes de cette constitution sont gravés dans le cœur de tous les hommes, et dans l'esprit de la majorité des Français; que ce n'est point de la tête de tel ou tel orateur qu'elle est sortie, mais du sein même de l'opinion publique qui nous a précédés et qui nous a soutenus: c'est à la volonté de la nation qu'il faut confier sa durée et sa perfection, et non à l'influence de quelques-uns de ceux qui la représentent en ce moment. Si elle est votre ouvrage, n'est-elle plus le patrimoine des citoyens qui ont juré de la défendre contre tous ses ennemis? N'est-elle pas l'ouvrage de la nation qui l'a adoptée? Pourquoi les assemblées de représentans choisis par elle n'auraient-ils pas droit à la même confiance? Et quelle est celle qui oserait la renverser contre sa volonté? Quant aux prétendus guides qu'une assemblée pourrait transmettre à celles qui la suivent, je ne crois point du tout à leur utilité. Ce n'est point dans l'ascendant des orateurs qu'il faut placer l'espoir du bien public, mais dans les lumières et dans le civisme des assemblées représentatives. L'influence de l'opinion publique et de l'intérêt général diminue en proportion de celle que prennent les orateurs; et quand ceux-ci parviennent à maîtriser les délibérations, il n'y a plus d'assemblée, il n'y a plus qu'un fantôme de représentation. Alors se réalise le mot de Thémistocle, lorsque, montrant son fils enfant, il disait: « Voilà celui qui gouverne la Grèce; ce marmot gouverne sa mère, sa mère me gouverne, je gouverne les Athéniens, et les Athéniens gouvernent la Grèce. » Ainsi une nation de 25 millions d'hommes serait gouvernée par l'assemblée représentative, celle-ci par un petit nombre d'orateurs adroits; et par qui les orateurs seraient-ils gouvernés quelquefois? (On applaudit.) Je n'ose le dire, mais vous pourrez facilement le deviner. Je n'aime point cette science nouvelle qu'on appelle la tactique des grandes assemblées, elle ressemble trop à l'intrigue; et la vérité, la raison, doivent seules régner dans les assemblées législatives. (On applaudit.)

Je n'aime pas que des hommes habiles puissent, en dominant une assemblée par ces moyens, préparer, assurer leur domition sur une autre, et perpétuer ainsi un système de coalition qui est le fléau de la liberté. J'ai de la confiance en des représentans qui, ne pouvant étendre au-delà de deux ans les vues de leur ambition, seront forcés de la borner à la gloire de servir leur pays et l'humanité, de mériter l'estime et l'amour des citoyens dans le sein desquels ils sont sûrs de retourner à la fin de leur mission. Deux années de travaux aussi brillans qu'utiles sur un tel théâtre suffisent à leur gloire ; si la gloire, si le bonheur de placer leurs noms parmi ceux des bienfaiteurs de la patrie ne leur suffit pas, ils sont corrompus, ils sont au moins dangereux ; il faut bien se garder de leur laisser les moyens d'assouvir un autre genre d'ambition. Je me défierais de ceux qui, pendant quatre ans, resteraient en butte aux caresses, aux séductions royales, à la séduction de leur propre pouvoir, enfin à toutes les tentations de l'orgueil ou de la cupidité. Ceux qui me représentent, ceux dont la volonté est censée la mienne, ne sauraient être trop rapprochés de moi, trop identifiés avec moi ; sinon, loin d'être la volonté générale, la loi ne sera plus que l'expression des caprices ou des intérêts particuliers de quelques ambitieux ; les représentans ligués contre le peuple, avec le ministère et la cour, deviendront des souverains, et bientôt des oppresseurs. (On applaudit.) Ne dites donc plus que s'opposer à la réélection, c'est violer la liberté du peuple. Quoi ! est-ce violer la liberté que d'établir les formes, que de fixer les règles nécessaires pour que les élections soient utiles à la liberté. Tous les peuples libres n'ont-ils pas adopté cet usage ; n'ont-ils pas surtout proscrit la réélection dans les magistratures importantes, pour empêcher que sous ce prétexte les ambitieux ne se perpétuassent par l'intrigue, par l'habitude et la facilité des peuples ? N'avez-vous pas vous-mêmes déterminé des conditions d'éligibilité ? les partisans de la réélection ont-ils alors réclamé contre ces décrets ? Or, faut-il que l'on puisse nous accuser de n'avoir cru à la liberté indéfinie en ce genre, que lorsqu'il s'agissait de nous-mêmes, et de n'avoir montré ce scrupule excessif que lorsque l'intérêt public exigeait la plus salutaire de toutes les règles qui peuvent en diriger l'exercice ?

Cette restriction injuste, contraire aux droits de l'homme, et qui ne tourne point au profit de l'égalité, est une atteinte portée à la liberté du peuple : mais toute précaution sage et nécessaire que la nature même des choses indique, pour protéger la liberté contre la brigue et contre les abus du pouvoir des représentans, n'est-elle pas commandée par l'amour même de la liberté ? Et d'ailleurs n'est-ce pas au nom du peuple que vous faites les lois ? C'est mal raisonner que de présenter vos décrets comme des lois dictées par des souverains à des sujets. C'est la nation qui les porte elle-même par l'organe de ses représentans. Dès qu'ils sont justes et conformes aux droits de tous, ils sont toujours légitimes. Or, qui peut douter que la nation ne puisse convenir des règles qu'elle suivra dans ses élections pour se défendre elle-même contre l'erreur et contre la surprise. Au reste, pour ne parler que de ce qui concerne l'assemblée actuelle, j'ai fait plus que de prouver qu'il était utile de ne point permettre la réélection ; j'ai fait voir une véritable incompatibilité fondée sur la nature même de ses devoirs. S'il était convenable de paraître avoir besoin d'insister sur une question de cette nature, et j'ajouterais encore d'autres raisons, il importe de ne point donner lieu de dire que ce n'était point la peine de tant presser la fin de notre mission pour la continuer, en quelque sorte, sous une forme nouvelle. Je dirais surtout une raison qui est aussi simple que décisive. S'il est une assemblée dans le monde à qui il convienne de donner le grand exemple que je propose, c'est sans contredit celle qui, durant deux années entières, a supporté des travaux dont l'immensité et la continuité semblaient être au-dessus des forces humaines.

Il est un moment où la lassitude affaiblit nécessairement les ressorts de l'âme et de la pensée ; et lorsque ce moment est arrivé, il y aura au moins de l'imprudence pour tout le monde à se charger encore pour deux ans du fardeau des destinées d'une nation. Quand la nature même et la raison nous ordonnent le repos, pour l'intérêt public autant que pour le nôtre, l'ambition ni même le zèle n'ont point le droit de les contredire. Athlètes victorieux, mais fatigués, laissons la carrière à des successeurs frais et vigoureux, qui s'empresseront de marcher sur nos traces, sous les yeux de la nation attentive, et que nos regards seuls empêcheraient de trahir leur gloire et la patrie. Pour nous, hors de l'assemblée législative, nous servirons mieux notre pays qu'en restant dans son sein. Répandus sur toutes les parties de cet empire, nous éclairerons ceux de nos concitoyens qui ont besoin de lumières, nous propagerons partout l'esprit public, l'amour de la paix, de l'ordre, des lois et de la liberté. (On applaudit à plusieurs reprises.)

Oui, voilà dans ce moment la manière la plus digne de nous et la plus utile à nos concitoyens, de signaler notre zèle pour leurs intérêts. Rien n'élève les âmes des peuples, rien ne forme les mœurs publiques comme les vertus des législateurs. Donnez à vos concitoyens ce grand exemple d'amour pour l'égalité, d'attachement exclusif au bonheur de la patrie; donnez-le à vos successeurs, à tous ceux qui sont destinés à influer sur le sort des nations; que les Français comparent le commencement de votre carrière avec la manière dont vous l'aurez terminée, et qu'ils doutent quelle est celle de ces deux époques où vous vous serez montrés plus purs, plus grands, plus dignes de leur confiance.

Je n'insisterai pas plus long-temps; il me semble que pour l'intérêt même de cette mesure, pour l'honneur des principes de l'assemblée, cette motion ne doit pas être décrétée avec trop de lenteur. Je crois qu'elle est liée aux principes généraux de la rééligibilité des membres des législatures; mais je crois aussi qu'elle en est indépendante sous d'autres rapports; mais je crois que les raisons que j'ai présentées sont tellement décisives, que l'assemblée peut décréter dès ce moment que les membres de l'assemblée nationale actuelle ne pourront être réélus à la première législature. (L'assemblée applaudit à plusieurs reprises.— La très-grande majorité demande à aller aux voix.)

L'assemblée ordonne à la presque unanimité l'impression du discours de M. Robespierre.

On demande de nouveau à aller aux voix.

M. le Chapelier monte à la tribune. — L'assemblée est longtemps agitée. — La très-grande majorité demande que la discussion soit fermée.

M. Baumetz. Je demande à parler contre la proposition de fermer la discussion, et quoique je voie un très-grand désir d'aller aux voix, je demande à présenter des observations contradictoires. (Il s'élève beaucoup de murmures.) Il y a longtemps que je suis averti qu'on a l'intention d'enlever cette question par un mouvement. (Les murmures recommencent.) C'est à cause qu'on en appelle aux vertus de l'assemblée, que je veux en appeler à sa raison. Je demande qu'elle soit en garde contre la séduction même de la vertu. Si ce sont de fortes considérations qui frappent l'assemblée, les raisons qui la déterminent subsisteront demain comme aujourd'hui. (La très-grande-majorité se lève et demande à aller aux voix.) Il y a différens projets sur cette matière.... Il y a des amendemens à proposer.... (Un très-grand nombre de voix : *Non, non.*)

M. Custine. Il est aisé de voir que les opposans veulent être réélus. (On applaudit.)

M. Toulongeon. On tâcherait en vain de nous accuser de séduction; c'est la force de la raison qui nous entraîne. Je demande que la bonne action que nous allons faire ne soit pas retardée. (La grande majorité se lève de nouveau pour aller aux voix.)

M. le Chapelier, toujours à la tribune, insiste pour obtenir la parole.

La discussion est fermée à la presque unanimité.

M. Rewbell. Je demande qu'on ajoute par amendement la question de savoir si les membres des législatures suivantes pourront être réélus. (Il s'élève beaucoup de murmures.)

L'assemblée consultée décrète à la presque unanimité que ses membres ne pourront être élus à la première législature.

L'assemblée se retire au milieu de ses propres applaudissemens. — Les tribunes sortent en silence.]

SÉANCES DES 17 ET 18 MAI.

La question qui succéda à la motion de Robespierre fut celle de la rééligibilité des membres des législatures suivantes. Elle fut terminée à la séance du 19 par cette décision, que présenta Barnave : « Les membres d'une législature pourront être réélus à la législature suivante ; mais ils ne pourront être réélus de nouveau qu'après un intervalle de deux années. » Deux discours furent prononcés, l'un par Duport, l'autre par Robespierre. Aux deux limites extrêmes de la question, Duport opina pour la réélection illimitée du point de vue du droit constitutionnel ; Robespierre écarta la réélection du point de vue de la morale sociale. Ces deux discours sont deux manifestes que nous avons dû recueillir. Duport parla dans la séance du 17, et Robespierre dans celle du 18.

[M. Duport. Je suis rappelé à cette tribune par le besoin de défendre mon pays du plus grand danger qui l'ait encore menacé, et s'il n'est plus possible d'empêcher que de violens désordres ne le troublent long-temps, au moins peut-on le préserver d'une anarchie continuelle et irremédiable. (Il se fait un grand silence.) Comme c'est dans la disposition des esprits que se trouvent en général les élémens d'une délibération, il me paraît nécessaire de placer sous vos yeux quelques réflexions long-temps retenues, et que je me reprocherais de taire davantage. Je vais, sans m'écarter de la question présente, vous montrer en peu de mots votre position et celle où l'on cherche à vous précipiter, vos véritables dangers, bien réels et bien pressans. Vous les connaîtrez ; ils cesseront de peser sur ma conscience, et je les mets sur la vôtre, sur celle de ceux qui, sans les discuter ni les examiner, voudraient pourtant nier l'importance de ces dangers.

De degrés en degrés on vous a menés à une véritable et complète désorganisation sociale. Je ne sais quelle manie de principes simples on a, depuis quelque temps, cherché à vous inspirer, et dont l'effet, bien calculé par ceux qui en sont les premiers moteurs, est de détendre tous les ressorts du gouvernement, et d'en détruire non les abus, vous l'avez glorieusement exécuté, mais l'action salutaire et conservatrice; disons mieux, de conduire à changer tout-à-fait la forme du gouvernement; car, malgré les protestations contraires, il faut bien ignorer les choses de ce monde pour douter des grands projets qui existent à cet égard. (Le silence est interrompu par une légère agitation.) Les dangers vous environnent; ils augmentent tous les jours, et la sécurité, dont on voudrait faire un argument contre leur réalité, ne prouve rien; car jamais la sécurité d'un aveugle près du précipice n'a empêché qu'il ne fût en péril de la vie.

Il y a des hommes qui ne sont sensibles qu'à un genre de danger, c'est-à-dire aux mouvemens populaires. Quoique presque toujours excusables par leurs causes, leurs effets, je l'avoue, sont vraiment dangereux: ils affaiblissent le respect dû aux nouvelles lois, au moment même où elles ont besoin de toute la force de l'opinion pour s'établir; ils détournent les administrateurs de leurs devoirs journaliers, et de plus, en faisant prédominer dans les esprits l'idée de la force sur celle de la raison et de la loi, ils indisposent tous ceux qui ont fondé sur elles l'espoir de leur existence et de leur tranquillité; mais ce mal, c'est dans sa racine qu'il faut l'attaquer, et l'expérience devrait avoir démontré que toute expression partielle à cet égard est plus fâcheuse qu'utile, et qu'en comprimant le ressort elle en augmente la force. Il faut aller hardiment à la source du mal, et toutes les incommodités locales disparaîtront. Une constitution sage et libre, un gouvernement loyal, juste et ferme, voilà le grand, le seul remède qui soit nécessaire et que vous demande la nation dont vous stipulez les intérêts, celui dont la négligence, en lui préparant de longs malheurs, vous donnerait de cruels et inutiles remords.

Le véritable danger, encore caché sous le nuage de l'opinion, mais déjà profond et étendu, c'est l'exagération des idées publiques, leur divagation et le défaut d'un centre commun, d'un intérêt national qui les attire et qui les unisse. Encore un pas, et le gouvernement ne peut plus exister, ou se concentre totalement dans le pouvoir exécutif seul ; car je vois dans l'éloignement le despotisme sourire à nos petits moyens, à nos petites vues, à nos petites passions, et y placer sourdement le fondement de ses espérances. (On entend des applaudissemens partiels dans les divers côtés de la salle.) Ce que l'on appelle la révolution est fait ; les hommes ne veulent plus obéir aux anciens despotes ; mais si l'on n'y prend garde, ils sont prêts à s'en faire de nouveaux, et dont la puissance, plus récente et plus populaire, serait mille fois plus dangereuse. (Une légère agitation recommence. — Le silence succède.) Tant que l'esprit public n'est pas formé, le peuple ne fait que changer de maîtres ; mais ce changement ne valait assurément pas la peine de faire une révolution. (On entend quelques applaudissemens.) Les idées de liberté et d'égalité se sont répandues sur tout l'empire ; elles ont pénétré dans toutes les classes de la société. Les partisans des anciens abus ont seuls été insensibles à ces noms si touchans et aux doux sentimens qu'ils réveillent dans les âmes. La raison s'est retrouvée sous les décombres de ces vieilles institutions qui la tenaient captive ; tout le monde s'est employé à consacrer un temple à la liberté ; elle est devenue le culte de la nation entière ; mais les dogmes de cette religion politique ne sont pas encore bien connus, et il est à craindre que dès son berceau un grand nombre de sectes différentes n'en obscurcissent la pureté.

Je le répète donc, la révolution est faite ; mais c'est une conséquence bien fausse que de dire, comme on l'entend communément, que pour cela la liberté n'est plus en danger ; car c'est pour elle seule que je crains. Sa cause est la seule qui puisse me forcer à rompre le silence. Le progrès immodéré et sans bornes de cette révolution a pour but de nous replacer au point où nous étions, ou même dans une position bien plus fâcheuse, c'est-à-dire qu'après avoir détruit successivement tous les ressorts du gouvernement, il peut amener à une dissolution générale, à une guerre intestine. Tout mouvement dans le monde moral comme dans le monde physique est circulaire : lorsqu'il se continue, il reproduit les mêmes combinaisons. Il nous reporterait à celles que nous voulons éviter, si nous ne parvenions à l'arrêter lui-même par un système vigoureux et solide de gouvernement. Il n'y a que trois états pour l'homme : l'indépendance, l'esclavage et la liberté. Ces trois états se suivent toujours dans le même ordre. Nous sommes sortis de l'esclavage, et nous y retournerons si, outrepassant la liberté, nous arrivons une fois à l'indépendance. L'esclavage a même cette funeste propriété, qu'il est pour tous l'image du repos, et qu'il s'allie naturellement avec les sentimens des peuples dégénérés, car il favorise l'amour de la domination et l'ambition des uns, la paresse et la mollesse des autres. La liberté, au contraire, est ce milieu difficile à tenir et qui exige une continuité d'efforts et de vigueur bien autrement difficile qu'une rapide et courte explosion de ses forces.

Qu'on ne croie pas néanmoins qu'en rappelant ces vérités je veuille marquer de la moindre improbation cet enthousiasme généreux qui a été partagé par toute la France, et qui maintenant en agite toutes les parties. On connaît sur cela mes principes : j'ai toujours combattu ceux qui voulaient remettre au pouvoir exécutif une autorité excessive ou précoce ; il fallait que tout fût purifié par la révolution, que le gouvernement se régénérât, pour ainsi dire ; il fallait que le peuple se pénétrât, s'inondât de l'amour de la liberté, afin de devenir propre à connaître, à respecter les nouvelles lois qui l'établissent.

Tout s'est donc fait à cet égard, jusqu'à ces derniers momens, comme il devait se passer, et je ne voudrais retrancher de notre révolution que d'inutiles cruautés qui la défigurent. Mais ce serait une grande et funeste erreur que de se livrer pour cela à des espérances sans bornes ; et d'attendre un secours illimité des événemens qui, jusqu'à présent nous ont servis si heureusement. La position est bien changée. Il fallait abattre, il faut reconstruire ; il fallait poser les fondemens, il faut terminer l'édifice ; et il n'est personne parmi nous qui, dans sa conscience, n'ait pensé que la pente des esprits, si favorable à l'établissement de la liberté, ne devait être favorisée que jusqu'au moment où elle cesserait de favoriser elle-même les véritables idées de la liberté.

et d'un gouvernement sage. Ce moment est-il venu? Je le pense. Tout, jusqu'à notre lassitude, nous apprend qu'il faut terminer la constitution, et laisser après nous un ordre de choses qu'on ne puisse changer que par la volonté expresse de la nation, exprimée suivant un mode déterminé. Cela posé, daignez me suivre dans ce court développement. Voulez-vous attendre que l'on ait accrédité cette opinion, commune à nos ennemis et à de prétendus patriotes, que votre constitution, surtout telle qu'elle sera par vous perfectionnée, ne peut pas subsister? Ne voyez-vous pas cette troupe de gens sans lumière, répétant déjà ce qu'on lui a inspiré, que la première législature sera constituante, et qu'elle fera une constitution plus conforme à la déclaration des droits? Lorsque ces idées auront gagné davantage, il ne sera plus temps de prévenir le danger : il sera venu. Alors l'opinion populaire, qui a secondé vos travaux, se tournera contre eux; votre constitution sera attaquée et par ceux qui n'ont pu y atteindre, et par ceux qui l'ont dépassée. Quelle sera la position alors? Les partisans de votre ouvrage, combattant à la fois nos éternels ennemis et les nouveaux patriotes, tristement serrés contre l'autorité royale et les autres pouvoirs qu'il sera de mode d'attaquer, dans l'attitude que vous avez vue aux impartiaux, aux monarchistes et autres, n'auront d'appui que la raison de la force, que cette détestable et périlleuse ressource de la loi martiale. Eh! la vraie loi martiale, c'est la justice et la prévoyance. L'une prévoit les malheurs, l'autre les prévient. Et lorsque la force est employée contre le peuple, soyez comme certains que ceux qui gouvernent méritent des reproches, et qu'ils cherchent à le punir de leurs propres fautes.

Rendons ces idées plus sensibles, et pour cela, observons l'opinion publique. Comment mesure-t-elle la constitution? Comment d'abord en conçoit-elle les deux bases, liberté et égalité? S'est-elle élevée à des notions justes sur la liberté publique; sur cette liberté, qui est la limite des droits de chacun; limite posée par la justice, exprimée par la loi, défendue par la force publique? Sans doute plusieurs l'entendent ainsi; mais aux yeux d'un grand nombre d'autres, quelquefois même dans cette tribune, elle n'a paru que l'expression d'un droit personnel et absolu, sans relation aucune avec nos voisins et nos concitoyens; idée destructive, mais qui s'allie merveilleusement avec toutes les passions viles de l'égoïsme, de l'envie, de la bassesse, et qui détruit les vertus opposées. Quant à l'égalité, il est clair que les imbécilles et les fripons, dont la ligue est si naturelle et si commune, seront tentés toujours de persuader, les uns qu'elle est l'égalité des fortunes et des propriétés; les autres, qu'elle est celle de la capacité et des talens. Ils ont tous un égal penchant à tout désorganiser, parce qu'ils sentent que le propre d'un pays constitué est de mettre les choses et les hommes à leur place, d'affermir tous les empires légitimes, de consacrer la propriété, et de donner de l'autorité à la raison. D'autres hommes calculent le mouvement des esprits; ils n'osent pas flatter directement ses idées; mais ils font répandre qu'au moins ces deux principes de la liberté et de l'égalité seraient plus religieusement observées, et plus solidement unis dans une forme différente de gouvernement. Ce n'est point ici une chimère, ni une supposition que je vous présente; et si vous ne vous apercevez pas que vous êtes sur la route qui conduit à la destruction, ce ne sera pas ma faute. En vain dira-t-on que ce projet est ridicule; est-ce parce que des choses sont déraisonnables qu'elles sont impossibles? On dira encore que ceux qui les propagent ne sont remarquables que par leur profonde incapacité, et qu'il n'est pas un de nous qui voulût donner à gouverner pendant six mois sa maison, son champ, ses affaires à ces hommes qui veulent reconstituer la France. Tout cela n'est rien contre la pente de l'opinion. Voici quels en seraient les premiers résultats. Les premiers efforts vers ce système seraient marqués par d'incalculables malheurs.

Avant tout, il faudrait noyer dans le sang les derniers partisans du trône; les intrigues qui maintenant agitent et divisent la société, deviendraient de funestes et véritables factions qui déchireraient l'empire. Partout on se battrait pour un homme ou pour un autre, et tel qui se dévoue aujourd'hui au noble métier de payer des libelles, et de réduire en système la calomnie, serait tout à coup l'effroi et le tyran de ses concitoyens. Enfin, après de longs et inutiles essais, le despotisme viendrait se présenter comme un asile favorable à toutes les âmes épuisées, fatiguées et ne voyant plus de bonheur que dans le repos. Personne ne révoque en doute la possibilité de ces dangers ; mais on les croit encore dans un avenir éloigné, qui laisse tout le temps et les moyens de les prévenir. Non, donnez un peu de confiance à des hommes qui ont quelquefois utilement médité pour la chose publique, et qui n'ont jamais varié dans la route du patriotisme et de la probité. Je pense que le péril est très-instant, qu'il nous poursuit. Ne croyez pas que les idées de liberté et d'égalité rétrogradent jamais. Elles s'étendent au contraire par leur nature, et se propagent de plus en plus. On peut, comme je l'ai dit, et voilà le grand secret, voilà ce qu'il faut faire, on peut les enchaîner dans des combinaisons heureuses et fortes qui les retiennent et les conservent. Il faut les rattacher à un gouvernement juste et ferme : sans cela elles continuent à s'écrouler ; elles vont toujours nivelant, toujours dissolvant, jusqu'au partage des terres. Après avoir aplani les montagnes, les plus petites élévations paraissent sensibles et gênantes, et blessent ce niveau universel, qui n'est que l'absurdité même réduite en système. Ainsi on arrivera à l'individualité, ce dernier terme de la progression, où l'on pourrait recommencer la société, si nos ennemis et notre propre courage nous permettaient de parcourir cette effrayante carrière. C'est donc pour la conservation de la liberté et de l'égalité qu'il faut, non les restreindre, mais les envelopper dans un gouvernement juste et solide. Pour unique preuve de cette force de l'opinion et de sa tendance déterminée, je ne veux que vous faire observer d'une part des hommes qui, repoussant les principes lorsqu'il fallait les établir, les exagèrent maintenant qu'il faut les restreindre : des hommes qui ont passé, sans intermédiaire, de la pusillanimité à l'enthousiasme, parce que l'opinion est à ce degré du thermomètre. D'autres hommes dont les idées avaient été reléguées parmi les rêves de l'abbé de Saint-

Pierre, et cela sans aucun esprit de parti, mais d'un commun accord, sont devenus importans au moment où ils sont dangereux, après avoir été négligés lorsqu'ils étaient utiles. De tout cela, il résulte évidemment que l'assemblée nationale, prise en masse, et l'opinion qui s'établit, sont dans une marche inverse. L'assemblée, je le suppose au moins, cherche à rapprocher les esprits vers un même point, qui est la constitution; et cette opinion, par un mouvement contraire, tend à s'en écarter.

Dans ces circonstances, quel parti faut-il prendre? fixer l'opinion ou suivre son entraînement, et courir avec elle à la perte de ce beau pays. (On applaudit.) Je rentre ici dans les termes précis de la question, de la nécessité de former promptement un gouvernement solide et durable, et non pas vacillant et incertain comme on vous le propose. C'est bien assez d'avoir à redouter l'exagération que la première assemblée mettra vraisemblablement dans ses décisions; et cet amour insensé de la popularité qui l'animera peut-être, et dont l'avantage insigne est comme le baptême, d'effacer tous les crimes. Un journaliste a même été jusqu'à dire : « Un mot dit à propos lève tous les doutes sur le patriotisme d'un individu. » Mettons un terme à cette incroyable mobilité. Depuis qu'on nous rassasie de principes, et que le mot même, comme tant d'autres aussi beaux, d'impartial, d'ordre public, etc., tend à s'avilir dans l'opinion, pourquoi ne s'est-on pas avisé de penser que la stabilité est aussi un principe de gouvernement. Croit-on que l'état ordinaire d'un pays est l'état de révolution, et veut-on exposer la France, dont les habitans ont déjà un caractère si mobile et si ardent à en voir arriver une tous les deux ans dans les opinions, dans les principes d'administration, de commerce, de finances, d'impositions, et dans les traités d'alliance et de commerce. En vérité, je crois rêver quand je pense qu'il faut répondre à de pareilles pauvretés. Je ne crois plus être avec des hommes raisonnables et sensés, mais au milieu des ennemis les plus acharnés de mon pays. Lorsqu'on a la liberté, un gouvernement stable est le plus grand de tous les biens; il fait le bonheur de tous; il assure à tous la jouissance de leurs droits; c'est pour elle qu'ils sont en société; il assure la fortune publique et les fortunes particulières; il favorise les diverses transactions du commerce et toutes les jouissances sociales. C'est lui qui procure au peuple une aisance assurée, la tranquillité et l'amélioration de son sort. Il n'est pas douteux qu'en général le peuple n'est pas intéressé d'une manière directe aux grandes idées qui occupent les têtes métaphysiques.

En France, il a eu le bon esprit de s'associer à la révolution, et de voir qu'il valait mieux perdre un instant de repos, et donner une base solide et constitutionnelle à son propre bonheur; mais si ses espérances sont trompées, si pour satisfaire nos petites passions, ou pour plaire à je ne sais quelles têtes creuses qui se font de la liberté une idée toute spirituelle et fantastique, tandis qu'elle est un bien solide, substantiel, et qu'il faut toujours considérer par ses vrais résultats, qui ne sont que le bonheur et l'aisance de chacun : si vous venez à former un gouvernement bizarre, incertain, sans liaison et sans suite, alors, j'ose vous le dire, prêts à rentrer au milieu de vos concitoyens, au lieu d'y recevoir la reconnaissance due à vos travaux, vous y retrouverez une haine toujours croissante avec les maux individuels dont ils sont la proie : ils vous reprocheront tous les malheurs qu'ils souffriront... Je n'achève pas ce tableau. S'il est des hommes inaccessibles à ces sortes de crainte, on ne niera pas qu'ils méritent le plus profond mépris. Que les adversaires du comité veuillent bien me dire ce qu'ils font de l'intérêt national. Qui est-ce qui défend ce centre important où il faut transporter tant de force pour attirer et réunir toutes les parties, ce centre où réside la liberté publique, gage et soutien de toutes les autres libertés? Qu'est-ce que je vois dans ce centre? le pouvoir exécutif. Mais à son égard, de deux choses l'une, ou les ministres étant accrédités par l'opinion, resteront en place, et voyant, durant le cours de leur ministère, se renouveler beaucoup de législatures, ils seraient comme Nestor chez les Grecs, ils auraient vu beaucoup de générations, et prendraient sur chacune l'empire de l'expérience; ils pourraient alors faire réussir aisément un système long-temps médité d'agrandissement funeste de l'autorité royale; ou bien le meilleur ministre serait culbuté par cette révolution périodique qui aurait lieu tous les deux ans. Il n'y a dans tout cela ni la liberté ni le bonheur public. On ignore, ou l'on affecte d'ignorer la véritable nature de notre gouvernement. Ce ne sont pas des états-généraux périodiques que nous avons institués, mais une assemblée nationale permanente. Ce n'est pas pour venir de temps en temps voir ce qui se passe dans l'administration que la nation envoie des députés, c'est pour prendre en plusieurs points une part active à l'administration même; c'est pour suivre un plan d'impôt, de perception, de finances, d'acquittement et d'amortissement de la dette publique : il faudra décider quelquefois de la paix et de la guerre, des traités de commerce et d'alliance, mais évidemment cela ne se peut faire qu'avec des connaissances antérieurement acquises, prises dans l'expérience, non des affaires de son canton, mais de celles de toute la nation. Sans cela, nous ferons la guerre comme une horde de sauvages, par une impulsion de colère soudaine, par un sentiment que le pouvoir exécutif fera naître quand il voudra. Daignez ouvrir les yeux sur le système assez adroit de certains hommes, qui n'ont pris sur eux aucune responsabilité personnelle; car ce n'en est pas une que d'avoir combattu tout ce qui est raisonnable, et d'avoir tenu sans interruption une chaire de droit naturel; c'est ce système qu'on veut continuer encore. Si par une mesure, effet de l'ignorance ou de la corruption d'une législature, la France est entraînée à sa perte par une guerre ou un traité, où aller chercher dans le fond de son département l'auteur exécrable d'un tel malheur, pour lui imprimer sur le front les marques ineffaçables du mépris et de l'exécration publique? On a dit quelquefois, pour se divertir sans doute, que le roi était inutile à notre constitution. Eh bien! moi, je vous dis que si l'avis du comité ne passe pas, c'est le corps-législatif qui est superflu. Un roi et des départemens, tout est là ; le premier, pour l'intérêt général, et les autres, pour les intérêts locaux; car puisqu'ils ne viendront pour défendre que ceux-là, on peut leur épargner les frais de voyage. Quelle joie maligne et vive vos ennemis éprouvent en vous voyant détruire ainsi votre propre ouvrage. C'est un genre d'occupation qu'ils respecteront soigneusement. Pourraient-ils faire mieux, ou même aussi bien ? Mais si l'intérêt national est entièrement oublié dans ces législatures bizarres et décousues, en revanche l'intérêt particulier de chaque département contre le bien public y sera uniquement ménagé. Chaque député arrive ici pour deux ans; chacun y viendra à son tour; c'est d'ailleurs un principe d'égalité, et ne pouvant pas être réélu, n'étant pas susceptible de cette douce et populaire récompense de la confiance de la nation, il n'aura que deux choses à faire, dire du mal des ministres, et faire le bien de son département. Par l'une il gagnera de la popularité ; par l'autre, des places chez lui : ce n'est que là qu'il peut trouver le prix de ses peines. Il tourne toujours ses regards vers ce but, qui est seul présent à son ambition. Qu'on ne dise point que ce débat respectif des intérêts locaux conduit à l'intérêt général ; non, il est des choses qui appartiennent à toute la nation, la guerre, la paix, les colonies, les alliances, le commerce, la dette publique, etc.

Combien ce mot de principes est devenu commode, il se prête à toutes les passions, à toutes les situations. Les mêmes hommes qui ont soutenu, lors du marc d'argent, qui a passé contre mon opinion, qu'on blessait la souveraineté du peuple, qui font sonner si haut ce mot tous les jours, le dépouillent de cette même souveraineté. A la vérité, c'est pour son plus grand bien ; mais ils n'ont pas même le mérite de cette invention : le despotisme n'a jamais dit autre chose. Voyez les anciennes lois : on avait des lettres de cachet pour le bien des familles, la presse était gênée pour le bien des citoyens, les manufactures pour le bien du commerce, etc. Cessez d'insulter le peuple en le dépouillant ; car il cessera de croire à votre prétendu dévoûment à ses intérêts. Laissez au peuple le libre exercice d'une faculté dont il est à la fois le juge et l'objet. Ne le privez pas du droit d'influer sur ses députés, et de pouvoir leur retirer ou leur continuer sa confiance On n'est libre dans un choix, que lorsqu'on a la faculté de dire oui ou non; d'ôter ou d'accorder. Si le peuple ne peut que refuser sans accorder, il n'a pas de vraie liberté. Rousseau a dit, que dans un gouvernement représentatif, le peuple n'était libre qu'un jour; avec la constitution qu'on vous propose, il ne le sera qu'un moment.

Il me semble inutile de répondre à ceux qui ont prétendu que la dissolution de l'assemblée nationale, par le roi, devait être liée à la rééligibilité : cela n'y a aucun rapport. Je ne crois pas que la dissolution de l'assemblée, moyen excellent en Angleterre, puisse s'appliquer ici. Ou il serait superflu, à cause des distances; ou il serait long-temps dangereux, à cause de l'opinon qui n'est pas encore formée. Le moment où cette question de la dissolution s'appliquait est passé; c'est lorsque vous avez décrété que le corps-législasif pourra déclarer au roi que les ministres n'ont pas la confiance de la nation. En Angleterre, en pareille circonstance le roi en appelle au peuple, et connaît par là si la nation partage ou non l'opinion de la chambre des communes sur ses agens. Quant à la relation qu'on a voulu établir entre cette question et le *veto*, cela est absurde. Le *veto* a pour objet, à la vérité, de consulter la nation sur un décret de ses députés; mais le peuple exprime de même, et beaucoup mieux son adhésion ou son refus, en nommant ou en ne nommant pas les mêmes députés....

Une grande partie de ces idées appartiennent au travail que j'avais médité pour la révision. Mais avant de m'y livrer, il m'a paru nécessaire de savoir si nous aurions ou non un gouvernement. Car l'on ne doit, même à son pays, que de tenter ce qui est possible; et c'est dans cette question que réside celle de savoir si nous aurons ou non un gouvernement. L'opinion qui a prévalu hier, opinion que je me fais gloire de n'avoir pas partagée, a du moins cet avantage qu'en épurant la question actuelle, et la dégageant de toute personnalité, on ne risque pas de méconnaître l'intérêt national, de le sacrifier à ses passions particulières.

M. Robespierre. Toute règle qui tend à défendre le peuple contre la brigue, contre les malheurs des mauvais choix, contre la corruption de ses représentans, est juste et nécessaire. Voilà, ce me semble, les vrais principes de la grande question qui vous occupe. Vous avez cru me mettre en contradiction avec moi-même, en observant que j'avais manifesté une opinion contraire à la condition prescrite par le décret du marc d'argent, et cet exemple même est la preuve la plus sensible de la vérité de la doctrine que j'expose ici. Si plusieurs ont adopté une opinion contraire au décret du marc d'argent, c'est parce qu'ils le regardaient comme une de ces règles fausses qui offensent la liberté, au lieu de la maintenir; c'est parce qu'ils pensaient que la richesse ne pouvait pas être la mesure ni du mérite, ni des droits des hommes; c'est qu'ils ne trouvaient aucun danger à laisser tomber le choix des électeurs sur des hommes qui, ne pouvant subjuguer les suffrages par les ressources de l'opulence, ne les auraient obtenus qu'à force de vertus; c'est parce que loin de favoriser la brigue, la concurrence des citoyens qui ne paient point cette contribution ne favorisait que le mérite ; mais de ce que je croirais que le décret du marc d'argent n'est plus utile, s'ensuit-il que je blâmerais ceux qui repoussent les hommes flétris, ceux qui défendent la réélection des membres du corps-législatif? Mais si lorsque réellement les principes de la liberté étaient attaqués, vous aviez beaucoup montré de disposition à vous alarmer, si ce même décret du marc d'argent avait obtenu votre suffrage, n'est-ce pas moi qui pourrais dire que vous êtes en contradiction avec vous-mêmes, et qui aurais le droit de m'étonner que les excès de votre zèle se fassent remarquer précisément au moment où il s'agit d'assurer à des représentans, et même sans aucune exception, la perspective d'une réélection éternelle. Laissez donc cette extrême délicatesse de principes, et examinons sans partialité le véritable point de la question, qui consiste à savoir si la rééligibilité est propre ou non à assurer au peuple de bons représentans. L'expérience a toujours prouvé qu'autant les peuples sont indolens ou faciles à tromper, autant ceux qui les gouvernent sont habiles et actifs à étendre leur pouvoir et à opprimer la liberté publique. De là les magistratures électives sont devenues perpétuelles, et ensuite héréditaires. Une loi prohibitive de la réélection est le plus sûr moyen de conserver la liberté. Il faut que les législateurs se trouvent dans la situation qui confond le plus leur intérêt et leur vœu personnel avec celui du peuple : or, pour cela il est nécessaire que souvent ils redeviennent peuple eux-mêmes. Mettez-vous à la place des simples citoyens, et dites de qui vous aimeriez mieux recevoir des lois, ou de celui qui est sûr de n'être bientôt plus qu'un citoyen, ou de celui qui tient encore à son pouvoir par l'espérance de le perpétuer. Vous dites que le corps-législatif sera trop faible pour résister à la force du pouvoir exécutif; mais la véritable force du corps-législatif tient à la constitution sur laquelle il est fondé, à la puissance, à la volonté de la nation qu'il représente, et qui le regarde lui-même comme le boulevard nécessaire de la liberté publique. Le pouvoir du corps-législatif est immense par sa nature même; il est assuré par sa permanence, par la faculté de s'assembler sans convocation, et par la loi qui refusera au roi celui de le dissoudre.

Mais vous n'imaginez pas, dites-vous, comment le pouvoir exécutif pourrait concevoir l'idée de séduire des membres du corps-législatif depuis qu'il ne peut plus les appeler au ministère. Je rougirais de vous dire qu'il existe d'autres moyens de corruption; mais je pourrais au moins demander si ces places que l'on ne peut obtenir pour soi, on ne peut pas les détourner sur ses amis, sur ses proches, sur son père, sur son fils? Si le crédit d'un ministre est entièrement inutile? S'il est impossible que des membres du corps-législatif règnent en effet sous son nom, et qu'ils fassent une espèce d'échange de leur crédit et de leur pouvoir? s'il est impossible qu'ils espèrent être portés à la législature par le parti et par l'influence que le pouvoir exécutif peut avoir dans les assemblées électorales? Il est vrai que vous supposez toujours que ceux qui seront réélus seront toujours les plus zélés et les plus sincères défenseurs de la patrie. Vous oubliez donc que vous avez dit vous-mêmes qu'un mot dit à propos, lève tous les doutes sur le patriotisme d'un homme; vous croyez à l'impuissance de l'intrigue et du charlatanisme; vous croyez au discernement parfait, à l'impartialité absolue de ceux qui choisiront pour le peuple;

vous ignorez qu'il existe un art de s'abandonner toujours au cours de l'opinion du moment, en évitant soigneusement de la heurter pour servir le peuple, et qu'ainsi l'intrigant souple et ambitieux lutte souvent avec avantage contre le citoyen modeste et incorruptible..... Voyez les représentans du peuple détournés du grand objet de leur mission, changés en autant de rivaux, divisés par la jalousie, par l'intrigue, occupés presque uniquement à se supplanter, à se décrier les uns les autres dans l'opinion de leurs concitoyens. Reconnaissez-vous là des législateurs, des dépositaires du bonheur du peuple? Ces brigues honteuses dépraveront les mœurs publiques en même temps qu'elles dégraderont la majesté des lois.... Je m'étonne donc de l'extrême prévention que l'un des préopinans, M. Duport, a marquée contre une législature dont les membres ne pourraient pas être réélus, quand il a prononcé qu'ils n'emploieraient leur temps qu'à deux choses à médire des ministres, et à plaider la cause de leurs départemens contre l'intérêt général de la nation. Quant aux intérêts de département, j'ai déjà prouvé que cet inconvénient, et même un inconvénient plus grave, n'existait que dans le système opposé. Quant aux ministres, s'ils en médisaient, cela prouverait au moins qu'ils ne leur seraient point asservis, et c'est beaucoup. Je suis persuadé que nous emploirons notre temps à quelque chose de mieux qu'à médire des ministres sans nécessité, et à parler des affaires de nos départemens; et je suis convaincu, au surplus, que le décret de lundi, quoi qu'on puisse dire, n'a pas affaibli l'estime de la nation pour ses représentans actuels.

On a fait une autre objection qui ne me paraît pas plus raisonnable; lorsqu'on a dit que sans l'espoir de la rééligibilité, on ne trouverait pas dans les vingt-cinq millions d'hommes qui peuplent la France, des hommes dignes de la législature. Ce qui me paraît évident, c'est que s'opposer à la réélection est le véritable moyen de bien composer la législature. Quel est le motif qui doit appeler, qui peut appeler un citoyen vertueux à désirer ou à accepter cet honneur? Sont-ce les richesses, le désir de dominer, et l'amour du pouvoir? Non. Je n'en connais que deux: le désir de servir sa patrie; le second, qui est naturellement uni à celui-là, c'est l'amour de la véritable gloire, celle qui consiste, non dans l'éclat des dignités, ni dans le faste d'une grande fortune, mais dans le bonheur de mériter le respect ou l'admiration de ses semblables par des talens et par des vertus.

Deux années de travaux suffisent à cette noble ambition. Une retraite de deux ans sera nécessaire à l'homme le plus éclairé, pour méditer sur les principes de la législation avec plus de profondeur qu'on ne peut le faire au milieu du tourbillon des affaires, et surtout pour reprendre ce goût d'égalité que l'on perd aisément dans les grandes places. Laissez se répandre les principes du droit public et s'établir la nouvelle constitution, et vous verrez naître une foule d'hommes qui développeront un caractère et des talens. Croyez, croyez qu'il existe dès à présent dans chaque contrée de l'empire des pères de famille qui viendront volontiers remplir le ministère de législateur, pour assurer à leurs enfans des mœurs, une patrie, le bonheur et la liberté des citoyens; qui se dévoueront volontiers pendant deux ans au bonheur de servir leurs concitoyens et de secourir les opprimés; et si vous avez tant de peine à croire à la vertu, croyez du moins à l'amour-propre; croyez que chez une nation qui n'est pas tout-à-fait stupide et abrutie, un grand nombre peut-être sera naturellement jaloux d'obtenir le plus glorieux témoignage de la confiance publique. Voulez-vous me parler de ces hommes que le génie de l'intrigue pousse dans une carrière que le seul génie de l'humanité devrait ouvrir? Voulez-vous dire qu'ils fuiront la législature si l'appât de la réélection ne les y attire? Tant mieux! ils ne troubleront pas le bonheur public par leurs intrigues, et la vertu modeste recevra le prix qu'ils lui auraient enlevé....

Quand vous avez pensé que la législature qui, après vous, devait être la plus surchargée d'affaires, pouvait se passer de votre secours, et être entièrement composée de nouveaux individus, vous croiriez que les législatures suivantes auront besoin de transmettre à celles qui viendront après elles, des guides, des

Nestors politiques, dans les temps où toutes les parties du gouvernement seront plus simplifiées et plus solidement affermies. On a voulu fixer votre attention sur de certains détails de finance, d'administration, comme si les législateurs, par le cours naturel des choses, ne devaient pas voir dans leur sein des hommes instruits dans l'administration, dans la finance, et présenter une diversité infinie de connaissances, de talens en tout genre. Comment croire à cette effroyable pénurie d'hommes éclairés, puisqu'après chaque législature on pourra choisir les membres de celle qui l'avaient précédée. Les partisans les plus zélés de la réélection peuvent se rassurer, s'ils se croyaient absolument nécessaires au salut public; dans deux ans ils pourront être les ornemens et les oracles de la législature.... Pour moi, indépendamment de toutes les raisons que j'ai déduites, et de celles que je pourrais ajouter, un fait particulier me rassure: c'est que les mêmes personnes qui nous ont dit: tout est perdu si on ne réélit pas, disaient aussi, le jour du décret qui nous interdit l'entrée du ministère : tout est perdu; la liberté du peuple est violée, la constitution est détruite; je me rassure, dis-je, parce que je crois que la France peut subsister, quoique quelques-uns d'entre nous ne soient ni législateurs ni ministres. Je ne crois pas que l'ordre social soit désorganisé, comme on l'a dit, précisément parce que l'incorruptibilité des représentans du peuple sera garantie par des lois sages. Ce n'est pas que je ne puisse concevoir aussi de certaines alarmes d'un autre genre. J'oserais même dire que tel discours véhément dont l'impression fut ordonnée hier, est lui-même un danger. A Dieu ne plaise que ce qui n'est point relatif à l'intérêt public soit ici l'objet d'une de mes pensées; aussi suis-je bien loin de juger sévèrement cette longue mercuriale prononcée contre l'assemblée nationale, le lendemain du jour où elle a rendu un décret qui l'honore, et tous ces anathèmes lancés du haut de la tribune contre toute doctrine qui n'est pas celle du professeur. Mais si en même temps qu'on prévoit, qu'on annonce des troubles prochains; en même temps que l'on en voit les causes dans cette lutte continuelle des factions diverses, et dans d'autres circonstances que l'on connaît très-bien, on s'étudiait à les attribuer d'avance à l'assemblée nationale, au décret qu'elle vient de rendre, on cherchait d'avance à se mettre à part, ne me serait-il pas permis de m'affliger d'une telle conduite, et d'être trop convaincu de ce que l'on aurait voulu prouver, que la liberté serait en effet menacée? Mais je ne veux pas moi-même suivre l'exemple que je désapprouve, en fixant l'attention de l'assemblée sur un épisode plus long que l'objet de la discussion. J'en ai dit assez pour prouver que si les dangers de la patrie étaient mis une fois à l'ordre du jour, j'aurais aussi beaucoup de choses à dire; au reste, le remède contre ces dangers, de quelque part qu'ils viennent, c'est votre prévoyance, c'est votre sagesse, votre fermeté. Dans tous les cas, nous saurons consommer, s'il le faut, le sacrifice que nous avons plus d'une fois offert à la patrie. Nous passerons; les cabales des ennemis passeront; les bonnes lois, le peuple, la liberté, resteront....

Je dois ajouter une dernière observation : c'est que le décret que vous avez rendu lundi, et les principes que j'ai développés, militent contre toute réélection immédiate d'une législature à l'autre. Ce qui me porte à faire cette observation, c'est que je sais que l'on proposera de réélire au moins pour une législature, parce que, pourvu que les opinions soient partagées, on se laisse facilement entraîner à ces termes moyens qui participent presque toujours des inconvéniens des deux termes opposés. Je demande que les membres des assemblées législatives ne puissent être réélus qu'après l'intervalle d'une législature.

(Les applaudissemens qui avaient fréquemment interrompu ce discours recommencent.)]

— Après que la proposition de Barrère eut été décrétée, l'assemblée s'occupa de l'article du comité, portant que le corps-législatif se réunirait dans le lieu où s'était tenu le précédent. Maury offrit vingt-une lettres de vingt-un départemens, réclamant contre la résidence du corps-législatif à Paris, et il dit que si l'assemblée ne pourvoyait pas à cette demande, les départemens y pourvoiraient. Cette apostrophe excita de grands troubles dans l'assemblée, et Maury, sommé par Goupilleau et Defermont de déposer ces lettres, dit qu'il n'avait point entendu parler de départemens en corps, mais de membres très-considérables de ces départemens. (Rires et murmures.) Il continua et exposa les dangers des législateurs dans Paris. L'assemblée adopta néanmoins l'article du comité.

A la séance du 21, Buzot proposa, pour les questions importantes, de diviser le corps-législatif en deux sections égales, délibérant sur la même matière, et rapportant à l'assemblée générale le résultat de leurs délibérations. Les uns prétendirent que ce projet était un acheminement aux deux chambres, plan rejeté à Versailles. Pétion justifia l'idée de Buzot de toute similitude avec de tels plans. L'assemblée ajourna la discussion.

Nous terminerons tout ce qui fut dit d'intéressant sur l'organisation du corps-législatif, en analysant en quelques mots les deux dernières séances de mai, qui y furent consacrées.

A celle du 27, Desmeuniers fit un rapport sur la convocation d'une nouvelle législature, et sur la nécessité d'examiner dans son ensemble, avant de se séparer, une constitution qu'on n'avait pu travailler qu'en détail. Crillon jeune voulait qu'on fixât le jour précis de la séparation : sa proposition ne fut pas appuyée. On adopta presque sans discussion le premier titre du projet de Desmeuniers, portant convocation des citoyens actifs, du 12 au 25 juin suivant, pour nommer de nouveaux électeurs, qui se réuniraient le 5 juillet suivant, à l'effet d'élire les députés au corps-législatif. Voici dans quelle proportion les départemens devaient concourir à la composition de la nouvelle assemblée.

Ain, 6 députés. Aisne, 12. Allier, 7. Hautes-Alpes, 5. Basses-Alpes, 6. Ardèche, 7. Ardennes, 8. Arriége, 6. Aube, 9. Aude, 8. Aveyron, 9. Bouches-du-Rhône, 10. Calvados, 13. Cantal, 8. Charente, 9. Charente-Inférieure, 11. Cher, 6. Corrèze, 7. Corse, 6. Côte-d'Or, 10. Côtes-du-Nord, 8. Creuse, 7. Dordogne, 10. Doubs, 6. Drôme, 7. Eure, 11. Eure-et-Loir, 9. Finistère, 8. Gard, 8. Haute-Garonne, 12. Gers, 9. Gironde, 12.

Hérault, 9. Ille-et-Vilaine, 10. Indre, 6. Indre-et-Loire, 8. Isère, 9. Jura, 8. Landes, 6. Loir-et-Cher, 7. Haute-Loire, 7. Loire-Inférieure, 8. Loiret, 9. Lot, 10. Lot-et-Garonne, 9. Lozère, 5. Maine-et-Loire, 11. Manche, 13. Marne, 10. Haute-Marne, 7. Mayenne, 8. Meurthe, 8. Meuse, 8. Morbihan, 8. Moselle, 8. Nièvre, 7. Nord, 12. Oise, 12. Orne, 10. Paris, 24. Pas-de-Calais, 11. Puy-de-Dôme, 12. Hautes-Pyrénées, 6. Basses-Pyrénées, 6. Pyrénées-Orientales, 5. Haut-Rhin, 7. Bas-Rhin, 9. Rhône-et-Loire, 15. Haute-Saône, 7. Saône-et-Loire, 11. Sarthe, 10. Seine-et-Oise, 14. Seine-Inférieure, 16. Seine-et-Marne, 11. Deux-Sèvres, 7. Somme, 13. Tarn, 9. Var, 8. Vendée, 9. Vienne, 8. Haute-Vienne, 7. Vosges, 8. Yonne, 9. A l'époque de cette liste, on n'avait pas encore fixé le nombre des députés de Paris.

A la séance du 28, après la lecture du titre II du projet de Desmeuniers, Robespierre s'écria que le moment était venu de réformer le marc d'argent. Il demanda que tout Français domicilié fût déclaré citoyen actif et éligible. Il s'éleva de violens murmures. Lavigne appuya la proposition de Robespierre. Sa voix fut étouffée par les clameurs qui s'élevèrent de toutes les parties de la salle. L'assemblée décida à une immense majorité que Lavigne ne serait pas entendu, et passa à l'ordre du jour.

CODE PÉNAL.

Lepelletier St-Fargeau, chargé, par les comités de constitution et de législation criminelle, du rapport sur le code pénal, lut son travail à l'assemblée nationale dans les séances des 22 et 23 mai. Un demi-volume ne suffirait pas à l'impression intégrale du rapport et des discussions. Dans la nécessité de faire un choix, nous avons dû nous fixer à la question importante et aux discours qui la discutèrent le mieux contradictoirement.

L'œuvre de Saint-Fargeau est une simple analyse de la pénalité nouvelle. Aucun principe d'ailleurs qui ne soit depuis longtemps vulgaire chez les criminalistes, ne réclame une mention spéciale. Les deux bases qu'il établit sont, 1° que le code pénal ne comprend que les crimes susceptibles d'être poursuivis par la procédure par jurés, et les peines applicables à ces seuls crimes ; 2° qu'il se divise en deux parties : la première relative à la description des peines, la seconde à l'énumération des crimes et à leur punition. Il est remarquable qu'il ne donne point la définition des crimes. Quant aux peines, il se résume ainsi :

« Il faut que les peines soient humaines, justement graduées, dans un rapport exact avec la nature du délit, égales pour tous les citoyens, exemptes de tout arbitraire judiciaire ; qu'elles ne puissent être dénaturées après le jugement dans le mode de leur exécution ; qu'elles soient répressives principalement par des gênes et des privations prolongées, par leur publicité, par leur proximité du lieu où le crime a été commis ; qu'elles corrigent les affections morales du condamné par l'habitude du travail ; qu'elles décroissent en approchant du terme fixé à leur durée, et enfin qu'elles soient temporaires. »

Les comités n'avaient conservé la peine de mort que pour le cas seul où un chef de parti serait déclaré rebelle par un décret du corps-législatif.

Lepelletier Saint-Fargeau termina son rapport par l'exposé d'un système de réhabilitation, qu'il appela second baptême civique, et dont il fit connaître les conditions et la forme.

La discussion s'ouvrit le 30, par cette question principale : *La peine de mort sera-t-elle ou non conservée ?* Le 1er juin, l'assemblée décréta que la peine de mort serait conservée, mais qu'elle consisterait dans la simple privation de la vie, sans qu'il pût jamais y être ajouté aucune torture, et que tout condamné aurait la tête tranchée. On ajourna le mode d'exécution. Nous donnerons les discours de MM. Prugnon, Robespierre et Duport. Le premier parla pour, les deux autres parlèrent contre.

SÉANCE DU 30 MAI. — *M. Prugnon.* La peine de mort sera-t-elle conservée ou abolie ? Si on la conserve, à quels crimes sera-t-elle réservée ? Je passe avec respect devant un autre problème qui précède ces deux-là ; il est de savoir si l'homme a pu transmettre à la société le droit, qu'il n'a pas lui-même, de disposer de sa propre vie.

Dans le nombre des hommes qui gouvernent l'opinion, Montesquieu, Rousseau, Mably et Filangieri maintiennent qu'il l'a pu ; Beccaria le nie, et chacun sait quel est depuis vingt-cinq ans l'ascendant de son esprit sur les autres esprits. Cette question a des profondeurs que l'œil peut à peine mesurer ; je m'arrête donc sur les bords, et je suppose que la société ne puisse priver de la vie un de ses membres sous peine d'être injuste ; cette supposition adoptée, voici mon raisonnement : garantissez-moi que la société pourra dormir paisible sans cette injustice-là. C'est un point si considérable, et tout y tient tellement, qu'il faut d'abord s'y attacher.

Une des premières attentions du législateur doit être de prévenir les crimes, et il est garant envers la société de tous ceux qu'il n'a pas empêchés lorsqu'il le pouvait ; il doit donc avoir deux buts : l'un, d'exprimer toute l'horreur qu'inspirent de grands crimes ; l'autre, d'effrayer par de grands exemples : oui, c'est l'exemple, et non l'homme puni, qu'il faut voir dans le supplice.

L'âme est agréablement émue ; elle est, si je puis le dire, rafraîchie à la vue d'une association d'hommes qui ne connaît ni supplices ni échafauds.... Je conçois que c'est bien la plus délicieuse de toutes les méditations ; mais où se cache la société de laquelle on bannit impunément les bourreaux ? Le crime habite la terre, et la grande erreur des écrivains modernes est de prêter leurs calculs et leur logique aux assassins ; ils n'ont pas vu que ces hommes étaient une exception aux lois de la nature, que tout leur être moral était éteint : tel est le sophisme générateur des livres. Oui, l'appareil du supplice, même vu dans le lointain, effraie les criminels et les arrête ; l'échafaud est plus près d'eux que l'éternité : ils sont hors des propositions ordinaires ; sans cela assassineraient-ils ? Il faut donc s'armer contre le premier jugement du cœur, et se défier des préjugés de la vertu.

1° Il est une classe du peuple chez qui l'horreur pour le crime se mesure en grande partie sur l'effroi qu'inspire le supplice; son imagination a besoin d'être ébranlée; il faut quelque chose qui retentisse autour de son âme, qui la remue profondément, pour que l'idée du supplice soit inséparable de celle d'un crime, singulièrement dans ces grandes cités où la misère soumet tant d'individus à une destinée malheureuse.

Cette quantité n'est point à négliger dans le calcul du législateur. Avant de briser un ressort tel que celui de la terreur des peines, il faut bien savoir que mettre à sa place, et se souvenir du précepte, *hâtez-vous lentement*, dès là surtout que la mesure du danger est inconnue.

2° Vous avez effacé l'infamie qui faisait partie de la peine; le criminel, s'il est père, ne léguera plus l'opprobre à ses enfans. Or, si vous supprimiez à la fois et la mort et la honte, quel frein vous resterait-il?

Personne ne combine comme un scélérat froid; il se dirait alors : j'ai deux chances : la première est la fuite (et l'homme conserve toujours l'espérance d'échapper); la seconde est la soustraction à la mort, si j'ai la maladresse de me laisser prendre... Telle serait sa petite géométrie; et à quel degré ne menacerait-elle pas la société entière!

Celui qui veut commettre un crime, répondra-t-on peut-être, commence par se persuader qu'il échappera au supplice, et il part de cette espèce de certitude qu'il se compose.

Si l'objection est exacte, la conséquence immédiate est qu'il faut abolir non la seule peine de mort, mais toutes les autres, puisque le scélérat calcule comme si ces deux choses n'existaient pas : si c'est ce qu'on veut dire, toute discussion doit finir là; mais c'est à peu près discuter l'évidence que d'ériger en problème si la perspective de la mort, si le spectacle de ceux qui la subissent, laisse le scélérat tranquille : il faut un ébranlement et des impressions physiques; son âme est fermée à toute autre émotion.

Le méchant ne craint pas Dieu, mais il en a peur; tel est le sentiment qu'éprouve le scélérat à la vue de l'échafaud. Gardez-vous donc de désespérer de l'énergie de ce ressort, très-malheureusement nécessaire! Que prétend-on au reste y substituer? Un supplice lent, un supplice de tous les jours? L'idée n'est pas neuve. Mais quelques années sont à peine écoulées que le sentiment d'horreur qu'inspire le crime s'affaiblit; on ne voit plus que la peine et son éternelle action; le criminel finit par intéresser, et alors on est bien près d'accuser la loi; tout cela ne varie que par des *plus* ou des *moins* plus difficiles à exprimer qu'à saisir: or, est-ce une bonne législation que celle qui fait infailliblement passer la pitié de l'assassiné à l'assassin?

La société doit garantir, protéger, défendre; le pourra-t-elle réellement avec cela? Observez que la nécessité a presque dicté les mêmes lois par toute la terre, et c'est une terrible autorité que celle du genre humain. A côté d'elle se place un raisonnement qui n'en est pas indigne : qui vous répondra qu'aucun de ces criminels que vous condamnerez à un perpétuel esclavage ne brisera ses fers et ne viendra effrayer la société par des crimes nouveaux? Que deux seulement échappent dans une année, et voilà cent autres scélérats qui se livreront au crime dans l'espoir d'échapper comme eux.

Quelle inégalité ne jetez-vous pas entre le pauvre et le riche! De tous les êtres un geôlier n'est pas le plus incorruptible; il y a des choses que le riche trouve toujours à acheter, ou par lui ou par sa famille, lorsqu'il a une grande mesure d'intérêt à le faire. Ainsi, vous assurez l'impunité à celui qui aura de l'or et des patrons; toujours il échappera à vos lois, et le pauvre seul sera puni. Je me trompe encore dans un sens, l'adresse du scélérat robuste finira, dans plus d'une occasion, par lui tenir lieu d'or; quelle est la prison dont à la longue des êtres de cette trempe ne s'échappent pas?

Je suppose (et l'hypothèse est dure) qu'ils subissent leurs douze ou leurs vingt-quatre années; combien ne se corrompront pas entre eux des hommes qui seront en communauté de vices pendant vingt-quatre ans! Que feront-ils en sortant de là? Si à la longue l'haleine de l'homme est mortelle à l'homme plus encore au moral qu'au physique, qu'aurez-vous à espérer d'eux? Mettez pendant vingt-quatre ans, pendant dix, et même beaucoup moins, un honnête homme en société avec des assassins ; s'il ne se corrompt pas, l'expérience des siècles aura tort.

Sans être exagérateur ni fataliste, on peut dire qu'il est des hommes dont la probité n'est qu'une impuissance ; il en est qui ne s'échappent de Brest ou de Toulon que pour se faire conduire à la mort : c'est ce qui explique l'endurcissement des vieux criminalistes. Si vous forcez vos juges à respecter la vie de ces êtres qui regardent les supplices comme leur mort naturelle, que deviendra la sûreté publique? Il faudra donc rendre à chaque citoyen l'exercice de sa force individuelle.

Observez qu'aujourd'hui la justice criminelle est généreuse, qu'elle est même magnanime; la procédure n'est plus un duel entre elle et l'accusé; elle associe le public à ses décrets, et l'on a épuisé tout pour que la tête d'un innocent ne puisse plus tomber. Si à l'établissement des jurés vous joignez l'abolition de la peine de mort; si vous ôtez à l'homme, c'est-à-dire à un être qui abuse de tout, le plus grand des freins, craignez que dans vingt ans la France ne soit plus qu'une forêt.

La Toscane, me dira-t-on, en est-elle une? et cependant la peine de mort est abolie.

Quelle distance entre les rapports! La Toscane est un petit état, et le prince un père de famille qui surveille et embrasse d'un coup d'œil tout son duché.

Écoutons M. Dupaty dans ses *Lettres sur l'Italie* : « Le grand-duc voit passer pour ainsi dire une pensée mécontente au fond de l'âme, et l'arrête tout court par un seul mot. On lui reproche d'avoir des espions, il répond : je n'ai pas de troupes. »

Un tel gouvernement prévient les crimes, et n'a plus à les punir. C'est une machine qui peut aller en petit parce que tout est sous la main du mécanicien, et que les frottemens sont presque nuls ; mais essayez de les exécuter en grand!...... Voyez si l'empereur a confirmé, s'il a adopté les lois du grand-duc!

L'impératrice de Russie, Élisabeth, fit serment en montant

sur le trône de ne punir aucun criminel, et ce serment fut accompli. On s'empressera d'assurer que depuis elle il y a eu moins de crimes en Russie que dans le temps où les supplices y étaient prodigués.... Si la conséquence est exacte, je demande pourquoi Catherine l'a rétablie; pour des cas rares, je l'avoue, mais elle l'a rétablie : si elle avait pu ne pas le faire, aurait-elle perdu cette occasion de ne plus faire parler les bouches de sa renommée, elle dont le cœur est le théâtre de toutes les ambitions, elle qui voudrait monter au temple de la gloire par tous les chemins?

La sagesse américaine a-t-elle proscrit la peine de mort? Ce peuple, qui a procédé avec tant de maturité, s'est-il privé d'un tel ressort? Celui que l'on peut regarder comme l'héritier de la sagesse des peuples primitifs ne l'a-t-il pas conservée? Seulement nul coupable ne peut subir sa sentence qu'elle n'ait été revue par l'empereur, « car il serait barbare, dit la loi de la Chine, qu'un fils mourût à l'insu de son père. »

Les fondateurs de ces empires ont bien vu que nécessairement il fallait gouverner par les sensations et par la crainte ceux qu'on ne pouvait gouverner par la raison.

A cela s'unit une vérité non moins importante, c'est que la science du législateur ne consiste pas tant à porter des lois qu'à connaître celles qu'il ne faut pas faire; or dans quel moment aboliriez-vous la peine de mort? Dans un moment d'anarchie, où vous n'avez pas assez de toutes vos forces contre la multitude, à qui l'on a appris qu'elle pouvait tout; où il faudrait multiplier les freins et les barrières contre elle, loin de les affaiblir; dans un moment enfin où le sentiment de la religion est prêt à s'éteindre dans plusieurs classes de la société, et où les mœurs en général ne sont pas d'une très-grande pureté.

Ne croyez pas que vous allez faire sortir de terre une génération propre à recevoir vos lois; il faut vous borner à examiner ce que vous devez craindre, ce que vous devez espérer des hommes d'après ce qu'ils ont été dans tous les siècles.

Sans doute on doit laisser crier le préjugé, mais c'est lorsqu'on à pour soi la raison. Quel fut à Rome dans la liste des empereurs le premier désapprobateur de la peine de mort? Néron. Pendant plusieurs années, chaque fois qu'il signait un arrêt de mort, il s'écriait : je voudrais ne pas savoir écrire ; *vellem nescire litteras*. Constantin, que plus d'un historien accuse d'avoir été l'assassin de presque toute sa famille, fit apprendre à écrire à son fils en l'obligeant à copier des lettres de grâces. Trajan, Marc-Aurèle et le pieux Antonin, ces êtres que le genre humain produit comme des monumens dont il s'honore, ont-ils aboli la peine de mort?

Titus se fit souverain pontife, dit Suétone, pour n'être ni l'auteur ni le complice de la mort d'aucun citoyen ; *ut puras servaret manus, nec auctor posthâc cujusdam necis nec conscius*. Prétendrons-nous être plus éclairés que Trajan et Marc-Aurèle, et plus humains que Titus? Il voulut conserver ses mains pures ; mais il s'arrêta là comme à une limite sacrée.

Je le demande une seconde fois, quelle peine substitue-t-on à celle de mort? La perte de l'honneur et celle de la liberté pendant un temps donné? 1° La perte de l'honneur ; mais c'est le crime qui a tué l'honneur du coupable, et non la peine que vous lui infligez : il a le courage de la honte ; voilà trop souvent ce qui lui reste. 2° La perte de la liberté ; mais jusqu'à ce moment la conversion de la peine de mort en prison perpétuelle, avait été considérée comme une grâce; le comité propose donc de donner ou à peu près des lettres de grâce aux assassins. Voilà où la manie des systèmes conduit des hommes qui ont la plus grande honnêteté et la meilleure tête.

Là où l'honneur se tait il ne reste plus qu'à faire parler la terreur ; et l'ennemi le plus terrible de la société est celui qui la livre à la merci des scélérats. Dans chaque grande époque une nation est dominée par une idée principale qui la maîtrise et l'entraîne : aujourd'hui règne la vieille chimère de la perfection ; on se crée un monde sinon imaginaire, au moins très-difficilement possible, et c'est dans cette espèce de région que les faiseurs résident; ayons le bon esprit de les y laisser, et d'habiter, avec la sagesse, le monde réel.

La triste nécessité de la peine de mort ainsi établie, je me porte sur la seconde question : y aura-t-il des peines au-delà de la simple mort?

Une réflexion dont il est impossible de se défendre, c'est que les lois pénales de presque toutes les nations ont été faites par les puissans et par les riches contre ce qu'on appelait alors le peuple; en sorte que le plus beau présent à faire aux empires est un bon code pénal. Il y a deux vérités qu'il ne faut jamais séparer : rien d'impuni, voilà la première; rien de trop puni, c'est la seconde.

La peine doit être mesurée et sur le degré du crime et sur l'utilité de l'exemple.

Le premier art d'un gouvernement est de savoir récompenser et punir.

C'est donc sur l'espoir de prévenir de nouveaux crimes qu'il faut calculer les peines, sans jamais oublier que moins elles sont atroces moins les crimes sont fréquens, et que quelquefois une loi peu rigoureuse les produit. La mort la plus douce est donc aussi le supplice le plus cruel que le législateur puisse et doive infliger; enfin la dernière et plus consolante conséquence, c'est que le dictionnaire des supplices à mort peut être réduit à une seule ligne, et le code réconcilié avec l'humanité.

Je suis encore à concevoir comment les criminalistes qui ont fait une échelle de peines atroces n'ont pas senti vaciller leur plume en la traçant!

Si la mort d'un grand criminel est un acte d'humanité envers la société, un supplice recherché est un inutile et dangereux attentat de la part du législateur.

Je dis inutile, et l'histoire l'atteste : chaque fois qu'elle parle des supplices recherchés elle a à raconter de grands crimes.

Je dis dangereux, parce que ces supplices inspirent pour les coupables un intérêt qui est presque inséparable d'une sorte d'indignation et d'horreur contre les juges parce qu'en inspirant cette pitié dangereuse ils familiarisent la multitude avec le spectacle des cruautés et le bruit des douleurs, et entretiennent une sorte de férocité plus propre à multiplier les crimes qu'à les prévenir.

Est-il possible ensuite de ne pas établir des gradations quelconques et de ne pas distinguer les fautes et les crimes ? Ce serait un beau travail que celui qui présenterait l'échelle exacte de tous les délits et celle des peines correspondantes.

A Athènes on avait gravé quelques lois pénales sur des colonnes placées auprès des tribunaux ; mais là comme ailleurs on se plaignait de ce que la punition ne suivait pas une règle uniforme.

Tout être qui n'est pas privé du don de penser sentira que la plus difficile des tâches est d'établir une proportion exacte entre les peines et les délits ; toujours il faudra s'arrêter après un certain nombre de pas dans cette carrière, à moins qu'on ne parvienne à donner, si je puis m'exprimer ainsi, une nouvelle édition de l'esprit et peut-être du cœur humain.

Dans l'impossibilité d'obtenir ce but, convenons au moins que tout ce qui est au-delà de la simple mort est supérieur au pouvoir de la société, qui doit venger l'ordre public, punir, et non tourmenter.

Fais qu'il sente la mort, disait Caligula au bourreau. Ces mots, qui sont l'histoire de l'âme de cet affreux et sombre tyran, auraient suffi seuls pour lui attirer la vertueuse indignation de Tacite et l'horreur du monde. C'est là cependant ce qu'a répété pendant des siècles notre Code pénal, et long-temps on s'y est accoutumé, parce que l'homme s'accoutume à tous les spectacles et à toutes les idées, parce qu'il y a eu des bourreaux qui ont vécu près de cent ans.

Entrer tout vivant dans la mort, n'est-ce donc pas assez ? Ajouter des tourmens à la mort est un genre de barbarie qui n'a appartenu qu'à l'espèce humaine. Ce n'est pas seulement chez les Sauvages de l'Amérique, ce n'est pas dans le treizième siècle, c'est à la veille du dix-neuvième siècle, que des hommes ont livré des hommes au supplice de la roue, du feu, et à d'autres qu'on n'envisage qu'avec le sentiment de l'infini, et quant à l'horreur et quant à la durée! Sans vouloir outrager les mânes de quelques vieux magistrats, on est tenté de dire qu'ils ressemblaient un peu aux druides, qui sacrifiaient des hommes. Une belle amende honorable à faire à l'humanité serait d'ordonner que le Code pénal sera brûlé par la main du bourreau; et je voudrais pouvoir évoquer l'ombre des Poyer et des Pussort pour les en rendre témoins.

Maintenant à quels crimes la peine de mort sera-t-elle réservée? Si rien n'est plus précieux que la vie d'un citoyen, celui-là qui la lui arrache doit-il la conserver, doit-il continuer à jouir de la lumière dont l'assassiné ne jouit plus?

Un écrivain qui n'a eu que le ciel pour maître, et que le philosophe a mis au rang des grands législateurs, dit : *Si quis aliquem interfecerit, volens occidere, morte moriatur!*.... Sans placer ce principe dans le ciel, je crois qu'il est bien près de ressembler à ces vérités suprêmes, qu'aucun peuple n'est libre de reconnaître ou de ne pas reconnaître, qu'une assemblée ne décrète ni ne juge, mais profère, reconnaît et confesse.

Ce n'est pas seulement d'après l'ancienne et l'universelle loi du talion que celui qui a arraché la vie à son semblable doit subir la mort, c'est encore parce qu'il faut que la société soit vengée.

Mais aussi que cette peine demeure réservée à l'assassinat, sans distinction des moyens employés pour le commettre, à l'empoisonnement, à l'incendiat, au crime de lèse-nation. Frédéric II s'en était fait une loi le jour où il s'assit sur le trône. Pendant quarante-six ans elle a été exécutée, et les plus durs raisonneurs n'ont pas osé dire qu'elle avait multiplié les crimes.

Cependant une question délicate à traiter est de savoir si celui qui commet un vol avec effraction, à main armée, doit perdre la vie. Il est bien constant que son intention est de tuer celui qui essaiera de lui opposer une légitime résistance : c'est dans ce projet seul qu'il est armé; mais une intention non réalisée est-elle au niveau du crime même, et doit-elle être punie comme lui? Punira-t-on de mort un projet lorsqu'il ne tend pas à compromettre le salut public? Ce voleur est fondé à vous dire : *je n'ai pas tué*, et en prononçant contre ce criminel la peine capitale, vous le conduisez à assassiner, puisque par-là il supprime un témoin. Tel est le grand reproche qu'on n'a cessé d'élever contre la loi de François Ier. Convenons de sa justesse; mais avouons en même temps que, la vie de chacun étant sous la garde de tous, la condamnation à la mort contre un assassin n'est que la déclaration d'un droit naturel, et que c'est quelque chose que le repos de la société.

Bien certainement il faut joindre la pitié à la justice, changer, autant que cela est praticable, les scélérats en serviteurs de la patrie, punir utilement, punir exemplairement, sans répandre un sang nécessaire à l'État: le grand objet doit être de le servir.

Mais le comité, en proposant la peine de mort contre les criminels de lèse-nation, reconnaît donc que cette peine est utile, qu'elle est nécessaire; il reconnaît qu'elle n'est pas bonne la prétendue maxime que *la mort ne répare rien.*

Ceux qui menacent l'existence physique de tous les membres de la société et attentent à celle de plusieurs, sont-ils plus dignes de vivre que ceux qui menacent sa vie politique? La nature me donne le droit d'ôter la vie à celui qui veut me la ravir, dès qu'il ne me reste que ce moyen de me sauver. La société ne m'en a interdit l'usage qu'en me disant : Je me charge de l'exercer.

Il est d'une inutilité complète de prouver que ce sont là les seuls crimes qu'elle doit punir de mort : l'équité naturelle n'a besoin que d'être avertie. Quelle proportion des législateurs ont-ils pu apercevoir entre une somme d'argent et la vie d'un homme? Comment donc ont-ils calculé ces rapports-là?

S'ils étaient pour un moment rappelés à la vie, je leur dirais : La superstition des anciennes règles n'est plus; consultez tous les hommes assemblés, et j'emploie d'avance leur réponse.

J'ajouterais : Aidez-moi plutôt à transporter au milieu de nous l'autel que les Athéniens avaient fait élever à la miséricorde. Ah! nous avons bien quelques sacrifices expiatoires à lui faire!

J'excepte cependant, et l'assemblée exceptera sûrement avec moi le fabricateur de faux assignats : celui-là tue le corps social, et tout est dans ce mot. Périsse cet affreux talent, périssent ses affreux possesseurs!

Au reste, si jamais il plaît à l'Éternel de former un peuple neuf, et de l'établir dans une île toute neuve, le comité pourra lui proposer son code : encore si ce peuple est sage et ses législateurs avisés, la proposition sera-t-elle ajournée à mille et un ans.

Je demande donc que la peine de mort soit conservée pour les criminels de lèse-nation, les assassins, les empoisonneurs, les incendiaires et les fabricateurs de faux assignats, sans que jamais il puisse être prononcé aucune peine au-delà de la simple mort.

[*M. Robespierre.* La nouvelle ayant été portée à Athènes que des citoyens avaient été condamnés à mort dans la ville d'Argos, on courut dans les temples, et on conjura les dieux de détourner des Athéniens des pensées si cruelles et si funestes. Je viens prier non les dieux, mais les législateurs, qui doivent être les organes et les interprètes des lois éternelles que la Divinité a dictées aux hommes, d'effacer du code des Français les lois de sang qui commandent des meurtres juridiques, et que repoussent leurs mœurs et leur constitution nouvelle. Je veux leur prouver, 1° que la peine de mort est essentiellement injuste; 2° qu'elle n'est pas la plus réprimante des peines, et qu'elle multiplie les crimes beaucoup plus qu'elle ne les prévient.

Hors de la société civile, qu'un ennemi acharné vienne attaquer mes jours, ou que, repoussé vingt fois, il revienne encore ravager le champ que mes mains ont cultivé, puisque je ne puis opposer que mes forces individuelles aux siennes, il faut que je périsse ou que je le tue; et la loi de la défense naturelle me justifie et m'approuve. Mais dans la société, quand la force de tous est armée contre un seul, quel principe de justice peut l'autoriser à lui donner la mort? quelle nécessité peut l'en absoudre?. Un vainqueur qui fait mourir ses ennemis captifs est appelé barbare ! Un homme fait qui égorge un enfant qu'il peut désarmer et punir, paraît un monstre ! Un accusé que la société condamne n'est tout au plus pour elle qu'un ennemi vaincu et impuissant ; il est devant elle plus faible qu'un enfant devant un homme fait.

Ainsi, aux yeux de la vérité et de la justice, ces scènes de mort, qu'elle ordonne avec tant d'appareil, ne sont autre chose que de lâches assassinats, que des crimes solennels, commis, non par des individus, mais par des nations entières, avec des formes légales. Quelque cruelles, quelque extravagantes que soient ces lois, ne vous en étonnez plus : elles sont l'ouvrage de quelques tyrans ; elles sont les chaînes dont ils accablent l'espèce humaine ; elles sont les armes avec lesquelles ils la subjuguent: elles furent écrites avec du sang. « Il n'est point permis de mettre à mort un citoyen romain : » telle était la loi que le peuple avait portée. Mais Sylla vainquit, et dit : *Tous ceux qui ont porté les armes contre moi sont dignes de mort*. Octave et les compagnons de ses forfaits confirmèrent cette loi.

Sous Tibère, avoir loué Brutus fut un crime digne de mort. Caligula condamna à mort ceux qui étaient assez sacriléges pour se déshabiller devant l'image de l'empereur. Quand la tyrannie eut inventé les crimes de lèse-majesté, qui étaient ou des actions indifférentes ou des actions héroïques, qui eût osé penser qu'elles pouvaient mériter une peine plus douce que la mort, à moins de se rendre coupable lui-même de lèse-majesté?

Quand le fanatisme, né de l'union monstrueuse de l'ignorance et du despotisme, inventa à son tour les crimes de lèse-majesté divine ; quand il conçut, dans son délire, le projet de venger Dieu lui-même, ne fallut-il pas qu'il lui offrît aussi du sang, et qu'il le mît au moins au niveau des monstres qui se disaient ses images ?

La peine de mort est nécessaire, disent les partisans de l'antique et barbare routine ; sans elle il n'est point de frein assez puissant pour le crime. Qui vous l'a dit? Avez-vous calculé tous les ressorts par lesquels les lois pénales peuvent agir sur la sensibilité humaine? Hélas! avant la mort, combien de douleurs physiques et morales l'homme ne peut-il pas endurer!

Le désir de vivre cède à l'orgueil, la plus impérieuse de toutes les passions qui maîtrisent le cœur de l'homme. La plus terrible de toutes les peines pour l'homme social, c'est l'opprobre, c'est l'accablant témoignage de l'exécration publique. Quand le législateur peut frapper les citoyens par tant d'endroits sensibles et de tant de manières, comment pourrait-il se croire réduit à employer la peine de mort? Les peines ne sont pas faites pour tourmenter les coupables, mais pour prévenir le crime par la crainte de les encourir.

Le législateur qui préfère la mort et les peines atroces aux moyens plus doux qui sont en son pouvoir, outrage la délicatesse publique, émousse le sentiment moral chez le peuple qu'il gouverne; semblable à un précepteur mal habile qui, par le fréquent usage des châtimens cruels, abrutit et dégrade l'âme de son élève; enfin, il use et affaiblit les ressorts du gouvernement, en voulant les tendre avec trop de force.

Le législateur qui établit cette peine renonce à ce principe salutaire, que le moyen le plus efficace de réprimer les crimes est d'adapter les peines au caractère des différentes passions qui les produisent, et de les punir, pour ainsi dire, par elles-mêmes. Il confond toutes les idées, il trouble tous les rapports, et contrarie ouvertement le but des lois pénales.

La peine de mort est nécessaire, dites-vous. Si cela est, pourquoi plusieurs peuples ont-ils su s'en passer? Par quelle fatalité ces peuples ont-ils été les plus sages, les plus heureux et les plus libres? Si la peine de mort est la plus propre à prévenir de grands crimes, il faut donc qu'ils aient été plus rares chez les peuples qui l'ont adoptée et prodiguée. Or, c'est précisément tout le contraire. Voyez le Japon : nulle part la peine de mort et les supplices ne sont autant prodigués; nulle part les crimes ne sont ni si fréquens ni si atroces. On dirait que les Japonais veulent disputer de férocité avec les lois barbares qui les outragent et qui les irritent. Les républiques de la Grèce, où les peines étaient modérées, où la peine de mort était ou infiniment rare, ou absolument inconnue, offraient-elles plus de crimes et moins de vertu que les pays gouvernés par des lois de sang? Croyez-vous que Rome fut souillée par plus de forfaits, lorsque, dans les jours de sa gloire, la loi *Porcia* eut anéanti les peines sévères portées par les rois et par les décemvirs, qu'elle ne le fut sous Sylla, qui les fit revivre, et sous les empereurs, qui en portèrent la rigueur à un excès digne de leur infâme tyrannie. La Russie a-t-elle été bouleversée depuis que le despote qui la gouverne a entièrement supprimé la peine de mort, comme s'il eût voulu expier par cet acte d'humanité et de philosophie le crime de retenir des millions d'hommes sous le joug du pouvoir absolu.

Écoutez la voix de la justice et de la raison; elle vous crie que les jugemens humains ne sont jamais assez certains pour que la société puisse donner la mort à un homme condamné par d'autres hommes sujets à l'erreur. Eussiez-vous imaginé l'ordre judiciaire le plus parfait, eussiez-vous trouvé les juges les plus intègres et les plus éclairés, il restera toujours quelque place à l'erreur ou à la prévention. Pourquoi vous interdire le moyen de les réparer? pourquoi vous condamner à l'impuissance de tendre une main secourable à l'innocence opprimée? Qu'importent ces stériles regrets, ces réparations illusoires que vous accordez à une ombre vaine, à une cendre insensible! elles sont les tristes témoignages de la barbare témérité de vos lois pénales. Ravir à l'homme la possibilité d'expier son forfait par son repentir ou par des actes de vertu, lui fermer impitoyablement tout retour à la vertu, à l'estime de soi-même, se hâter de le faire descendre, pour ainsi dire, dans le tombeau encore tout couvert de la tache récente de son crime, est à mes yeux le plus horrible raffinement de la cruauté.

Le premier devoir du législateur est de former et de conserver les mœurs publiques, source de toute liberté, source de tout bonheur social. Lorsque, pour courir à un but particulier, il s'écarte de ce but général et essentiel, il commet la plus grossière et la plus funeste des erreurs; il faut donc que la loi présente toujours au peuple le modèle le plus pur de la justice et de la raison. Si, à la place de cette sévérité puissante, calme, modérée qui doit les caractériser, elles mettent la colère et la vengeance; si elles font couler le sang humain, qu'elles peuvent épargner et qu'elles n'ont pas le droit de répandre; si elles étalent aux yeux du peuple des scènes cruelles et des cadavres meurtris par des tortures, alors elles altèrent dans le cœur des citoyens les idées du juste et de l'injuste; elles font germer au sein de la société des préjugés féroces qui en produisent d'autres à leur tour. L'homme n'est plus pour l'homme un objet si sacré : on a une idée moins grande de sa dignité quand l'autorité publique se joue de sa vie. L'idée du meurtre inspire bien moins d'effroi lorsque la loi même en donne l'exemple et le spectacle; l'horreur du crime diminue dès qu'elle ne le punit plus que par un autre crime. Gardez-vous bien de confondre l'efficacité des peines avec l'excès de la sévérité : l'un est absolument opposé à l'autre. Tout seconde les lois modérées; tout conspire contre les lois cruelles.

On a observé que dans les pays libres, les crimes étaient plus rares et les lois pénales plus douces. Toutes les idées se tiennent. Les pays libres sont ceux où les droits de l'homme sont respectés, et où, par conséquent, les lois sont justes. Partout où elles offensent l'humanité par un excès de rigueur, c'est une preuve que la dignité de l'homme n'y est pas connue; que celle du citoyen n'existe pas : c'est une preuve que le législateur n'est qu'un maître qui commande à des esclaves, et qui les châtie impitoyablement suivant sa fantaisie. Je conclus à ce que la peine de mort soit abrogée.]

SÉANCE DU 31 MAI.

Opinion de M. Duport.

[S'il est une question qui n'appartienne qu'à la raison, qui soit au-dessus de tous les intérêts et de tous les partis, c'est évidemment celle qui nous occupe en ce moment.

C'est ici que, sans danger et sans crainte, nous devons chercher à éclairer notre délibération de cette philosophie bienfaisante et douce, qui, après avoir été long-temps, au sein du despotisme la consolation et l'espoir des citoyens éclairés et vertueux, a depuis présidé aux veilles des législateurs; elle seule peut dégager la question des préjugés qui l'entourent encore, et qui, comme tous les autres, se sont établis et fortifiés par l'habitude et la paresse de l'esprit; elle seule peut élever l'âme au-dessus de ce sentiment secret de défiance et d'appréhension personnelle qui nous détourne involontairement de l'idée d'aucune diminution, d'aucun changement même dans les peines; car souvent, démêlant mal les causes qui font naître et entretiennent les crimes atroces dans une société, chacun, en opinant pour la peine de mort, croit augmenter ainsi les chances en faveur de sa propre sûreté.

J'ai tâché d'approfondir davantage la matière, et quel que soit le mérite des idées que je vais vous soumettre, j'ai du moins la conscience que l'opinion qu'elles expriment s'est formée chez moi avec réflexion. Eh! qui oserait, Messieurs, essayer d'influer sur une aussi grande délibération par de simples aperçus, ou y apporter une détermination légère et peu réfléchie!

Je ne m'engagerai pas dans la question métaphysique de savoir si la société a ou non droit de vie et de mort sur ses membres.

Les hommes, a-t-on dit, n'ont pu donner à la société sur eux que les droits qu'ils avaient eux-mêmes. Or, personne n'a le droit de mort sur les autres ni sur soi-même, car il n'y a que des malades ou des insensés qui se tuent.

D'autre part, on soutient que la société peut faire tout ce qui est indispensable à sa conservation, et qu'elle peut en conséquence établir la peine de mort si elle la juge indispensable pour se conserver.

Il serait possible de répondre d'abord que jamais un simple meurtrier ne peut mettre en danger une société entière; on pourrait ajouter que les hommes ont gardé et gardent encore, dans l'état de société, l'exercice de la défense personnelle, dont l'obligation immédiate peut seule motiver et justifier la mort de celui qui attaque, et qu'ils ne remettent à la société qu'un droit de protection générale, celui de prévenir et de réprimer les agressions, droit qui ne renferme point la nécessité, par conséquent, l'excuse du meurtre.

Mais sans entrer plus avant dans cette discussion, je vais poser la question d'une manière moins favorable peut-être à l'opinion que je défends, mais propre à conduire à un examen plus facile, et à une solution plus prompte et plus complète de la difficulté. J'accorde qu'il faut établir la peine de mort si elle est indispensable à la conservation de la société, ou, ce qui est la même chose, au maintien des droits naturels des hommes : sans doute on ne me contestera pas que si cette peine n'est pas nécessaire à cet objet, elle doit être abolie. Ce principe, Messieurs, je le puise dans vos propres décrets, dans l'article 8 de la déclaration des droits, qui porte : « La loi ne peut établir que des peines strictement et évidemment nécessaires. »

Or, je prétends prouver non-seulement que la peine de mort n'est pas nécessaire; mais 1° qu'elle n'est pas propre à réprimer les crimes auxquels on veut l'appliquer; 2° que bien loin de les réprimer, elle tend au contraire à les multiplier.

Je n'ai garde ici, Messieurs, d'abuser de l'humanité qui semble embellir la cause que je défends, et d'opposer à mes adversaires la défaveur de celle qu'ils soutiennent; je conviens qu'aucun motif honteux ne peut les porter à se déterminer en cette matière, et il ne faut se défendre que d'une résolution légère et de la fausseté du raisonnement.

De la manière dont la question vient d'être posée, il résulte déjà qu'il est un cas où la société a le droit de donner la mort; c'est lorsque sa conservation tout entière y est intéressée : ainsi lorsqu'un chef de parti est arrêté, et que son existence, en prolongeant la guerre et l'espoir de ses adhérens, peut compromettre la sûreté de la société entière, sa mort est indispensable, et dès-lors elle est légitime.

Vos comités ont admis ce principe; il ne trouvera pas de contradicteur; mais alors la mort n'est point une peine, et c'est comme telle que nous allons la considérer ici, comme étant la punition d'un coupable que la société retient dans les fers, et dont elle peut aisément empêcher pour l'avenir les mauvais desseins. Analysons cette peine.

Qu'est-ce que la mort? La condition de l'existence, une obligation que la nature nous impose à tous en naissant, et à laquelle nul ne peut se soustraire. Que fait-on donc en immolant un coupable? Que hâter le moment d'un événement certain; qu'assigner une époque au hasard de son dernier instant. N'est-on pas déjà surpris qu'une règle immuable de la nature soit devenue entre les mains des hommes une loi pénale, qu'ils aient fait un supplice d'un événement commun à tous les hommes! Comment ose-t-on leur apprendre qu'il n'y a de différence matérielle entre une maladie et un crime, si ce n'est que celui-ci fait passer avec moins de douleur de la vie au trépas! Comment n'a-t-on pas craint de détruire la moralité dans les hommes, et d'y substituer les principes d'une aveugle fatalité, lorsqu'on les accoutume à voir deux effets semblables résulter de causes si différentes.

Les scélérats qui, comme presque tous les hommes, ne sont guère affectés que par les effets, ne sont malheureusement que trop frappés de cette analogie; ils la consacrent dans leurs maximes; on la retrouve dans leurs propos habituels : ils disent tous que *la mort n'est qu'un mauvais quart d'heure*, qu'elle est un accident de plus dans leur état; ils se comparent au couvreur, au matelot, à ces hommes dont la profession honorable et utile offre à la mort plus de prises et des chances plus multipliées; leur esprit s'habitue à ces calculs, leur âme se fait à ces idées, et dès-lors vos supplices perdent tout leur effet sur leur imagination.

Législateurs, quoi que vous fassiez, vos lois n'empêcheront pas que la mort ne soit nécessaire pour l'honnête homme comme pour l'assassin. Que faites-vous de plus contre ce dernier? Vous rendez son époque un peu moins incertaine, et c'est de cette légère différence que vous attendez tout votre système de répression! Vous oubliez qu'il n'y a que la mort actuelle qui puisse être vraiment répressive; voilà la source de l'erreur. On dit qu'il n'est pas d'homme sur lequel elle n'ait une grande influence : je l'avoue, lorsqu'elle est devant ses yeux, inévitable et instante; mais sitôt que son image ne se présente que dans un avenir éloigné, elle s'enveloppe de nuages, on ne l'aperçoit plus qu'à travers les illusions de l'espérance; alors elle cesse d'agir sur l'imagination; elle cesse de devenir un motif ou un obstacle à nos actions.

Je vais plus loin; l'assassin est-il le seul qui coure le risque de hâter la fin de sa vie? L'officier civil, le militaire, le simple citoyen ne doivent-ils pas être prêts à s'offrir à la mort plutôt que de trahir leurs devoirs? C'est vous-mêmes qui le leur prescrivez; mais comment espérez-vous assouplir ainsi l'esprit des hommes et modifier leurs pensées au point de les diriger à votre gré vers des idées contradictoires? Quelle est votre position? Vous n'avez que la mort à offrir au crime et à la vertu; vous la montrez également au héros et à l'assassin; à l'un, à la vérité, comme un devoir qui l'associe à une gloire immortelle; à l'autre, comme un supplice ignominieux. Mais c'est donc encore sur une distinction subtile et métaphysique que s'appuie uniquement le ressort que vous employez; c'est dans l'amour de l'estime, dans la crainte du blâme que vous cherchez à trouver le seul mobile qui doit animer les hommes ou les contenir. Vous réussissez sans doute pour l'homme vertueux, qu'on peut aisément diriger par ce genre d'influence; mais aussi vous échouez nécessairement contre le scélérat; celui-ci ne voit que l'effet matériel dans votre supplice; sa moralité ne saurait l'atteindre, l'infamie ne le touche point; la peine pour lui n'est que la mort; la mort n'est qu'*un mauvais quart d'heure.*

Je le demande aux plus zélés partisans de la peine de mort, qu'ils répondent au dilemme suivant : ou le scélérat est affecté de l'idée de l'infamie attachée à son supplice; alors il est bien utile de la joindre à un supplice vivant et durable, car il y sera certainement plus sensible lorsqu'il en sera personnellement l'objet que lorsqu'après lui elle doit s'attacher à sa mémoire : ou bien il ne sera pas affecté de l'idée de l'infamie; alors vous êtes forcés de convenir que la mort n'est plus pour lui qu'un accident commun à tous les hommes que le crime et la vertu accélèrent également, et qui ne renferme plus rien de pénal, plus rien de capable de réprimer et de contenir. Il est donc évident dans les deux cas que la peine de mort est non-seulement inutile, mais peu propre à réprimer les crimes.

Ainsi raisonne surtout l'homme que votre loi a pour objet; non le citoyen qui est guidé par la considération de ses devoirs, non le fripon ou le vil escroc pour lequel d'autres peines sont destinées, mais l'homme sanguinaire et féroce qui conçoit un forfait et calcule froidement les moyens de l'exécuter: voilà celui que vous menacez de la mort pour le détourner de son crime. Mais ne voyez-vous pas que cet homme est déjà familiarisé avec l'idée de la mort et de l'effusion du sang? Vos menaces ne sauraient le retenir, et votre loi même l'y encourage.... (*Murmures.*) L'horreur du meurtre diminue en lui lorsqu'il se dit à lui-même qu'il s'expose à la même peine; une sorte de courage semble ennoblir son crime et le rendre moins odieux à ses yeux.... (*Nouveaux murmures.*) Si Montesquieu ou Beccaria étaient en ce moment dans cette tribune je demande qui aurait l'audace de les interrompre?.... (*Murmures, interruption.*) Ce sont pourtant les idées de ces grands hommes que je vous exprime. Voulez-vous, je le répète, vous assurer que l'image de la mort ne se mêle jamais aux motifs qui déterminent nos actions ordinaires, voyez si ceux qui se livrent à des excès sont retenus par la crainte de la mort qui les suit! La raison leur dit bien néanmoins qu'ils raccourcissent la carrière de leur vie; mais la mort est un frein impuissant pour eux; et vous espérez qu'elle arrêtera le scélérat qui est poussé vers le crime par son caractère, par ses habitudes, et souvent par le besoin ou le désespoir!

C'est une grande faute dans laquelle on tombe involontairement que de se prendre soi-même pour juge de l'effet de la peine qu'on destine au meurtrier: pour déterminer la mesure de cette peine ce n'est pas sur ce que vous éprouvez, ce n'est pas sur les sensations d'un citoyen paisible, mais sur celles d'un scélérat qu'elle doit être calculée.

Les hommes, à la vérité, craignent tous la douleur, et si vous voulez consentir à prolonger la mort par ces tourmens raffinés que renferment les lois actuelles; peut-être parviendrez-vous à inspirer aux assassins un véritable effroi. Sans aucun doute vous rejetterez avec horreur cette idée; s'il était possible qu'elle vous fût présentée; mais par là vous décidez en même temps l'abolition de la simple peine de mort, car l'expérience a prouvé que la mort, lorsqu'elle n'est que la mort en perspective, est insuffisante pour réprimer, et qu'il faut y joindre pour cela des tortures, et cet appareil d'atrocité et de barbarie inventé contre les esclaves, lorsqu'on semblait avoir oublié qu'ils étaient des hommes.

Cherchons donc ailleurs des moyens de réprimer les crimes.

Je ne cesserai de la répéter cette vérité qu'on semble mépriser parce qu'elle est trop simple; le premier de ces moyens et le plus efficace, c'est la justice, la douceur des lois et la probité du gouvernement.

Le second est dans ces institutions locales établies pour prévenir chez les hommes le désespoir ou l'extrême pauvreté, source ordinaire des crimes. Je ne crains pas de le dire, tout cet appareil de peines, ces lois, ces tribunaux, tous ces remèdes qui s'appliquent aux effets ne sont rien près de ceux qui vont à la source du mal. Fournissez aux hommes du travail, et des secours à ceux qui ne peuvent travailler; vous aurez détruit les principales causes, les occasions les plus ordinaires, je dirai presque l'excuse de tous les crimes.

Vous avez regardé avec raison l'établissement du Code-pénal comme un de vos principaux devoirs; mais j'ose vous déclarer que les trois quarts de ce Code sont dans le travail que votre comité de mendicité doit vous présenter.

Enfin, puisque après tous ces moyens il faut encore établir des peines pour réprimer les crimes, et puisque cette répression consiste moins à prévenir l'acte matériel du crime que l'intention qui le médite et la pensée qui le calcule, tâchez d'approprier vos ressorts à cette fin; observez pour cela l'individu dont vous voulez modifier la volonté et arrêter les desseins.

Un assassin est véritablement un être malade dont l'organisation viciée a corrompu toutes les affections; une humeur âcre et brûlante le consume; ce qu'il redoute le plus, c'est le repos, c'est un état qui le laisse avec lui-même; c'est pour en sortir qu'il brave journellement la mort, et cherche à la donner; la solitude et sa conscience, voilà son véritable supplice : cela ne vous indique-t-il pas quel genre de punition vous devez lui infliger, quel est celui auquel il sera sensible? N'est-ce pas dans la nature de la maladie qu'il faut prendre le remède qui doit la guérir? C'est aussi là que vos comités l'ont puisé; telles sont les vues qui les ont déterminés : je ne les discute pas en ce moment; je me borne à conclure ici que la mort ne saurait être une peine, puisqu'elle n'en a point le premier caractère, celui d'être répressive, et que l'infamie qu'on y attache est inutile, ou serait jointe avec plus d'avantage à un supplice vivant et durable.

2° Je dois prouver davantage, et démontrer que la peine de mort a pour effet de multiplier les crimes atroces.

La société n'est qu'une imitation de la nature; elle a le même but qu'elle, la conservation des individus et le maintien de leurs droits : si leur empire a les mêmes bornes, leurs agens sont aussi les mêmes, et si la société cesse de consulter la nature, si elle ose contrarier cet ordre éternel auquel l'Univers entier est soumis et dont l'observation forme l'harmonie du monde, bientôt tout devient désordre et confusion; il se forme une opposition entre les mœurs et les lois; l'homme livré à deux puissances contraires, ne reconnaît plus le fil qui doit le guider dans sa conduite; ses devoirs cessent de lui être tracés, et les limites qui séparent les vertus et les vices deviennent de plus en plus variables et incertaines.

Les gouvernemens anciens, au milieu de beaucoup d'erreurs, avaient saisi cette importante maxime d'identifier les lois et les mœurs en ralliant ainsi à des principes communs l'esprit et le cœur des hommes, en donnant une direction uniforme et un parfait accord à leurs opinions et à leur conduite; l'action sociale s'augmentait chez eux de l'union de ces divers ressorts ; sa force était une, énergique et facile : c'est avec cette justesse de vues et cette simplicité de moyens qu'ils étaient parvenus à donner aux hommes cette élévation dans le caractère, cette dignité simple avec lesquelles contrastent si fort l'affectation, la sécheresse et la frivolité des mœurs modernes.

Mais je reviens à la question.

S'il est vrai que pour maintenir les droits primitifs de l'homme la société ne puisse faire mieux que d'imiter les moyens que la nature emploie, voyons quels sont ceux que celle-ci met en usage pour assurer le premier et le plus important de tous, je veux dire la conservation des individus.

Un homme rencontre son ennemi seul ; il est le plus fort ; il ne sera pas vu ; qui le détourne d'attenter à sa vie?... Qui maintient notre existence au milieu de tant de haines, de vengeances, de passions sans cesse exaltées? Pensez-vous que ce soient vos prohibitions légales ou la crainte de vos peines? Non, mais cette prohibition plus forte que la nature a gravée dans le cœur des hommes, mais cette voix qui crie à tous les êtres de ne pas attaquer un être sans défense, de ne pas attaquer quiconque ne les attaque pas : c'est sous cette garantie profonde, c'est à l'abri de ces sentimens que les individus vivent tranquilles, et que la société ne présente pas un spectacle continuel de violences et de carnage. On fait en général trop d'honneur aux lois en leur attribuant l'ordre et l'harmonie qui règnent dans un état civilisé; le gouvernement y peut beaucoup, mais c'est moins par les règles qu'il prescrit aux individus que par le caractère et les sentimens qu'il leur inspire; le reste appartient à la nature, qui, ayant voulu notre conservation, nous a doués des affections nécessaires à ce but, je veux dire *la compassion* et *l'humanité* : voilà ce que fait la nature. En succédant à ses droits vous avez contracté les mêmes obligations ; voyons si vous saurez aussi bien les remplir;

voyons si les moyens qu'elle emploie se sont affaiblis ou renforcés dans vos mains.

Comme elle vous défendez le meurtre.... Mais au milieu de la place publique et du peuple qui s'y assemble je vois un homme massacré de sang-froid par votre ordre; mes yeux, ces organes qui transmettent au dedans des sensations si vives et si puissantes, ont été offensés de ce spectacle ! L'homme qu'on fait mourir a, dites-vous, assassiné son semblable..... Mais l'idée éloignée de son crime s'absorbe et se perd dans la sensation présente et bien plus vive de son supplice; le spectateur, celui même que l'indignation contre le coupable a conduit à le voir périr, au moment de l'exécution, lui pardonne son crime; il ne vous pardonne pas votre tranquille cruauté; son cœur sympathise secrètement avec le supplicié contre vous; les lois de son pays lui paraissent moins chères et moins respectables en ce moment, où elles blessent et révoltent ses plus intimes sentimens, et en se retirant il emporte avec lui, suivant son caractère, des impressions de cruauté ou de compassion, toutes différentes de celles que la loi cherchait à lui inspirer; il se forme au mépris non de sa propre vie, sentiment presque toujours généreux, mais de celle de ses semblables; si quelquefois il a médité de se défaire de son ennemi ou d'assassiner un citoyen, cette horrible entreprise lui paraît plus simple et plus facile; elle fatigue moins ses sens depuis qu'il a vu la société elle-même se permettre l'homicide.

Ainsi donc une peine qui n'est point répressive pour l'assassin devient encore dangereuse et corruptrice pour le spectateur; elle est à la fois inutile et funeste; et vous, loin de favoriser la nature dans les moyens qu'elle emploie pour la conservation des individus, vous atténuez ces moyens et vous multipliez ainsi les crimes en détruisant leur plus grand obstacle, je veux dire l'horreur du meurtre et de l'effusion du sang.

Au-dessus de vos lois et avant vos conventions, il existe des causes et des agens que vous ne pouvez dénaturer ou contrarier sans danger. Ce n'est pas l'injustice du meurtre que la nature a proscrite, c'est le meurtre lui-même toutes les fois qu'il est volontaire; ce qu'elle repousse avec horreur, c'est que plusieurs hommes de sang-froid en massacrent un seul sans défense : voilà le plus grand crime à ses yeux; ce qui le prouve c'est qu'il révolte à la fois toutes les sensations humaines. Eh! ne pouvez-vous punir les hommes sans corrompre chez eux les habitudes et les mœurs?

Maintenant mettons en balance vos moyens et ceux de la nature, et comparons le résultat. Elle défend, je le répète, le meurtre volontaire, et sa défense s'exprime par cet instinct primitif qu'il ne faudrait plus que renforcer et raffermir pour en rendre l'effet certain et invincible.

Vous aussi vous défendez le meurtre..... Mais vous vous en réservez l'exclusif usage; ce n'est pas l'homicide que vous improuvez, mais seulement l'illégalité de cette action; vous altérez des agens doux et directs de l'humanité et de confiance, et vous mettez à la place des agens indirects, des peines à la fois cruelles et sans effets! Les bases de la moralité des actions ne sont plus les mêmes : cet instinct que vous avez affaibli agissait sur tous les hommes dans toutes les situations; la défense légale, au contraire, n'a lieu que lorsqu'il craint d'être vu ou qu'il n'espère pas d'échapper : d'autre part, celui qui hésite encore dans cette horrible résolution du crime, se sent moins retenu par la prohibition de la loi, par les idées métaphysiques qui en dérivent, que par les avertissemens actuels et physiques que la nature lui donne. Que doit-on chercher? C'est que la nature soit la plus forte dans cette lutte que l'assassin lui livre lorsqu'il veut commettre un crime: au lieu de cela, vous déplacez le lieu du combat; vous donnez à l'esprit à décider ce qui appartenait à l'âme; vous soumettez au calcul ce qu'il fallait laisser au sentiment; le meurtre cesse d'être une action atroce, puisque vous vous le permettez; il n'est plus qu'une action illégale; ce n'est plus qu'une simple formalité qui sépare l'assassin et le bourreau; c'est cette formalité qui devient toute la garantie que vous donnez à chaque individu de sa conservation! Vous avez affaibli ces motifs puissans et actuels de nos actions, qui nous viennent de la nature et de notre organisation, pour y substituer des principes métaphysiques et artificiels, dont l'effet, nul sur ceux que vous avez intérêt et intention d'atteindre, est funeste pour tous les autres ; pour punir quelques hommes, vous les corrompez tous, car s'ils ne se rendent pas criminels, vos peines au moins tendent à les rendre durs, insensibles, inhumains ; ainsi, sans le savoir, sans le vouloir, vous empoisonnez la source du bonheur de la vie domestique et privée, et de toutes les jouissances sociales.

J'ose l'affirmer, Messieurs, la peine de mort, fût-elle utile, ne compensera jamais les maux infinis qu'elle fait en altérant le caractère de tous. Croyez-vous donc que c'est pour sauver un assassin que je parle? Croyez-vous que je pense qu'il ne mérite pas la mort? Oui, sans doute, il la mérite ; et si je ne la lui donne pas, c'est pour apprendre aux autres, par mon exemple, à respecter la vie des hommes ; c'est pour ne pas détruire en eux les sentimens les plus propres à entretenir parmi eux la bienveillance et la sûreté.

Au lieu de ces ressorts impuissans, unissez franchement votre puissance à celle de la nature : elle a horreur du meurtre ; montrez une horreur semblable : elle se brise en voyant un homme massacré de sang-froid par plusieurs hommes ; éloignez ce spectacle de lâcheté et de barbarie ; que les hommes aient une règle constante et sûre d'obéissance, qu'ils n'aient plus à choisir entre des exemples et des lois, mais que les uns et les autres les amènent à respecter la vie et la sûreté de leurs semblables !

Que nous oppose-t-on, Messieurs? Des usages.... Il en est de récens dont il nous serait facile de fortifier notre opinion ; mais que sont aujourd'hui les usages devant les raisons !

Je cherche celles qu'on allègue en faveur de la peine de mort ; toutes semblent se réduire à cet adage vulgaire, qu'il faut du sang pour du sang, qu'il faut tuer celui qui assassine !

Analysons cette idée pour voir ce qu'elle peut produire de vérités. On conviendra aisément que c'est de la peine du talion que vient l'usage de tuer l'assassin, et que la peine du talion elle-même tire son origine de la vengeance individuelle, qu'elle tend à en perpétuer et consacrer l'idée. La nature à la vérité indique ce sentiment de la vengeance ; mais c'est précisément pour en prévenir les effets que les hommes se sont réunis en société, et leur premier acte a été de remettre à la société le droit de punir. Dans les premiers temps, on conçoit facilement que la peine du talion a dû, chez plusieurs peuples, former elle seule tout le code pénal ; elle semble conforme à l'idée primitive de la justice ; elle paraît être la sanction de cette maxime : *Ne fais pas à autrui ce que tu ne voudrais pas qu'on te fît.* Lorsque la doctrine de l'intérêt général est encore ignorée, lorsque l'intérêt particulier seul sert de mesure aux actions et de base aux lois, alors on doit naturellement désigner pour peine le traitement que chaque homme aurait fait subir sur-le-champ à son ennemi ; mais à mesure qu'une société se civilise, lorsque les inégalités de toute espèce s'y introduisent et sont consacrées par les lois, on ne tarde pas à voir combien la peine du talion devient injuste, dangereuse, et même impraticable dans presque tous les cas, car comment punira-t-on par le talion le faux, le vol, l'incendie, l'effraction ?

L'expérience et la raison démontrent bientôt que l'être moral qu'on appelle la société ne doit pas agir, comme les individus, par l'effet d'aucun mouvement de colère ou de vengeance ; dont elle n'est pas même susceptible ; mais que, ramenant tout au seul principe de l'utilité publique, la société doit établir entre les délits et les peines le rapport et la proportion que cette même utilité publique indique.

Le législateur, forcé de ramener à l'exécution d'une même loi tant d'intérêts divers qui s'y rapportent si inégalement, et d'unir ensemble des fils d'une longueur si différente, doit chercher un point commun et proportionnel entre toutes les parties ; il doit établir son système de répression sur un sentiment qui soit parmi les hommes le plus fort, le plus constant, le plus général ; il faut qu'il évite surtout de ravaler la justice à l'idée d'une vengeance particulière, et de justifier par ses exemples les moyens que cette vengeance n'est déjà que trop portée à employer ; et s'il veut donner à un peuple un caractère élevé et un véritable esprit public, il faut qu'il tâche d'ennoblir de toute la grandeur de l'intérêt général ces actes de justice que l'intérêt particulier sollicite ; il faut que les citoyens ne voient jamais dans les tribunaux les instrumens des passions privées, mais qu'ils les regardent comme des organes placés au milieu d'eux pour faire une application particulière et locale des lois que la raison publique a consacrées, comme des canaux par lesquels la volonté générale se répand sans cesse pour rectifier et corriger les aberrations de l'intérêt particulier. Rien n'est donc plus dangereux que l'idée du talion.

Si maintenant on demande quel est ce sentiment universel et constant sur lequel on peut établir un système de répression et de peines, tous les êtres sensibles répondront de concert : c'est l'amour de la liberté ; la liberté, ce bien sans lequel la vie elle-même devient un véritable supplice ; la liberté, dont le brûlant désir a développé parmi nous tant et de si courageux efforts ; la liberté enfin, dont la perte, à laquelle on peut ajouter la privation de toutes les jouissances de la nature, peut seule devenir une peine réelle, répressive et durable, qui n'altère point les mœurs du peuple, qui rend plus sensible aux citoyens le prix d'une conduite conforme aux lois ; peine susceptible d'ailleurs d'être graduée de manière à s'appliquer exactement aux différens crimes, et à permettre qu'on observe entre eux cette proportion si importante qu'exigent les différens degrés de perversité et de nuisibilité !

Telle est la base du système de pénalité que vos comités vous présentent, Messieurs ; mais en détruisant toute l'atrocité des peines ils ne croient pas pour cela en avoir diminué la juste sévérité ; ils pensent au contraire que celles qu'ils vous proposent d'établir, sont plus répressives et plus fortes, ont un effet plus durable, plus profond et plus sûr dans l'âme des malfaiteurs, et qu'ainsi, la garantie que la société doit aux individus étant plus assurée, le véritable but des peines est mieux rempli.

Les peines que nous établissons, Messieurs, sont véritablement plus grandes et moins cruelles ; cela même est un argument invincible, et auquel je défie tous mes adversaires de répondre, d'autant mieux qu'ils nous fournissent eux-mêmes la majeure du raisonnement. Une prison longue, pendant laquelle on est seul, privé de la lumière et de tous les bienfaits de la nature, est, disent-ils, une peine plus dure que la mort.... Eh bien! Messieurs, si c'est par compassion que vous établissez la peine de mort, décernez-la donc aux simples voleurs, aux fripons, et réservez une peine plus forte pour ceux qui ont assassiné, empoisonné leurs semblables. Ne voyez-vous pas que, quelque chose que vous fassiez, il faudra que le faussaire, le voleur avec effraction, soient punis par une dure et longue détention. Alors, dans votre propre système, ces individus sont plus punis que l'homme qui a assassiné son bienfaiteur. Voulez-vous donc favoriser ces attentats plus que les simples larcins, y inviter même en leur montrant une peine plus douce et passagère? Que devient alors la justice? Que devient l'ordre social, qui exige que la peine augmente en proportion de l'énormité du crime? Le voleur menacé de douze années d'une prison affreuse, se dira : au lieu de dérober, je n'ai qu'à tuer, assassiner; la peine sera moindre; je serai moins puni...Non-seulement ainsi vous donnez un funeste encouragement au plus grand des forfaits, mais vous assurez un brevet d'impunité à tout criminel qui ne craint pas la mort. Il n'existe pas au monde un individu qui ne redoute d'être douze années au cachot: ainsi, dans notre système, la répression s'étend à tous; mais si vous ôtez la vie pour punir le meurtre, tout assassin qui est affranchi de la crainte de la mort, ce qui n'est pas rare, peut impunément braver la société, la nature et les lois.

Nous sommes bien éloignés néanmoins, Messieurs, de vouloir remplacer la peine de mort par des supplices perpétuels. Il nous a paru que déraciner dans l'homme l'espérance, c'était détruire en lui le principe même de la vie, le seul qui le soutienne au milieu de ses souffrances, et qui, en allégeant le poids de son malheur, le lui rende possible à supporter; c'est anéantir l'homme : il serait plus humain de le faire périr. La société, j'ose le dire, n'a pas le pouvoir de faire éprouver à un individu une si complète dégradation de lui-même ; et d'ailleurs la raison et la justice s'y opposent également, car jamais on ne doit désespérer de l'amendement d'un coupable ; sa correction même est un des objets de la peine ; elle n'existerait plus si l'homme était condamné à un éternel supplice.

Enfin, Messieurs, vous avez paru désirer d'établir la révision des jugemens ; mais cette institution ne devient-elle pas ridicule et même insultante pour les citoyens, lorsqu'elle consiste à donner le moyen de prouver l'innocence d'un homme qui n'est plus ?... (Murmures.) Je vois que je ne fais que retarder d'un quart d'heure la peine de mort.... Que dans le cas où l'erreur du jugement n'est rectifiée qu'après la mort du condamné, on rétablisse sa mémoire, j'y vois peu d'avantages ; néanmoins cela me paraît possible : mais que la société ne préfère pas mille fois de conserver la vie et de rendre la liberté à un homme injustement condamné, voilà ce qu'il est difficile de concevoir. Lorsqu'un faussaire aura succombé par l'effet d'une erreur, il pourra rentrer dans la société par l'effet de la révision de son jugement, et un citoyen faussement accusé, injustement condamné pour cause d'assassinat, sera provisoirement mis à mort !... Quelle disparate, quelle incohérence, quelle contradiction dans les principes ! Toutes ces lois ne peuvent à la fois se rencontrer dans le même code, dans une constitution qu'un peuple éclairé s'est donnée à lui-même à la fin du dix-huitième siècle.

Daignez, Messieurs, considérer cet objet avec l'attention qu'il commande, et le traiter avec toute la dignité du corps constituant, et non avec cet esprit tranchant et léger qu'on a quelquefois tenté d'introduire parmi vous, et qui tend à éloigner de vos décrets le respect et la confiance qu'ils doivent exiger ! Gardez-vous de ceux qui voudraient reléguer dédaigneusement cette question dans le domaine de la pure philosophie, et lui refuser l'analogie directe qu'elle a avec le succès de vos travaux !

Pour ceux qui observent avec attention, il en est bien autrement. Parmi les opinions diverses qui agitent un peuple entier, à travers les combinaisons politiques et sociales qui le modifient, il est toujours quelques sentimens généraux qui ressortent et prédominent sur tous les autres. Parcourez les divers pays, vous en reconnaîtrez les habitans à ces sentimens qui composent le véritable caractère national : chez l'un, c'est la franchise ; chez l'autre, la fierté, la douceur ; chez d'autres aussi, la cruauté ou l'artifice : ces qualités ou ces vices, c'est en général le gouvernement qui les donne, et un habile législateur n'a jamais manqué l'occasion de former l'esprit national d'un peuple, ou de corriger celui auquel la nature l'a disposé : c'est par là qu'il assure d'avance une obéissance parfaite aux lois, qu'il prépare les esprits à remplir les devoirs que la société leur impose ; c'est par là qu'en rattachant des opinions éparses à des principes constans, il se donne une influence vaste et profonde, à l'aide de laquelle il peut continuellement ramener les actions des hommes à des vues d'intérêt général et du bonheur public.

S'il nous eût été permis de séparer nos travaux des circonstances qui les environnent et semblent les commander, c'eût été une entreprise utile à la fois et sublime d'établir autour de notre constitution politique toutes les institutions morales qui peuvent l'appuyer et l'affermir ; d'offrir ainsi un but commun à toutes les affections des hommes, et de les unir à ce but par le lien sacré du patriotisme et de la vertu ; enfin, de remettre la défense de notre édifice social sous la garde de ces trois puissances, invincibles lorsqu'elles sont unies, les mœurs, la force et l'intérêt.

Le temps et les circonstances ont manqué à ce vaste projet ; il faut à cet égard reculer nos espérances ; il faut même en reporter le principal effet vers la génération qui s'avance, et qui, plus heureuse que nous, profitant et de nos sacrifices et de nos fautes, jouira de la liberté sans mélange et sans regret : mais au moins faisons tout ce qu'il nous est permis de faire ; si nous sommes forcés de refuser, d'adopter quelques vérités, au moins ne consacrons point d'erreurs ; ne consacrons que des principes vrais si nous ne pouvons pas admettre tous ceux qui pourraient être utiles.

N'appréhendons pas non plus de heurter un reste de préjugé

populaire contre la suppression de la peine de mort. Le peuple est juste en masse ; il l'est nécessairement, car il est placé au milieu de l'intérêt général. Soyez sûrs, Messieurs, que la loi qui abolira la peine de mort sera aussi respectée et plus respectable qu'un grand nombre de celles que vous avez rendues ; d'ailleurs, ce n'est pas toujours par une obéissance ponctuelle et servile aux ordres de l'opinion que les législateurs portent les lois les plus utiles à leur pays ; souvent ces lois n'ont de rapport qu'à des besoins momentanés, et ne remédient qu'à des effets ; les résultats heureux et vastes qui décident du bonheur des peuples, tiennent en général à la méditation et au calcul.

J'ai toujours dirigé autant qu'il m'a été possible mes travaux particuliers vers ce but, de placer dans le code de nos lois des institutions fortes et profondes, dont l'effet est long-temps inaperçu parmi les idées générales, et semble s'effacer par le sentiment exclusif de la liberté, mais dont les avantages augmentent tous les jours, et seront plus sentis à mesure que cette chaleur patriotique qui maintenant nous anime, fera place, en se refroidissant, à des jugemens plus sévères de la raison, et à une expression plus pure de l'intérêt public.

Souffrez, Messieurs, qu'en finissant j'ajoute aux raisons qui semblent déterminer la question des motifs puisés dans les circonstances présentes. Lorsque notre révolution a commencé, elle nous a trouvés tels qu'un long despotisme et la corruption qu'il entraîne nous avaient formés ; cette révolution a vu pendant son cours se développer toutes les passions, tous les intérêts ; elle a mis en dehors nos qualités et nos vices, elle a rendu les uns et les autres plus sensibles, et l'on a vu malheureusement à côté du spectacle sublime du patriotisme et de la générosité, le monstre hideux de l'intérêt et de la haine : on a pu regretter quelquefois que l'esprit national n'ait pas été adouci d'avance par des institutions plus humaines. Le caractère des individus, divisés par tant d'opinions, fatigués par une lutte si longue et si nouvelle, a dû naturellement s'altérer et s'aigrir ; si les hommes ont acquis la force nécessaire pour être libres, ils ont aussi pu contracter une dureté qui rend le commerce de la vie difficile et fâcheux: il est des individus qui, tirant leur caractère des événemens, sont devenus féroces lorsqu'ils devaient être courageux et fermes ; ils seront faibles et vils lorsqu'on leur demandera de l'obéissance et de la douceur.

Depuis qu'au lieu de rectifier par nos lois l'esprit national nous l'avons malheureusement transporté dans notre constitution, et que la mobilité est devenue un des principaux caractères de notre gouvernement, depuis qu'un changement continuel dans les hommes a rendu presque nécessaire un changement dans les choses, faisons au moins que les scènes révolutionnaires soient le moins tragiques, et leurs conséquences le moins funestes qu'il sera possible : pour cela tâchons d'adoucir le caractère national, et de le fixer, non à cette pitié molle des esclaves, mais à cette humanité vraie des peuples libres....: (M. l'abbé Maury veut interrompre l'orateur ; il cite la Bible, il cite Caïn.....)

Certainement, la société qui existait alors n'avait fait aucune loi ; mais il est bien extraordinaire que l'exemple que l'on choisit soit entièrement contre mes adversaires ; dans la Bible il est dit, « que Caïn ne soit pas tué, mais qu'il conserve un signe de réprobation ; » et c'est ce qu'on vous propose, un signe de réprobation aux yeux des hommes. (Applaudissemens.) Mais je passe à d'autres observations.

Vous le savez, Messieurs; on vous reproche vivement le changement qui s'est fait dans le caractère des Français : des qualités douces et brillantes l'embellissaient ; elles ont disparu, et l'on attend avec inquiétude si elles seront remplacées par des vertus ou par des vices. On vous accuse d'avoir endurci les âmes au lieu de les affermir, comme on vous reproche d'avoir substitué aux abus de la prodigalité, les abus plus funestes peut-être d'une mesquine parcimonie. Faites cesser ces clameurs; ôtez-leur du moins tout fondement raisonnable ; que vos vues jusqu'au moment de votre séparation se dirigent vers les moyens d'inspirer au peuple la générosité, la fermeté, et une humanité profonde, vertus dont l'alliance est si possible, si naturelle même, et qui forment le plus beau caractère que l'homme puisse recevoir de la nature et de la société! Pour y parvenir, rendez l'homme respectable à l'homme; augmentez, renforcez de toute la puissance des lois l'idée que lui-même doit avoir de sa propre dignité, vous aurez tout fait en lui inspirant le principe de toutes les vertus, je veux dire le respect pour lui-même, et cette fierté véritable qui se fonde, non sur des distinctions vaines, mais sur la jouissance pleine de tous les droits qui appartiennent à l'homme. Quiconque se respecte est nécessairement juste et droit; les autres ont de lui une garantie constante qui le suit dans toutes ses actions. L'homme qui respecte les autres agit bien en public; celui qui se respecte lui-même agit toujours bien même en secret.

A ce moment, Messieurs, où les Français dirigent toutes leurs pensées vers leur nouvelle constitution, où ils viennent puiser avidement dans vos lois, non-seulement des règles d'obéissance, mais encore les principes de justice et de morale, si long-temps méconnus, qui doivent guider leur conduite, qu'ils ne rencontrent pas une loi dont l'effet seul est une leçon de barbarie et de lâcheté. Ne profitez pas de ce besoin de voir et d'être ému qui agit chez tous les hommes pour les assembler et leur apprendre qu'il est des cas où l'on peut commettre un homicide; songez que la société, qui ne peut être passionnée, qui ne peut éprouver ces mouvemens dont la violence semble excuser le meurtre, loin de le légitimer par son autorité, le rend plus odieux cent fois par son appareil et son sang-froid; car je conçois la colère, la vengeance et ses suites dans un premier mouvement; la nature même nous l'indique; mais s'il est quelqu'un qui ait pu, sans éprouver une violente sensation d'horreur et de pitié, voir infliger la mort à un autre homme, je désire de ne le jamais rencontrer; non-seulement il est étranger aux affections douces qui font le bonheur de la vie, mais il a arrêté sa pensée sur un meurtre; la nature cesse de me protéger contre lui; il ne lui faut plus qu'un intérêt pour me massacrer!

Faites cesser, Messieurs, l'entreprise parricide de tourmenter la nature et de corrompre ses sentimens. La peine de mort offre encore à vos yeux un caractère de réprobation, puisqu'elle a une origine semblable à celle de tous les abus que vous avez détruits; elle doit comme eux sa naissance à l'esclavage: c'est contre les esclaves qu'elle a été inventée. Apprenez combien vos lois sont odieuses par l'horreur invincible qu'inspirent ceux qui les font exécuter; honorez au contraire votre code d'une loi analogue à votre constitution, propre à fortifier les sentimens qu'elle a voulu inspirer aux Français; d'une loi qui a fait la gloire et la sûreté des peuples anciens; d'une loi que le despotisme a bien osé promulguer avant vous, et maintenir avec succès dans des pays voisins; d'une loi que les peuples esclaves adopteront, si comme vous ils sont appelés un jour à fonder leur constitution; d'une loi, enfin, sollicitée par cette opinion saine de tous les hommes éclairés qui ont su dérober leur raison à l'influence des préjugés anciens et à celle des circonstances du moment!

COLONIES.

A la séance du 7 mai, Delâtre fit, au nom des quatre comités réunis de marine, d'agriculture et de commerce, de constitution et des colonies, un rapport dans lequel, après avoir établi la nécessité de prendre des mesures promptes pour calmer les inquiétudes des colonies sur les innovations dont les colons se croyaient menacés relativement à l'état politique des personnes, il proposa de convertir en article constitutionnel le principe établi dans le préambule du décret du 12 octobre, de l'initiative exclusive des assemblées coloniales sur toutes les lois relatives à l'état des personnes, et d'ordonner une assemblée générale des colonies, chargée de proposer à l'assemblée nationale leur vœu sur cette partie de la constitution coloniale.

Aussitôt après la lecture du rapport, Grégoire prit la parole et dit: «Ce projet de décret renferme les objets de la plus haute importance; il s'agit d'anéantir la déclaration des droits de l'homme;

de réduire à l'esclavage une certaine classe d'hommes, en la livrant à l'oppression des autres. Après avoir attendu quatre mois pour nous présenter ce projet, on peut bien attendre encore quelques jours ; je demande l'impression et l'ajournement. » (Applaudissemens.)

La discussion fut ajournée, et reprise à la séance du 11. Voici le discours de Grégoire.

[*M. Grégoire, évêque du département du Loir et Cher.* Il est donc enfin permis aux defenseurs des citoyens de couleur d'élever la voix dans cette assemblée. Il leur est donc enfin permis de démontrer que le salut des colonies tient à la justice qu'elles réclament. Les écrits nombreux, répandus par la société qui s'est dévouée à la défense de ces infortunés, ont dû vous convaincre de tous les inconvéniens que renferme le projet qui vous est présenté par votre comité colonial. On la calomnie cette société ; mais on ne lui répond pas. Les villes de Bordeaux, de Lorient, d'Angers, de Vannes, de Coutances, et de vingt autres dont j'ai les adresses à la main, ont hautement exprimé leur adhésion aux principes développés dans la dernière adresse, et s'indignent de ce que l'on balance encore à mettre les hommes de couleur au rang des citoyens actifs. Par quelle fatalité arrive-t-il qu'aucune de ces adresses n'ait été mentionnée dans le rapport qui vous a été fait, tandis qu'on vous a fastueusement énuméré celles de quelques villes qui n'ont fait que copier l'indécente circulaire des députés du nord de Saint-Domingue ? Par quelle fatalité M. le rapporteur a-t-il gardé le silence sur l'adresse de la société des amis des noirs, qui a été officiellement envoyée au comité colonial ? Ce silence n'annonce-t-il pas et l'impuissance de répondre et une partialité coupable ? Ce n'est pas le seul reproche qu'on ait à faire au rapport qui vous a été présenté ; il vous déguise la cause des troubles qui déchirent les colonies. Elle a d'abord été, dans cette lettre incendiaire des députés des colonies, écrite le 12 août 1789, dans laquelle ils insultaient à notre enthousiasme pour la liberté, dans laquelle ils semaient des alarmes, effarouchaient les imaginations sur des vaisseaux anglais qui sont toujours en station dans ces parages : lettre où l'on excitait les défiances des blancs contre les gens de couleur. Elle paraît n'avoir été dictée que par le projet de croiser les ordres donnés par M. de la Luzerne, de traiter les hommes de couleur libres comme des citoyens libres. Ces ordres si humains ont donné naissance à cette fastueuse dénonciation contre lui, que la haine a été forcée d'abandonner.

Cette lettre a été suivie d'une foule d'autres, et tout à coup le feu s'est allumé. Alors ont commencé les atrocités de toute espèce contre les gens de couleur. On les a rejetés des assemblées primaires, on les a désarmés, on a coupé la tête de M. Ferrand, juge respectable qui s'est montré leur défenseur. Des hommes sans lois et sans mœurs ont envahi à main armée leurs propriétés; et ces massacres, ils les justifiaient en citant cette fameuse phrase de la lettre du 12 août : « Méfiez-vous des gens de couleur, et surtout de ceux qui arrivent d'Europe. » L'étincelle qui avait allumé l'incendie à Saint-Domingue va de même l'allumer à la Martinique; mais l'explosion contre les gens de couleur y a été bien plus violente : ils ont été victimes d'une conspiration qu'on a cherché à justifier par les accusations les plus absurdes. Voilà la première cause des funestes divisions des colonies. Qu'on cesse d'en accuser les amis des noirs, qui, à cette époque du 12 août 1789, n'avaient écrit qu'une lettre très-courte au bailliage sur l'abolition de la traite, et où il n'était pas question des mulâtres. Cette lettre, dans le système de nos adversaires, n'aurait pu soulever que les noirs. Or, il est de fait qu'il n'y a pas eu parmi eux un seul mouvement; que les troubles se sont circonscrits d'abord entre les blancs et les mulâtres, et ensuite entre les blancs eux-mêmes. La seconde cause des troubles se trouve dans la fausse marche qu'on vous a fait adopter par le décret du 8 mars.

Je veux croire que M. le rapporteur, étranger jusqu'alors aux affaires des colonies, vous a égarés sans le savoir; mais détrompé depuis, j'aurais désiré qu'il ne persévérât pas dans un système qui n'est qu'un tissu de violations des principes, et de mesures fausses; il aurait dû vous dire que les citoyens de couleur, libres, propriétaires, contribuables comme les blancs, devaient être comme eux citoyens actifs. Telle est la marche simple que la justice, le bon sens et la politique réclamaient. On y a substitué des équivoques, parce qu'on voulait ménager tous les partis. On disait aux mulâtres : vous êtes compris sous la dénomination *de toutes personnes*. On disait aux blancs : l'assemblée ne désigne point les gens de couleur, vous pourrez argumenter de ce silence. Qu'est-il résulté de cette double marche? Rien autre chose que les querelles et les ressentimens des deux partis. Un troisième genre de désordre s'est manifesté. Plusieurs pouvoirs nouveaux existèrent dans l'île; ils se heurtaient par des prétentions opposées. L'assemblée de Saint-Marc prétendait à la suprématie sur toutes les autres, et elle lui a été disputée par l'assemblée provinciale du nord, qui, profitant des fautes de sa rivale, cherchait à élever son autorité sur ses débris; elle s'est jointe au pouvoir exécutif; et, par ce concert, s'est effectuée l'expulsion de l'assemblée de Saint-Marc : de là une source de divisions et de haines implacables. Que vous a-t-on proposé pour calmer tous ces troubles? rien. On a cherché seulement à étouffer l'éclat à Paris; on s'est peu inquiété de celui des îles.

L'assemblée coloniale de Saint-Marc a été sacrifiée aux terreurs du commerce français révolté du système d'indépendance des colonies. On a sacrifié dans le fameux considérant du décret du 8 mars les hommes de couleur à tous les partis. Dans les précédens décrets on accordait aux colonies la faculté de faire les plans de leur constitution. Par celui du 29 décembre, M. le rapporteur dit que les colons n'ont pas assez de lumières pour se diriger eux-mêmes; et il leur ôte cette faculté; il suspend l'assemblée coloniale, remet le gouvernement des îles entre les mains de commissaires, et fait rappeler un général qui rendait des services importans à la chose publique. Que penser d'une pareille marche, et d'hommes qui parcourent en si peu de temps les extrêmes, qui vous disent de renverser en novembre ce qu'ils ont édifié en octobre? N'était-ce pas se jouer des décrets, et compromettre la dignité de cette assemblée, que de lui faire sanctionner des volontés aussi versatiles et des résolutions aussi contradictoires?

Telles étaient les réflexions que je me proposais de vous offrir lors du décret du 29 novembre. Mais, malgré ma persévérance, il me fut impossible d'obtenir la parole : l'événement a justifié mes craintes. C'est ici que je sollicite votre attention. J'ai à vous peindre les événemens qui ont depuis augmenté les calamités des colonies.

La première réflexion qui se présente à l'esprit, en discutant le rapport qui est soumis à votre discussion, c'est que, jusqu'à ce moment, toutes les mesures prises par votre comité des colonies pour ramener la tranquillité, n'ont au contraire fait que propager et augmenter les troubles que votre sagesse eût prévus, si vous aviez pu discuter... Il est temps que la déclaration des droits de l'homme ne soit pas long-temps enfreinte aux dépens d'une classe d'hommes libres, propriétaires, contribuables et indigènes au sol des colonies, désignée sous le nom générique d'hommes de couleur; on a tout employé pour confondre leur cause avec celle de leurs esclaves mêmes. Témoin, comme membre du comité de vérification, de tous les obstacles qu'on a opposés à leur juste réclamation, je vous affirme qu'après onze séances consécutives, le comité avait décidé, sur la pétition présentée par les hommes de couleur, au mois d'octobre 1789, par laquelle ils réclamaient le droit d'avoir des députés parmi vous, que nous avions reconnu juste qu'ils en eussent au moins deux : c'est ce que vous eût fait connaître M. Beauregard, chargé de faire le rapport, si des brigues et des cabales n'eussent empêché ce rapport d'être fait.

D'après ce léger développement, vous sentirez toute l'atrocité du premier article qu'on s'empressait de vouloir vous faire décréter, en vous menaçant de perdre vos colonies, et de voir tomber la splendeur de la France si vous vous y refusiez. Quoi ! parce que vous ne pourrez vous dispenser d'accorder à des hommes libres, à des hommes propriétaires et contribuables, les mêmes droits qu'aux blancs, vos colonies seront perdues ; la France l'a-t-elle été, quand vous avez consacré l'égalité des droits ? Mais vous diront les colons blancs, si vous accordez les droits de citoyen aux hommes de couleur libres, les esclaves se soulèveront. Mais pourquoi ne se sont-ils pas soulevés depuis l'édit de 1685, qui accorde aux affranchis les mêmes droits qu'aux blancs? Pourquoi ne se sont-ils pas soulevés depuis qu'ils ont vu les hommes de couleur libres posséder plus d'un tiers des esclaves des colonies, et posséder de riches plantations?

Les hommes de couleur libres, propriétaires comme les blancs, contribuables comme les blancs, sujets envers la patrie aux mêmes devoirs, doivent avoir les mêmes droits, avec d'autant plus de raison qu'ils sont fils de Français. Voilà des principes que ne peuvent méconnaître des législateurs. Si, à l'appui de ces droits incontestables, les hommes de couleur avaient besoin, pour obtenir votre justice, de vous rappeler leurs services et leur utilité dans les colonies; s'ils avaient besoin de faire preuve de leurs bonnes mœurs, qui ont été si indignement calomniées par leurs ennemis, ils vous diraient qu'ils les défient de citer un seul homme de couleur libre, qui, depuis l'origine de la colonie, ait été flétri par les lois : car je ne regarde pas comme tel le malheureux Ogé, que l'on a fait périr sur l'échafaud pour avoir réclamé des droits accordés par vos décrets.

M. Malouet. Il a été condamné comme assassin.

M. Grégoire. Il est mort victime de son amour pour la liberté. Je conclus pour demander la question préalable sur le projet du comité, et je propose de déclarer que les gens de couleur jouiront du droit de citoyens actifs, comme les autres Français. (Cette opinion est plusieurs fois interrompue par des applaudissemens.)]

— Une vive discussion suivit ce discours. Clermont-Tonnerre, Barnave, Biauzat parlèrent en faveur du projet du comité. Malouet déclara que si l'assemblée persistait à vouloir élever un trophée à la philosophie, elle devait s'attendre à le composer des débris de ses vaisseaux et du pain d'un million d'ouvriers.

—A la séance du 12, Robespierre soutint que les hommes libres de couleur jouissaient, avant la révolution, des mêmes droits que les blancs, et que la révolution n'ayant rien changé à leur sort à cet égard, ne devait non plus rien leur ôter. Il s'attacha principalement à réfuter Barnave. Moreau de Saint-Méry répondit à Robespierre relativement aux droits des hommes de couleur, et prétendit que l'assemblée avait pris l'engagement de laisser l'initiative aux colonies ; il conjura l'assemblée de ne pas laisser dire aux colons : « Vous n'avez plus de conseil à prendre que de votre désespoir. » Cette opinion fut souvent interrompue par de grands murmures et par les sifflets des tribunes. Regnaud d'Angely prit ensuite la parole. Il représenta le désespoir de dix-neuf mille hommes de couleur à qui l'oppression rendrait des forces. « Et quarante mille blancs, » s'écria une voix. Rœderer releva cette interpellation en disant que sur ces quarante mille blancs, il y en avait vingt mille qui seraient noirs en France. Après un débat très-animé, Barnave continua à défendre l'initiative des assemblées coloniales. Sieyès et Grégoire opposèrent le préopinant à lui-même, et la discussion étant fermée, on passa à l'appel nominal. L'assemblée décréta, à la majorité de 378 voix contre 286, qu'il y avait lieu à délibérer sur le projet du comité.

A la séance du 13, plusieurs amendemens furent proposés sur l'article Ier du comité, article qui affectait l'initiative aux assemblées coloniales. Dupont prononça un discours contre ce dispositif, dans lequel se trouve une phrase que l'on attribue vulgairement à Robespierre. « Si toutefois, s'écria-t-il, cette scission devait avoir lieu, s'il fallait sacrifier l'intérêt ou la justice, il vaudrait mieux sacrifier les colonies qu'un principe. »

Moreau de Saint-Méry insista de nouveau pour l'initiative sur les hommes de couleur, et pour que le mot *esclaves* fût substitué dans l'article au mot *non-libres*. Voici ce que répondit Robespierre : « L'intérêt suprême de la nation et des colonies est que vous demeuriez libres, et que vous ne renversiez pas de vos propres mains les bases de la liberté. Périssent les colonies! (Il s'élève de violens murmures), s'il doit vous en coûter votre bonheur, votre gloire, votre liberté! Je le répète, périssent les colonies! si les colons veulent, par les menaces, nous forcer à décréter ce qui convient le plus à leurs intérêts! Je déclare, au nom de l'assemblée....., au nom de ceux des membres de cette assemblée qui ne veulent pas renverser la constitution; je déclare, au nom de la nation entière qui veut être libre, que nous ne sacrifierons pas aux députés des colonies qui n'ont pas défendu leurs commettans, comme M. Monneron; je déclare, dis-je, que nous ne leur sacrifierons ni la nation, ni les colonies, ni l'humanité entière. Je conclus et je dis que tout autre parti, quel qu'il soit, est préférable. A l'amendement de M. Moreau, je préférerais le plan du comité ; mais comme il est impossible de l'adopter sans adopter les inconvéniens extrêmes que je viens de présenter, je demande que l'assemblée déclare que les hommes libres de couleur ont le droit de jouir des droits de citoyens actifs; je demande de plus la question préalable sur l'article du comité. »

A la séance du 13, il fut décrété qu'aucune loi ne pourrait être rendue sur l'état des personnes non libres que sur l'avis des assemblées coloniales. Barnave proposa de décréter aussi qu'il ne serait statué sur l'état des hommes de couleur que d'après la proposition des assemblées coloniales actuellement formées.

A la séance du 14, Grégoire combattit l'article proposé par Barnave, et demanda que les gens de couleur jouissent de tous leurs droits. La discussion reprit avec plus d'aigreur et plus de violence.

A la séance du 15, Rewbel proposa de déclarer qu'il ne serait pas délibéré sur l'état politique des hommes de couleur sans l'initiative des colonies, mais que, dès à présent, ceux d'entre eux qui seraient nés de pères et de mères libres, auraient l'entrée aux assemblées coloniales. Après de vifs débats et une longue opposition, la proposition de Rewbel fut adoptée. Murinais et un grand nombre des membres de la droite réclamèrent l'appel nominal, qui fut écarté au milieu des applaudissemens de toutes les tribunes. — Le lendemain, les députés des colonies écrivirent à l'assemblée qu'ils croyaient devoir s'abstenir de ses séances.

HISTOIRE DE PARIS PENDANT LE MOIS DE MAI 1791.

Fénelon, écrivant pour la direction de la conscience des rois, avait ainsi conjecturé : « Il viendra une révolution soudaine et violente, qui, au lieu de modérer simplement l'autorité excessive des souverains, l'abattra sans ressource. » Au moment de l'histoire où nous sommes, ces paroles touchent à leur réalisation.

Les novateurs procèdent avec une plénitude d'audace qu'on ne peut expliquer que par une plénitude de foi. Ce n'est pas cependant sans un certain effroi qu'après avoir démoli le passé jusqu'à ses fondemens, il leur faut à cette heure reconnaître et juger les fondemens eux-mêmes. Depuis les premiers débats sur la constitution civile, et surtout depuis que la cour de Rome a nettement rompu avec la révolution, la discussion a pris un caractère très-grave.

Le philosophe attentif à la marche des idées ne peut se défendre d'une impression douloureuse, en voyant naître d'un malentendu, d'une question faussée par ceux qui la posent et par ceux qui l'attaquent, les germes d'épouvantables désastres. Il est sûr que des deux parts, vainqueurs et vaincus ne produisent que des sophismes, et que ces sophismes ne traverseront la chair des peuples qu'au prix de la torturer et de la dissoudre.

Nul doute, lorsque la souveraineté du peuple et le droit divin furent face à face, que l'identité des deux principes n'eût été sur-le-champ constatée, si le combat avait eu lieu du point de vue moral. Car, en Europe, alors comme aujourd'hui, le droit divin, c'était la loi de Dieu ; la loi de Dieu, c'était la parole du Christ ; et la parole du Christ, c'était la fraternité universelle par le dévoûment. Or, que signifiait autre chose la souveraineté du peuple ?

Ils furent bien coupables les hommes qui détournèrent à des querelles sur le droit, le grand principe de tout devoir et de toute obéissance. Il s'agissait bien vraiment de la juridiction ecclésiastique, c'est-à-dire du gouvernement intérieur de l'église. Il s'agissait des rapports du clergé avec la famille humaine ; il s'agissait pour lui de tout sacrifier, tout, moins son devoir. Un immense sacrifice devait être consommé avant qu'il osât réclamer le droit. Nous le répétons, ses biens, ses honneurs, sa vanité, ses loisirs, sa sécurité, à plus forte raison ses débauches, tout cela était une vile matière qu'au premier effort sincère d'abnégation le clergé eût rejeté loin de lui. Son droit, c'était son dévoûment ; son droit, droit qui eût bientôt conquis la vénération et l'amour des nations européennes, c'était qu'il fût un esprit dégagé de tout égoïsme, une volonté droite et ferme vers le but assigné par Dieu, la fraternité.

Ce n'est qu'avec un profond mépris que nous avons examiné ce que l'intelligence papale et celle du clergé hostile à notre révolution, imaginèrent en commun pour l'arrêter. Les bulles de Pie VI sont des anathèmes avocassiers et disputeurs, des consultations de docteur en droit canon, une plaidoirie pour fixer les bornes d'un champ, tandis que la partie adverse lui en conteste la propriété. Lorsque Hildebrand liait Henri IV d'Allemagne du lien de l'anathème, et qu'à sa voix les populations chrétiennes répétaient en chœur l'excommunication, ses bulles étaient des chefs-d'œuvre de sentiment. Aussi ce pape, grand par la science, et grand par le sacrifice, mourut en exil pour avoir aimé la justice et haï l'iniquité.

Quelle influence pouvait avoir l'excommunication de Talleyrand, celle de Gobet et de beaucoup d'autres ? Qu'importait à la France que la juridiction épiscopale, qu'un corps sans âme, eût été blessé ? Du point de vue de la morale sociale, ces deux hommes eussent été frappés de manière à ne jamais se relever.

Au lieu de cela, il arriva que les incrédules eurent tout le crédit que leur donnait leur résistance à un pouvoir contre-révolutionnaire. Les voltairiens, encouragés par cette sympathie, ne comprirent pas que c'était seulement à cause de la lutte qu'on les soutenait, et non pas à cause du motif qui les portait à lutter.

Aussi lorsqu'ils aboutirent à leur tour à une religion et à un sacerdoce, lorsqu'ils divinisèrent les appétits de bête qui vivaient en eux, et voulurent sérieusement les adorer, ils se trouvèrent insignes par leur petit nombre, autant que par leur folie, autant que par leur crime.

Le résultat le plus fâcheux de l'aberration du pape fut d'entraîner à sa suite une multitude de personnes auxquelles on ne peut reprocher que le tort du directeur. Il y avait beaucoup d'hommes dévoués, beaucoup d'honnêtes gens, parmi ceux qui obéirent au chef de l'église, et qui, à cause même des scandales commis par les révolutionnaires matérialistes, finirent par ne plus voir dans la révolution que l'œuvre du diable en personne. Les curés probes et purs, dont le premier mouvement avait été de prêter serment, se rétractent maintenant en foule. Aussi, sauf quelques prêtres d'élite par leur force de caractère, par leur intégrité et par leur savoir, comme Grégoire, il ne restera bientôt plus dans le clergé constitutionnel que la lie de l'église de France.

Que de belles occasions furent manquées ! Pendant que Pie VI excommuniait d'une main les ennemis de la juridiction, de l'autre il béatifiait une dame française dont l'éminente sainteté consistait dans *la plus entière soumission pour l'Eglise et sa hiérarchie; une femme qui, préconisée dans le dernier siècle comme un sublime modèle, paraissait dès-lors réprouver, par sa conduite et ses discours, les nouveautés profanes qu'on répandait à présent.* (Bulle de béatification de sœur Marie de l'Incarnation, fondatrice des Carmélites de France, p. 7.) Le passage suivant nous dispense de toute réflexion. « Les temples et leurs ministres, dont on affiche aujourd'hui les biens, dont on dissipe les revenus, excitaient si puissamment sa tendre sollicitude, que soit par ses propres largesses, soit par celles qu'elle recevait de toutes parts, elle soulagea leur pauvreté. Enfin, elle parut faire un si grand cas de l'autorité divine de l'Eglise, obéir avec tant de ponctualité et d'ardeur à ses moindres ordonnances, respecter ses premiers pasteurs comme des anges descendus du ciel, être surtout si vivement frappée de la puissance et de l'élévation du souverain pontife, qu'elle n'en prononçait jamais le nom sans donner quelque signe extérieur de respect, et qu'elle recevait avec empressement et allégresse, comme venant de Dieu même, tout ce qui en émanait. » Ceci ne semble-t-il pas écrit sous la dictée du même sentiment qui inspira à Gobet son mandement sur Mirabeau ? Ces deux pièces sont de la même date, et se valent. Si le pape avait le moins du monde compris l'intervention que l'Eglise devait à la France, il eût canonisé Jeanne d'Arc ; et s'il l'avait fait, qui eût osé parler de l'apothéose de Voltaire ?

Le journal des voltairiens, la *Chronique de Paris*, qui depuis peu comptait parmi ses rédacteurs ce même Gobet, fut l'un des plus acharnés dans les diatribes que suscitèrent à Pie VI les brefs qu'il fulmina contre la constitution civile. Charles Villette s'amusa à rajeunir les satires de l'Ile Sonnante, les allégories de Papegant et des Cardiningaux ; il chercha dans Rabelais des épigrammes toutes faites, et les délaya en de fades et plates bouffonneries. Un des pamphlets qui eut le plus de succès, et qui parut aussi dans la *Chronique*, fut le *Voyage du pape en paradis*. Presque tous les journaux le répétèrent. Il n'en fut pas de même du *Voyage du pape en enfer*, suite et pendant du premier.

Voici les détails que donnent les *Révolutions de Paris* sur l'auto-da-fé patriotique du 4 mai. « Il paraît un second bref du pape, adressé à tous les cardinaux, archevêques, évêques, au clergé et au peuple de France, dans lequel sa sainteté se répand en injures contre la constitution française, déclare nulles et illicites les dernières élections de curés et d'évêques, et leur défend, sous peine d'excommunication, d'administrer les sacremens. Mercredi, 4 de ce mois, surlendemain de l'émission de ce bref, une société patriotique a fait faire un mannequin représentant le pape ; on l'a transporté au Palais-Royal ; là un membre de la société a lu un réquisitoire dans lequel, après avoir notifié les intentions criminelles de Joseph-Ange Braschi, Pie VI, il a conclu à ce que le mannequin qui le représentait fût brûlé et les cendres jetées au vent, toutefois après lui avoir ôté sa crosse et son anneau. Le même réquisitoire portait qu'à l'égard de Royou,

il serait représenté par une liasse de son libelle périodique, et qu'après avoir été imbibé dans la fange, elle serait également réduite en cendres. Il a été pleinement fait droit sur le réquisitoire; l'effigie du pape, son bref en main, et la représentation de l'abbé Royou, tout a brûlé aux acclamations des spectateurs. » Royou raconte aussi ce fait, et il ajoute : « Je ne puis me persuader que les autorités établies par la constitution, pour le maintien des lois, laissent de pareils excès impunis. Sans doute l'assemblée nationale va elle-même ordonner que les coupables soient poursuivis et livrés au glaive de la justice. Il est impossible qu'elle ne veuille point venger l'injure faite au chef de la religion qui a toujours été dominante dans l'État. En fermant les yeux sur ce crime, l'assemblée ne voudra point donner quelque fondement aux assertions par lesquelles on débite qu'elle veut détruire la religion catholique romaine. » (*L'Ami du roi*, 7 mai.)

Coalition d'ouvriers. — Nous allons analyser sans nous interrompre les procès-verbaux manuscrits de la commune relatifs à cet objet.

Séance du 4 mai. — « Le corps municipal, informé que ses représentations aux ouvriers des diverses professions n'ont pas produit l'effet qu'on avait droit d'en attendre, et que des actes de violence commis dans plusieurs ateliers continuaient d'alarmer les citoyens, d'éloigner de Paris les propriétaires riches, et de troubler la paix publique; après avoir entendu le premier substitut, etc., déclare nuls, inconstitutionnels, et non obligatoires, les arrêtés pris par des ouvriers de différentes professions, pour s'interdire respectivement et pour interdire à tous autres ouvriers le droit de travailler à d'autres prix que ceux fixés par lesdits arrêtés; fait défense à tous ouvriers d'en prendre à l'avenir de semblables; déclare de plus que le prix du travail doit être fixé de gré à gré entre eux et ceux qui les emploient, et que les forces et les talens des individus étant nécessairement dissemblables, les ouvriers et ceux qui les emploient ne peuvent être assujétis à aucune taxe ni contrainte; déclare, enfin, que tous ouvriers qui s'attrouperaient pour maltraiter des individus travaillant dans les boutiques ou les ateliers pour les expulser avec violence et s'opposer à ce qu'ils continuent leurs travaux, sont et doivent être regardés comme perturbateurs du repos public; en conséquence, enjoint aux commissaires de police de se transporter à la première réquisition avec force suffisante dans tous les lieux où quelques désordres seraient commis par les ouvriers attroupés, de faire arrêter et constituer prisonniers les coupables, et d'envoyer sans délai les procès-verbaux d'arrestation à l'accusateur public de l'arrondissement. »

Séance du 5. — « Plusieurs garçons charpentiers se disant députés d'un plus grand nombre de leurs camarades, ont été introduits; ils ont remis au corps municipal un exemplaire d'une pétition, relativement à la fixation de leurs journées. Après avoir entendu successivement plusieurs d'entre eux, M. le maire, au nom du corps municipal, leur a dit : Que nulle autorité ne pouvait ni fixer leurs journées, ni contraindre les maîtres à leur payer un prix au-dessus de celui qu'ils croient dû à leurs talens; qu'il les exhortait à ne pas se coaliser pour empêcher leurs camarades de travailler à un taux au-dessous de celui qu'ils prétendent fixer, ce qui serait très-répréhensible; qu'il blâmait ceux qui s'étaient permis d'aller dans différens ateliers pour y enlever des ouvriers qui ne s'étaient pas réunis à eux; qu'ils aient à retourner à leurs travaux, à défendre, mais légalement, leurs intérêts auprès de ceux qui les emploient, et à user de la liberté sans troubler la paix.

» Des ouvriers du pont de Louis XVI, se disant députés de la part de cinq cents hommes composant l'atelier, ont été introduits. Ils ont demandé en leur nom et au nom de tout l'atelier, une augmentation dans le prix de leurs journées, qu'ils voudraient faire porter à trente-six sous au lieu de trente. M. le maire a répondu, au nom du corps municipal, dans les termes des principes de son arrêté du jour d'hier. M. le maire a observé que ces sortes de conventions devaient être faites de gré à gré; que les ouvriers du pont Louis XVI seraient coupables s'ils persistaient dans leur coalition; qu'ils devaient retourner à leur ouvrage, rentrer dans l'ordre, et mériter ainsi l'appui de la municipalité. »

Séance du 7. — « Une députation des maîtres charpentiers a été introduite, et a demandé que le corps municipal prît les mesures les plus promptes et les plus efficaces pour opérer la dissolution d'une assemblée d'ouvriers qui se tient à l'archevêché, et qui imposent des conditions auxquelles ils ne se croient pas obligés de se soumettre. Le premier substitut a rendu compte à la députation de tout ce qui a été fait pour le rétablissement de l'ordre, et l'a invité à se reposer sur la sagesse du corps municipal. »

Séance du 20. — « Le second substitut de la commune a fait lecture d'un travail, et communiqué plusieurs pièces relatives aux assemblées illicites des ouvriers, et notamment des garçons charpentiers : le corps municipal a nommé, pour l'examiner, MM. Jolly et Maugis. Il a de plus chargé ses commissaires de se concerter avec le directoire sur les moyens qu'il pourrait y avoir à prendre pour faire cesser des coalitions également dangereuses et contraires au bien public. »

Séance du 21. — « Sur le rapport des commissaires nommés par arrêté du jour d'hier pour conférer avec le directoire sur les dangers que présentent les assemblées des ouvriers, et principalement des garçons charpentiers, le corps municipal a chargé les mêmes commissaires de se présenter au comité de constitution, de lui exposer les faits, et de prendre son avis sur les principes qui doivent diriger la conduite de l'administration. »

Ces extraits attestent quelque bienveillance de la part de la municipalité envers les ouvriers. Il est évident qu'elle se préparait à une entremise favorable, car elle les engageait à mériter son appui. Au reste, cette disposition est prouvée par ce qu'elle fit à l'égard de ceux qu'elle employait elle-même.

Séance du 25. — « Sur le rapport d'une pétition des tailleurs de pierre employés aux réparations des quais, ports et trottoirs de la capitale, le corps municipal, considérant que le travail confié aux tailleurs de pierre dont cet atelier est composé, est utile, et tourne au profit de la commune; considérant encore que ces ouvriers sont obligés de se fournir des instrumens et autres ustensiles nécessaires à leurs ouvrages, arrête qu'à compter du lundi 23 mai, les tailleurs de pierre employés aux réparations des quais, ponts et trottoirs de la capitale, seront payés de leur salaire sur le pied de quarante-deux sous par jour, au lieu de trente-six qu'ils ont reçus jusqu'à présent. »

Aucun journaliste, excepté Prudhomme et Marat, ne parlent des coalitions. La *Feuille villageoise* elle-même, qui s'évertue pour mettre à la portée des simples les abstractions théologiques impliquées dans la querelle des conformistes et des non-conformistes, qui met en dialogue à l'usage des laboureurs la métaphysique de l'échange pour justifier le commerce de l'argent, ne dit pas un mot des salaires. L'esprit de Turgot ne fut représenté en cette circonstance par aucun élève digne de lui. Prudhomme jugea la question du point de vue de la concurrence. Aujourd'hui que l'économie politique a jeté tant de lumière sur ce débat; aujourd'hui surtout qu'il est bien reconnu que l'exploitation des ouvriers par les maîtres est le vrai mal contre lequel la révolution s'opère, nous ne comprenons pas comment des démocrates pouvaient proclamer le principe de liberté comme régulateur et législateur absolu de ce débat; car, abandonner le salaire au droit individuel, et le faire dépendre d'une lutte qui consisterait en ce que l'ouvrier usant de sa liberté refusât de travailler, sinon à tel prix, et en ce que le maître refusât de faire travailler, sinon à tel prix, il est clair que ce serait livrer le plus faible au plus fort, celui qui a faim et qui ne peut pas attendre à celui qui n'a pas faim et qui peut attendre, celui qui n'est pas libre de ne pas travailler à celui qui est libre de ne pas faire travailler. Il fallait, ce me semble, une bien légère attention pour apercevoir que la liberté n'était pas un principe commun entre les ouvriers et les maîtres, et que c'était à un autre principe à régler leur rapport. Voici l'analyse de l'article de Prudhomme.

« Un différend s'est élevé entre les ouvriers charpentiers de la ville de Paris, et les ci-devant maîtres de la même profession :

des pétitions ont été présentées de part et d'autre à la municipalité.

» Les ouvriers charpentiers se sont depuis plusieurs mois réunis en société sous titre *d'union fraternelle des ouvriers en l'art de la charpente*. Trouvant le taux de leur journée fixé à un prix trop bas, ils invitèrent d'abord leurs ci-devant maîtres à se joindre à eux, afin d'établir, de concert, des réglemens qui assurassent aux uns et aux autres un gain proportionnel : ceux-ci ont rejeté toute proposition. En conséquence de ce refus, ces ouvriers ont arrêté que le prix de leur journée ne pourrait, dans tous les temps, être moindre de cinquante sous. Ils ont fait un réglement en huit articles, qu'ils ont présenté à M. le maire, en le priant de se rendre médiateur entre les deux parties.

» Les ci-devant maîtres ont dénoncé cette assemblée d'ouvriers comme inconstitutionnelle et incompatible avec l'ordre public. Nouvelle pétition des ouvriers dans laquelle ils réfutent mot à mot celle des maîtres et persistent à faire la municipalité juge et médiatrice de la légitimité de leurs réclamations ; ils l'invitent, pour s'éclairer, à consulter le mémoire des maîtres.

» Il y a ici une erreur de droit qu'il est essentiel de relever. La municipalité n'a pas le pouvoir d'exiger des ci-devant maîtres qu'ils produisent leurs mémoires ; et à moins qu'ils ne consentent à s'arranger à l'amiable avec les ouvriers, par la médiation de M. le maire, ni lui ni personne n'a le droit de fixer les salaires de ces derniers contre le gré de ceux qui doivent les payer. Ceci se réduit au principe simple, qu'entre celui qui travaille et celui qui fait travailler, il est tyrannique et absurde qu'un tiers puisse, contre le gré d'un des contractans, donner sa volonté pour convention. » (*Révolutions de Paris*, n° XCVI.)

Ce principe suprême du rédacteur de l'article est encore la doctrine de certains économistes modernes. Rendons cependant témoignage à l'École française. Ce n'est pas à elle que nous devons reprocher de pareilles maximes. Comment peut-on s'abuser au point de donner le nom de justice à un véritable brigandage! Car enfin, d'après les définisseurs eux-mêmes auxquels nous adressons ces réflexions d'après leur code civil, tout contrat légitime provient du libre consentement de deux volontés touchant le même objet. Or, peut-il y avoir contrat de la part du salarié? pour cela, il faudrait qu'il fût aussi libre que le maître. Il n'est libre que de mourir de faim.

Marat est vraiment le seul journaliste qui, au milieu de son fracas de dénonciations, ait émis quelques bonnes vues sur la question industrielle. Ce qui, jusqu'à présent, fait toute la force de Marat, c'est qu'il déduit invariablement du principe social ses conjectures, ses prévisions, ses jugemens sur les hommes et sur les choses, les solutions, en un mot, de chaque problème que la révolution agite. Il critiqua, pendant le mois de mars, la loi sur les patentes avec une supériorité et une largeur dont peu de ses contemporains étaient capables. Nous nous étions réservé de parler de cet article au moment des coalitions, et de résumer de suite ce que *l'Ami du peuple* avait écrit là-dessus.

L'argumentation de Marat contre les patentes pose, comme source légale de l'industrie, la source commune des lois, la liberté publique, le droit social. Il dit que les institutions ayant pour but les professions, les arts et les métiers, doivent être la meilleure forme possible de la garantie dont la société a besoin vis-à-vis de chacun de ses membres; qu'il faut une constatation de la probité et de la capacité, et de plus un moyen d'entretenir et d'accroître ces élémens essentiels à toute association humaine. Après avoir établi la garantie sociale, devoir antérieur à l'exercice quel qu'il soit de la liberté individuelle, Marat s'occupe du droit qui se fonde sur cette garantie. La loi sur les patentes lui paraît non-seulement manquer cette double fin; mais encore y être absolument contraire. Voici au reste ses propres raisonnemens.

« Rien de mieux sans doute que d'affranchir les citoyens des entraves qui s'opposent au développement des talens, et qui retiennent les infortunés dans l'indigence. Mais je ne sais si cette liberté plénière, cette dispense de tout apprentissage, de tout noviciat, est bien vue politiquement. Dans chaque état qui n'a pas la gloire pour mobile, si du désir de faire fortune, on ôte le désir d'établir sa réputation, adieu la bonne foi. Bientôt toute profession, tout trafic dégénère en intrigue et en friponnerie. Comme il ne s'agit plus alors que de placer ses ouvrages et ses marchandises, il suffit de leur donner certain coup-d'œil attrayant, et de les tenir à bas prix, sans s'embarrasser du solide et du bien fini. Tous les ouvrages de l'art doivent donc promptement dégénérer en savetage; et comme ils n'ont alors ni mérite, ni solidité, ils doivent ruiner le pauvre consommateur forcé de s'en servir, et déterminer le consommateur à son aise, de se pourvoir chez l'étranger. Suivez le développement illimité de l'envie de gagner qui tourmente toutes les classes du peuple dans les grandes villes, et vous serez convaincu de ces tristes vérités. Une fois que chacun pourra s'établir pour son compte sans faire preuve de capacité, dès ce moment, plus d'apprentissage suivi. A peine un apprenti saura-t-il croquer quelque ouvrage, qu'il cherchera à faire valoir son industrie, et ne songera plus qu'à s'établir et à valeter pour trouver des pratiques et des chalans. Comme il ne sera pas question de faire d'excellens ouvrages pour établir sa réputation, mais de séduire par l'apparence, les ouvrages seront courus et fouettés. Décrié dans un quartier, l'ouvrier ira dans un autre, et souvent finira-t-il sa carrière avant d'avoir parcouru tous ceux d'une grande ville, sans avoir fait jamais que duper les acheteurs et se tromper lui-même. C'est dans les capitales surtout que ce dépérissement des arts utiles, cet anéantissement de la bonne foi, cette vie vagabonde et intrigante des ouvriers, l'indigence attachée à toutes les professions, et la misère publique qu'entraîne la ruine du commerce, se feront surtout sentir.

» A l'égard des arts utiles et de première nécessité, l'artisan doit être assujéti à faire preuve de capacité, parce que personne ne pouvant se passer de leurs productions bonnes ou mauvaises, l'ordre de la société exige que le législateur prenne des mesures pour prévenir la fraude, la dépravation des mœurs, et les malheurs qui en sont la suite.

» A l'égard des professions où l'ignorance peut avoir des suites terribles telles que celles de médecin, de chirurgien, d'apothicaire, il importe qu'elles soient interdites à tout homme qui n'aura pas fait preuve rigoureuse de capacité. C'etait bien assez des recherches et des études longues et pénibles qu'exigent ces professions, sans qu'on y ajoutât des licences dispendieuses. Mais rien au monde ne pouvait être plus mal imaginé que d'assujétir ceux qui les exercent à prendre une patente, comme font de vils saltimbanques. Je doute qu'il existe un seul homme de cœur qui veuille subir cette humiliation.

» Au lieu de tout bouleverser, comme l'a fait l'ignare comité de constitution, il aurait dû consulter des hommes instruits sur les choses qui ne sont pas à sa portée, et s'attacher uniquement à corriger les abus. »

Voici maintenant les moyens de Marat :

1° Assujétir les élèves à un apprentissage rigoureux de six à sept ans.

2° Mettre un prix honnête au travail des ouvriers, de manière à ce qu'aucun d'eux ne pût tomber dans l'indigence que par sa faute.

3°. Les exciter à une bonne conduite, en donnant au bout de trois ans, les moyens de s'établir pour leur compte à tous ceux qui se seraient distingués par leur habileté et par leur sagesse, avec la simple réserve que celui qui ne prendrait pas femme, serait tenu au bout de dix ans, de remettre à la caisse publique les avances qu'elle lui aurait faites.

Marat termine ainsi : « Récompenser les talens et la conduite est le seul moyen de faire fleurir la société. C'est le vœu de la nature que les ignorans soient guidés par les hommes instruits, et les hommes sans mœurs par les honnêtes gens ; les ouvriers sans talens et sans conduite ne devraient donc jamais devenir maîtres. On ne remédie pas au défaut d'aptitude : mais on se corrige des incartades. Or, il est dans la règle que des écarts de conduite soient punis ; il suffirait, pour la punition, que chaque rechute retardât de six mois l'avance gratuite des moyens d'établissement. Tel eût été le plan du comité constitutif, s'il avait pu en concevoir la sagesse. (*L'Ami du peuple*, n. XDI.)

Les moyens de faire subsister les pauvres étaient l'une des

grandes préoccupations de Marat. Souvent il donnait des plans de travaux appropriés aux nécessités du moment, en développant les ressources dont ils seraient pour les classes malheureuses. Il signale avec une sollicitude croissante, la mauvaise administration des ateliers de charité, et reproche au corps municipal d'en avoir confié la direction à des ivrognes, à des vauriens qui volent les ouvriers qui travaillent, et autorisent à ne pas travailler, ceux qui leur abandonnent la plus grosse part. Ces griefs sont tout aussi précis, tout aussi circonstanciés que ceux sur les mouchards.

Voici le préambule d'un de ces plans dont nous parlions tout à l'heure. Celui-ci devait *assurer la subsistance pendant plusieurs années à dix mille infortunés qui manquaient de pain*. « C'est m'acquitter d'un devoir sacré et cher à mon cœur, que de plaider aujourd'hui la cause de ces ouvriers qui forment la plus saine, la plus utile portion du peuple, et sans laquelle la société ne pourrait subsister un seul jour; de ces citoyens précieux sur lesquels pèsent toutes les charges de l'État, et qui ne jouissent d'aucun de ses avantages; de ces infortunés que regarde avec dédain le fripon qui s'engraisse de leur sueur, et que repousse avec cruauté le concussionnaire qui boit leur sang dans des coupes d'or; de ces infortunés qui, au milieu de la mollesse, du faste et des délices dont jouit, à leurs yeux, l'homme puissant qui les opprime, n'ont en partage que le travail, la misère, la douleur et la faim. Dieu des armées, si jamais je désirais un instant pouvoir me saisir de ton glaive, ce ne serait que pour rétablir à leur égard les saintes lois de la nature, que tous les princes de la terre foulent aux pieds, et que nos pères conscrits eux-mêmes ont violé sans pitié, sans pudeur. »

Pendant le mois de mai, Marat revint à la charge contre les exactions et les négligences commises par les chefs préposés aux ateliers de charité. Mais il ne dit pas un mot des coalitions. Sa position de proscrit ne lui permettait de recueillir les faits que postérieurement à leur date. Le dimanche 12 juin, il publia la lettre suivante qui lui était adressée par 540 ouvriers, tous ceux qui travaillaient à la nouvelle église de Sainte-Geneviève.

« *A l'Ami du peuple.* Cher prophète (1), vrai défenseur de la classe des indigens, permettez que des ouvriers vous dévoilent toutes les malversations et les turpitudes que nos maîtres maçons trament pour nous soulever, en nous poussant au désespoir. Non contens d'avoir amassé des fortunes énormes aux dépens des pauvres manœuvres, ces avides oppresseurs, ligués entre eux, font courir contre nous d'atroces libelles, pour tâcher de nous enlever nos travaux : ils ont poussé l'inhumanité jusqu'à s'adresser aux législateurs pour obtenir contre nous un décret barbare qui nous réduise à périr de faim. Ces hommes vils, qui dévorent dans l'oisiveté le fruit de la sueur des manœuvres, et qui n'ont jamais rendu aucun service à la nation, s'étaient cachés dans les souterrains les 12, 13 et 14 juillet. Lorsqu'ils ont vu que la classe des infortunés avait fait seule la révolution, ils sont sortis de leur tannière pour nous traiter de brigands; puis, lorsqu'ils ont vu les dangers passés, ils ont été cabaler dans les districts pour y arracher des places ; ils ont pris l'uniforme et des épaulettes. Aujourd'hui qu'ils se croient les plus forts, ils voudraient nous faire ployer sous le joug le plus dur ; ils nous écrasent sans pitié et sans remords.

» Voici, cher ami du peuple, quelques-uns de ces oppresseurs ignorans, repus et insatiables, que vous dénoncent les ouvriers maçons de Sainte-Geneviève.

» *Poncé*, maître maçon de la nouvelle église de Sainte-Geneviève, né à Châlons-sur-Saône, charretier de profession, n'ayant nulle connaissance de l'art de bâtir, mais entendant si parfaitement celui des rapines, qu'il s'est fait 90,000 livres de rente aux dépens de ses ouvriers.

» *Campion*, né à Coutances, d'abord manœuvre à Paris, aujourd'hui maître maçon de l'église Saint-Sauveur, quoique très-

(1) Presque tous les correspondans de Marat lui donnent maintenant ce titre. *(Note des auteurs.)*

ignorant, ayant subtilisé le petit hôtel Talaru, et jouissant actuellement de 20,000 livres de rente.

Bièvre, né à Argenton, commis de MM. Roland et compagnie, qu'il a ruinés par ses sottes entreprises dans les travaux du palais marchand, mais ayant mis de côté une fortune de 50,000 liv. de rente.

Montigny, né à Argenton, chargé des réparations des Quinze-Vingts du faubourg Saint-Antoine, et possédant en propre trois superbes maisons à Paris.

» *Chavagnac*, Limousin arrivé en sabots à Paris, et possédant quatre beaux hôtels.

» *Coneffie*, coquin de premier ordre, chargé naguère de la paie des ouvriers des carrières, ayant à ses ordres la maréchaussée, et ayant volé à l'État plus de deux millions. Il s'est bâti des magasins considérables à la Courtille; il a toujours maltraité et volé les ouvriers.

» *Delabre*, fils d'un marchand de choux de Limoges, ayant commencé par grapiller sur les bâtimens de la Comédie-Italienne, possédant aujourd'hui plus de 40,000 liv. de revenu.

» *Gobert*, ignorant, brutal et inepte, qui a volé plus de 200,000 livres sur la construction des bâtimens de Brunoi, et qui s'est ensuite construit des bâtimens sur les boulevards, pour plus de 500,000 liv.

» *Perot*, manœuvre bourguignon, protégé par les administrateurs des hôpitaux pour avoir épousé une bâtarde de feu Beaumont, archevêque de Paris. Il vient de se retirer avec 200,000 l. de revenu.

» *Rougevin*, manœuvre champenois, maître maçon depuis cinq ans, et déjà riche de 50,000 liv. de rente.

» Voilà une esquisse des moyens de parvenir de nos vampires et de leurs fortunes scandaleuses. Gorgés de richesses comme ils le sont, croiriez-vous qu'ils sont d'une avarice sordide, et qu'ils cherchent encore à diminuer nos journées de quarante-huit sous que l'administration nous a octroyés. Ils ne veulent pas faire attention que nous ne sommes occupés au plus que six mois de l'année, ce qui réduit nos journées à vingt-quatre sous ; et sur cette chétive paye, il faut que nous trouvions de quoi nous loger, nous vêtir, nous nourrir, et entretenir nos familles, lorsque nous avons femme et enfans ; ainsi, après avoir épuisé nos forces au service de l'État, maltraités par nos chefs, exténués par la faim, et rendus par la fatigue, il ne nous reste souvent d'autre ressource que d'aller finir nos jours à Bicêtre ; tandis que nos vampires habitent des palais, boivent les vins les plus délicats, couchent sur le duvet, sont traînés dans des chars, et qu'ils oublient dans l'abondance et les plaisirs, nos malheurs, refusant souvent à la famille d'un ouvrier, blessé ou tué à midi, le salaire du commencement de la journée.

» Recevez nos plaintes, cher ami du peuple, et faites valoir nos justes réclamations dans ces momens de désespoir où nous voyons nos espérances trompées, car nous nous étions flattés de participer aux avantages du nouvel ordre de choses, et de voir adoucir notre sort.»

Réflexions de Marat. « On rougit de honte et on gémit de douleur, en voyant une classe d'infortunés aussi utiles, livrés à la merci d'une poignée de fripons qui s'engraissent de leur sueur, et qui leur enlèvent barbarement les chétifs fruits de leurs travaux. Des abus de cette nature qui privent la société des services, ou plutôt qui tendent à détruire, par la misère, une classe nombreuse de citoyens recommandables, auraient bien dû fixer l'attention de l'assemblée nationale, et occuper quelques-uns de ces momens qu'elle consacre à tant de vaines discussions, à tant de débats ridicules. » (*L'Ami du peuple*, n° CDLXXXVII.)

Les *Annales patriotiques* qui gardent le silence sur les coalitions de Paris, racontent ainsi un fait de ce genre, qui venait de se passer à Orléans. «Les ouvriers séduits par les ennemis de la constitution, se sont portés en foule vers la municipalité et les corps administratifs, et demandaient avec les cris les plus séditieux, et les menaces les plus alarmantes, qu'on augmentât leurs salaires ; mais les magistrats du peuple, inaccessibles à la crainte, ont déployé toute la force publique. On a fondu sur les mutins, et bientôt ils ont été dispersés. Trois des plus coupables ont été saisis et emmenés à la municipalité; on assure qu'en les fouillant, on a trouvé dans leurs poches des billets portant ces mots : *Révoltez-vous, et venez à Paris.* Ils sont bien gardés : on va faire leur procès, et tâcher de découvrir leurs infâmes instigateurs, ce qui ne sera pas difficile. » (*Annales patriotiques*, 16 mai.)

En outre des coalitions, les procès-verbaux manuscrits de la commune nous fourniront un dernier extrait. Il paraît que depuis la mort de Mirabeau la manie de débaptiser les rues et de leur imposer des noms nouveaux était en pleine manifestation. L'acte spontané du peuple, inscrivant *rue de Mirabeau le patriote,* à la place de *rue de la Chaussée-d'Antin,* provoqua des imitations. La municipalité intervint pour régulariser quelques-uns de ces actes, et pour en empêcher beaucoup. Voici sa délibération à ce sujet : « Le corps municipal s'occupant de la question de savoir s'il ne serait pas convenable de changer les noms d'un grand nombre de rues, soit parce qu'elles en portent qui contrastent avec nos institutions actuelles, soit parce qu'il peut leur en être substitué qui rappellent des souvenirs chers à l'opinion publique; informé que, sans attendre le résultat de sa délibération, quelques personnes ont fait poser au coin de quelques rues de nouvelles inscriptions; qu'il faut cependant considérer qu'il en est des noms des rues comme de ceux des hommes, qui ne peuvent être changés qu'avec le concours de l'autorité publique; et par des formalités dont les actes soient consignés dans les dépôts publics, parce qu'ils ont une influence sensible sur l'ordre dans les propriétés et dans les fortunes; qu'il est important de peser mûrement s'il n'y aurait pas des inconvéniens à changer tout à coup les noms de beaucoup de rues; s'il n'en résulterait pas pour le passé et pour l'avenir de la confusion pour la reconnaissance et la destination des propriétés, de l'obscurité dans le partage et dans les titres, et par conséquent des procès dans les familles et entre voisins pour les limites;

» Pensant néanmoins que ces considérations d'intérêt général et qui méritent d'être pesées avant de faire un grand nombre de changemens à la fois, ne sont pas un obstacle à l'hommage que l'opinion paraît demander pour la mémoire de deux hommes justement célèbres, Voltaire et J. J. Rousseau, dont le génie et les ouvrages ont préparé la révolution;

» Arrête, 1° que le quai jusqu'ici reconnu sous le nom des *Théatins*, portera à l'avenir celui de *Voltaire*; 2° que le nom de J. J. Rousseau sera substitué à celui de la rue *Plâtrière*. » Dans la suite de l'arrêté, des commissaires sont nommés pour présenter un rapport sur les autres changemens à faire, et les commissaires de police invités à tenir la main à ce qu'aucun particulier ne se porte de son chef à des changemens quelconques. (Séance du 4 mai.)

L'article suivant, extrait du *Moniteur* du 25 mai, complète les opérations municipales ayant valeur historique.

Population de Paris de l'année 1790.

[L'usage existe depuis long-temps de présenter tous les ans au roi un état de la population de Paris. Autrefois c'était le magistrat chef de la police qui avait cet honneur; aujourd'hui c'est M. le maire et les administrateurs au département de la police. Ce devoir fut négligé l'année dernière par l'effet des circonstances; mais le résultat du travail n'en fut pas moins inséré dans la *Gazette de France*, d'où tous les journaux le copièrent comme une instruction utile.

Un commissaire au Châtelet, M. Joron, était chargé de la rédaction de cet état; il le faisait sur les relevés qui lui étaient adressés par les paroisses, hôpitaux, maisons religieuses, et sur d'autres renseignemens authentiques. C'est véritablement un travail utile et bien présenté. La municipalité vient de prendre des arrangemens pour qu'il se continue sous la direction d'un administrateur de police: M. Joly en est chargé aujourd'hui.

C'est ce travail que, conformément à l'ancien usage, M. le maire, à la tête du département de police, a eu l'honneur de présenter au roi le 16 de ce mois.

Il résulte des tableaux qu'il contient, qu'en 1790 le nombre des baptêmes s'est élevé à Paris à 20,005, savoir : 10,133 garçons et 9,872 filles. Celui des morts a été de 19,447, savoir : 10,074 hommes et 9,373 filles et femmes. Dans ce nombre sont comprises les personnes mortes en religion et les étrangers.

Le nombre des mariages a été de 5,866, et celui des enfans trouvés reçus à l'hôpital qui leur est destiné, de 5,842, savoir : 2,967 garçons, et 2,875 filles.

Il résulte de la comparaison de ce tableau avec celui de l'année 1789, qu'il y a eu en 1790 125 enfans trouvés, 622 baptêmes, 1,085 mariages de plus, et 914 morts de moins qu'en 1789.

Il résulte aussi de la comparaison des morts et des naissances que celles-ci ont surpassé les premières de 558 en 1790.

On voit encore par ce travail qu'en 1790 il est mort 6,019 personnes dans les divers hôpitaux de Paris, savoir : 3,372 hommes et 2,647 femmes, et que 1,660 femmes y ont fait leurs couches ; ce qui fait 1,570 morts et 15 naissances de moins dans les hôpitaux qu'en 1789.

Ce résultat certain prouve que malgré la suspension des travaux, et les autres causes de détresse publique, moins de personnes sont mortes aux hôpitaux pendant 1790 qu'en 1789. Il est vrai que le nombre des enfans trouvés s'est accru de 125 ; mais cette circonstance peut tenir en partie à la négligence des réglemens si sagement établis par M. Necker sur le transport de ces innocentes créatures. Il en vient des provinces à l'hôpital de Paris ; on les y fait passer avec d'autant plus d'empressement, que l'intolérantisme des campagnes ne connaît point de mesure à l'égard des enfans illégitimes, et qu'ils y sont, comme leurs mères, un objet d'opprobre et de réprobation publique.

On a pu remarquer encore que le nombre des mariages a été, en 1790, de plus d'un cinquième plus considérable que celui de l'année précédente, et que les naissances, pendant ce même temps, ont surpassé les morts de 558.

Dans une ville comme Paris, où les affaires, le commerce, les plaisirs et la liberté morale attirent un grand nombre d'individus qui n'y sont pas nés, je crois qu'on peut adopter, pour l'estimation du nombre des personnes qui l'habitent, le plus grand des rapports indiqués par les économistes pour calculer la population : c'est 33. Ce nombre multiplié par 20,005, nombre des naissances en 1790, donne un produit de 660,165 habitans. En multipliant le nombre des morts par le même *facteur*, on a 641,751, ce qui est à peu près le terme moyen des calculs ordinaires sur la population de Paris.

Polémique sur les actes parlementaires. Desmoulins fait une analyse très-détaillée des séances consacrées à l'affaire d'Avignon ; il commence ainsi : « Eh bien ! dit en triomphant, M. Duval d'Esprémenil à un patriote, au sortir de la séance de mercredi (4 mai) : Je vous le disais bien que *votre asssemblée nationale, par sa corruption, vous ferait regretter les parlemens. Le parlement d'Aix renouvelait de 10 ans en 10 ans pour la France, les actes conservatoires du comtat, et voici que l'assemblée nationale vient de démembrer Avignon de la France.* Notez que le pendard de Robin, qui fait cet aveu, en sa qualité de membre du cul-de-sac et d'ennemi de tout bon décret, venait de voter le démembrement et de prononcer *non* à l'appel nominal ; et appréciez les aristocrates qui avouent eux-mêmes que, pour diffamer l'assemblée nationale, ils disent *non* quand leur conscience dit *oui.*

«Le mot de d'Esprémenil n'en est pas moins le sarcasme le plus amer contre 89 et le centre corrompu de l'assemblée nationale, et c'est le plus rude coup de fouet que nous puissions donner aux Clermont-Tonnerre, aux Malouet, aux Desmeuniers, aux Chapelier. »

Après avoir résumé la discussion, Desmoulins termine de la sorte. « Enfin on a décrété cette rédaction : « L'assemblée déclare qu'Avignon et le comtat ne font point partie *intégrante* de la France, sans entendre renoncer ni préjudicier à ses droits ; » ce qui signifie en d'autres termes : *L'assemblée juge qu'Avignon n'est point partie intégrante de la France, sans juger toutefois si Avignon n'est pas partie intégrante de la France.* Je défie l'ergoteur le plus subtil de me prouver que ce n'est pas là la vraie traduction, en termes intelligibles et clairs, du décret. J'aurais pensé qu'il n'y avait qu'un pape ou un consistoire qui pût rendre de pareils décrets. Mais en tout pays, la chose la plus rare, c'est le sens commun. Peut-on en douter, quand on voit que c'est pour dire dans le même décret, en deux lignes, blanc et noir, que nos pères conscrits se sont égosillés pendant trois jours. » (*Révolutions de France*, etc., n° LXXVI.)

Le décret que porta l'assemblée nationale dans sa séance du 25, sur cette même affaire, réunit à peu près les suffrages de la presse patriote. Comme, pour éviter les redites où nous entraînerait un thème sur lequel les orateurs se répètent continuellement depuis la première discussion, nous avons omis tout ce qui fut débité pour et contre la réunion du comtat, pendant le mois de mai, nous allons reproduire le dernier mot provisoire qui ferma les débats. Il fut décrété sur la proposition de M. de Tracy. — « L'assemblée nationale charge son président de se retirer pardevers le roi, pour le prier, 1° d'employer les forces qui sont en son pouvoir, afin d'empêcher que les troupes qui se font la guerre dans le comtat Venaissin ne fassent aucune irruption sur le territoire de France ; 2° de réclamer tous les Français qui ont pris parti dans l'une et l'autre des deux armées, et de publier à cet effet une proclamation qui fixe un délai et accorde une amnistie aux militaires français qui rentreront dans le délai prescrit, et qui déclare déserteurs à l'étranger tous ceux qui ne rentreraient pas ; 3° de faire poursuivre et punir comme embaucheur, tout homme qui ferait en France des recrues soit pour un parti, soit pour l'autre ; 4° d'envoyer, suivant le vœu connu de toutes les parties intéressées, des médiateurs qui interposent les bons offices de la France entre les Avignonais et les Comtadins, afin de les amener à la cessation de toute hostilité, comme un provisoire nécessaire avant de prendre aucun parti ultérieur relativement aux droits de la France sur ces pays. »

Le rapport de Talleyrand et le discours de Sieyès dans l'affaire du directoire de Paris, et par occasion sur la tolérance religieuse, furent longuement réfutés par Brissot. Il y consacre un article en neuf réflexions, dont nous allons exposer les principales.

« Je ne copie point le discours de M. l'abbé Sieyès ; il est trop long pour être copié en entier, trop serré en argumentation pour être scindé. Nous sommes tous d'accord sur les principes; il faut examiner les justes reproches qu'on peut faire à ces deux membres.

» 1° Qu'est-ce que la comédie qu'ils jouent ici? Tous deux sont membres de l'assemblée nationale et du directoire de Paris. Or, n'est-il pas ridicule et dangereux de voir M. Sieyès faire au directoire un arrêté, et le justifier à la tribune; et le collègue de M. Sieyès au directoire, chargé, comme membre du comité de constitution, du rapport sur cet arrêté.

» 2° C'est fort bien que de prêcher la liberté religieuse, mais il était très-maladroit de choisir le moment que l'on a pris.

» 3° J'ai dit et je répète que le peuple de Paris a montré plus de bon sens, en cette occasion, que le directoire du département. Ce peuple, que les nouveaux administrateurs calomnient déjà, est plus disposé à la tolérance qu'eux-mêmes. Car, si sans parler de vos prêtres schismatiques, vous eussiez élevé une synagogue, une mosquée, une pagode; il aurait vu paisiblement les juifs hurler, les mahométans crier *allah*, les Indiens faire leurs simagrées. Mais le peuple ne peut voir avec la même modération le culte des prêtres non assermentés ; il ne considère en eux que des factieux qui veulent prêcher la contre-révolution, et tant que vous n'aurez pas marqué, d'un signe distinctif et frappant, les contre-révolutionnaires, de ceux qui sont de bonne foi, il les verra tous de mauvais œil, et il aura raison.

» 4° .... 5° M. l'abbé Sieyès s'écrie : « Quels sont ces hommes qui, sous le voile du patriotisme, éveillent les défiances contre les corps administratifs? » — Ensuite, il les déchire. Quelques-uns de ces hommes, que M. l'abbé Sieyès a eu sans doute en vue, sont des citoyens indépendans, qui n'occupent et n'ambitionnent aucune place, qui n'intriguent point pour les accaparer, mais qui sont bien convaincus que tout gouvernement est corrupteur, que l'on devrait surveiller un *Socrate* dans le gouvernement. — Jugez de la nécessité de surveiller nos corps administratifs. J'ai remarqué cinq pas dans le directoire de Paris. Le premier, sur la publicité, est inconstitutionnel ; le second était lâche ; le troisième était faux ; le quatrième annonce doucement le despotisme ; le cinquième l'affiche. » (*Le Patriote français*, 10 mai.)

— La lettre de l'abbé Raynal à l'assemblée nationale, fut accueillie par un *tolle* général de la presse révolutionnaire. Desmoulins en est aux regrets de n'avoir pas publié en son temps une lettre de l'abbé Rives, dans laquelle était démasqué l'auteur de l'*Histoire philosophique*. Ce même abbé Rives lui écrit une nouvelle lettre à ce sujet. Nous y remarquons la phrase suivante. « Thomas Raynal, par les fournitures qu'il a reçues de Diderot, s'est déclaré lui-même un citoyen *insociable*, en biffant le dogme de l'immortalité de l'âme, qui est le seul lien des sociétés policées. » Parmi plusieurs notes dont Desmoulins a enrichi cette lettre, nous prenons une esquisse biographique de Raynal par Cloots. — « Raynal ne fut jamais philosophe, ni homme de génie. Ce n'est pas pourtant à cette friperie qu'il dut sa grande fortune ; mais quand il ne pouvait vendre des nègres aux colons de Saint-Domingue, il faisait à Paris le commerce de la féminine denrée. (Nous savions bien que l'abbé Raynal avait fait longtemps le Mercure, mais non pas dans ce sens.) Quoique ces deux trafics de chair humaine, chacun très-lucratifs, pussent suffire à la cupidité d'un homme qui avait pris le manteau de la philosophie, il faisait un troisième métier, non moins honnête, celui d'espion de police. Un peu honteux de tant de bassesses, pour se rendre supportable à ses yeux, il se fit une superbe queue de paon, des plumes des Pechméja, des Diderot, Dubrouil, Naigeon et d'Holbach. Toutes les grandes tirades contre la superstition et le despotisme, qui ont fait la fortune de l'*Histoire philosophique*, et que l'on peut évaluer à quatre volumes, sont de Diderot. La fille de ce philosophe en possède le manuscrit, et doit l'insérer dans l'édition complète des œuvres de son père. Bien plus, Diderot qui craignait que le père putatif ne lui contestât sa paternité, a pris la précaution de faire reconnaître à l'illustre Raynal, par-devant notaire, la véritable filiation de cet ouvrage. » (*Révolutions de France*, etc., n° LXXX.)

Royou fait l'éloge de l'athée Raynal. Voici ses réflexions : « M. l'abbé Raynal, écrivain trop hardi, mais bon citoyen et bon Français, n'a pu voir sans douleur l'affreuse situation de sa patrie. Il s'est reproché amèrement d'avoir fourni des armes à ses ennemis, et il a cru devoir expier l'imprudence de ses écrits par un hommage solennel rendu à la vérité. On dirait qu'il a fait un extrait dans les colonnes de *l'Ami du roi*. Le début foudroyant de sa lettre a répandu le trouble dans le camp des démagogues. » Le lecteur aura dû remarquer cette exclamation naïve de Royou se reconnaissant lui-même. Mais ce qui seul suffirait à faire suspecter toutes les tirades religieuses du rédacteur de *l'Ami du roi*, ce qui est inexplicable de la part d'un vrai croyant, parlant d'un insigne matérialiste, ce sont les phrases suivantes : « Ces remontrances si touchantes, ces avis si lumineux, si pressans, *du plus célèbre philosophe de la France*, n'ont pu trouver que des cœurs endurcis. Cet illustre vieillard, dont les années ont augmenté l'expérience, tempéré l'imagination, sans affaiblir le génie ; ce philosophe éloquent qui prouve par sa lettre même qu'il n'a rien perdu de la vigueur de sa raison et de son style, n'est, pour les factieux, qu'un radoteur, qu'un imbécille que l'âge a ramené vers l'enfance. » Si quelque chose peut excuser l'abbé Royou, c'est qu'il avait été professeur de rhétorique.

— La loi sur le droit de pétition et d'affiche fut vivement controversée. Brissot la discute en une volumineuse lettre insérée par parties dans une suite de numéros du *Patriote français*. Nous nous contenterons de citer quelques passages de son analyse des séances. « Lorsqu'on a lu le projet de décret sur le droit de pétition, lorsqu'on se rappelle que la déclaration des droits n'est pourtant pas une chimère, on ne conçoit pas qu'il existe des hommes assez dévergondés pour oser proposer à l'assemblée régénératrice de la France de fouler aux pieds les droits les plus sacrés de l'homme. On assure que Mirabeau, avant sa mort, avait formé le projet d'enchaîner Paris par le département, et la France par Paris. Disposant à son gré du directoire et du comité de constitution, il aurait fait ici la loi, et présidé là à l'exécution. Cette idée acquiert une grande vraisemblance, quand on observe la conduite du directoire de département, la coalition qui s'est formée entre ces deux sociétés, les adresses insidieuses de l'un, et les projets abominables de l'autre. »

» Un décret sur le droit de pétition! ne faut-il pas être bien écolier, ou profondément tyran, pour en imaginer un! Un décret en dix-huit articles, pour une chose aussi simple, pour régler un droit que l'homme tient de la nature! Mais les valets du despotisme savent bien que multiplier les lois, c'est le secret de ressusciter le despotisme. Et voilà pourquoi ils empilent décret sur décret, volume sur volume.» (*Le Patriote français*, 10 mai).

Les Révolutions de Paris émettent aussi sur ce sujet de longues observations. L'auteur de l'article épuise la série des objections qui ont été faites par les orateurs de l'assemblée. Il y ajoute celle-ci : « Ce décret renferme d'ailleurs une contradiction manifeste avec les décrets rendus précédemment : on a permis constitutionnellement aux corps administratifs, municipaux et judiciaires, de présenter des mémoires au corps-législatif. Or, ces mémoires ne sont-ils pas de véritables pétitions. Le projet sur lequel le comité lui-même vient de faire une loi, n'avait-il pas été présenté par le directoire du département de Paris, sous le titre de pétition.» Il termine ainsi : « Imitons, il en est temps, la fermeté de ces fiers insulaires, nos précurseurs et nos maîtres en liberté. Ne les a-t-on pas vus, sous Richard II, condamner le comte de Suffolk, chancelier du royaume, le duc d'Irlande, l'archevêque d'Yorck, et un grand nombre de juges pour avoir pris des mesures qui tendaient à renverser la liberté publique; et quelles étaient-elles? Les mêmes, citoyens! les mêmes qu'on emploie aujourd'hui contre nous. Les chevaliers Robert Belknap et Robert Trésilian avaient voulu faire passer des propositions attentatoires au droit qu'avaient les citoyens d'*entamer tous les sujets de débats*, *de les discuter librement et sans le consentement du banc du roi. Le projet était de les empêcher de délibérer sur aucune matière, hors celle qu'on limiterait.* (Histoire du parlement d'Angleterre, t. 2.) Qu'arriva-t-il? Le peuple, frappé de pareilles dispositions et idolâtre de ses droits, reprit une contenance ferme, et poursuivit tous ceux qui avaient trempé dans le complot contre la liberté des opinions. Ils furent convaincus du crime de haute-trahison. Robert Trésilian et plusieurs avec lui furent pendus. Les autres, à la prière des évêques, furent condamnés au bannissement perpétuel. Citoyens! à l'application; les circonstances sont les mêmes et vous connaissez les coupables. » (*Révolutions de Paris*, n° XCVI.)

Desmoulins attaque principalement Chapelier sur sa définition du droit de pétition essentiellement *individuel* et essentiellement *indéléguable*. « Y a-t-il un sophisme plus puéril? Jusqu'à présent on avait conclu de ce qu'une chose appartenait à chacun, qu'elle appartenait à tous, et M. Chapelier conclut au contraire que le droit de pétition n'appartient pas à tous, parce qu'il appartient à chacun. De ce que le droit de défense personnelle est un droit individuel, donc tous ne peuvent se réunir en corps d'armée pour en imposer davantage à l'ennemi. C'est pourtant ce que prétend Chapelier. Misérable ergoteur! oh! quand viendra la seconde législature! Infâme comité de constitution! coupe-gorge de la constitution! poursuis! j'espère que l'excès du mal apportera le remède, et qu'il se trouvera quelque orateur puissant en œuvres et en paroles, quelque génie de la trempe de Mirabeau, qui ouvrira la première session de la seconde assemblée nationale, par ces mots : Nous sommes aujourd'hui ce que nous étions hier; je demande qu'on casse tous les actes de César. » (*Révolutions de France*, etc., n° LXXVII.)

Chacun, comme on le voit, produisait son attaque conformément à ses doctrines et à ses habitudes polémiques. Brissot s'appuyait surtout du droit naturel; Prudhomme se plaçait sur le terrain de l'érudition législative et sur celui de l'histoire; Desmoulins argumentait en aristotélicien. Voici Marat qui prend la question du point de vue social : « Dire que le droit de pétition est individuel et qu'il ne peut se déléguer, c'est avancer à la fois cent absurdités, c'est déclarer que des sociétés d'ouvriers, d'artistes, de marchands, de savans, etc., ne peuvent avoir aucune branche commune d'industrie à faire valoir, aucun intérêt commun à défendre, aucun tort commun à faire réparer. C'est prétendre qu'un homme de loi, un homme instruit, un homme courageux, ne peut être chargé légalement de la poursuite de leurs griefs, de leurs intérêts ou de leurs avantages. C'est prétendre que les abus, les malversations, les vexations, les prévarications, les concussions, les brigandages, les conjurations, les trahisons, les conspirations, en un mot, toutes les machinations faites contre la chose publique par les agens du peuple, n'attaquent qu'un individu, qu'elles n'intéressent que des particuliers isolés, et qu'elles ne peuvent concerner les citoyens assemblés, les membres réunis de l'empire. De pareilles absurdités suffiraient pour prouver que l'assemblée qui a rendu le décret est en démence, si elles ne prouvaient qu'elle n'a déraisonné de la sorte que pour couvrir ses noirs attentats.

» Le décret sur le droit de pétition est le plus affreux attentat contre les droits de la nation; par cela seul, il est nul, de toute nullité. Peut-être les sections de la capitale sont-elles trop gangrénées pour protester contre ce coup d'autorité; mais les sociétés fraternelles ne sont pas assez lâches pour abandonner la chose publique. Le seul moyen de la sauver est de s'assembler sans délai, de se réunir toutes ensemble, et d'afficher en leur nom collectif une protestation vigoureuse qu'elles enverront à toutes les sociétés patriotiques du royaume, en les pressant de donner à la France le même exemple d'énergie et de civisme. » (*L'Ami du peuple*, n° XDLVIII.)

Cette loi destinée à ôter tout moyen d'initiative aux sections et aux clubs, et à immobiliser la France dans la constitution, avait été conçue et hâtée sous l'influence des derniers actes révolutionnaires du club des Cordeliers. C'était une loi d'exception dont les articles devaient être par cela même une contradiction formelle aux principes généraux. Or, il arriva qu'espérant déguiser quelque chose à l'aide des mots, les légistes du comité de constitution érigèrent l'exception en principe. Aussi lorsqu'ils déclarèrent sentencieusement que *le droit de pétition appartient à tout individu et ne peut se déléguer,* on leur répéta de partout, sur tous les tons et sous toutes les formes : puisque le peuple a pu déléguer le droit de lui imposer des lois, pourquoi ne pourrait-il de même déléguer le droit de faire, en son nom, le choix et la demande des moyens les plus propres à la prospérité commune.

La loi sur l'organisation du corps-législatif n'excita pas une grande verve de discussion. La motion de Robespierre lui attira d'universels applaudissemens. Brissot, examinant les discours des divers membres qui l'avaient combattu, dit ceci de Merlin : « M. Merlin a défendu la rééligibilité 1° parce que les membres actuels sont bien versés dans les finances, *risum teneatis;* 2° parce qu'ils sont plus intéressés à se tenir fermes contre le pouvoir exécutif, *credat judæus.* » La question de la rééligibilité pour les membres de la législature suivante, décidée, comme le dit Brissot, par le *mezzo termine* de Barrère, valut encore à Robespierre des couronnes civiques. Écoutons Royou : « Il faut rendre cette justice à M. Robespierre, il semble avoir expié tous ses écarts démagogiques par la manière ferme et noble dont il s'est montré dans cette discussion. Aucun intérêt secret, aucun esprit de parti, aucune considération particulière n'a pu ébranler ni affaiblir son zèle pour une cause qui lui paraissait intimement liée au bien public. Jamais il n'a parlé avec plus de force et d'éloquence, et ce que je regarde comme un véritable triomphe pour lui, c'est que sa constance et son courage dans une pareille occasion donnent lieu de croire qu'il est plus attaché à ses principes qu'à ses intérêts; que s'il est démagogue, c'est de bonne foi, et qu'il ne lui manque qu'une meilleure tête et un esprit plus juste pour être un excellent citoyen et même un bon législateur. » (*L'Ami du roi*, 21 mai.)

— Les séances sur les colonies furent suivies avec beaucoup d'intérêt par les journalistes de toute opinion. Brissot, depuis long-temps sur cette brèche, nous a conservé des détails relatifs aux menées extraparlementaires. En voici les plus graves : « Il est des hommes qui se disent patriotes, parce que l'envie d'humilier la cour, qui les avait autrefois humiliés, les a jetés dans le parti patriote; il est des hommes qui font circuler les bruits les plus atroces contre les défenseurs des hommes de couleur, bruits qu'ils n'osent ni articuler en face, ni signer. Il y a dans cette conduite une lâcheté qui doit les faire dévouer à jamais à l'ignominie.

» C'est dans les deux journées d'hier et d'avant-hier (12 et 13 mai) qu'on a vu se déployer la tactique de ces partisans de la servitude des hommes de couleur. Ils avaient disposé dans tous les coins de la salle et dans les tribunes des hommes chargés d'applaudir, ou d'interrompre, ou de murmurer, ou de criailler, au signal que les chefs de meute donneraient. Aussitôt qu'un des amis des principes se levait, la bande hurlait. Ces habiles tacticiens en intrigues ne se sont pas bornés là : ils ont fait pleuvoir de plates brochures; ils ont envoyé des émissaires dans les groupes pour tromper les citoyens. Aussitôt que ces harangueurs trouvaient quelque homme éclairé qui les démasquait, ils filaient ailleurs. Aux honnêtes gens, mais ignorans, ils disent : Nous ne voulons que le bonheur des hommes de couleur. Aux aristocrates, ils disent : Aidez-nous, et le temps viendra où nous vous aiderons. Les défenseurs des colons n'ont cessé de varier dans leurs moyens. M. Barnave a répété dix fois qu'il n'y avait que cinq à six mille hommes de couleur dans les îles, et M. Moreau a été obligé de convenir qu'il y en avait plus de vingt-quatre mille à Saint-Domingue. Il est évident que M. Barnave en a imposé, ou est un ignorant; et voilà l'homme que des journalistes nous donnent pour un homme d'état! Quand des mots vides de sens seront des idées, quand du clinquant sera de l'or, M. Barnave pourra s'appeler un homme d'état. Lorsque M. l'abbé Sieyès le serrait de près, M. Barnave a dit qu'il répondrait nettement, et il a balbutié pendant un quart d'heure. » (P. F. 14 mai.)

Le surlendemain, Brissot, rendant compte du décret, dit : « Ce décret a produit la satisfaction la plus vive dans l'assemblée et au dehors; car le peuple y prenait un grand intérêt. Tous les mulâtres ont été embrassés avec la cordialité la plus fraternelle. Il ne remplit pas certainement l'attente des patriotes rigides, il viole même le principe; mais il est un acheminement vers le retour aux principes; mais il prouve que l'assemblée y tient encore, et que le côté gauche va se rallier, se serrer fortement, pour finir la constitution d'une manière digne de lui. » (P. F. 16 mai.)

A l'occasion de cette loi, Gensonné, récemment élu membre du tribunal de cassation par le département de la Gironde, adressa une lettre à presque tous les journaux. Comme c'est la première apparition de ce futur conventionnel dans la presse périodique, nous citons cette lettre. « J'apprends, Monsieur, qu'on a conçu des doutes sur l'opinion des citoyens de Bordeaux, quant à l'initiative que demandent les colonies, et au droit de citoyen actif que réclament les citoyens de couleur libres. Je vous atteste que, sur l'autre question, l'opinion des Bordelais est fortement prononcée : ils regardent comme une dérogation improposable à la déclaration des droits, de priver les citoyens de couleur libres des droits imprescriptibles que leur assure leur qualité de citoyen ; l'initiative que réclament les colons leur paraît également contraire aux droits et à l'intérêt de la métropole. Cette opinion, à Bordeaux, ne peut être douteuse, et à l'exception d'un très-petit nombre de négocians, séduits par les caresses des colons, ou abusés sur les vrais intérêts du commerce, il n'est personne qui ne convienne de la nécessité où l'on est de reconnaître les droits des citoyens de couleur libres, et de ne pas donner aux colons un privilége funeste qui anéantirait bientôt toutes les relations commerciales que la métropole entretient avec eux, ou du moins qui livrerait à leurs caprices ou à leurs intérêts le sort de notre commerce. Gensonné. »

— La discussion sur le code pénal, la question même de la

peine de mort, eurent peu de retentissement. Marat garde un profond silence. Fréron, qui depuis long-temps ne rendait plus compte des séances de l'assemblée, dit ce peu de mots : « Toute trahison contre l'État, ainsi que toute démarche hostile contre la France, tel est en substance le décret rendu hier (1ᵉʳ juin) par la constituante. Allons, paraissez, Lambesc, Condé, d'Artois; venez au plus vite ; le bourreau vous attend. » (*L'Orateur du peuple*, t. 6, n° XXXIII.) Brissot trouve la discussion souverainement *intempestive*. « Mais qu'importe, ajoute-t-il, à quelques orateurs pressés de briller? On veut faire des déclamations sur la peine de mort, sujet rebattu, où tout ce qu'il y a à dire a été dit et éloquemment dit. » (P. F. 31 mai.)

Presse. Deux articles de fond méritent d'être conservés parmi le petit nombre de ceux qui furent publiés par les journaux, en mai 1791. L'un est l'opinion de Condorcet sur les conventions nationales, prononcée au Cercle social ; nous la transcrirons intégralement, ainsi que nous l'avons annoncé dans le précédent mois. L'autre est un article de Prudhomme, sur l'abolition de la royauté.

Discours de Condorcet. « Les amis de la vérité sont ceux qui la cherchent, et non ceux qui se vantent de l'avoir trouvée. Réunis par les mêmes sentimens, vous n'avez pas eu la prétention tyrannique d'imposer aux esprits une formule de croyance. Sûrs de la pureté de vos intentions, vous n'avez pas eu l'orgueil de croire à l'infaillibilité de vos opinions. En invitant tous les hommes à concourir au noble but de vos travaux, l'union générale du genre humain, sous la loi de la bienveillance mutuelle, sous l'empire de la liberté, vous ne leur avez point ordonné de n'y marcher que sous vos étendards. Ce même but que vous imposait la loi de vous occuper de ces vérités générales dans l'application successive, préparée par le temps, amenée par les événemens, doit assurer le bonheur de l'espèce humaine ; par là, vous avez pu écarter de vous l'injustice et la petitesse qui caractérisent l'esprit de parti ou de secte ; et vous donnez au monde l'exemple nouveau d'une société nombreuse, où l'enthousiasme n'a point d'orgueil, où le zèle n'a point d'intolérance.

» En jouissant du bonheur de vivre dans la France libre, vous vous êtes cru permis de chercher les moyens de faire partager ce bonheur à tous les hommes, de le soustraire à la puissance du hasard, de le mettre à l'abri des passions, et de prévoir jusqu'où dans l'avenir il pourrait être permis d'étendre, de perfectionner la science de la liberté. Ce doit être encore un de vos principes, de ne regarder comme vraiment libres que les constitutions qui renferment en elles-mêmes un moyen de perfectionnement, qui peuvent, à chaque époque, se mettre au niveau des lumières, et n'ont pas besoin, pour se maintenir, d'opposer à la raison les préjugés de l'antiquité. Parmi ces moyens, le plus simple est la convocation ou périodique ou déterminée par le vœu du peuple, d'une assemblée de représentans des citoyens élus par eux, pour examiner et réformer la constitution.

» Mais si cette assemblée est périodique, comment cette période doit-elle être fixée? Si elle peut être demandée par le vœu du peuple, comment doit-il exercer ce droit? Laquelle de ces formes doit-on préférer, ou faut-il les admettre toutes deux? Doivent-elles alors exercer absolument la même autorité? Telles sont les questions que j'entreprends de traiter ici.

» Au moment où les hommes ont senti le besoin de vivre sous des règles communes et en ont eu la volonté, ils ont vu que ces règles ne pouvaient être l'expression d'une volonté unanime. Il fallait donc que tous consentissent à céder au vœu de la pluralité, et la convention d'adopter ce vœu comme s'il était conforme à la volonté, aux lumières de chacun, a dû être la première des lois sociales, a pu seule donner à toutes les autres le sceau de l'humanité. La nécessité de donner aux lois une stabilité qu'exige le maintien de la paix, et sans laquelle les individus ne pourraient se livrer à des combinaisons de travaux et de projets qui ont besoin d'être garantis par la loi, cette nécessité a pu les déterminer à étendre leur consentement au vœu de la majorité, jusqu'à lui donner une durée égale à celle de leur vie. Chaque homme peut s'engager à regarder comme irrévocable la loi qu'il a une fois consentie, ou la convention qu'il a formée, et un engagement réciproque peut justement lui imposer une obligation. Mais cette obligation ne lie que ceux qui s'y sont volontairement soumis : ainsi, à mesure que de nouveaux membres entrent dans la société, une loi d'abord unanime en vertu de cette convention première, n'a plus qu'une pluralité qui diminue sans cesse ; bientôt il arrive un moment où cette pluralité n'existe plus, où la loi cesse d'être légitime, et il faut qu'un nouveau consentement lui donne de nouveau le caractère d'une volonté unanime.

» En partant d'une époque donnée, on arrive à peu près au bout de vingt ans (du moins dans notre climat) au moment où les nouveaux citoyens forment la pluralité, et c'est celui où l'on cesse de pouvoir dire qu'une constitution exprime le vœu de la nation qui s'y est soumise. Tel est donc l'espace de temps au-delà duquel il serait tyrannique d'étendre l'irrévocabilité des lois constitutionnelles ; et l'on ne peut, sans violer ouvertement le droit naturel, séparer d'un plus grand intervalle les assemblées constituantes chargées de revoir ces lois, et de leur faire obtenir ce nouveau consentement, ce même signe d'unanimité qui seul rend les lois légitimement obligatoires.

» Mais n'existe-t-il pas aussi un espace de temps en-deçà duquel on ne puisse les rapprocher, sinon sans manquer à la justice, du moins sans offenser la raison ? Quand les hommes consentent à regarder comme leur volonté celle du plus grand nombre, ce n'est pas seulement à la nécessité qu'ils se soumettent, c'est aussi à leur raison ; elle leur dit que, dès qu'il faut se conduire d'après une opinion commune, chacun doit adopter pour règle, non celle qui lui paraît la plus probable, mais celle qui paraît telle au plus grand nombre. C'est la plus probable pour celui qui serait obligé de choisir, ou d'avance, sans connaître la question qui sera décidée, ou après qu'elle l'a été, sans connaître les motifs de la décision. Elle est donc aussi la plus probable pour tous, lorsque pour maintenir l'égalité chacun doit faire abstraction de son jugement personnel. Mais si cette opinion était tellement incertaine, que l'on pût croire que la pluralité consultée de nouveau embrasserait à l'instant même l'opinion contraire, elle cesserait alors d'être un signe de vérité. Il faut donc pouvoir supposer que le vœu de la pluralité, formée d'après la raison, ne sera changé que par elle, et que les changemens qu'il éprouvera seront les résultats de l'expérience, ou la suite des progrès de l'esprit humain ; sans cela ce ne serait plus à l'autorité de la pluralité que l'on obéirait, mais à la force qui l'accompagne. Or, les leçons de l'expérience sont lentes et tardives, surtout s'il s'agit d'examiner des lois qui n'ont, par leur nature, qu'une influence indirecte sur le bonheur des hommes, et il faut moins de temps pour que la raison ait pu s'élever à de nouvelles vérités. Cependant, comme on doit moins les espérer de ceux dont l'esprit avait déjà acquis toutes ses forces au moment de la première décision, et dont les opinions étaient déjà formées, la raison prescrit encore d'attendre les lumières d'une génération nouvelle. Un espace de huit ou dix ans paraît être celui après lequel on peut supposer que l'effet de ce progrès commence à devenir sensible ; c'est le temps nécessaire pour que ceux dont l'on comptait les voix aient acquis de l'autorité et de l'influence. C'est donc à ce terme qu'il faut s'arrêter, et entre cet espace et celui de vingt ans qu'on peut placer sans injustice et sans imprudence le terme des conventions nationales périodiques.

» Nous avons parlé ici comme si l'on avait consulté sur les lois le vœu immédiat de la pluralité des citoyens ; mais le même raisonnement s'appliquerait à celles qui n'auraient en leur faveur que la pluralité dans une assemblée de leurs représentans, car la pluralité immédiate aurait alors voulu leur conférer ce pouvoir ; ce serait à cette volonté que le reste aurait donné son consentement, l'unanimité aurait été accordée à cette manière de reconnaître le vœu commun.

» C'est donc, comme je le dirai bientôt, sur un autre motif que s'appuie la nécessité de demander et de connaître l'opinion du peuple, et de remonter au-delà des décisions de ses représentans.

» On a proposé de faire dépendre la convocation d'une convention nationale, d'une demande formée par la pluralité des citoyens ; mais cette pluralité aurait pu renoncer au droit, soit d'exprimer ce vœu toutes les fois que la généralité des citoyens est rassemblée ici, soit de se rassembler pour la former. Le plus petit nombre, en se soumettant au plus grand, a fait un sacrifice à la tranquillité; mais ce n'est pas à la fantaisie, c'est à une volonté réfléchie qu'il a pu vouloir se soumettre. Ceux donc qui, après avoir été dans la pluralité, se trouvent de l'opinion la moins nombreuse, peuvent désirer avec justice que le vœu de cette pluralité nouvelle ait eu le temps de s'acquérir quelque consistance ; et comme il peut y avoir plus de deux opinions, ceux qui ont cédé à celle qui avait d'abord la pluralité, peuvent, avant de céder encore contre leur propre jugement à une autre opinion qui la remplace, désirer un examen plus ou moins long, et mettre des conditions au sacrifice de leur volonté. Cependant, il est un motif d'un autre genre qui ne permet pas de suspendre l'exercice du vœu de la pluralité sur la convocation d'une assemblée constituante, et qui oblige de régler d'avance par des lois la forme suivant laquelle il doit être exprimé.

» Dans l'état social, l'homme a le droit d'opposer la force à l'oppression toutes les fois que la loi ne lui offre aucun secours; la paix ne peut donc être assurée tant qu'il existe une oppression contre laquelle la loi serait impuissante.

» Dans les pays soumis à un gouvernement arbitraire, tout acte contraire au droit naturel peut être repoussé par la violence. Supposons ensuite qu'il existe des lois auxquelles le gouvernement soit soumis, et qui protège contre lui les droits des individus. C'est alors contre les lois qui violeraient la loi naturelle, que la résistance est seulement permise, et déjà elle prend un caractère plus imposant, plus éloigné de ressembler aux tumultes de la violence arbitraire. Existe-t-il un corps de représentans du peuple chargé de corriger les lois? C'est à lui qu'il faut déférer les lois injustes, et le droit de résistance n'existe plus que dans le cas où ce pouvoir violerait les mêmes droits, pour la défense desquels il a été établi; que dans celui, où, opprimé lui-même par la force, il n'aurait plus l'autorité nécessaire pour les maintenir; enfin, si le peuple peut, d'après le vœu de la pluralité, demander la réforme même des abus qui ont porté la corruption dans le corps-législatif, ou qui lui ont ravi son autorité, le refus de lui accorder cette réforme ou plutôt cet examen devient le seul motif légitime de cette résistance. Alors cette résistance peut même perdre tous les caractères du désordre ou de la violence; car les lois peuvent fixer d'avance la forme sous laquelle la pluralité peut, dans ce cas, maintenir ses droits et faire exécuter sa volonté souveraine, et l'on pourra dire enfin que la loi seule gouverne les hommes. Ainsi, l'on voit contre une opinion jadis trop générale, et qui, plus qu'aucune autre, s'est opposée aux progrès de la liberté; on voit, dis-je, que plus une nation est libre, plus la paix y est assurée, plus l'ordre y repose sur une base inébranlable. Ainsi, l'on doit également reléguer dans la classe des préjugés, et les terreurs pusillanimes des hommes lâches qui tremblent de devenir libres, parce que la liberté est entourée d'orages, et les inquiétudes des âmes faibles et passionnées, qui craignent la paix comme les enfans craignent les ténèbres, et placent la liberté dans la violation tumultueuse des droits de la liberté même; ainsi, l'on doit regarder comme également coupables, et le ministre du despotisme qui annonce l'esclavage sous le nom de paix, et le factieux qui honore du nom de liberté les troubles que son ambition excite.

» Il est donc nécessaire qu'il existe des conventions non-périodiques, et déterminées seulement par la volonté des citoyens, exprimée sous une forme établie par la loi.

» Mais doit-on se borner à celles-ci, et rendent-elles les conventions périodiques vraiment inutiles? Non, sans doute, car les motifs de les établir ne sont pas les mêmes. Les conventions périodiques sont nécessaires pour que jamais la pluralité n'obéisse à des lois qu'elle n'a pas consenties, et en même temps pour que la constitution, et par elle les autres parties de l'établissement social, puissent s'améliorer par le temps, et suivre dans leurs perfectionnemens les progrès des lumières. Les autres ne sont nécessaires que pour donner aux citoyens des moyens paisibles de faire entendre leurs plaintes, de manière qu'aucun abus ne puisse échapper à ces réclamations, non-seulement légitimes, mais légales. Or, les conventions périodiques ne rempliraient pas ce second objet ; il faudrait les attendre pendant un espace de temps qui pourrait lasser la patience des citoyens, et les abus peuvent être assez graves pour que cet intervalle mette la liberté en danger, surtout si la constitution a créé des pouvoirs durables, actifs, étendus, indépendans, soit par leur nature, soit par la loi même du pouvoir confié aux représentans des citoyens. D'un autre côté, ces conventions appelées par le besoin, n'assureraient pas assez les progrès de l'art social. La paresse, l'attachement pour les choses établies, sont aussi des obstacles à ce perfectionnement. Dira-t-on que si la pluralité ne demande pas une convention, c'est une preuve qu'elle ne désire pas de changemens dans ses lois constitutionnelles ? Oui, sans doute, s'il ne s'agissait que de ces grands changemens dont la nécessité doit frapper tous les regards. Mais ces abus qui, d'abord insensibles, se fortifient par le temps, s'étendent par des progrès imperceptibles, corrompent le système entier de l'ordre public, et ne peuvent plus être arrachés que par des secousses violentes de la terre où ils ont poussé de profondes racines, ces abus auront le temps de devenir indestructibles, si l'on ne leur oppose une résistance périodique qui ait pour objet, non la réforme des maux dont on se plaint, mais la recherche de ceux dont les effets ne sont pas connus encore. Mille prétextes fournis par les circonstances peuvent empêcher de demander des conventions, en faire perdre l'idée, et bientôt, par un effet naturel de cette crainte qui inspire les choses extraordinaires, on regardera ces assemblées comme un de ces remèdes violens, plus dangereux que les maux qu'ils peuvent guérir. Si des conventions périodiques n'accoutument pas à l'usage de cette institution salutaire, si toute convention annonce de grands abus à réparer, toutes deviendront une crise pour l'empire. D'ailleurs, des conventions périodiques sont le moyen le plus sûr de parvenir promptement à un système de constitution vraiment digne de ce nom. En effet, dans l'intervalle qui sépare ces conventions, tous les hommes doués de cette force de tête, qui seule peut les rendre dignes d'être législateurs, s'y prépareront d'avance, ou disposeront les esprits, prouveront par leurs ouvrages qu'ils méritent d'être appelés à ces fonctions augustes. Par-là, on peut espérer de réunir aux avantages d'avoir, comme les anciens, un système de lois sorti de la tête d'un seul homme, ceux d'une constitution adoptée par la raison, et non par l'enthousiasme.

» Une convention appelée pour le besoin ne sera jamais propre qu'à réparer les abus qui en ont fait naître le désir; et cette raison, qui suffit pour montrer la nécessité d'en établir de deux espèces, conduit également à penser qu'elles ne doivent pas exercer absolument la même autorité. Ainsi il faudrait, par exemple, que ces conventions non périodiques, dont quelques ambitieux adroits pourraient aisément abuser, n'eussent le droit ni de modifier les articles de la déclaration des droits, ni de changer les conditions qui règlent le droit de cité, ni d'ajouter à celles qui ont été imposées pour l'éligibilité des citoyens, ni d'altérer les divisions fondamentales de l'empire, de prolonger la durée des législatures, ni d'ôter aux citoyens les nominations qui leur sont réservées; elles pourraient ajouter à la liberté et à l'égalité, et non les restreindre; elles pourraient réformer tous les abus dont l'existence aurait fatigué le peuple, tous ceux qui offriraient des dangers pressans, et elle ne serait obligée de respecter que des dispositions, qui même fussent-elles mauvaises, ne peuvent avoir qu'une influence lente, et permettent d'attendre sans danger le moment où une convention nationale périodique pourra les soumettre à un examen plus réfléchi et plus paisible.

» Ainsi, par ces deux formes de convention on remplira le

double objet de la réforme et du perfectionnement de la constitution; on remédiera par les uns aux fautes qui seraient échappées aux auteurs de la constitution; on s'assurera par les autres de pouvoir profiter des progrès successifs des lumières; surtout les unes et les autres seront soumises à une loi que chaque convention périodique pourra seule changer, et pour la convention suivante seulement : elle-même restera inviolablement assujétie à la loi qui l'a établie. Cette disposition, dictée par la prudence, ne porte aucune atteinte à la liberté, puisqu'aucune convention n'exercera son pouvoir que dans un temps où l'irrévocabilité de la loi ancienne est encore légitime.

» Nous avons parlé de cet esprit de consentement par lequel chacun se soumettait d'avance au vœu de la pluralité; nous avons observé que ce consentement était nécessaire si l'on entendait le vœu immédiat des citoyens; mais qu'il cessait de l'être si l'on entend seulement le vœu de la pluralité de leurs représentans, puisqu'alors on peut recourir à ce vœu immédiat. Nous avons dit en même temps que ce consentement pourrait, dans ce dernier cas, être encore légitime. Voyons maintenant s'il est utile de le donner. Il faut distinguer deux choses dans une loi : l'obligation qu'elle impose, le droit dont le maintien légitime cette obligation, et ensuite les moyens employés pour atteindre ce but, la combinaison plus ou moins heureuse de ces moyens. Or, si les citoyens ne peuvent concourir immédiatement à la formation de leurs lois, ce n'est pas qu'ils ne puissent convenir entre eux de l'objet de ces lois, qui ne peut être que la conservation de leurs droits, mais c'est parce qu'ils ne peuvent former les combinaisons nécessaires pour atteindre ce but, ou même juger entre ces combinaisons. Ainsi, en reconnaissant cette impossibilité, on doit convenir en même temps qu'elle ne peut être un motif de leur ravir le pouvoir de décider si les lois auxquelles on les soumet renferment ou ne renferment rien de contraire à leur but essentiel, la conservation des droits communs à tous. Et quel autre motif pourrait porter leur raison même à se démettre de leurs droits, pour reprendre seulement ensuite ceux que des juges qu'ils se sont choisis, voudront bien respecter et reconnaître ?

» D'après ce principe, on demanderait aux citoyens non s'ils approuvent une loi, mais s'ils n'y trouvent rien de contraire à leurs droits. Cette décision serait prompte et facile. Dans une assemblée primaire indiquée pour cet objet, chaque citoyen, muni d'un exemplaire de la loi, dont les articles seraient numérotés, rayerait ceux qu'il jugerait contraires aux franchises, dont le maintien est la condition du pacte social. On releverait ensuite le nombre des voix qui condamnent telle ou telle disposition, et on l'écrirait à côté de chaque article sur un exemplaire de la loi, où l'on aurait eu soin de marquer en tête le nombre des votans. Un relevé de ces différentes listes, envoyées à la convention nationale, donnerait le jugement du peuple sur tous les articles de la constitution. Si aucun article n'est rejeté, la loi est complète ; si quelques-uns sont proscrits, la convention nationale obéira au peuple, et lui soumettra de nouvelles lois.

» Il serait convenu de ne laisser établir aucune discussion dans ces assemblées, et en effet, comme ces lois auraient été débattues dans la convention nationale, comme chacun aurait pu s'instruire dans la lecture des débats, comme les hommes éclairés auraient eu le temps de développer leurs opinions, cette discussion serait évidemment inutile. La connaissance de l'imprimerie peut faire espérer aux constitutions modernes une perfection à laquelle on n'aurait pu atteindre sans elle. Par ce moyen, un peuple répandu sur un grand territoire peut être aussi libre que l'était autrefois celui d'une grande cité. Les hommes dispersés peuvent examiner, délibérer, juger comme les hommes réunis. L'imprimerie permet à tous un examen solitaire qui supplée à la discussion, lorsque celle-ci entraînerait trop de longueurs, ou que, distribuée entre des assemblées séparées, elle ne pourrait donner que des résultats équivoques et trompeurs. C'est par l'impression seule que la discussion d'un grand peuple peut être vraiment une, qu'on peut dire que tous ayant pu suivre la même instruction, décident réellement sur un même objet. La plupart des préjugés qui nous restent, les prétendues impossibilités qui nous effraient, tiennent à ce qu'on ne sait pas encore tout ce que cet art créateur de la liberté nous offre de moyens pour la perfectionner et la défendre. On dira peut-être qu'il ne suffira pas que les citoyens aient reconnu que les lois constitutionnelles conservent tous leurs droits ; mais je répondrai que si ces droits sont réellement conservés, le but de la société est rempli et l'homme vraiment libre, que c'est la seule chose dont la généralité des citoyens puisse juger. Or, c'est aussi un droit de l'homme qu'il ne puisse être forcé d'obéir qu'à la raison, et si elle prescrit de se soumettre au vœu de la pluralité, c'est seulement lorsque la pluralité ne juge que de ce qu'elle peut entendre. Il ne peut être question pour des hommes libres d'enchaîner leur volonté à celle d'autres hommes, mais de se conformer au jugement de la pluralité, parce qu'aux yeux de la raison, cette pluralité peut être regardée comme le signe auquel on doit convenir de reconnaître la vérité.

» D'autres diront, au contraire, que les citoyens abuseront de ce pouvoir, en effaçant, comme contraires à leurs droits, les articles qui leur déplairont; mais cet inconvénient n'est pas à craindre. Le plus grand nombre, formé de ceux qui n'ont dans le choix des dispositions des lois aucun intérêt d'ambition ou de vanité, sentiraient bientôt qu'en voulant juger non de leur justice, mais de la sagesse de leur combinaison, loin de décider réellement eux-mêmes, ils ne feraient que substituer à l'opinion des hommes éclairés de tout l'empire, celle de quelques chefs d'un canton particulier. Ce n'est pas dans cette classe modeste qui forme le plus grand nombre, qu'on serait exposé à rencontrer le plus souvent de ces gens qui, sans rien savoir, se croient faits pour décider de tout; et la raison de l'homme simple répondra toujours juste quand on saura bien l'interroger. Serait-il donc si difficile de faire entendre aux hommes cette vérité si facile à saisir : Voulez-vous être et rester libres? eh bien! soumettez-vous avec une rigueur scrupuleuse aux formes qui règlent la manière d'exercer vos droits politiques; car il n'y a point de liberté si la volonté commune ne peut être toujours reconnue à des signes évidens et incontestables. (*Bouche de fer* du 28 avril, et des 2, 7 et 10 mai.)

De l'abolition de la royauté. — « Proposer d'abolir la royauté, c'est proposer sans doute d'abolir le plus grand fléau qui ait jamais désolé le genre humain. Mais en donnant notre voix à cette abolition salutaire, nous né pouvons la donner également aux principes posés dans certains articles de ce projet de décret, ni à la conséquence que l'auteur en tire de confondre le pouvoir législatif avec le pouvoir exécutif.

» Nous croyons avec J. J. Rousseau, que, si celui qui commande aux hommes ne doit point commander aux lois, celui qui commande aux lois ne doit pas non plus commander aux hommes ; autrement ses lois, ministres de ses passions, ne feraient souvent que perpétuer ses injustices, et jamais il ne pourrait éviter que des vues particulières n'altérassent la sainteté de son ouvrage. On sent avec quelle justesse ce raisonnement s'applique à un comme à plusieurs législateurs.

» Ce n'est donc pas la distinction des pouvoirs qu'il faut critiquer dans notre constitution. La ligne de démarcation qui les sépare est le chef-d'œuvre de la prudence et de la sagesse.

» Mais de ce que le pouvoir législatif doit être soigneusement distinct du pouvoir exécutif, s'ensuit-il qu'ils soient d'une nature absolument incompatible ? S'ensuit-il qu'il faille violer tous les droits, et renverser tous les principes, en instituant une délégation héréditaire ? Non, sans doute ; et ce sont là des questions qu'il importe d'approfondir.

» Examinons donc : 1° si les élémens et les principes de notre constitution ne sont pas dans une opposition continuelle avec la forme de notre gouvernement ; 2° si toute délégation héréditaire n'est pas une violation des droits et une contradiction en principes ; et 3° si l'illustre citoyen de Genève a raison lorsqu'il dit que la monarchie est un gouvernement contre nature.

» Ces trois propositions, bien considérées, se lient, s'enchaînent tellement l'une à l'autre, qu'elles n'en forment véritablement qu'une. Voilà pourquoi, dans leur démonstration, il serait impossible de ne pas les faire marcher ensemble. Distinguons-les néanmoins le plus possible, sans altérer en rien leur analogie. 1° Les principes et les élémens de notre constitution ne sont-ils pas dans une opposition continuelle avec la forme de notre gouvernement? Oui, sans doute, et cela est aisé à prouver.

» Qu'est-ce qu'une constitution? C'est une conséquence d'une bonne déclaration des droits. Qu'est-ce qu'un gouvernement? C'est une conséquence de cette constitution. Mais en bonne logique, il faut que la conséquence soit d'accord avec les prémisses, sans quoi l'argument ne vaut rien.

» Voyons donc si le gouvernement monarchique est une conséquence nécessaire de la constitution française, et si nos législateurs sont de bons logiciens.

» Pour cela il faudrait, ce nous semble, que notre gouvernement fût dans un rapport exact et dans une parfaite harmonie avec les élémens et les principes de nos lois constitutionnelles. S'il y a discordance et contradiction, il est palpable que c'est une absurdité.

» Or, les élémens et les principes de notre constitution sont, *l'égalité, l'élection, l'amovibilité, la responsabilité personnelle* et *l'économie*. Certainement cela est très-sage; mais cette sagesse n'a-t-elle pas abandonné nos législateurs dans la formation du pouvoir exécutif? C'est ce qu'il faut examiner.

» On est toujours fort embarrassé toutes les fois qu'on commence par où l'on devrait finir ; et nos architectes politiques, ayant débuté par construire le faîte de l'édifice avant d'en avoir établi les bases, il ne faut pas être surpris si ses parties ne sont point d'accord, ne sont point cohérentes entre elles, il ne faut point être surpris si l'importance et la pesanteur du faîte écrase l'édifice de son poids, et s'il ne finira pas par le détruire tôt ou tard entièrement.

» La grande base de toute constitution libre est ce principe d'éternelle vérité, déclaré par l'assemblée nationale elle-même, *que tous les hommes naissent et demeurent libres et égaux en droits.* Voilà la mesure de toute égalité ou plutôt l'égalité elle-même.

» Or, ce principe vraiment fondamental, et sur lequel repose toute notre constitution, n'a-t-il pas été évidemment renversé dans l'institution de notre pouvoir exécutif, et cette belle et grande mesure de l'égalité naturelle et politique ne vient-elle pas se briser contre les marches du trône?

» Tous les hommes naissent et demeurent libres et égaux en droits; et cependant vous décrétez une dynastie dans laquelle des générations d'individus viennent au monde avec des droits que les autres hommes n'ont pas, et qu'ils ne sauraient jamais avoir! et vous décrétez qu'ils les auront, par cela seul qu'ils sont nés, quels que soient leur ignorance, leur ineptie, leur bassesse ou leurs vices!

» Pressés par le grand principe de l'égalité, vous renversez toutes les prérogatives héréditaires, tous les priviléges honorifiques et pécuniaires; et d'un autre côté, vous les consacrez dans la dynastie régnante! Quelle étrange contradiction!

» On a peine à concevoir une plus grande inconséquence. Cependant nos législateurs l'ont portée encore plus loin : ils ont placé le monarque hors la loi; ils l'ont mis hors de la sphère de l'humanité, et n'osant pas précisément lui décerner un autel sur la terre, ils ont été, pour ainsi dire, le placer dans le ciel, et ils ont déclaré sa personne inviolable et sacrée.

» Un simple mortel, quelque méprisable qu'il puisse être d'ailleurs, déclaré inviolable et sacré! On a peine à concevoir ce que le sénat romain aurait fait de plus aux jours de sa servitude et de sa bassesse, lorsqu'il décernait l'apothéose aux monstres couronnés qui s'étaient baignés dans son sang. Telle est donc la nature de la monarchie, que, pour élever le monarque au-dessus de tout, on se croit obligé de rendre le blasphème constitutionnel! Et pour comble de délire, on profane la sainteté du serment jusqu'au point de lier les citoyens par un acte religieux à une pareille impiété! Si ce n'est pas là une lâcheté, une trahison ou un crime, ces mots-là n'ont plus de sens dans notre langue.

» On voit par-là combien le principe de l'égalité a été violé ou plutôt renversé et détruit dans l'étrange institution de notre pouvoir exécutif; et il nous semble qu'on ne devrait pas avoir besoin d'un grand effort de raison pour reconnaître combien on s'est attaché à prendre le contre-pied des autres principes qui découlent nécessairement de celui-là, tels que *l'élection, l'amovibilité, la responsabilité personnelle* et *l'économie*. Néanmoins on dirait que tout le monde s'est donné le mot pour fermer les yeux sur ces contradictions. Relevons-les donc; notre devoir est de faire connaître la vérité.

» Toute délégation héréditaire est une violation des droits et une contradiction en principes. Cette seconde proposition s'enchaîne à la première, comme elle se lie et se confond avec la troisième; car nous avons prouvé que le droit d'égalité a été violé, et nous allons prouver encore que les droits *d'élection, d'amovibilité, de responsabilité personnelle* et *d'économie* n'ont pas moins été sacrifiés.

» Le droit d'élection est de droit naturel et même de droit divin, puisque Dieu lui-même en fit une loi à son peuple chéri. Le premier homme qui a été constitué en dignité, a été nécessairement élu; mais être élu n'est pas un droit, et moins encore un droit transmissible, puisque l'élection suppose un choix et une volonté qui le déterminent, et que, dans aucun cas, on n'a pu ôter aux électeurs le droit de choisir et de se déterminer à leur gré. L'élu n'a donc pu transmettre à ses successeurs un droit qu'il ne tenait pas de lui-même, ni les électeurs abdiquer au préjudice de leurs enfans un droit naturel, un droit personnel. Toute l'argumentation de l'auteur étant déduite de ce dernier principe, nous ne conduirons pas plus loin notre citation. » (*Révolutions de Paris*, n° LCVI.)

— La polémique entre journalistes fut très-active pendant le mois qui nous occupe. Brissot écrit une lettre en trois parties à Camille Desmoulins. Celui-ci fait une réponse en proportion. Cette guerre était le dernier mot de leurs querelles sur la Fayette, dont Brissot était le partisan, et sur les Lameth et Barnaïve que Desmoulins défendait contre les attaques du rédacteur du *Patriote français*. La lettre de Brissot est d'un pédantisme et d'une hauteur; il y règne un ton de protection froide, de sentiment de ses forces, tels, que Camille, entre les mains de son antagoniste, a l'air d'un écolier semoncé par son maître. Ce ne fut pas la seule aventure de ce dernier. Marat lui écrivit aussi une lettre en plusieurs parties. Nous regrettons de ne pouvoir donner place à cette lettre. On y sent d'un bout à l'autre l'autorité d'une profonde conviction; on y voit Marat exerçant une sévérité toute paternelle sur un franc étourdi, et le faisant rougir à force de probité, de quelques mauvaises plaisanteries qu'il s'était permises. Mentionner ces débats suffit à l'histoire; elle s'arrête là où commencent les détails personnels.

Nous signalerons sur ce même Desmoulins, une preuve de la faiblesse qui plus tard lui fera commettre tant de bévues politiques, disons le mot, tant de sottises. Voici comment il s'en explique : « On me reproche d'avoir dîné ces jours derniers avec quelques-uns des grands pivots de l'aristocratie royale. Le mal n'est pas de dîner, mais d'opiner avec ces messieurs : j'ai cru que je valais bien un docteur de Sorbonne, à qui il était permis de lire les livres à l'index, que de même je pourrais bien dîner avec des auteurs à l'index. Il serait à souhaiter que les forts de Judas allassent se promener ainsi quelquefois dans le camp ennemi, non pas pour coucher avec les belles filles de Madian; mais pour reconnaître les batteries, observer les manœuvres qu'on veut bien leur montrer, et comparer le fort et le faible des deux armées. J'avoue que je suis sorti de la tente ennemie, accablé de réflexions désolantes, cependant j'ai un peu repris mes esprits, avec nos héros jacobins, et en jetant les yeux sur les derniers événemens. » (*Révol. de France*, etc., n° LXXVIII.)

Notre dernier extrait sur la presse est un compte-rendu de l'ouvrage de Lavoisier, précédemment annoncé par nous. Ce travail était tiré de son livre sur la richesse territoriale du royaume de France; il était imprimé par les ordres de l'assemblée nationale.

[M. Lavoisier, par une méthode très-simple et très-ingénieuse, est arrivé à des résultats que nous ne nous permettrons pas de juger, et qui peuvent être très-utiles pour le travail des impositions. Cette brochure de peu d'étendue renferme toutes les bases de l'économie politique; elle n'est cependant que le précurseur d'un ouvrage considérable dont M. Lavoisier ne saurait assez hâter la publication. C'est bien utilement servir la patrie que de multiplier les connaissances sur une matière si intimement liée à la prospérité publique. Ce travail n'est pas de nature à être extrait. Nous nous bornerons à citer un calcul *très-patriotique* et dont l'exactitude arithmétique paraît démontrée.

Les ci-devant nobles, en y comprenant les anoblis, ne formaient qu'un trois-centième de la population du royaume, et leur nombre, hommes, femmes et enfans compris, n'était que de 83,000, dont 18,325 seulement étaient en état de porter les armes. Les autres classes de la société, celles qu'on avait coutume de confondre sous la dénomination de *tiers-état*, peuvent fournir un rassemblement de 5,500,000 hommes en état de porter les armes.] (*Moniteur.*)

Faits révolutionnaires. — Nous avons dit que le bataillon des Cordeliers avait changé son nom en celui de l'Observance. Voici ce que nous lisons là-dessus dans l'*Orateur du peuple*, tome 5, page 47. — « La minorité du bataillon des Cordeliers, influencée par les mouchards du général, après avoir prêté le fameux serment, rougissant d'avoir une identité de nom avec le redoutable club des Cordeliers, avait cru devoir prendre le titre de bataillon de l'Observance. Le conseil municipal s'était empressé de donner par un arrêté sa sanction à cette mascarade; mais la majorité patriote s'est ralliée à la voix du brave *Danton*. Le résultat unanime de la délibération a été que le bataillon reprendrait son glorieux nom de Cordeliers. »

— La compagnie des grenadiers de l'Oratoire, qui avait été licenciée, fut immédiatement réorganisée; on en exclut cependant douze membres. « Ce replâtrage, dit Brissot, n'efface point la flétrissure, et les quatorze hommes exclus ont le droit de demander à être jugé. Il est évident que tous les principes sont ici violés, puisqu'on a puni avant d'avoir jugé. » (*Patriote français* de mai.) Il parut bientôt dans plusieurs journaux une lettre justificative des grenadiers inculpés, signée par Ducruix, l'un d'entre les quatorze. A l'occasion de cet écrit, les griefs contre la Fayette furent énergiquement résumés. On revenait sur la protestation contre le serment du 22 avril, faite par Dubois de Crancé, sur l'arrêté du club des Cordeliers, et sur celui de la section du Théâtre-Français du 28, arrêté qui donnait acte à Danton d'une dénonciation contre le maire et le général, pour avoir réuni et employé tous leurs efforts *à exciter le département de Paris à donner ordre de faire tirer sur le peuple qui s'opposait au départ du roi.* Cet arrêté est signé : *Boucher de Saint-Sauveur*, président; *Leclerc Saint-Aubin* et *Montmoro*, secrétaires.

— Le club des Cordeliers était le foyer révolutionnaire que l'état-major de la garde nationale, le département et les municipaux cherchaient principalement à éteindre. C'était presque à cause de lui, à cause de la section du Théâtre-Français, composée de ses membres et de quelques autres sections tracassières, que la loi sur les pétitions et affiches avait été sollicitée et rendue. On avait emprisonné des individus qui appartenaient à ce club connu aussi sous le nom de *Société des droits de l'homme et du citoyen*. Fréron publie dans son journal, t. 6, p. 68, *une dénonciation faite au garde-des-sceaux par le club des Cordeliers, des vexations inouïes et emprisonnemens exercés envers plusieurs de ses membres.* Cette dénonciation déclamée outre mesure, hardie par-delà toute limite, est signée *Peyre*, président; *Rutledge*, *Montmoro*, secrétaires; *Vincent*, secrétaire-greffier. Le même Fréron mentionne aussi, t. 6, p. 61, une adresse des Marseillais au club des Cordeliers au sujet de la Fayette. Elle était envoyée au nom des 50 citoyens qui s'étaient emparés du fort de La Garde, et signée, *Jacques Monbrion*, secrétaire; *Carrière*, *Joly*, commissaires. Ce manifeste est la première pièce dans laquelle s'annonce le rôle que joueront les Marseillais dans la suite de cette histoire. Aussi Fréron « n'a-t-il pu résister au plaisir de contribuer à la publication de leurs principes et de leurs sentimens si dignes d'un peuple libre : quelle énergique leçon pour les Parisiens et pour les quatre-vingt-deux départemens ! »

Le terme des persécutions contre le club des Cordeliers, fut de fermer leur lieu de réunion. Voici comment Fréron raconte le fait. Il commence par énumérer tout ce que la société a eu à souffrir du département et de la municipalité; ensuite il ajoute : « La municipalité vient de poser les scellés sur la salle des Cordeliers, comme faisant partie des biens nationaux, après avoir inutilement cherché à mettre le trouble dans leurs assemblées par des provocations tumultueuses des gardes nationales soudoyées. Le club, errant et dispersé, s'est réuni au jeu-de-paume du sieur *Bergeron*, rue Mazarine, et à l'instar du tiers-état, poursuivi par le despotisme ministériel, ses membres y ont fait le serment solennel de ne pas se séparer. » (*L'Orateur du peuple*, t. 6, p. 96.) — A la page 121, ce journal donne la nouvelle suivante : « Le club des Cordeliers n'est plus errant et sans asile; il vient de louer la salle du Musée de la rue Dauphine, et le bail est passé ; comment la municipalité s'y prendra-t-elle pour le déloger ? emploiera-t-elle, comme elle l'a déjà infructueusement essayé, 30 ou 40 petits chasseurs pour venir casser ses vitres, faire les bravaches, et crier à travers les carreaux, *à bas la motion !* Mais ce moyen est usé; elle en sera pour la honte. Le comité central de tous les clubs et sociétés fraternelles de Paris se tiendra rue des Boucheries-Saint-Germain, où a été louée aussi par bail, la vaste salle de bal du citoyen *Cirier*. Ce dernier, sur le bruit qu'il avait loué sa salle aux Cordeliers, a reçu la visite de l'aristocrate *Serrat*, commissaire de la section des Carmes du Luxembourg, qui lui a fait envisager avec effroi à quels risques il allait s'exposer en souffrant chez lui une assemblée de *factieux*. Il a offert de l'argent pour que le bail fût rompu. Il était bien évidemment l'agent de la municipalité. »

— Nous avons annoncé que Huber avait donné sa démission, et qu'il avait été remplacé par Lafontaine. Nous n'avons à emprunter aux différens écrits auxquels donna lieu cette affaire;

que certaines réflexions de Brissot sur l'avocat de cet homme. Il s'agit du fameux de Sèze. « Je me doutais bien qu'on préparait quelque comédie pour excuser la prévarication du ministre dans le choix de M. Huber pour l'un des commissaires de la trésorerie. En effet M. de Sèze, s'est chargé de la jouer cette comédie, dans un mémoire imprimé, portant ce titre : *Mémoire à consulter, et consultation pour le sieur Huber*. Le nom de l'avocat répond à la cause qu'il défend. On l'a vu jusqu'à présent élever la voix en faveur des ennemis de la révolution, que l'opinion publique n'a cessé de flétrir, malgré ses plaidoyers et les sentences du tribunal impur qui les accueillait. » (*Patriote français*, n° DCXXX.)

— Tous les journaux renferment l'annonce qu'on va lire : « *Manuscrit perdu*. M. Robespierre a laissé dans un fiacre qu'il a pris à neuf heures et demie du soir, jeudi 12 mai, sur le quai des Augustins, un manuscrit *sur la liberté indéfinie de la presse et sur les sociétés populaires*. Il prie les bons citoyens qui pouraient en avoir entendu parler, de le lui faire recouvrer. Il donnera une récompense à ceux qui se seront donné quelque peine pour cela. On s'adressera chez lui rue Saintonge, au Marais, n° 8, ou bien chez M. F. Lanthenas, rue Guénégaud, hôtel Britannique, faubourg Saint-Germain. »

— *Clubs*. Nous n'avons rien à ajouter d'intéressant à l'histoire des clubs, pendant le mois de mai. Le discours de Condorcet prononcé au Cercle social, et les aventures du club des Cordeliers sont les seuls détails dans l'ordre des idées, et dans l'ordre des faits, qui méritent d'être conservés. Au reste nous avertissons nos lecteurs qu'à partir du 1er juin, nous aurons un secours qui nous a manqué jusqu'à cette heure. Nous avons entre les mains le journal suivant, annoncé ainsi par le *Moniteur* du 8 mai.

« *Journal des débats de la société des Amis de la constitution de Paris, séante aux Jacobins*. — Ce journal, dont le titre annonce complétement le but, paraîtra tous les lundi, mardi, jeudi et samedi de chaque semaine, à compter du premier juin prochain. Il contiendra exactement le récit fidèle de ce qui se sera passé dans la séance de la veille, et l'analyse au moins des discours qui y auront été prononcés. Lorsque l'abondance des matières l'exigera, il sera donné un supplément, dans lequel on sera admis à faire insérer les discours qui n'auraient pu être prononcés dans l'assemblée, ainsi que les avis et annonces que l'on voudrait faire passer sûrement aux amis de la constitution. On prendra au bureau, à cet égard, les arrangemens les plus honnêtes. Le prix est pour Paris de 12 liv. par an, 6 liv. pour 6 mois, et 3 liv. pour un trimestre ; et pour les départemens, 17 liv. 4 sous pour l'année, 8 liv. 12 sous pour 6 mois, et 4 liv. 6 sous pour le trimestre. On souscrit chez tous les libraires, et à Paris au bureau du journal, n° 41, rue de la Monnaie, au château de Vincennes, où toutes les lettres, avis et annonces relatifs à ce journal, doivent être adressés franc de port, soit au rédacteur, soit à M. Martine-Beaubourg, chargé de la direction. »

Pour donner une idée de quelques motions qui étaient faites dans les clubs, nous donnerons cependant la pièce suivante :

« *Départ des filous et des brigands de Paris contrôlés sur le visage de la lettre F., prononcé le dimanche 29 mai 1791, à la société des Amis de la constitution de Paris; par N. C., citoyen actif.* — FRÈRES ET AMIS. — Si depuis la révolution, les habitans de Paris ne sont plus environnés que de filous et de brigands, qui dégarnissent leurs lieux saints, leurs maisons et surtout leurs poches ; si ce brigandage est devenu général au point qu'il n'y a plus de sûreté pour personne, quoique tous les jours la nation dépense beaucoup d'argent, pour faire surveiller, arrêter, loger et nourrir des milliers de filous et de brigands, dont il existe un moyen de se débarrasser de manière qu'ils se corrigeraient d'eux-mêmes, et que leur race s'éteindrait de jour en jour, sans les tenir en prison, les envoyer aux galères, ni les faire mourir. Voici ce moyen :

» Il consiste à établir une marque pour en marquer les visages des filous et des brigands, de la même manière qu'on marque une chaise d'église, laquelle pourrait être de la lettre *F.* sans avoir égard aux naissances ni aux fortunes des coupables.

» Pour écarter le prétexte que nous naissons tous avec l'inclination de voler, il suffit d'observer que si on détruit cette inclination jusque dans les animaux domestiques, qu'il doit être bien plus facile de la détruire dans les hommes qu'on appelle animaux raisonnables, dont pourtant il s'en voit qui le sont moins que leurs confrères animaux domestiques, puisqu'ils étouffent en eux le cri qui leur commande de ne rien voler à personne.

» Le refus que font les filous et les brigands d'obéir à ce cri, si généralement gravé dans toutes les âmes, creusant la perte, et troublant le repos d'une nation entière, cette même nation, à laquelle il est attaché à sa gloire de n'avoir que des citoyens vertueux, a bien le droit de faire ce qu'il faut pour en multiplier le nombre, en détruisant les égoïstes fripons.

»Comme pour élever l'âme, il faut à plusieurs des tableaux qui frappent leurs yeux, nous pensons que la marque distinctive que nous proposons pour connaître et faire disparaître les filous et les brigands, paraîtra aussi juste, si elle était établie; que les cordons et les médailles que la nation a établis pour en décorer les hommes méritans, qui consacrent leurs jours à lui rendre service, sans autre intérêt que celui d'être utiles, à la nation entière, à l'exemple de la garde nationale.

» Pour éviter toute dépense sur le contrôle à établir que nous proposons, n'user d'aucune violence, ni attenter à la liberté des filous et des brigands, il pourrait être convenu d'une ou plusieurs places sur lesquelles on les conduirait pour y être contrôlés sur le visage de la lettre F, et menés après hors de la ville, au son des tambours.

» Si on nous observait que ces contrôlés se rassembleraient sur les grands chemins, et dans les bois, nous pourrions répondre, qu'ils s'éviteraient; qu'un seul contrôlé ferait perdre l'envie à cent de le devenir, et qu'au surplus, les maréchaussées rempliraient leurs devoirs.

» Du côté de la satisfaction, nous pourrions encore répondre que ce serait ajouter à celle des pères et mères, qui sont plus jaloux que leurs enfans acquièrent de l'honneur que de la fortune; puisque les enfans, à qui on n'inculque pas ce principe, commencent par voler chez leurs parens, et finissent par voler ailleurs.

» Le bien que produirait le contrôle que nous proposons ne permet pas de douter qu'il se trouve d'autres opposans, s'il s'en trouvait, que ceux qui sont en relation d'affaires avec les filous et les brigands.

» On sait que les plus adroits d'entr'eux et ceux qui ont fait le plus de maux à Paris, étaient pour la plupart des espions de l'ancienne police, qu'on les prenait à Bicêtre, que plusieurs sont des échappés de la corde et des galères, et que si on visitait leurs épaules, on y verrait encore les traces que ce sont des vauriens.

» Ceux qui les premiers ont imaginé de faire contrôler les malfaiteurs par-derrière, ont donc moins consulté les intérêts de leurs concitoyens, que ceux en particulier de quelques grafiniens qui vivaient de la chicane; car s'ils les eussent fait contrôler sur le visage, les maux qu'ils auraient épargnés à la France seraient infinis.

» Tout bon citoyen sait qu'un dénonciateur, pour ne pas se servir du mot infâme d'espion, n'a jamais rien reçu et ne recevra jamais rien pour dénoncer les malfaiteurs et les traîtres, puisque sévir contre eux est le devoir d'un citoyen.

» Ce devoir, *mes frères*, nous étant commun à tous, unissons-nous tous pour dissiper les terreurs paniques qui ont fait sortir de Paris beaucoup d'honnêtes gens, car tous ceux que la crainte a fait fuir ne sont pas pour cela des aristocrates.

» En calmant leurs frayeurs passées et leurs inquiétudes présentes, ce serait non-seulement les faire revenir plutôt à Paris, mais faire connaître à l'Europe entière que maintenant la ville de Paris est une des villes du monde où on est le plus en sûreté, depuis que les filous et les brigands qui s'y étaient rassemblés de toutes parts, s'en sont bannis eux-mêmes, comme ne pouvant plus s'y réfugier, depuis le contrôle demandé pour les contrôler de la lettre *F* sur le visage.

» Telles sont, mes frères et amis, les réflexions que le premier soldat inscrit sur le procès-verbal de la section du....... a la fraternité de vous faire. Si, les croyant utiles, vous les croyez de même, j'espérerais de votre civisme que vous vous empresserez de les faire accueillir par tous les bons patriotes, pour qu'étant bien d'accord, il soit sollicité auprès de l'assemblée nationale, un décret qui établirait le timbre de la lettre *F* sur les visages des filous et des brigands. Ce timbre serait une obligation qu'on aurait de plus aux habitans de Paris, puisque ce serait avoir ajouté à leur courage le bien général, d'avoir fait sortir hors de leurs murs des milliers de filous et de brigands, qui, s'il leur avait été possible auraient aidé à renverser la constitution française que rien maintenant ne peut ébranler. »

— Nous fermerons l'histoire de Paris, en rapportant la séance de l'assemblée nationale où fut décrété le transport des cendres de Voltaire de l'église de Romilly dans celle de Sainte-Geneviève.

Le récit de Gossin étant un résumé très-exact de ce qui avait précédé en éloges et en faits, nous avons dû n'y rien ajouter.

SÉANCE DU 30 MAI.

[C'est le 30 mai 1778, que les honneurs de la sépulture ont été refusés à Voltaire, et c'est ce même jour que la reconnaissance nationale doit consacrer, en s'acquittant envers celui qui a préparé les hommes à la tolérance et à la liberté. La philosophie et la justice réclament, pour l'époque de leur triomphe, celle où le fanatisme persécuteur a tenté de proscrire sa mémoire.

Les cendres de Voltaire, qui furent rejetées de la capitale, avaient été recueillies dans l'église de l'abbaye de Scellières. La vente du lieu de sa sépulture a excité le zèle de la municipalité de Paris, qui a réclamé la possession de ses restes précieux.

Bientôt les villes de Troyes et de Romilly les ont ambitionnés, et l'une d'elles avait délibéré qu'ils seraient partagés. C'est ainsi qu'en Italie deux cités se sont disputé les mânes d'un poète célèbre. Vous avez ordonné à votre comité de constitution de vous rendre compte de la pétition de la municipalité de Paris: son objet est que Voltaire, né et mort dans ses murs, soit transféré de l'église de Romilly, où il est actuellement déposé, dans le monument destiné à recevoir les cendres des grands hommes par la patrie reconnaissante.

Le titre de grand a été donné à Voltaire vivant par l'Europe étonnée; mort, toutes les nations le lui ont consacré, et quand tous ses détracteurs ont péri, sa mémoire est devenue immortelle.

Voltaire a créé un monument qui repose sur les plus grands bienfaits, comme sur les plus sublimes productions du génie. Voltaire a terrassé le fanatisme, dénoncé les erreurs jusqu'alors idolâtrées de nos antiques institutions; il a déchiré le voile qui couvrait toutes les tyrannies. Il avait dit, avant la constitution française : *Qui sert bien son pays n'a pas besoin d'aïeux.* Les serfs du Mont-Jura l'avaient vu ébranler l'arbre antique que vous avez déraciné; il a crié vengeance pour les Sirven et les Calas assassinés au nom de la justice; il a crié vengeance pour l'humanité entière avant que vous effaçassiez de nos codes sanguinaires les lois qui ont immolé ces célèbres victimes.

La nation a reçu l'outrage fait à ce grand homme; la nation le réparera, et les Français devenus libres décerneront au *libérateur de la pensée* l'honneur qu'a reçu d'eux l'un des fondateurs de la liberté. Je suis chargé de vous présenter le projet de décret suivant :

L'assemblée nationale, après avoir entendu le rapport de son comité de constitution, décrète que Marie-François Arouet-Voltaire est digne de recevoir les honneurs décernés aux grands hommes; qu'en conséquence, ses cendres seront transférées de l'église de Romilly dans celle de Sainte-Geneviève à Paris.

Elle charge le département de Paris de l'exécution du présent décret.

M. Regnaud, député de Saint-Jean-d'Angely. Quand j'unis ma voix à celle de ceux qui, justes appréciateurs des hommes, réclament pour Voltaire et pour l'honneur de la France le rang qui lui appartient parmi les génies qui l'ont illustrée; quand je viens proposer un amendement au décret du comité, ce n'est pas aux talens seuls que je rends hommage; ce n'est pas à l'esprit le plus distingué de son siècle, à l'homme que la nature n'a pas encore remplacé sur le globe; ce n'est pas à celui qui exerça sur tous les arts, sur toutes les sciences, le despotisme du talent. Ces titres, tout précieux qu'ils sont, ne suffiraient pas pour décider les représentans de la nation française à décerner au philosophe de Ferney les honneurs qu'on sollicite pour sa cendre. Je les réclame pour le philosophe qui osa, un des premiers, parler aux peuples de leurs droits, de leur dignité, de leur puissance, au milieu d'une cour corrompue. Voltaire, dont une des faiblesses fut d'être courtisan, parlait aux courtisans l'austère langage de la vérité; il rachetait, par la manière dont il burinait les vices des tyrans qui avaient opprimé les nations, quelques flatteries qui lui échappaient pour les despotes qui les enchaînaient encore. Son regard perçant a lu dans l'avenir, et a aperçu l'aurore de la liberté, de la régénération française, dont il jetait les semences avec autant de soin que de courage. Il savait que pour qu'un peuple devînt libre, il fallait qu'il cessât d'être ignorant; il savait qu'on n'enchaîne les nations que dans les ténèbres, et que quand les lumières viennent éclairer la honte de leurs fers, elles rougissent de les porter, et veulent les briser. Elles les brisent en effet; car vouloir et faire est la même chose pour une grande nation.

Voltaire écrivit donc l'histoire, et l'écrivit entouré d'esclaves, de censeurs royaux et de despotes, en homme libre et en philosophe courageux. J'emprunterai ici les expressions d'un ami de la liberté qui le louait il y a douze ans, comme il faut le louer aujourd'hui, M. Ducis.

« L'histoire moderne avant lui, vous le savez, portait encore l'empreinte de ces temps barbares où les oppresseurs et les tyrans des nations seuls étaient comptés parmi l'espèce humaine, où le peuple et tout ce qui n'était qu'homme n'était rien. Les gouvernemens avaient changé. L'homme était rentré du moins dans une partie de ses droits; mais l'histoire, frappée de l'esprit de l'ancienne servitude, sans faire un pas en avant, semblait restée au siècle de la féodalité; elle n'osait en quelque sorte croire à l'affranchissement du peuple, et le repoussait de ses annales, comme autrefois il était repoussé de la cour et des palais de ses tyrans. C'est Voltaire qui le premier a senti, a marqué la place que la dignité de l'homme devait occuper dans l'histoire: il a donc voulu que l'histoire désormais, au lieu d'être le tableau des cours et des champs de bataille, fût celui des nations, de leurs mœurs, de leurs lois, de leur caractère, et il a lui-même exécuté ce grand projet. Polybe avait écrit l'histoire guerrière; Tacite et Machiavel, l'histoire politique; Bossuet, l'histoire religieuse; Voltaire écrivit le premier l'histoire philosophique et morale. Aussi cet homme extraordinaire, qui a renouvelé parmi nous presque tous les champs de la littérature, a fait par son exemple une révolution dans l'histoire. Eh bien! cette révolution a préparé la nôtre..... (On demande à aller aux voix.) Je ne résiste point à l'impatience de l'assemblée. Mon amendement n'a sans doute pas besoin d'être motivé; je l'énonce simplement : « Il sera élevé aux frais de la nation une statue à Voltaire. »

M. Eymar. L'assemblée a décrété une statue pour J.-J. Rousseau; je ne sais pourquoi le comité des pensions ne s'est pas encore occupé de cet objet.

M. Camus. Le comité s'en est occupé : la première question est de savoir s'il doit être fait une statue simple ou un groupe; ensuite si cette statue doit être élevée sur une place publique, ou placée dans un musée. Nous n'avons pas cru devoir interrompre vos travaux pour cet objet; mais nous vous en ferons le rapport au premier moment.

M. Prugnon. Je demande que le même honneur soit accordé à Montesquieu, le seul peut-être des écrivains qui soit mort avec l'espoir fondé qu'il n'y aurait pas une ligne à effacer dans ses écrits. Voltaire a dit: *Le genre humain avait perdu ses titres; Montesquieu les a retrouvés.*

M. Chabroud. Je ne conteste pas l'amendement du préopinant; mais je dois faire remarquer le danger qu'il y aurait à ce que le corps-législatif pût être entraîné à décerner des honneurs publics sur la chaleur d'une motion. Je demande donc que tous les amendemens soient renvoyés au comité. Si, au contraire, on décrétait la proposition du préopinant, moi, qui suis habitant de la ci-devant province du Dauphiné, je demanderais les mêmes honneurs pour M. l'abbé Mably.

L'assemblée décrète le projet présenté par M. Gossin, et renvoie au comité de constitution les diverses propositions incidentes.]

PROVINCES.

Nous empruntons au *Moniteur* les détails suivans sur ces provinces.

[*Extrait d'une lettre de Tulle, département de la Corrèze, du 12 mai.*

J'ai de fâcheuses nouvelles à vous apprendre, et vous gémirez comme moi des funestes excès auxquels le peuple de cette ville vient de se livrer. — Le sieur Massey, capitaine du détachement de Royal-Navarre, en garnison ici depuis long-temps, ce même homme que vous vous rappelez s'être si indécemment comporté l'année dernière, à l'époque de la fédération du département, vient d'être la victime de son délire, de ses longues violences, et enfin des attentats qu'il avait commis ces jours derniers. On l'avait encore vu quelques jours avant l'événement tragique, provoquer des citoyens, les poursuivre à coups de sabre ou de pistolet, maltraiter cruellement des enfans, et le peuple avait gardé le silence. Le 9 de ce mois, à dix heures du soir, il rencontra, près du pont, un menuisier nommé Borderie, marchant à la suite de plusieurs jeunes gens qui chantaient *ça ira*. Cet homme venait d'être reçu membre de la société des Amis de la constitution. Massey, en l'injuriant, tombe sur lui à coups de sabre; et ayant entendu accourir au bruit du malheureux qui appelait à son secours, le laisse sur la place presque mort. La nouvelle de cet attentat s'étant répandue de très-grand matin dans la ville, le peuple s'assemble, s'émeut et demande à grands cris justice de l'assassin. Les corps administratifs requièrent les chefs de la garde nationale de disposer la force publique. Au bruit de la générale, plusieurs détachemens se forment ; mais il est impossible d'occuper tous les postes. Le peuple furieux se rend à la maison de M. Poissac, où logeait Massey. Quelques membres de l'administration, députés par leurs corps respectifs, étaient accourus pour prévenir des malheurs. Ils parvinrent, non sans peine, à faire conduire au district, où le département était aussi rassemblé, M. Poissac, sa femme, et M. Lantillac, ci-devant comte de Lyon ; mais ils ne purent sauver Massey. Après de longues recherches, on le trouva caché dans les latrines. Il en est arraché, en vain les membres de l'administration interposent de nouveau leur caractère et leur autorité pour le faire remettre sous le glaive de la loi. La nouvelle, quoique fausse, de la mort du menuisier, qui venait de se répandre, rend le peuple plus furieux encore. Massey tombe sous les coups qui lui sont portés, et expire bientôt après.].

Département des Bouches-du-Rhône. — Orange, 13 mai.

[Le siége de Carpentras est levé, et quoi qu'on fasse, par force à Avignon et dans les villages réduits, une nouvelle levée d'hommes et de chevaux, l'armée avignonaise ne sera plus vraisemblablement si empressée à attaquer une ville autour de laquelle elle ne trouve que sa destruction. — Le 10, un détachement de 50 Carpentrassiens fit une sortie contre un corps de troupes avignonais qui coupait du bois entre Carpentras et Monteux, pour faire des fascines. Le gros de l'armée étant venu au secours de ce corps, les Carpentrassiens se retirèrent en bon ordre sans avoir perdu un seul homme : les Avignonais ont eu trois hommes tués et quelques blessés.

La dévastation du comtat continue toujours. Un détachement de 600 hommes de l'armée avignonaise, avec quelques pièces de canon, a soumis toute la province, excepté Carpentras, Vaurcas et quelques villages du haut-comtat, couverts par le département de la Drôme, et Bonieux enclavé dans celui des Bouches-du-Rhône qui y a formé un cordon de troupes de ligne et de 200 hommes de la garde nationale du district d'Apt. Dans tout le reste de la province, les Avignonais ont désarmé tous les citoyens qui ne veulent pas seconder leurs exécrables projets de dévastation, et armé tous les bras qui peuvent être utiles au pillage et à l'incendie. Les villages sont mis à contribution d'abord en corps de communauté, et ensuite en particulier par individus. Riolène, par exemple, composé de 206 habitans, est forcé de fournir, sous peine d'être traité comme Sarrians, un contingent journalier en pain, vin, eau-de-vie, etc., une somme de quatre mille huit cents liv. qu'il a payée et un détachement pour l'armée avignonaise. Les autres villes et villages sont taxés à proportion, sous peine de pillage.

Le 12, quarante déserteurs de Soissonnais levèrent sur les habitans de Cavaillon une contribution de 25,000 liv., et pillèrent en outre plusieurs maisons. Un officier au service de France, nommé M. Cornillon, faillit avoir la tête tranchée. Le Thor, déjà écrasé par un premier pillage, fut imposé à seize mille liv. Caumont paie deux mille liv. huit cents par semaine; Gadagne fournit du vin.

A Vauqueiras, le château de madame Lauris a été entièrement dévasté; toutes les portes et fenêtres ont été brisées; les meubles, les cheminées de marbre, et jusqu'aux gonds des portes et pavés des appartemens ont été enlevés.

Après l'attaque du 6, contre Carpentras, où les assiégés ont fait une sortie si meurtrière contre les assaillans. On a vu passer au pont Saint-Esprit, plusieurs charrettes chargées de blessés; il n'en arrive pas moins chaque jour, dans le camp avignonais de nouvelles hordes que la haine contre le pape, beaucoup plus que le désir de faire jouir le comtat des bienfaits de la constitution française, fait envoyer de Nîmes, d'Uzès, d'Alais, de la Gardounauge, du Lavinage, etc. M. Antonelle, maire d'Arles, va et vient sans cesse d'Avignon au camp. Voilà une esquisse de la situation actuelle de ce malheureux pays.]

EXTÉRIEUR.

Voici un fait semblable à celui qui s'est passé récemment dans un port de la Méditerranée, par l'imprudence d'une frégate américaine.

[Depuis l'avénement de Selim au trône impérial, l'usage ayant été rétabli de saluer par quelques coups de canon le sérail, en entrant ou en sortant du port de Constantinople, il arriva, ces jours-ci, qu'un navire marchand vénitien, venu de l'Archipel, voulait s'acquitter de cette étiquette; mais ayant par inadvertance oublié de retirer les boulets, il lâcha sa bordée contre le sérail avec tant de justesse, que deux boulets tombèrent au milieu du jardin et que d'autres endommagèrent les édifices. Le grand-seigneur, extrêmement irrité de ce manque de respect, fit sur-le-champ demander la tête de l'imprudent capitaine. Par bonheur, le drogman de Venise se trouva dans ce moment à la Sublime-Porte; il mit tout en œuvre pour apaiser les esprits animés et sauver le patron du navire, en attribuant cet accident à l'étourderie des gens de l'équipage; ce qui, joint aux représentations du bayle de Venise, protestant que le capitaine, déjà mis aux fers, serait puni, et que des irrégularités pareilles n'arriveraient plus à l'avenir, a eu un succès si heureux que l'affaire s'est terminée sans aucune effusion de sang.] (*Moniteur* du 2 mai.)

De Rome, le 16 avril.

[M. Cagliostro est jugé. Il a été condamné à une prison perpétuelle, et sa femme à être renfermée dans un couvent. On ne connaît pas bien encore les vraies charges du procès. C'est un homme qu'on a voulu perdre; on l'a perdu. Il sera transféré au château de Saint-Leo, dans le duché d'Urbin. On a bien pensé à le faire périr; mais pour cela il eût fallu le faire juger par le saint-office, et alors on ne se fût pas dispensé de l'accusation de *sorcellerie*; c'est ce qu'on voulait surtout éviter. N'est-ce pas un hommage que rend la cour de Rome aux progrès des lumières, et à cet autre art *diabolique* qu'on appelle politique?] (*Moniteur* du 5 mai.)

Varsovie. — Révolution du 3 mai 1791.

[La séance du 3 mai sera à jamais célèbre dans les fastes de la

Pologne. La plus heureuse révolution s'est faite, pour ainsi dire, en ce seul jour mémorable. Dans une république de nobles, pays d'esclavage pour les autres hommes, la liberté a été rendue à tous, et les droits politiques aux habitans des villes sans effusion de sang ; il n'y a pas été commis une seule violence ; il ne s'est pas présenté un seul soldat, et le peuple était sans armes.

Depuis quatre mois, les amis du bien public, les patriotes s'étaient concertés, ayant pour chef et pour conseil le roi. Plus de soixante personnes ont gardé ce grand secret ; la majorité de ces soixante ne passe pas trente ans. Exemple admirable que donne cette jeunesse polonaise, que le roi et quelques sages ont mis depuis quelques années un soin particulier à élever pour un grand événement.

Peu de jours avant que la séance qui devait être consacrée à la révolution, ne dût s'ouvrir, une trahison en a hâté l'effet. On avait été forcé de mettre de nouvelles personnes dans la confidence des principes, du plan et de la journée dont on brûlait de montrer bientôt l'éclatante nouveauté. Un de ces nouveaux confidens, soit séduction, soit faiblesse, avait dévoilé le sublime mystère : aussitôt les *ministres étrangers* en sont instruits. L'intrigue s'éveille, travaille, s'étend, et sur l'heure se trahit elle-même par sa haine pour le bonheur public, pour la félicité nationale. Terrible obstacle ! les patriotes s'inquiètent, frémissent, se rassemblent ; il faut agir, il faut déjouer la perfidie. Le temps presse ; un nouveau secret se donne et se garde : la fameuse séance est résolue plutôt qu'on ne l'attend, et les ennemis publics seront confondus.

En effet, le 3 mai, tout à coup à l'ouverture de la séance, M. Matusewiez, nonce de Briesc, et rapporteur de la députation des affaires étrangères, se lève. Il peint l'effrayante situation de la république ; mille dangers la pressent, et nulle force ne la rassure. Les armées des voisins semblent marcher à des ennemis connus ; mais en un moment la paix peut se conclure, et ces armées nombreuses peuvent accabler la Pologne. Ici l'orateur rappelle tous les bruits, renouvelle toutes les menaces, raconte tous les faits qui prouvent qu'un démembrement nouveau de sa patrie n'est point impossible ; il développe comment le projet de cette indigne spoliation est peut-être déjà un pacte arrêté entre des puissances, un prix conciliateur présenté aux princes qui négocient entre eux une réconciliation........ Et cependant la république est dans l'anarchie, son gouvernement est sans force, et des factions peuvent encore accélérer la ruine de l'État désespéré.... L'orateur avait achevé de parler, qu'un profond silence régnait toujours. Soudain le comte Potocki, grand-maréchal de Lithuanie, cet homme important, que quelques-uns soupçonnaient de ne pas appartenir entièrement au parti patriote, prend la parole avec véhémence ; il s'adresse au roi, le conjure de sauver la patrie, de prendre seul dans ce danger public le timon de l'État, lui parle comme à un dictateur créé au moment même par le péril et la confiance.

Aussitôt l'assemblée et la salle ont retenti de l'impétueux assentiment, et des nonces, et des sénateurs, et du peuple : alors le roi se leva tranquillement, et prit la parole. Ce calme ramène un silence profond. Sa majesté raconte que tout lui semble avoir été prévu, qu'il existe un plan général de constitution, médité depuis long-temps en secret par un nombre considérable de nonces et de sénateurs, et par quelques hommes distingués dont le savoir a été consulté. Le roi, poursuivant toujours avec tranquillité, assure que ce plan est de nature à pouvoir être adopté en un seul jour, dans un seul moment, à l'heure même. J'exhorte donc, continue le roi d'une voix plus haute et sans éclat, les États à l'accepter, comme la seule mesure souveraine qui doive non-seulement sauver la république, mais encore la porter au plus haut degré de splendeur où elle puisse atteindre, pourvu que des malintentionnés n'y apportent point d'obstacle.

Sur l'heure donc le projet est lu par le secrétaire de la diète ; et comme plusieurs sénateurs parlaient presque tous en faveur de l'adoption, quelques-uns, mais en petit nombre, contre le projet, le reste de l'assemblée se précipite autour du trône, tous attachent le salut de l'État à ce qu'ils viennent d'entendre. « Donnez l'exemple, s'écrient-ils au roi; jurez le premier de maintenir cette nouvelle constitution. » La salle retentit de nouveau d'une acclamation unanime, d'une prière unique adressée à sa majesté. L'enthousiasme est général : il n'y a plus de réclamans. La formule du serment demandé est lue par le prince-évêque de Cracovie : le roi jure, et l'assemblée et le peuple tiennent leurs mains levées vers le ciel. Le roi ajoute ce peu de paroles : « J'ai juré devant Dieu et la patrie de maintenir la nouvelle constitution et de l'observer. Allons maintenant au temple du Seigneur, et rendons des actions de grâces pour la faveur signalée et mémorable qu'il vient de nous accorder dans cette journée. »

Tout le monde est sorti à l'instant, et s'est rendu à l'église cathédrale à la suite du roi. Tandis que le *Te Deum*, l'un des plus célèbres qui ait été adressé à l'Éternel, se chantait au bruit du canon, *quinze nonces* seulement étaient restés dans la salle des États, *protestant* contre la félicité publique.

Le serment a été prêté au même moment par les deux maréchaux de la diète. Le roi est retourné à la salle des États. Il a demandé que la diète signât la nouvelle constitution, et qu'elle fît prêter le serment aux commissaires de la guerre et du trésor, ce qui a été exécuté, comme en triomphe, au milieu d'une allégresse universelle. Des ordres ont été expédiés à l'armée pour la prestation du même serment.

Nous tenons ces détails intéressans d'une lettre de Varsovie, dans laquelle respire une satisfaction civique et ravissante. La personne qui écrit s'interrompt en un endroit pour donner cours à des larmes d'allégresse que lui procure la félicité publique, exprimée sous ses propres fenêtres par tout un peuple en fête...

Voici les articles constitutionnels :

» Le pouvoir exécutif dans le roi a reçu le degré énergique

qui lui manquait, et la succession au trône est assurée, premièrement, à la personne de l'électeur de Saxe régnant, ensuite à ses descendans mâles, s'il en a, et en attendant à sa fille unique, déclarée infante de Pologne, de la main de laquelle la république se réserve de disposer en son temps. Son époux futur deviendra la souche de la dynastie régnante future en Pologne, si l'électeur n'a point de fils.

» En cas de minorité du roi, de maladie qui lui ôte les facultés de régner, ou de prison par l'ennemi en guerre, la régence sera composée du même conseil de surveillance, qui doit faire toujours le conseil du roi, et sera présidé à sa place par la reine-mère, avec tous les pouvoirs de la royauté; et si la reine n'existait pas, par le même conseil, présidé par le primat du royaume.

» La majorité du roi est fixée à dix-huit ans. L'héritier présomptif du trône, dès qu'il aura atteint cet âge et prêté serment à la constitution, sera admis à assister au conseil, mais sans y avoir d'avis.

Le conseil sera composé du primat, comme chef du clergé et président de la commission d'éducation, et de cinq ministres, dont l'un pour la police, le second pour la justice, le troisième pour la guerre, le quatrième pour les finances, le cinquième pour les affaires étrangères, choisis par le roi, et de deux secrétaires, dont l'un pour le protocole, le second pour les affaires étrangères.

Quatre commissions, d'éducation, de la police, de la guerre et du trésor, recevront les ordres du roi, contresignés par un des ministres, et en transmettront l'exécution. L'organisation de ces différens dicastères et du département des affaires étrangères, va être rédigée.

Le peuple des campagnes est reçu sous la protection du gouvernement et de la loi. Toutes les conventions que les propriétaires pourront faire avec leurs paysans, sont également obligatoires pour les deux parties, et constitueront leurs devoirs réciproques. Tous les hommes sont reconnus libres, tant ceux qui arriveraient nouvellement, que ceux qui, après avoir quitté la patrie, voudraient y rentrer; de manière que tout homme, de quelque pays qu'il arrive, aussitôt qu'il aura mis le pied sur le territoire de la république, est parfaitement libre d'exercer son industrie, partout et de telle manière qu'il le voudra; de s'établir dans les villages ou dans les villes; de passer des contrats, conventions : il est enfin libre de se transporter dans tel autre pays qu'il lui conviendra, après avoir toutefois satisfait aux engagemens qu'il aura contractés volontairement.

La diète reste à jamais législatrice, composée de la chambre des nonces et du sénat présidé par le roi, lequel n'a qu'une voix, outre celle de décision, en cas de parité.

Le roi, avec la majorité du sénat, a le *veto* suspensif jusqu'à la première législature suivante, toujours biennale.

Le roi nommera à tous les emplois, comme il y nommait au commencement du règne actuel, avant la loi de 1775.

Les évêques, palatins, castellans et ministres qui composent le sénat, sont à vie dans le sénat; mais le roi nommera, continuera ou changera tous les deux ans ceux des membres qui entreront au conseil. Les ministres seront responsables sur leurs biens et personnes, quand les deux tiers des deux chambres réunies leur intenteront procès pour transgression de loi positive; leur tribunal sera le jugement comitial toujours existant, où ils pourront être punis et absous, d'après leurs moyens de défense.

Quand la pluralité des deux chambres témoignera au roi n'avoir plus de confiance en quelqu'un des ministres, le roi sera obligé d'en nommer un autre.

Les ordres du roi n'auront de valeur que quand ils seront contresignés par un des ministres. Si tous refusaient de contresigner, et que le roi s'obstinât, le maréchal de la diète, *pro tempore*, toujours assistant au conseil, mais muet en tout autre cas, aura le pouvoir de convoquer la diète toujours existante dans les mêmes membres élus et à vie, mais dont l'activité législative n'existera que dans les deux ans, pendant une session, dont le terme va être réglé, hors lequel la diète non assemblée ne pourra être convoquée que pour les cas particuliers de guerre étrangère, ou commotion, ou collision grave interne, peste, famine, ou autres cas graves semblables.

L'initiative appartient au roi, qui enverra ses propositions aux diétines, dans les universaux, et directement à la chambre des nonces pendant les diètes. Il sera néanmoins libre aux diétines et aux nonces de faire leurs propositions aussi. Les instructions ou mandats ne seront obligatoires aux nonces que pour les affaires de leurs districts : dans tout le reste, ils sont représentans libres de la nation entière.

Le conseil de surveillance n'aura que des pouvoirs provisoires pendant l'interstice des diètes, tant pour les réglemens intérieurs que pour les traités avec les étrangers.

La loi de *neminem captivabimus nisi jure victum*, est plus assurée et plus étendue que jamais.]

(*Moniteur* du 22 mai.)

— Nous terminerons ce bulletin de l'extérieur par la nouvelle suivante, extraite de l'*Orateur du peuple*, t. 6, p. 112. « La célèbre mademoiselle Théroigne, dont tout le crime est d'avoir, comme tout le monde sait, accompagné les femmes qui se transportèrent à Versailles le 4 octobre 1789, est toujours renfermée dans la forteresse de Vienne. Elle a été arrêtée par deux Français qui l'ont suivie à la piste à son départ de Paris pour Bruxelles, et enfin dans le pays de Liége, où ils ont réclamé l'intervention des officiers de l'empereur pour se saisir d'une émissaire de la propagande de la liberté, et d'une régicide. On l'accuse de l'un et de l'autre de ces crimes. »

JUIN 1791.

Présidence de l'assemblée. Le 6, Bureau de Puzy est remplacé par Dauchy, et Dauchy par Alexandre Beauharnais le 18.

Duport, nommé président du tribunal criminel, refusa, parce que Robespierre avait été nommé accusateur public; Bigot, nommé vice-président, et Dandré substitut, refusèrent par la même raison. Pétion remplaça Duport, Buzot fut élu vice-président, Faure remplaça Dandré, Gossin fut nommé adjoint à l'accusateur public. Voici les réflexions de Brissot sur ces divers refus. « On peut examiner le motif de M. Duport, puisqu'il le dit ouvertement. M. Robespierre est, suivant lui, un homme sans mesure. Raison de rester pour un président qui croit en avoir beaucoup, et qui sera à portée de tempérer la chaleur de l'accusateur. — Il accusera sans raison, — vous le condamnerez. — Il accusera en flattant le peuple, et en mettant ses juges dans l'embarras de décider contre le peuple ou contre la loi. — Celui qui croit à cet embarras n'est pas digne d'être juge. Il faut, quand on monte sur le siége, être décidé à condamner le peuple s'il a tort, à braver la mort s'il le faut. Le juge qui, ayant la justice pour lui, craint le peuple, le connaît peu, ou connaît trop sa propre faiblesse. M. Robespierre est bon patriote, ferme dans ses principes, sourd aux considérations; voilà ce que M. Duport devait voir et respecter, ce qui devait excuser à ses yeux l'excès de patriotisme de M. Robespierre.

» J'ai admiré la combinaison de ces choix. M. Duport, président, — il est criminaliste. — M. Robespierre, accusateur, — c'est l'ennemi le plus implacable des aristocrates. — M. Dandré, substitut de M. Robespierre, — il calmera sa fougue. De petites vanités ont dérangé tous ces calculs. Et on se vante d'être libres! La liberté veut bien d'autres sacrifices. Je le vois, on ne cherche que l'égoïsme. » (*Patriote français*, 13 juin.)

De graves événemens vont s'accomplir. Dans la nuit du 20 au 21 juin se dénouera, après deux ans de soupçons et de méfiance, le drame diplomatique conduit avec tant de persévérance, et recouvert de tant de mensonges par les ennemis de la révolution. Ces multitudes de prédictions, ces alarmes continuellement excitées, seront enfin pleinement justifiées. Et qu'on ne pense pas que les hommes, qui depuis si long-temps annonçaient au peuple la fuite du roi, se fussent rétractés un seul instant. Ce ne fut pas au sein d'une fausse sécurité chez les démocrates qui surveillaient la cour et interprétaient au jour le jour ses paroles et ses actes dans le sens d'une tentative prochaine, que Louis XVI opéra brusquement son départ. Chaque numéro de l'*Orateur du peuple* renferme quelque nouveau motif de se méfier. — « Citoyens! de l'énergie, de l'union, de l'intrépidité, de l'héroïsme! Paris est en travail de supplément de la révolution! Légions invincibles des patriotes! qu'attendez-vous pour vous rallier? Ne sauriez-vous donc combiner un instant toutes les circonstances propres à vous convaincre de la réalité des complots qui vont éclore? D'où vient cette disparition du numéraire? N'est-ce pas la cour qui, pour soudoyer les armées étrangères, les princes fugitifs, et enfler ses trésors, vous ravit jusqu'à votre dernier écu, pour tirer parti de votre désespoir et de votre faiblesse? Que signifient sur nos frontières cinq ou six armées que le pouvoir exécutif, les ministres et le comité diplomatique laissent impunément se former et se grossir? Comment, depuis une année, un décret n'a-t-il pas fait justice de Capet-Condé et de Capet d'Artois? Comment leurs biens n'ont-ils pas été confisqués au profit de la nation, et leurs têtes mises à prix? Comment souffre-t-on plus long-temps les mensonges de Montmorin, les trahisons de Duportail? Dans quelles mains sont les armes et les munitions? dans celles des traîtres. Qui commande nos places? des traîtres. Que sont les officiers des troupes de ligne? des traîtres. — Mais le roi est venu dans l'assemblée nationale! Piége, horrible piége! c'est pour mieux préparer sa fuite. — Mais sa lettre aux ambassadeurs!...... Gâteau de miel jeté au peuple pour l'endormir. Pourquoi la garde était-elle doublée hier aux Tuileries et au Palais-Royal? Pourquoi tous les bataillons étaient-ils consignés? La Fayette veut-il brusquer l'événement? Pourquoi cette foule d'aristocrates s'éloignant de Paris avec précipitation? Pourquoi le ci-devant marquis de Châteauneuf, de Milliancourt, un des principaux affidés de la reine, est-il parti dans la journée d'hier? C'est sans doute pour préparer les logemens. Je vous le répète, citoyens, un grand coup se médite; il est sur le point d'éclater. » (L'*Orateur du peuple*, fin de mai.)

Dans son numéro suivant, Fréron s'écrie: « Parisiens, ouvrez les yeux! voyez les préparatifs de vos ennemis! Il ne vous reste plus en ôtage que la famille royale, qui est près de vous échapper. Ce ne sera plus à force ouverte, comme elle en a fait la tentative, *mais à l'aide d'un travestissement qui vous sera inconnu; elle sera rendue aux frontières que vous la croirez encore dans son nid.* »

Nous lisons dans les *Annales patriotiques*: « PARIS, le 3 juin. Madame Balby, logée au Luxembourg, à Paris, est partie dans la nuit d'avant-hier très-mystérieusement pour aller on ne sait où. M. Modène, gouverneur du Luxembourg, a dû la suivre avec plusieurs autres personnes de la maison de *Monsieur*. Le temps nous apprendra si ces départs signifient quelque chose ou rien. » Le même journal, numéro du 7 juin, dit: « Le comité des recherches, réuni au comité diplomatique et militaire, s'est assemblé le 4 au soir, à l'occasion d'une lettre interceptée qui vient de lui être envoyée: cette lettre est, dit-on, du sieur d'Enghien, petit-fils de Condé. Il y invite un jeune homme, le ci-devant comte d'Espinchal, à se rendre à Worms avant la fin de mai, s'il veut prendre part à la *grande révolution* qui doit sauver l'État. » Après cette nouvelle vient l'extrait suivant de la *Gazette universelle*: « Toutes les lettres de Milan et de Turin confirment que M. d'Artois a eu à Mantoue deux conférences avec l'empereur. On prétend que M. Calonne a assisté à l'un de ces entretiens, et qu'il y a lu le manifeste qu'il a composé pour les princes, et qui doit être répandu au moment de leur entrée en France. »

Le *Moniteur* lui-même, toujours en garde contre les opinions hasardées et les alarmes exagérées, avait inséré, dans son numéro du 31 mai, une lettre de Francfort dont voici les principaux passages: « J'ai dans ce moment entre les mains les copies fidèles de deux *contre-lettres* envoyées en même-temps que la déclaration dont on a voulu qu'elles annulassent l'effet, et qu'elles ont en effet discrédité entièrement. (*Cette déclaration est la lettre écrite par M. Montmorin, au nom du roi, pour les cours étrangères.*) On annonce que l'on s'est soumis, pour très-peu de temps, aux lois de la nécessité; il fallait recourir à cet expédient, d'abord pour assurer sa vie, ensuite pour apaiser la défiance, et se servir de l'instant où elle se ralentirait, afin de reprendre les mesures de précaution récemment déconcertées. Voici l'explication de ces derniers mots : je l'ai puisée à la même source il y a peu de jours. — Le voyage de Saint-Cloud, qui n'a pu s'effectuer (au 18 avril dernier), ne devait pas se terminer à deux lieues de Paris; la nuit suivante aurait conduit à Compiègne, et de là à Bruxelles. Alors un manifeste eût appris à l'Europe qu'on venait d'échapper à une longue et pénible captivité. » Le correspondant du *Moniteur* termine ainsi : « Ces détails doivent obtenir votre confiance : ils partent des Tuileries et sont apportés, par une correspondance confidentielle, dans une cour d'Allemagne peu éloignée d'ici; deux fois j'ai vu les lettres originales : régulièrement j'en obtiens des copies. »

Le 1er juin, le président de l'assemblée nationale reçut une lettre de Montmorin, réfutant le *Moniteur*, et renouvelant les protestations. Voici cette lettre:

« Ce serait une tâche difficile à remplir, et même absurde à tenter, que celle de répondre aux calomnies répandues habituellement dans une partie des nombreux journaux dont nous sommes inondés. Le parti le plus sage, et surtout le plus facile, est sans doute d'abandonner ces calomnies au mépris qui les attend, lorsque le calme, dont elles ont pour principal objet d'éloigner le retour, permettra de les apprécier à leur juste valeur. Mais cependant lorsque ces calomnies sont de nature à alarmer la nation entière, lorsqu'elles tendent à élever les défiances les plus injustes et les plus outrageantes sur les intentions de la famille royale; lorsqu'elles se trouvent consignées dans un journal qui, jusqu'à présent, n'était pas encore confondu avec ceux qui paraissent n'avoir d'autre but que celui d'agiter le peuple, de l'égarer et de le porter à des excès; lors, dis-je, que tant de circonstances se trouvent réunies, il est de mon devoir, comme fonctionnaire public et comme ministre du roi, de démentir, avec la plus grande publicité, ce que la malveillance invente et répand, et ce que la défiance n'est que trop portée, dans les circonstances actuelles, à accueillir. Je crois donc devoir mettre sous les yeux de l'assemblée nationale un article inséré dans le numéro CLI du *Moniteur*, sous le titre d'Allemagne. L'auteur suppose que deux contre-lettres ont été, en même temps que les instructions du roi, envoyées dans les cours étrangères. Il prétend que son correspondant de Francfort a les copies fidèles de ces contre-lettres, et ne craignant pas de prêter à sa majesté le projet d'évasion le plus absurde, il affirme que les détails partent des Tuileries, qu'ils sont portés dans une cour d'Allemagne par des lettres confidentielles, et que le même correspondant de Francfort a vu deux fois les lettres originales.

» La précaution que prend l'auteur de garder l'anonyme, et de cacher le nom de son correspondant, porte assez le caractère de la calomnie; mais cette réflexion, toute simple qu'elle est, ne suffit peut-être pas dans ce moment. J'atteste donc sur ma responsabilité, sur ma tête, sur mon honneur, que le projet insensé qu'on ne rougit pas de prêter au roi dans cet article, n'a jamais existé. Ah! si l'on pouvait connaître dans tous les détails les soins et la vigilance de sa majesté, on verrait combien ils sont d'une nature différente.

» Quant aux contre-lettres qui paraîtraient me regarder personnellement, si j'étais nommé par le *Moniteur*, et il dépend de son auteur de me nommer, j'en traduirais sur-le-champ l'imprimeur devant les tribunaux; l'auteur de l'article serait forcé de se faire connaître, et je croirais donner une preuve de mon respect pour la liberté de la presse, en sollicitant contre lui les peines de la calomnie. Il est temps de regarder comme des ennemis publics ceux qui, ne cessant de tromper le peuple pour l'agiter, font naître au milieu de nous des périls réels en lui en présentant sans cesse d'imaginaires. »

P. S. « Je viens dans l'instant, M. le président, de mettre cette lettre sous les yeux de sa majesté, et non-seulement elle m'a permis, mais elle m'a ordonné d'avoir l'honneur de vous l'envoyer, et de vous prier d'en donner communication à l'assemblée nationale. »

Cette lettre obtint de nombreux applaudissemens.

Le *Moniteur* du 4 y répondit en ces termes :

[Nous ne voyons pas sans surprise que l'on soit étonné de notre silence *sur la dénonciation de M. Montmorin, ministre*. On prétend s'en servir pour affaiblir la confiance du public, et jamais nous ne l'avons mieux méritée.

Loin de nous justifier de l'emploi que nous avons fait DE LA LETTRE DATÉE DE FRANCFORT, nous nous applaudissons de l'effet qu'elle a produit, et du désaveu ministériel dont cette lettre a été l'éclatante occasion.

Nous regarderions même ce DÉSAVEU comme parfaitement rassurant, si le correspondant de Francfort avait entendu par le mot de *contre-lettre* une expédition diplomatique faite par le ministre, et communiquée par la voie des ambassadeurs ou des envoyés. Ce n'est point là le sens que ni l'auteur, ni les lecteurs de cette lettre ont pu y attacher; ainsi nous n'en persistons pas moins à croire au sens éclairé et au patriotisme vrai de celui par qui la lettre a été écrite, en supposant même qu'il eût été trompé. Un ministre des affaires étrangères n'est pas toujours le confident de l'*intérieur*. Eh! que penserait-on d'un journaliste qui aurait négligé d'employer une lettre d'un si pressant intérêt, et qui ne se serait point dit à lui-même : Si la nouvelle est malheureusement véritable, il faut la publier; si elle est fausse, elle sera démentie? Dans tous les cas, même dans la supposition d'un mensonge déjà fort répandu, n'est-ce rien que d'avertir les ministres patriotes, s'ils le sont, que les *mécontens* abusent en pays étrangers de l'idée qu'on partagerait *au château des Tuileries* leur fureur et leurs abominables desseins.]

Un volume ne suffirait pas à rapporter les diverses preuves de l'immense mouvement qui partout se manifestait. Les villes frontières étaient traversées incessamment par des bandes d'émigrés; les lettres s'accordaient en ce point, que l'explosion aurait lieu au commencement de juillet.

Nous diviserons en deux parties le mois que nous allons raconter. Dans la première nous rendrons compte de toutes les séances de l'assemblée étrangères à la fuite à Varennes, ainsi que des faits capitaux accomplis à Paris et dans les provinces, du 1er au 21 juin; dans la seconde nous placerons le départ du roi, avec ses conséquences parlementaires et extra-parlementaires.

ASSEMBLÉE NATIONALE (*du 1er au 21 juin.*)

Nos lecteurs n'ont pas oublié que ce fut dans la séance du 1er juin que l'assemblée décréta le maintien de la peine de mort. Nous n'avons à ajouter de la longue discussion sur le Code pénal qu'une circonstance relative au mode même du supplice. Lepelletier proposa la décapitation, afin d'amener plus facilement l'opinion publique à ne point faire rejaillir la tache de l'exécution sur la famille du condamné. Chabroud et Lachèse, convaincus que ce préjugé n'existait plus, votèrent pour qu'on ne fît pas couler le sang aux yeux du peuple. Larochefoucault-Liancourt se rangea de leur avis, par le motif que *la corde ayant malheureusement servi aux vengeances populaires, devait être proscrite.* La décapitation fut décrétée.

Le 3 et le 4 juin, l'assemblée s'occupa du droit de grâce. Le comité en proposait l'abolition. Trois opinions furent ouvertes à ce sujet : les uns voulaient que ce droit fût conservé au roi; les autres, qu'il fût attribué à l'assemblée; d'autres enfin qu'on le supprimât. Le club des Jacobins entreprit cette question en même temps que l'assemblée. Nous avons lu les discours prononcés en cette circonstance, et nous n'y avons rien trouvé qui méritât un extrait. La solution la plus raisonnable était celle d'abolir le droit de commutation ou de grâce toutes les fois qu'il s'agirait de délits politiques; et de la sorte la méfiance qui s'opposait à laisser entre les mains du pouvoir le moyen d'absoudre ses propres amis, eût cessé aussitôt. Qui, en effet, eût pu s'alarmer du droit de grâce dans l'ordre des délits civils? — L'assemblée adopta l'avis du comité.

La séance du 9 fut consacrée à discuter l'incompatibilité des fonctions. Après de vifs débats, l'assemblée décréta, sur la rédaction de Duport, que les fonctions d'administrateurs, de juges et de commandant de la garde nationale étaient incompatibles avec la législature, et ne pourraient être reprises par ceux qui en étaient revêtus, qu'à l'expiration de leur mandat de députés au corps-législatif.

Le 10 et le 11, l'assemblée s'occupa d'une question importante, que tout le monde, à Paris et dans les départemens, agitait depuis plusieurs mois : il s'agissait du licenciement de l'armée.

Le club des Jacobins avait déjà consacré plusieurs séances à traiter cette matière. Antoine y fit les motions les plus énergiques; Rœderer y prononça un long discours sur les moyens de *désaristocratiser* l'armée; il était rapporteur du comité nommé par le club pour examiner ces moyens. Voici son discours et celui de Robespierre.

CLUB DES JACOBINS, *séance du 8 juin.*

M. Rœderer. « Le comité que vous avez chargé de vous rapporter les moyens de désaristocratiser l'armée, s'est acquitté avec empressement de la tâche que vous lui aviez imposée.

» Deux grandes circonstances l'ont frappé : les dangers et les remèdes pour le temps actuel, et les dangers et les remèdes pour l'avenir. Je ne veux pas vous parler des dangers qui menacent à l'extérieur; je ne veux pas parler des projets de contre-révolution médités par M. de Condé et les princes étrangers. Ces projets et ces conspirations ne seraient dignes que de pitié, s'il n'était pas à craindre qu'ils trouvassent dans l'intérieur du royaume et dans notre armée une trop redoutable et trop puissante assistance.

» Pour le moment actuel, nous avons vu trois grands dangers :

1° que le soldat ne soit trahi par l'officier dans le moment où des étrangers voudraient entrer dans le royaume ; 2° que le soldat, perverti par les mêmes officiers, travaillé par eux, ne refusât de combattre ou ne passât à l'étranger ; 3° que, mettant de côté ces deux motifs, et craignant d'être trahi, il n'obéît qu'avec inquiétude, ne combattît que mollement, et que l'ennemi ne profitât de cette disposition.

» L'état présent de l'armée offre encore un autre danger, et ce danger est de nature à alarmer immédiatement les principes d'égalité qui sont la base de notre constitution et de notre sûreté. Ce danger est l'impossibilité que les citoyens, que l'on appelait ci-devant roturiers, parviennent dans l'armée d'ici à deux ans, et la crainte qu'au moment où ils y arriveront, ils ne puissent y entrer qu'avec l'inquiétude de s'y voir harcelés par les officiers de la ci-devant noblesse. Les cadets gentilshommes qui doivent remplacer les officiers, fourniront pour ce terme à toutes les places vacantes, et à cette époque la totalité des officiers pourrait harceler les nouveaux arrivans, les forcer à se battre, et dégoûter tous ceux qui ne seraient pas de famille noble d'entrer au service.

» M. Dumourier a lu un papier qui tend à réduire toutes les précautions à prendre à un simple serment prêté individuellement.

» Je crois inutile d'entreprendre la réfutation d'un projet aussi futile ; il suffit de faire observer que, suivant les officiers, le serment qu'ils ont déjà prêté au roi est contraire à celui qu'ils prêteraient à la nation ; par conséquent l'honneur même qui était, à ce que l'on croit, le partage de la noblesse, s'oppose à ce qu'on puisse avoir quelque confiance à ce nouveau serment, qui serait contraire au premier.

» M. Antoine vous a proposé de licencier l'armée, de faire une liste des officiers, et de les placer tous suivant leur rang de service. Ceux qui, par cet arrangement, se trouveraient reculés et accepteraient néanmoins du service, donneraient sans doute une grande preuve de patriotisme, et ce serait un avantage dans ce projet. Mais il faudrait, pour que cela fût parfaitement utile, qu'il ne fût pas vrai que l'aristocratie fût plus forte, ou au moins autant dans les capitaines que dans les colonels; sans quoi, en élevant à ce grade les capitaines, vous n'auriez fait que changer de mal. J'ajouterai encore qu'il serait possible que l'âge portât au commandement un homme qui n'aurait aucun talent pour le commandement.

» Vous connaissez ce qu'on dit être le projet des comités. Sans doute en adoptant leurs vues, il serait possible de croire que la conduite de l'officier qui commanderait les camps, influât sur la conduite des subalternes. L'influence d'un officier sur la cohorte qu'il commande est réelle; elle tient au caractère des ci-devant nobles en uniforme, souvent aussi rampans sous leurs chefs qu'altiers envers leurs inférieurs.

» Je crois que, si le roi eût été moins retenu de déployer les sentimens patriotiques dont il est sans doute animé, cela eût nécessairement changé le ton et peut-être les cœurs de la noblesse, toujours imitatrice de la cour.

» On a craint, a-t-on dit, que les soldats ne vinssent à se débander. Cette crainte rend encore la mesure de les réunir dans les camps plus dangereuse; il serait à craindre qu'alors ils ne fissent en grand ce qu'ils ont fait en petit dans plusieurs garnisons.

» De tous les remèdes qu'il a pu examiner, votre comité a cru qu'il n'y en avait qu'un qui pût être efficace: le licenciement du corps des officiers. (Applaudissemens universels.)

» Mais il ne faut pas se le dissimuler, cette mesure a des inconvéniens, peut-être des dangers; il est important de prendre garde qu'elle n'apporte des maux pires que ceux qui existent.

» Pour y parvenir, il est nécessaire de faire quelques réflexions sur la nature de l'obéissance du soldat. Ce principe doit vous éclairer sur les moyens que vous avez à employer.

» Notre principe (je vous prie d'entendre avec patience quelques expressions qui vous paraîtront peut-être fortes), notre principe, dis-je, est que le soldat doit être en état d'obéissance absolument passive.

» On objecte en général à ce système que les soldats sont des citoyens, que les soldats sont des hommes, et que la déclaration des droits de l'homme laissant à chacun la liberté de penser et d'exprimer sa pensée, notre principe y est directement contraire.

» Mais nos enfans sont aussi des hommes quand ils ont vingt ans, vingt-quatre ans, et cependant ils ne peuvent user d'aucun de leurs droits civils, parce qu'ils sont en minorité sous la tutelle de la famille. Eh bien! le soldat est précisément en état de minorité : il a des frères; mais ce sont ses aînés.

» L'administration est le bras du corps politique; ce bras du corps politique sera nul, si la force n'est pas attachée à chaque muscle de ce bras.

L'armée ou la force publique est destinée à s'opposer aux ennemis du dehors et à ceux du dedans, et dans le second cas, elle ne peut agir qu'à la réquisition de la puissance civile; alors vos soldats, soldats soldés, et quand je dis soldats, j'entends également les officiers soldés, sont des instrumens absolument passifs entre les mains de la puissance civile. Ce que je dis ici est pour la troupe soldée; car lorsqu'il s'agira de la garde nationale, que l'on s'efforce de faire à la fois et souverain et force, je ferai voir qu'il y a une différence énorme (On applaudit.)

» Quant aux ennemis du dehors, je vous le demande, peut-on combiner une force résistante au canon, du résultat de plusieurs forces soumises à la délibération des soldats?

» Il est également impossible de donner au soldat le soin d'élire les officiers. Les assemblées primaires qui élisent des représentans, délèguent à la vérité des pouvoirs, mais se réservent en même temps la surveillance de ceux qu'elles ont choisis; elles ne leur engagent pas une obéissance passive. Transportez cette idée au soldat, et jugez si l'élection est proposable, lorsqu'il ne faut pas que le soldat puisse croire un instant que l'officier tient son pouvoir de lui, puisqu'en effet il ne le tient que de la nation.

» Si vous voulez entretenir votre armée dans la discipline, donnez aux soldats des chefs dignes de leur confiance. Le licenciement seul peut leur en procurer. Examinons les deux modes proposés pour cela. L'un est de votre comité, l'autre est celui que devait proposer Mirabeau lorsqu'il demanda le licenciement de l'armée, projet qui n'était pas de lui, mais qu'il devait embellir du charme de son éloquence, après l'avoir trouvé dans le génie qu'il se plaisait à consulter. (Un bruit sourd se répand dans la salle, chacun nomme l'abbé Sieyès.)

» Selon le projet de votre comité, on licencierait l'état-major de l'armée, après cette première opération, elle se trouverait réduite en compagnies franches, alors les compagnies se rassembleraient devant les municipalités des lieux où elles se trouveraient, pour y procéder à un scrutin épuratoire et non électif. Les scrutins seraient envoyés au ministre de la guerre (Murmures), on suppose que dans cette circonstance il faudrait un ministre patriote.

» Dans le projet de M. de Mirabeau, l'opération préliminaire est la même. On diviserait le plus possible les compagnies, pour détruire le plus possible l'esprit de corps. On procéderait ensuite par compagnies, à un scrutin destiné simplement à donner des indications sur les officiers patriotes. Je demande, Messieurs, que le plan soit discuté avec autant de bienveillance que j'y ai mis de bonne foi et d'amour de la chose publique. »

On demande l'impression, elle est arrêtée, mais le discours avait été prononcé sans manuscrit. (*Note du rédacteur.*)

Robespierre prit ensuite la parole et dit :

« Je ne viens pas ici vous proposer des mesures sur le licenciement, ni approfondir les inconvéniens dont on prétend qu'il peut être suivi. Je viens épancher dans votre sein quelques-uns de ces sentimens qu'inspirent à tout bon citoyen et l'amour de la patrie, et la vue des dangers dont elle est menacée. » Ici Robospierre peint l'état de l'armée, et puis il ajoute :

« Pour achever ce tableau, il faudrait parler des malheurs de Nancy, vous montrer les citoyens plongeant leurs bras dans le sang de leurs concitoyens, pour procurer à quelques chefs le plaisir d'assouvir leur haine; vous rappeler les supplices qui suivirent ces jours de malheurs, supplices qui présentèrent pendant plusieurs jours le spectacle le plus satisfaisant pour des ennemis de la liberté. Il faudrait les voir se réjouir de leurs crimes, forcer la patrie en deuil d'applaudir au supplice de ses défenseurs. Les intrigues des officiers de ces corps, furent la seule cause de toutes ces horreurs. Vous doutez que le licenciement soit nécessaire : avez-vous oublié que des officiers ont arboré la cocarde blanche? Ne font-ils pas profession ouverte de mépriser le peuple, et n'affectent-ils pas, au contraire, le plus profond respect pour la cour, à laquelle seule ils veulent tenir? Et vous croyez qu'il vous soit possible de les conserver!.... Vous voulez, dites-vous, prendre des mesures pour assurer le maintien de notre constitution. N'est-il pas trop ridicule de mettre au nombre de ces mesures, celle de confier vos troupes aux ennemis de la constitution? Les despotes en agissent-ils ainsi? Confient-ils à des personnes dont ils ne sont pas sûrs, la garde de leurs places, la défense de leurs frontières? La France n'est-elle plus digne d'être conservée, depuis qu'elle est devenue le séjour de la liberté? Je le dis avec franchise, peut-être même avec rudesse : quiconque ne veut pas, ne conseille pas le licenciement, est un traître. (Applaudissemens redoublés.)

M..... Je demande que cette maxime soit tracée en gros caractères aux quatre coins de la salle. (On applaudit.)

M. Robespierre. « Rien ne doit vous dispenser de le prononcer, ce licenciement, pas même les craintes qu'on cherche de toutes parts à vous inspirer.

Avec quelle docilité les soldats n'obéiront-ils pas à des officiers patriotes, à des officiers qu'ils estimeront? Si c'est vraiment l'intérêt de la discipline qui vous touche, donnez-leur des officiers qui, par leur exemple, leur conduite, ne cherchent pas à leur inspirer le mépris de notre constitution, qui leur donnent des ordres auxquels ils puissent obéir sans répugner à leur patriotisme.

» Pourquoi leur en laisser qui ne peuvent mériter leur confiance? Pourquoi attacher des cadavres à des corps vivans?....

» Quel étrange projet que celui de vouloir changer des soldats en automates?..... Et cela, afin qu'ils soient plus propres à défendre notre constitution! Un jour peut-être, ces questions seront éclaircies à la honte de nos charlatans politiques. Après tout, il faut que la nation soit sauvée, et si elle ne l'est pas par ses représentans, elle le sera par ses mandataires.... Prenez-y garde, le trouble ou le despotisme, ou peut-être tous les deux, voilà le but où tendent les ennemis du licenciement. Il n'y a que les seuls amis de la liberté qui puissent le désirer....

» Craignez ces chefs de parti qui, dans des momens de troubles et d'inquiétudes, cherchent toujours par quelques fausses démarches à vous faire violer quelques-uns de vos principes.

» Craignez ces serpens qui s'insinuent près de vous, et par des conversations insidieuses, des assertions jetées comme par hasard, se flattent à l'avance d'avoir préparé vos décisions. Toujours ils ont cherché à vous faire renoncer à vos principes, pour l'amour de la paix et de la liberté.

«Craignez ces hommes qui, ne se sentant pas assez de force pour être sûrs de trouver les places qu'ils ambitionnent dans le nouvel ordre de choses, seraient tentés de regretter l'ancien, qui n'ont pas assez de talent pour faire le bien, mais assez pour faire le mal, et qui n'ont vu dans la révolution, que des moyens d'avancer leur fortune.

» Craignez ces hommes dont la fausse modération, plus atroce que la plus affreuse vengeance, vous tend continuellement des piéges.

» Craignez enfin votre propre bonne foi, votre facilité; car je ne redoute pour notre constitution que deux ennemis : la faiblesse des honnêtes gens et la duplicité des malveillans. » (*Journal des Débats des Jacobins*, n°s VII et VIII.)

ASSEMBLÉE NATIONALE. — *Séances des 10 et 11 juin.*

Séance du 10. — Bureau-Puzy, chargé du rapport sur le licenciement, ne pensa pas qu'il pût être effectué. Il attribua les plus grands désordres de l'armée à l'indiscipline des soldats. Il proposa de faire signer aux officiers, un engagement d'honneur qui garantît leur fidélité à la constitution, et d'accorder à ceux qui refuseraient ce serment, le quart de leurs appointemens. De fréquens murmures interrompirent ce rapport. Robespierre et Cazalès parlèrent contradictoirement. Voici leurs discours:

[*M. Robespierre.* Au milieu des ruines de toutes les aristocraties, quelle est cette puissance qui seule élève encore un front audacieux et menaçant? Vous avez reconstitué toutes les fonctions publiques suivant les principes de la liberté et de l'égalité, et vous conservez un corps de fonctionnaires publics armés, créé par le despotisme, dont la constitution est fondée sur les maximes les plus extravagantes du despotisme et de l'aristocratie; qui est à la fois l'appui et l'instrument du despotisme, le triomphe de l'aristocratie, le démenti le plus formel de la constitution, et l'insulte la plus révoltante à la dignité du peuple. Sur quel puissant motif est fondé ce hideux contraste de l'ancien régime et du nouveau? Croyez-vous qu'une armée immense soit un objet indifférent pour la liberté? Vous savez que c'est par elle que les gouvernemens ont partout subjugué les nations; les officiers sont divisés en deux classes; il en est d'attachés au bien public; mais la majorité a des principes opposés à la constitution. Vous soumettez l'armée à des chefs attachés naturellement aux abus que la révolution a détruits. Qu'attendez-vous de ces chefs? s'ils sont sans autorité, sans ascendant, ils ne peuvent exercer leurs fonctions. S'ils en ont, à quoi voulez-vous qu'ils l'emploient, si ce n'est à faire triompher leurs sentimens les plus chers.

Jetez un regard sur le passé, et tremblez pour l'avenir. Voyez-les, semant la division et le trouble, armant les soldats contre les citoyens, leur interdisant toute communication avec les citoyens, et les écartant surtout des lieux où ils pouvaient apprendre les devoirs sacrés qui les lient à la cause de la patrie et de la constitution; tantôt dissolvant des corps entiers dont le civisme déconcertait les projets des conspirateurs; les poussant, à force d'injustices et d'outrages, à des actes prétendus d'insubordination, pour provoquer contre eux des décisions sévères; tantôt chassant de l'armée, en détail, les militaires les plus courageux, les plus éclairés, les plus zélés pour le maintien de la constitution, par des cartouches infâmantes, par des ordres arbitraires de toute espèce, que le despotisme lui-même n'eût osé se permettre avant la révolution, qui est due en grande partie à leur amour pour la patrie. Qu'est-elle devenue cette puissance qui, par une sainte désobéissance aux ordres sacriléges des despotes, a terminé l'oppression du peuple et rétabli la puissance du souverain? Plus de cinquante mille des citoyens qui la composaient, dépouillés de leur état et du droit de servir la patrie, errent maintenant sans ressource et sans pain sur la surface de cet empire, expiant leurs services et leurs vertus dans la misère et dans l'opprobre.... si l'opprobre pouvait être infligé par le crime à la vertu. Que sont devenus ces corps qui naguère, près des murs de cette capitale, déposèrent aux pieds de la patrie alarmée, ces armes qu'ils avaient reçues pour déchirer son sein?

Les officiers ne vous montrent-ils pas sans cesse, d'un côté, le monarque dont ils prétendent défendre la cause contre le peuple; de l'autre, les armées étrangères, dont ils vous menacent, en même temps qu'ils s'efforcent de dissoudre ou de séduire la vôtre; et vous croyez qu'il vous soit permis de les conserver; que dis-je? Vous mêmes vous semblez croire à la possibilité d'une ligue des despotes de l'Europe contre votre constitution; vous avez paru prendre quelquefois même des mesures pour prévenir des attaques prochaines : or, n'est-il pas trop absurde que vous mettiez précisément au nombre de ces mesures, celle de laisser votre armée entre les mains des ennemis déclarés de notre constitution?

Je rougirais de prouver plus long-temps que le licenciement des officiers de l'armée est commandé par la nécessité la plus impérieuse. Quel motif peut vous dispenser de le prononcer? Vous craignez les suites de cette démarche éclatante. Vous craignez! et vous avez pour vous la raison, la justice, la nation et l'armée; voilà des garans qui doivent vous rassurer au moins sur l'exécution de votre décret. Ne souffrez pas que l'intrigue triomphe plus long-temps, en calomniant sans cesse les soldats, le peuple, l'humanité.

Les soldats, en général, ne se sont signalés que par leur douceur à supporter les injustices les plus atroces, à respecter la discipline et ses lois en dépit de leurs chefs; ils ont présenté le contraste étonnant d'une force immense et d'une patience sans bornes. Par quelle étrange fatalité les idées les plus simples semblent-elles aujourd'hui confondues parmi nous? On souffre paisiblement que les officiers violent, outragent publiquement les lois et la constitution, et on exige des inférieurs, avec une rigueur impitoyable, le respect le plus profond, la soumission la plus aveugle et la plus illimitée pour ces mêmes officiers! On s'indigne d'un mouvement, d'un symptôme de vie échappé à l'impatience et provoqué par un sentiment louable et généreux, et l'on peint l'armée tout entière comme une horde de brigands indisciplinés! Pourquoi vous obstiner à lier des guerriers fidèles à des chefs révoltés? Faites qu'ils puissent à la fois respecter leurs officiers et les lois et la justice. Ne les réduisez point à opter entre l'obéissance que vous leur imposez envers leurs officiers, et l'amour qu'ils doivent à la patrie. Législateurs, gardez-vous de vouloir avec obstination des choses contradictoires, de vouloir établir l'ordre sans justice. Ne vous croyez pas plus sages que la raison, ni plus puissans que la nature.

Que nous proposent les comités? punir les soldats, attendre que les intérêts personnels aient attaché les officiers à la constitution, stimuler leur honneur, accorder un traitement à ceux qui refuseront de prêter le serment, cantonner l'armée, voilà tout leur système. De quel honneur vient-on nous parler? quel est cet honneur au-dessus de la vertu et de l'amour de son pays? On peut se passer de tout, pour peu qu'on conserve encore ce principe féodal. (On applaudit dans la partie gauche.) Je me fais gloire de ne pas connaître un pareil honneur. On nous propose d'accorder un traitement à ceux qui ne veulent pas jurer de ne pas conspirer contre leur patrie; quel singulier genre de libéralité! Je finis par un mot sur la proposition de cantonner l'armée;

c'est un système bien entendu pour se faciliter les moyens de la pratiquer, de la travailler, et de parvenir au but que l'on se propose. Je demande la question préalable sur l'avis du comité, et je prétends que le licenciement des officiers est indispensable.

M. Cazalès. Je ne puis me déterminer à répondre à la diatribe calomnieuse.... Je ne rapprocherai point ces lâches calomnies.... (De violens murmures s'élèvent dans la partie gauche.— *Plusieurs voix :* A l'ordre! à l'ordre! à l'Abbaye!) N'est-ce point assez d'avoir retenu mon indignation en entendant les diatribes prononcées contre le corps des officiers de l'armée française. Quand j'ai entendu accuser dix mille citoyens qui, dans la crise politique où nous sommes, ont donné l'exemple d'un courage héroïque.... (Il s'élève quelques murmures dans la partie gauche.) des citoyens qui n'ont opposé que la patience à l'injure, et la raison à la calomnie; dix mille hommes qui, placés dans la position la plus difficile, entre des émeutes soudoyées et des municipalités faussement patriotes, n'ont pas un instant démenti leur valeur: traduits devant des tribunaux dont certes on ne suspectera pas le zèle pour la constitution, ils en sont sortis tellement irréprochables, qu'il n'y en a pas un seul en qui on ait trouvé l'ombre d'un crime. J'ai entendu le préopinant, parce que je suis, je le déclare, le partisan de la liberté la plus illimitée; mais il est au-dessus de tout pouvoir humain de m'empêcher de traiter ces diatribes avec tout le mépris qu'elles méritent. Je ne répondrai pas à cette proposition, qui tend à priver l'état de dix mille citoyens. (*Une voix de la partie gauche* : Ce sont de mauvais citoyens.)

M. Foucault. Il n'y a qu'un lâche qui puisse proférer une telle parole.

M. Cazalès. Aucun officier n'a été trouvé coupable, et l'on ne peut douter de la bonne conduite des officiers, en réfléchissant à la vigilance avec laquelle ils ont été examinés et épiés.

On vous parle d'une invasion, et ceux qui vous répètent sans cesse ces frayeurs, n'y croient pas plus que moi. Le danger réel, le danger pressant, ce sont les troubles intérieurs, et c'est en ce moment que l'on vous propose de priver la nation des plus braves citoyens français ; c'est en ce moment que l'on vous propose de priver la nation d'hommes qui, au jugement du roi de Prusse, sont l'élite des guerriers. On vous trompe quand on vous dit que l'officier n'est pas l'objet de l'amour et du respect du soldat. Les événemens attestent ce que j'avance. Vous avez vu les moyens qu'on a employés pour égarer les soldats; mais l'oubli de leurs devoirs n'a jamais duré que le temps de leur ivresse, et ils sont venus expier leurs erreurs par leur repentir. Les fumées du vin ont bien pu obscurcir un moment leur confiance; mais rien ne saurait la détruire, parce qu'elle repose sur les principes mêmes du soldat, et qu'elle ne les abandonnera dans aucune circonstance. Dans ce moment, où l'esprit d'insubordination s'est propagé avec une incroyable rapidité, si l'armée est encore réunie sous ses drapeaux, si elle n'est pas débandée, si elle n'a pas livré le royaume au pillage, c'est qu'elle a été retenue par son respect pour les officiers. (*Une voix de la partie gauche* : Pour la loi.)

Je ne veux déprécier personne, et je ne viens pas ici jouer le rôle de dénonciateur; mais la force des circonstances, mais l'intérêt de la patrie m'obligent à dire que ce sont les bas-officiers qui sont pour les soldats un objet de haine. Jamais ils n'obtiendront cet amour, cette confiance à laquelle nous avons été tant de fois redevables du succès de nos armes. Si vous adoptez le projet de licencier les officiers, vous n'avez plus d'armée; vos frontières sont livrées à l'invasion de l'ennemi, et l'intérieur du royaume au pillage d'une soldatesque effrenée. Je vous ai dit que les bas-officiers étaient loin d'obtenir la confiance dont jouissent les officiers; et cette assertion ne peut être contestée par personne. Interrogez les soldats sortant des troupes de ligne, et servant actuellement dans la garde nationale de Paris, ils vous apprendront les causes de cette différence. Je ne pousserai pas plus loin cette dissertation, parce qu'elle est fâcheuse, et qu'au moment où l'armée apprendra cette discussion, les inconvéniens peuvent en être terribles, si elle n'apprend pas en même temps que ce projet de licenciement a été rejeté à l'unanimité.]

SÉANCE DU 11 JUIN.

Après un rapport de Fréteau sur les mesures à prendre pour la sûreté du royaume, la question du licenciement fut reprise. Le projet du comité fut décrété après de violentes altercations. Le sujet du débat était la déclaration suivante que chaque officier devait signer :

« Je promets, sur mon honneur, d'être fidèle à la nation, à la loi et au roi, de ne prendre part directement ni indirectement, mais, au contraire, de m'opposer de toutes mes forces à toutes conspirations, trames ou complots, qui parviendraient à ma connaissance, et qui pourraient être dirigées, soit contre la nation et le roi, soit contre la constitution décrétée par l'assemblée nationale et acceptée par le roi, d'employer tous les moyens qui me sont confiés par les décrets de l'assemblée nationale acceptés ou sanctionnés par le roi, pour les faire observer à ceux qui me sont subordonnés par ce même décret, consentant, si je manque à cet engagement, à être regardé comme un homme infâme, indigne de porter les armes et d'être compté au nombre des citoyens français. »

— La proposition de Fréteau portant sommation au prince de Condé de rentrer dans le royaume, en déclarant qu'il n'entreprendrait rien contre la sûreté de l'état, sous peine d'être traité comme rebelle, lui et ses adhérens, acheva d'aigrir la discussion.

Cazalès réclama vainement contre la clôture. Comme on refusait de l'entendre, il accusa l'assemblée d'être ennemie de sa dignité et de sa justice. L'article fut décrété. Nous donnons le rapport de Fréteau, parce qu'il est une analyse de plusieurs pièces importantes à connaître ; et de plus un état de situation qui complète ce que nous avons dit nous-mêmes.

[*M. Fréteau.* Vos décrets ont chargé les comités de constitution, diplomatique, militaire, des rapports et des recherches, de l'examen de plusieurs pièces envoyées de divers départemens à l'assemblée nationale. Ces pièces consistent en différentes adresses de directoires, d'administrations, et des lettres soit des municipalités, soit de différens membres des corps administratifs, soit de citoyens réunis ou isolés, soit enfin des commandans pour le roi sur les frontières. Toutes sont relatives aux mesures à prendre pour la sûreté du royaume ; elles prouvent toutes que l'inquiétude est générale ; que plusieurs symptômes de soulèvement se manifestent ; que des émissaires cherchent à corrompre la fidélité des troupes ; que Worms, Manheim, et les villes des environs ne peuvent contenir le nombre immense des émigrés, et que tout annonce, sinon des mouvemens actuels, du moins des dispositions hostiles de la part d'un grand nombre d'entre eux. Quant aux objets principaux des demandes qui vous sont adressées, vous les connaissez. Ces lettres provoquent l'augmentation du nombre des troupes de ligne, l'adjonction des gardes nationales, des fournitures d'armes et de munitions, des dispositions locales contre les entreprises du dehors, la suspension du passage de l'argent, des armes, et même des personnes ; enfin un grand nombre vont jusqu'à demander le licenciement ou de l'armée entière, ou du corps des officiers, ou d'une partie seulement de ce corps, en s'arrêtant à un certain grade. Les motifs de ces demandes sont également pressans. De grandes puissances de l'Europe ont sur pied des armées nombreuses et bien disciplinées, que la paix du Nord pourrait mettre à la disposition des ennemis de notre révolution, et que des spéculateurs inquiets craignent de voir retomber sur la France, en haine de la liberté qu'elle s'est donnée. L'Espagne a un cordon de troupes impénétrable sur ses frontières ; la Savoie a tiré quelques régimens du Piémont, et on assure que ses forces sur le revers des Alpes, sont sur un pied plus imposant que de coutume. Ces mesures sont accompagnées de signes de refroidissement de quelques-uns de nos alliés, et de précautions offensantes prises en plusieurs lieux contre les Français.

Quant à l'agitation des esprits dans l'intérieur, elle résulte d'écrits pleins d'amertume et de hardiesse émanés de plusieurs puissances étrangères, traduits dans les deux langues, et répandus avec profusion dans la ci-devant province d'Alsace et dans la Basse-Lorraine ; d'écrits respirant également la sédition, qui sont introduits dans le royaume du côté de la Flandre ; enfin du passage chez l'étranger des ex-ministres, des personnes autrefois chargées du pouvoir, d'une foule de personnes riches qui exportent leur fortune. A ces circonstances se joint l'influence de l'exemple des mécontens émigrés, dont les mouvemens et l'ostentation favorisent les espérances de ceux de l'intérieur ; les inquiétudes que fait naître leur rassemblement soudain, plus que suspect ; les achats qu'ils font, à quelque prix que ce soit, d'armes et de munitions de guerre ; les compagnies qui se forment à Manheim chez le cardinal de Rohan ; les commissions d'officiers distribuées avec profusion ; les insultes faites à nos gardes nationales et aux Français de tout état qui passent le Rhin pour leurs affaires ; l'apparition fréquente de gens armés sur nos frontières ; la correspondance très-animée qui s'entretient entre les chefs des mécontens ; les ambassadeurs français congédiés par leur défaut de prestation de serment ; les ministres des puissances étrangères les plus opposantes à notre révolution, et M. Calonne et ses malheureux amis. Faut-il ajouter à ce tableau que des indices très-forts ont annoncé qu'on cherchait à s'attacher les chefs des ateliers ? On remarque dans cette capitale une foule de vagabonds.

Des brigands sont protégés et soldés par toute la France par des mains invisibles ; des émissaires parcourent les différentes parties du royaume pour y exciter des troubles. Il existe à Paris des agens du dehors, de ces mêmes suppôts d'intrigue et de fourberie qui ont soulevé l'année dernière le pays de Liége et le Brabant. On craint les conventicules de ces hommes détestables ; on connaît les aveux indiscrets échappés à quelques-uns sur leur influence sur les excès qui ont plusieurs fois troublé vos travaux ; ils cherchent à faire confondre au peuple l'anarchie avec la liberté et la soumission aux lois, le despotisme avec l'empire de la constitution, et l'action modérée du pouvoir délégué par le peuple avec celle d'un pouvoir tyrannique. Rappelez-vous l'achat trop certain de plusieurs hommes envoyés dans les régimens, pour les soulever, pour les exciter à piller les caisses, à chasser leurs officiers ; rappelez-vous les désordres excités dans la marine militaire ; le projet formé de transporter , s'il était possible, des corps de troupes à Paris, sous le prétexte de vous présenter des pétitions ; rappelez-vous les calomnies répandues contre les chefs comme un moyen sûr d'exciter l'insubordination des soldats. Eh bien ! la plupart de ces faits, sur lesquels on élevait alors des doutes, sont devenus certains ; ils sont appuyés par une foule de pièces qui vous ont été envoyées par les commandans pour le roi dans les villes de guerre, par des étrangers, par des négocians, par des voyageurs, par des gens en place, par des citoyens de toutes les classes.

Par une suite de ces manœuvres, vous avez vu dans un instant arriver une multitude de lettres relatives aux moyens à prendre pour la sûreté du royaume, contenant les demandes les plus contradictoires et les plus discordantes avec l'intérêt public, les plus insultantes pour une multitude de fidèles citoyens ; toutes s'accordent sur la nécessité de mettre sur pied une armée respectable ; mais, par une étrange contradiction, d'une part, elles veulent augmenter l'armée et l'exercer, et de l'autre part elles veulent licencier l'armée, au moins licencier les officiers, mettre les sous-officiers à leur place, conserver le serment militaire, le détruire, le changer. Telles sont, depuis le 15 avril, les demandes exagérées qui vous sont parvenues, et tels sont les bruits qu'on a répandus sur vos frontières, et les vœux inconciliables qu'on a cherché à inspirer aux habitans. C'est par là qu'on est parvenu à exciter des troubles dans les garnisons, qui jusqu'à présent avaient tenu la conduite la plus régulière. C'est par là qu'on a ébranlé la garnison de Strasbourg, au moment où la société des Amis de la constitution, animée d'un zèle qui peut devenir bien funeste, a donné l'éveil. Il est évident qu'il correspond avec les mécontens du dehors ; le fil de ces intrigues, par lesquelles on veut sacrifier au caprice d'un moment une foule de défenseurs de la patrie, pour, par ces prétentions absurdes, renverser le pouvoir constitutionnel, pour mettre à sa place l'anarchie.

Jetons nos regards sur les puissances qui nous environnent. Tous les royaumes de l'Europe ont des armées exercées et disciplinées ; des cordons garnissent nos frontières ; les Pays-Bas sont couverts de troupes autrichiennes dans le même nombre qu'il y a six mois, sauf la diminution opérée par la désertion. Mais la Savoie et l'Espagne font de grands rassemblemens ; les émigrés de tout état se réunissent, à jour nommé, à peu de distance de nos frontières ; leurs efforts tendent à engager M. Condé à attaquer la France. On cherche à le rapprocher avec quelques princes d'Allemagne. Son domicile est à Worms, dont le château ne lui avait été prêté que pour six semaines. Il est environné d'une bouillante jeunesse qui cherche à l'encourager dans ses projets. Le prince qui manifeste les intentions les plus hostiles, c'est l'archichancelier de l'empire. Ainsi, un Français se laisse lier, par la reconnaissance et l'hospitalité, à celui qui a chargé son envoyé de demander à la diète le démembrement de l'empire français.

Voulez-vous encore connaître d'autres causes de cette agitation ? Des écrits venus de la cour de Rome, des écrits dont la hardiesse et le fanatisme font rougir ceux même qui les provoquent, sont distribués de toutes parts avec des mandemens d'excommunication, des menaces, de vaines déclamations : la division, la discorde ; les haines s'élèvent dans les cœurs, et sont soufflées dans ces contrées par les ministres naturels de la paix ; de vives, de fréquentes inquiétudes troublent les habitans des campagnes, suspendent même des travaux champêtres. Enfin, les bons citoyens, les bons Français vous demandent de toutes parts sûreté, protection, appui ; tous se plaignent que la dignité de la nation, la liberté même des individus français sont violées, spécialement sur les terres de l'autre côté du Rhin, appartenant à M. le cardinal de Rohan ; qu'au dedans des départemens de l'empire, la loi chancelle, la paix publique est menacée, la discipline ébranlée, la fidélité des soldats tentée par des faux écrits, par des promesses, par des manœuvres ; que toute la force militaire est compromise, et qu'elle le sera de plus en plus, si vous ne rassemblez les troupes en des lieux où des exercices soutenus puissent les tenir en haleine. On ajoute que, sans des mesures pressantes et suivies de votre part, le nerf de l'esprit public se dessèche en plusieurs lieux, et que son action est prête à cesser.

Dans cet état de crise, qu'avez-vous à faire? Commencerez-vous à effacer de l'esprit du peuple ce que les bruits qui l'agitent ont de faux, d'illusoire, ou au moins d'exagéré? Chercherez-vous à ranimer la confiance publique envers les administrateurs et les commandans pour le roi, qui, les uns et les autres, ont sans cesse son repos et sa sûreté devant les yeux? Et engagerez-vous ceux-ci à user à leur tour de leur propre force, qui est celle de la loi, et à employer la vigueur et l'énergie dont tout leur fait un devoir? Augmenterez-vous la force de vos troupes de ligne, en portant au pied de guerre un plus grand nombre de corps que ceux que vous ordonnâtes de recruter sur ce pied, au mois de février dernier? La rappellerez-vous à la discipline par des exercices militaires? Soutiendrez-vous votre armée par une conscription volontaire de gardes nationales, qui attendront vos ordres pour se choisir des commandans, et entrer en mouvement à l'instant où une guerre sérieuse, s'il était possible qu'elle eût lieu contre un Etat qui ne veut que la justice et la paix, vous forcerait à placer les cent mille auxiliaires dans les cadres que vos régimens vous présentent? Rappellerez-vous à des Français aveuglés ce qu'ils se doivent à eux-mêmes et à la patrie? Développerez-vous à celui qui devrait leur servir de guide dans la route du véritable honneur et du devoir, les conséquences de sa conduite actuelle? ou plutôt adopterez-vous une mesure pressante et indispensable qui lui annonce que, non-seulement d'après des agressions hostiles, mais en cas de retard des explications et des assurances de fidélité qu'il doit à la France, l'intérêt de la constitution et l'intérêt évident du trône, vous forceront à prendre des mesures de rigueur? Enfin, éveillerez-vous la vigilance, armerez-vous la sévérité des corps administratifs et des tribunaux contre tous enrôleurs, suborneurs et émissaires qui attenteraient à l'intégrité de la force nationale, en prêchant l'insubordination, la désertion, et en provoquant des engagemens contraires à la fidélité des troupes? Enfin, ferez-vous une adresse aux Français pour les tranquilliser, les animer, les encourager, les exhorter à l'union et à tous les sentimens que la liberté nourrit et inspire? Les décrets que vos comités vous proposent résolvent toutes ces questions à l'affirmative. Il est facile de se convaincre qu'elles intéressent la dignité de l'État autant que sa sûreté et sa tranquillité.

Quant à sa dignité, il est sensible que s'il est un moment où elle doit être maintenue aux yeux de l'étranger, à ceux de la nation même, c'est celui où nous ne pouvons porter nos regards autour de nous sans rencontrer des forces imposantes. Vous aviez autrefois à soutenir dans l'Europe un nom révéré, un commerce étendu, l'existence d'un grand empire, composé de provinces riches et fertiles, et vos forces étaient souvent déployées, même avec ostentation, pour des sujets assez légers. Aujourd'hui le ciel et votre courage, en vous laissant tous ces biens, vous ont donné un trésor de plus à garder, la liberté et une constitution qui doit faire vos délices, et quelque jour le bonheur du monde entier.

Mais rappelez-vous que la liberté a été ingénieusement dépeinte sous l'emblème d'*Andromède*. Elle est placée sur un rocher; elle est au milieu des ondes; mais des monstres la menacent : il lui faut un bras armé et un bras vigoureux pour la défendre. (On applaudit.)

C'était un des torts de l'ancien gouvernement d'être tombé dans un entier discrédit par ses fausses mesures, par ses lenteurs et par son imprudence. Oublions ce qu'il eût dû faire pour l'honneur du nom français, lorsque, malgré nos efforts, on démembrait des provinces dans le Nord, lorsque, plus récemment encore, on anéantissait nos alliances les plus anciennes. Mais sentons ce que nous sommes aujourd'hui; appliquons-nous à effacer, par une conduite plus digne de nous, les fautes du passé, ou plutôt écoutons la nation dont la vigueur renaît, et qui nous rappelle elle-même à de hautes destinées.

Les adresses de Marseille, de Strasbourg, d'Huningue, des Bouches-du-Rhône, de Grenoble, et une infinité d'autres, prouvent que les Français ressentent vivement le peu d'égards avec lesquels les habitans de l'empire ont été traités en divers lieux. On a été indigné de voir, il n'y a qu'un moment, celui qui doit être le père commun des hommes, faire à votre monarque l'insulte de ne pas recevoir son ambassadeur. L'Europe aura sans doute observé qu'au lieu des promptes et sévères mesures qu'il vous eût été facile de prendre pour réprimer cette gratuite et importante injure, vous vous êtes vengés au moment même d'une manière bien plus digne de vous, en dédaignant, malgré vos droits très-probables, de recevoir Avignon et le Comtat.

Votre armement maritime de l'année dernière a signalé votre vigueur : il importe à la sûreté, à la dignité de l'Etat d'armer aujourd'hui sur terre. Les mesures que nous vous proposons, promptes, faciles et peu coûteuses, contiendront les mauvais citoyens, les brigands assemblés en plusieurs lieux, et même les agressions du dehors ; et si l'ambition de quelques ministres étrangers vous suscitait des ennemis parmi les rois de l'Europe, s'ils n'étaient désarmés par la justice de votre cause, par l'équité de vos principes et par la modération de vos vues, au moins devraient-ils l'être par la vigueur de vos résolutions, par la fermeté de votre maintien et de votre position militaire. Quatre millions de Français, dont la liberté armera les bras au premier instant, ne seront pour aucun prince, et même pour aucune ligue de princes, un faible obstacle à surmonter. (On applaudit.)

Mais les mesures de vigueur importent peut-être aussi à votre propre gloire. Sans doute vous n'en voulez pas d'autre que le bien de vos frères, le bonheur du peuple ; mais votre intérêt se joint ici à l'intérêt public : votre honneur appartient à la patrie ; et, malgré tous les nuages de l'imposture, la France aimera toujours à compter la probité et la sincérité de l'assemblée nationale comme un des premiers élémens dont seront composés son bonheur et sa gloire. (On applaudit.) Chacun de vous, depuis deux ans, s'est identifié avec la chose publique ; vous lui avez donné tous vos soins; vous l'avez soutenue, secourue dans les cas les plus pénibles, à travers les succès et les obstacles, les clameurs et les bénédictions, sans jamais vous arrêter ni vous écarter du but. Vous le savez, on vous a accusés d'avoir éprouvé quelque attiédissement, et un sentiment de lassitude. Peut-être même cette opinion répandue a-t-elle contribué à amener la crise actuelle. C'est à nous à prouver, dans une occasion aussi importante, que nous avons voulu aussi persévéramment le bien; que nous l'avons entrepris courageusement ; que c'est de notre part une résolution sérieuse et immuable, que celle de remettre à nos successeurs la direction de la chose publique, sinon entièrement florissante, du moins délivrée de cette anarchie à laquelle concourent tant de causes, et que, par un dernier effort et des mesures décisives pour la paix, vous avez voulu vous assurer le loisir de faire face à de nouveaux travaux, de rendre à la patrie des services de jour en jour plus signalés, et de montrer, en approchant du terme, un renouvellement de vigueur et de générosité patriotique, c'est-à-dire de ces vertus qui appartiennent surtout aux fondateurs d'un gouvernement équitable et humain. (On applaudit.)

Laisseriez-vous à vos adversaires le triste avantage d'avoir embarrassé vos derniers pas, et suscité des obstacles insurmontables à votre zèle ; rappelez-vous combien vos motifs ont été purs, et vos vues nobles et grandes ? Vous n'avez agi que pour le peuple, pour le recouvrement et l'affermissement de ses droits si long-temps méconnus; à tous les ressorts usés d'une monarchie dégénérée, vous avez substitué l'antique et pure morale des droits de l'homme, des principes dictés à la philosophie par l'humanité même et par l'éternelle vérité, mais qui, sans votre héroïque persévérance, seraient encore relégués dans les livres, dans les froids monumens de la sagesse des siècles. Vous avez mis tout en action; vous avez donné la vie et l'être à des principes féconds, régénérateurs; votre code constitutionnel sera à jamais le trésor du genre humain, le refuge de tous les opprimés; vos efforts, pour les protéger, doivent donc être proportionnés au prix inestimable d'un si grand bien.

Sans doute, il a été donné à nos courageux écrivains, à nos philosophes sensibles, de consigner les maximes de ce code désormais ineffaçable, dans des écrits immortels qui feront toujours l'objet de la méditation des hommes sages; mais c'est à vous seuls qu'il a été donné d'en convertir en lois les précieux résultats; c'est à vous que les siècles, que l'univers devront de voir briser encore le joug de l'erreur du despotisme, de la superstition, de l'ignorance par tous les hommes qui, las comme nous de cet état d'avilissement et d'inertie où le peuple français était tombé, anéantiront toutes les espèces de tyrannie.

Hâtez-vous, par tous ces motifs, d'entourer de nouveaux remparts, de défendre avec une nouvelle ardeur, cette constitution qui compte peut-être encore parmi ses ennemis une grande partie des maîtres du monde, mais qui, chaque jour, acquerra parmi eux d'ardens et d'illustres défenseurs....]

— A la séance du 14, la question des coalitions fut emportée presque sans discussion. On verra d'après quelle singulière doctrine fut décrétée une loi encore en vigueur. Ce qui prouve, au reste, combien le véritable fond révolutionnaire était alors caché aux yeux des plus sincères patriotes, c'est que pas un d'eux n'éleva la voix en cette occasion. Voici le rapport et la loi :

[*M. Chapelier.* Je viens au nom de votre comité de constitution, vous déférer une contravention aux principes constitutionnels qui suppriment les corporations, contravention de laquelle naissent de grands dangers pour l'ordre public; plusieurs personnes ont cherché à recréer les corporations anéanties, en formant des assemblées d'arts, métiers, dans lesquelles il a été nommé des présidens, des secrétaires, des syndics et autres officiers. Le but de ces assemblées, qui se propagent dans le royaume, et qui ont déjà établi entr'elles des correspondances, est de forcer les entrepreneurs de travaux, les ci-devant maîtres, à augmenter le prix de la journée de travail, d'empêcher les ouvriers et les particuliers qui les occupent dans leurs ateliers, de faire entr'eux des conventions à l'amiable, de leur faire signer sur des registres l'obligation de se soumettre aux taux de la journée de travail fixé par ces assemblées, et autres réglemens qu'elles se permettent de faire. On emploie même la violence pour faire exécuter ces réglemens; on force les ouvriers de quitter leurs boutiques, lors même qu'ils sont contens du salaire qu'ils reçoivent. On veut dépeupler les ateliers; et déjà plusieurs ateliers se sont soulevés, et différens désordres ont été commis.

Les premiers ouvriers qui se sont assemblés, en ont obtenu la permission de la municipalité de Paris. A cet égard, la municipalité paraît avoir commis une faute. Il doit sans doute être permis à tous les citoyens de s'assembler; mais il ne doit pas être permis aux citoyens de certaines professions de s'assembler pour leurs prétendus intérêts communs. Il n'y a plus de corporations dans l'État; il n'y a plus que l'intérêt particulier de chaque individu, et l'intérêt-général. Il n'est permis à personne d'inspirer aux citoyens un intérêt intermédiaire, de les séparer de la chose publique par un esprit de corporation.

Les assemblées dont il s'agit ont présenté, pour obtenir l'autorisation de la municipalité, des motifs spécieux; elles se sont dites destinées à procurer des secours aux ouvriers de la même profession, malades ou sans travail; ces caisses de secours ont paru utiles; mais qu'on ne se méprenne pas sur cette assertion; c'est à la nation, c'est aux officiers publics, en son nom, à fournir des travaux à ceux qui en ont besoin pour leur existence, et des secours aux infirmes. Ces distributions particulières de secours, lorsqu'elles ne sont pas dangereuses par leur mauvaise administration, tendent au moins à faire renaître les corporations; elles exigent la réunion fréquente des individus d'une même profession, la nomination de syndics et autres officiers, la formation de réglemens, l'exclusion de ceux qui ne se soumettraient pas à ces réglemens. C'est ainsi que renaîtraient les priviléges, les maîtrises, etc. Votre comité a cru qu'il était instant de prévenir les progrès de ce désordre. Ces malheureuses sociétés ont succédé à Paris à une société qui s'y était établie sous le nom de société *des devoirs*. Ceux qui ne satisfaisaient pas aux devoirs, aux réglemens de cette société, étaient vexés de toute manière. Nous avons les plus fortes raisons de croire que l'institution de ces assemblées a été stimulée dans l'esprit des ouvriers, moins dans le but de faire augmenter, par leur coalition, le salaire de la journée de travail, que dans l'intention secrète de fomenter des troubles.

Il faut donc remonter au principe, que c'est aux conventions libres, d'individu à individu, à fixer la journée pour chaque ouvrier ; c'est ensuite à l'ouvrier à maintenir la convention qu'il a faite avec celui qui l'occupe. Sans examiner quel doit être raisonnablement le salaire de la journée de travail, et avouant seulement qu'il devrait être un peu plus considérable qu'il l'est à présent (on murmure), et ce que je dis là est extrêmement vrai; car dans une nation libre, les salaires doivent être assez considérables pour que celui qui les reçoit, soit hors de cette dépendance absolue que produit la privation des besoins de première nécessité, et qui est presque celle de l'esclavage. C'est ainsi que les ouvriers anglais sont payés davantage que les français. Je disais donc que, sans fixer ici le taux précis de la journée de travail, taux qui doit dépendre des conventions librement faites entre les particuliers, le comité de constitution avait cru indispensable de vous soumettre le projet de décret suivant, qui a pour objet de prévenir, tant les coalitions que formeraient les ouvriers pour faire augmenter le prix de la journée de travail, que celles que formeraient les entrepreneurs pour le faire diminuer.

Art. Ier. L'anéantissement de toutes espèces de corporations de citoyens de même état et profession, étant l'une des bases fondamentales de la constitution française, il est défendu de les rétablir de fait, sous quelque prétexte et sous quelque forme que ce soit.

II. Les citoyens de même état ou profession, entrepreneurs, ceux qui ont boutique ouverte, les ouvriers et compagnons d'un art quelconque, ne pourront, lorsqu'ils se trouveront ensemble, se nommer de président ni de secrétaire-syndic, tenir des registres, prendre des arrêtés ou délibérations, former des réglemens sur leurs prétendus intérêts communs.

III. Il est interdit à tous corps administratifs ou municipaux de recevoir aucune adresse ou pétition sous la dénomination d'un état ou profession, d'y faire aucune réponse, et il leur est enjoint de déclarer nulles les délibérations qui pourraient être prises de cette manière, et de veiller soigneusement à ce qu'il ne leur soit donné aucune suite ni exécution.

IV. Si contre les principes de la liberté et de la constitution, des citoyens attachés aux mêmes professions, arts et métiers, prenaient des délibérations, faisaient entre eux des conventions tendant à refuser de concert, ou à n'accorder qu'à un prix déterminé le secours de leur industrie ou de leurs travaux, lesdites délibérations et conventions, accompagnées ou non de serment, sont déclarées inconstitutionnelles et attentatoires à la liberté et à la déclaration des droits de l'homme, et de nul effet; les corps administratifs et municipaux sont tenus de les déclarer telles; les auteurs, chefs et instigateurs qui les auront provoquées, rédigées ou présidées, seront cités devant le tribunal de police, à la requête du procureur de la commune, et condamnés en 500 liv. d'amende, et suspendus pendant un an de l'exercice de tous leurs droits de citoyens actifs, et de l'entrée dans les assemblées.

V. Il est défendu à tous corps administratifs et municipaux, à peine par leurs membres, d'en répondre en leur propre nom, d'employer, admettre ou souffrir qu'on admette aux ouvrages de leurs professions dans aucuns travaux publics, ceux des entrepreneurs, ouvriers et compagnons qui provoqueraient ou signeraient lesdites délibérations ou conventions, si ce n'est dans le cas où de leur propre mouvement, ils se seraient présentés au greffe du tribunal de police pour les rétracter ou les désavouer.

VI. Si lesdites délibérations ou conventions affichées ou distribuées en lettres circulaires, contenaient quelque menace contre les entrepreneurs, artisans, ouvriers, ou journaliers étrangers qui viendraient travailler dans le lieu, ou contre ceux qui se contentent d'un salaire inférieur, tous auteurs, instigateurs et signataires des actes ou écrits, seront punis d'une amende de 1,000 liv. chacun, et de trois mois de prison.

VII. Si la liberté individuelle des entrepreneurs et ouvriers, était attaquée par des menaces ou des violences de la part de ces coalitions, les auteurs des violences seront poursuivis comme perturbateurs du repos public.

VIII. Les attroupemens d'ouvriers qui auraient pour but de gêner la liberté que la constitution accorde au travail de l'industrie, et de s'opposer à des réglemens de police ou à l'exécution de jugemens en cette matière, seront regardés comme attroupemens séditieux, et punis en conséquence.]

— A la séance du 16, Larochefoucauld Liancourt fit un rapport sur les abus des ateliers de charité. Il proposa un projet de décret pour distribuer les fonds restant de la destination décrétée, le 19 septembre, à plusieurs départemens qui avaient des travaux publics à faire exécuter. Ce projet fut décrété.

Le même jour, à la séance du soir, des enfans qui avaient fait leur première communion entre les mains de l'évêque Gobet, se présentèrent à la barre. Le 13, le 14 et le 15, ils avaient été promenés dans Paris avec grand fracas, sous la conduite de l'abbé Baudin, vicaire de Gobet. Ils avaient été admis au club des Jacobins, où ils rendirent témoignage des principes qu'on leur inculquait, par une amplification sur la tolérance et sur la philosophie, qui reçut force applaudissemens. Le vicaire Baudin monta à la tribune, et parla en esprit fort. On faisait dire à ces jeunes enfans : « C'est à la lumière de votre philosophie que le Français catholique doit le bonheur de reconnaître un frère dans le Français d'un culte différent ; et, malgré les efforts des séditieux intéressés à perpétuer l'erreur, vous avez mis au grand jour cette vérité sublime répétée tant de fois, mais en vain, par Voltaire, sous le règne des despotes :

« La vertu des humains n'est pas dans leur croyance. » (*Journal des débats des Jacobins*, n° X.)

On peut voir, d'après cela, quelle était la foi de Gobet, celle de son vicaire, et celle qu'ils enseignaient à leurs élèves. Le mal le plus grand n'était pas leur incrédulité aux symboles catholiques : le crime de ces prêtres consistait à jouer une comédie, a recevoir de l'argent pour ce métier, à faire mépriser comme un simulacre vide, et cela par des enfans, l'une des choses les plus vénérées en France et en Europe par la presque totalité des honnêtes gens. La visite des communians à l'assemblée nationale y excita un horrible tumulte, ainsi que le lecteur va s'en convaincre.

[*M. Treilhard préside à la place de M. Dauchy.*

Une députation des enfans de la paroisse métropolitaine de la ville de Paris, accompagnée par un détachement des vétérans et d'élèves de la garde nationale parisienne, est admise à la barre.

L'orateur de la députation. A peine sortis des mains de la religion, nous sommes accourus au milieu de vous pour vous faire l'hommage du patriotisme religieux dont nos âmes sont pénétrées. Combien cette étonnante révolution doit exciter notre reconnaissance ! Nous qui étions prêts à sortir de cet âge heureux où l'on ne connaît encore ni distinctions, ni honneurs, ni fortune ; nous qui, jetés dans le monde, allions être condamnés à l'infamie de l'esclavage, et qui ne pouvions nous élever qu'à force de bassesses. Vous les avez confondus ces hommes orgueilleux et pervers dont l'ambition étudiait tous les moyens d'avilir le plus parfait ouvrage de la divinité. Nous sommes libres ; nous pourrons être vertueux. Grâces vous en soient rendues ! pères de la patrie, créateurs de la liberté ! Nous les conserverons ces droits imprescriptibles de l'homme, que vous nous avez recouvrés avec tant de courage. Si vous avez eu la gloire de rendre libre la France entière, c'est à la génération naissante, c'est à nous de porter de cette conquête jusqu'aux extrémités des deux mondes ; c'est la seule qui soit maintenant digne de nous.

Dieu, liberté, voilà notre devise; bientôt elle sera celle de toutes les nations.

Jusqu'à ce jour nous n'avons été que les enfans de la religion; si vous daignez nous adopter, nous allons être les enfans de la patrie : nous serons des hommes, nous serons des citoyens, et certes, la patrie peut compter sur notre courage.

Jurons donc à la face du ciel et de la terre, par notre religion sainte qui nous prêche l'humanité, l'égalité, la tolérance, entre les mains de nos sages et immortels législateurs, par ces intrépides vétérans qui nous conduiront à la victoire, en présence des élèves (on applaudit à plusieurs reprises dans la partie gauche) de *l'espérance de la patrie*, qui nous ont devancés dans la carrière du patriotisme : jurons d'être fidèles à la nation, à la loi et au roi. (Tous les enfans admis à la barre s'écrient : *Nous le jurons.*)

Réponse de M. le président.

Il est donc arrivé le jour où l'on compte parmi les premiers devoirs celui de former de bons citoyens; le jour où l'on donne pour première leçon celle d'obéir aux autorités légitimes. Détracteurs de la religion, soyez témoins de son ouvrage; et vous, qui cachez la passion qui vous dévore sous l'apparence trompeuse d'une fausse piété, qui, cherchant à égarer le zèle religieux pour le tourner à la défense d'intérêts purement temporels, voudriez faire d'un Dieu de paix un Dieu de discorde et de carnage, apprenez enfin à le connaître ce Dieu que vos sentimens et votre conduite ne pourraient qu'offenser.

Jeunes citoyens, n'oubliez jamais ce que vous venez de prononcer aujourd'hui. Humanité, égalité, tolérance, soumission aux puissances légitimes, voilà le véritable esprit de la religion.

Quel espoir peut rester désormais aux ennemis de la révolution, lorsque la génération qui va nous suivre suce, pour ainsi dire, avec le lait, l'amour de la constitution, de la religion et de la vertu; lorsque le feu du patriotisme embrase également tous les âges, qu'il n'existe plus d'enfance quand il s'agit de patrie, et que les glaces de la vieillesse se fondent et s'animent pour la défense de l'empire.

Vous méritez de partager la gloire des fondateurs de la liberté, puisque vous êtes prêts à répandre votre sang pour elle. L'assemblée nationale vous accorde les honneurs de la séance.

(La partie gauche applaudit à plusieurs reprises, demande l'impression du discours des enfans et de la réponse de son président.)

M. Folleville. Personne n'ignore que la cérémonie enfantine dont nous venons d'être les témoins.... (La partie gauche murmure, et demande l'ordre du jour.) J'ai lu que dans une assemblée célèbre, et que je respecte infiniment, on avait fait la répétition de la pièce que nous venons de voir.... Pour qu'elle soit parfaitement semblable, au lieu de demander l'impression du discours du président de cette assemblée, je demande que vous fassiez imprimer celui du président du club des Jacobins.... (Une vive agitation se manifeste dans toutes les parties de la salle.) Plusieurs membres de la partie gauche sollicitent à grands cris la parole.—La partie droite rit.

M. l'abbé Maury. Je m'oppose à la proposition de M. Folleville ; il a eu grand tort de se servir d'une expression que je condamne. Ce n'est point une cérémonie enfantine dont nous venons d'être les témoins, c'est une cérémonie puérile. (Les ris de la partie droite continuent.)

M. Chabroud. Je ne sais si toute l'assemblée a été frappée comme moi du ton d'insolence que depuis plusieurs jours.... (La partie gauche applaudit.—Cinquante membres de la partie droite s'élancent au milieu de la salle, et menacent du geste la partie gauche.)

M. Verthamon pendant le tumulte. Ah! c'est ce j.... f..... là qui....

M. Chabroud est à la tribune les bras croisés.

M. Foucault. Je demande à M. Chabroud qu'il s'explique, ou bien je déclare que je prends personnellement l'insulte qu'il a faite à ceux qui n'ont pas la même opinion que lui.

Le désordre s'accroît. — M. Alquier et plusieurs autres membres de la partie gauche font d'inutiles efforts pour obtenir la parole.

M. Dauchy, président de l'assemblée, arrive. — Il prend le fauteuil.

M. le président. Je rappelle à l'assemblée le silence très-profond que les amis de la liberté gardèrent à pareil jour, et à quelques heures près, il y a deux ans....

M. Foucault. Les amis de la liberté n'avaient pas sans doute l'insolence de M. Chabroud.

Les membres de la partie droite restent en désordre au milieu de la salle.

M. Malouet. Je demande qu'on fasse justice de l'insulte....

M. le président. Il y a deux ans à pareil jour, à pareille heure, on discutait dans l'assemblée, dite alors *des communes*, la proposition faite par M. l'abbé Sieyès de se constituer. Un grand mouvement régnait ; l'opposition était tumultueuse : le profond silence des amis de la liberté en imposa à ses ennemis. J'engage l'assemblée à se rappeler cette honorable époque, et à tenir la même conduite. (La partie gauche est calme.—Les membres de la partie droite se regardent.) On a fait la motion de fermer la discussion, je la mets aux voix.

La discussion est fermée.

M. Foucault. Je demande la question préalable sur l'impression des discours.... La démarche dont vous venez d'être les témoins est le fruit de l'intrigue.... Il est malheureux que des enfans qui ont été séduits.... Je suis très au fait de ce qui s'est passé... Ils ont été séduits le jour de leur première communion... (Un mouvement d'indignation se manifeste dans la partie gauche.) Je demande, pour l'honneur de l'assemblée, que ce qui vient de se passer ne soit pas consigné dans son procès-verbal.... Ils ont fait un sacrilége.... (Le soulèvement général de la partie gauche interrompt M. Foucault.)

L'assemblée ordonne l'impression du discours des enfans et de la réponse de son président.]

— A la veille des élections, un grand nombre d'adresses pour la réforme du *marc d'argent* arrivaient de toutes parts à l'assemblée nationale. Le 20 juin, elle renvoya sans les lire, à son comité de constitution, deux pièces de cette nature : l'une lui était adressée par la section du Théâtre-Français ; l'autre par celle des Gobelins. Nous trouvons, dans l'*Orateur du peuple*, une pétition de treize sociétés patriotiques de Paris conçue dans le même objet ; en voici la teneur (1) :

« Les soussignés réunis en comité central des diverses sociétés fraternelles de la capitale, qui veillent au salut de la chose publique, viennent de se convaincre que le jour qui doit voir commencer les assemblées primaires sera le signal de la réclamation universelle de ceux auxquels on a ravi toutes leurs espérances.

» Pères de la patrie ! ceux qui obéissent à des lois qu'ils n'ont pas faites ou sanctionnées, sont des esclaves. Vous avez déclaré que la loi ne pouvait être que l'expression de la volonté générale, et la majorité est composée de citoyens étrangement appelés *passifs*. Si vous ne fixez le jour de la sanction universelle de la loi par la totalité absolue des citoyens, si vous ne faites cesser la démarcation cruelle que vous avez mise, par votre décret du *marc d'argent*, parmi les membres d'un peuple frère ; si vous ne faites disparaître à jamais ces différens degrés d'éligibilité qui violent si manifestement votre déclaration des droits de l'homme, la patrie est en danger. Au 14 juillet 1789, la ville de Paris contenait trois cent mille hommes armés ; la liste active, publiée par la municipalité, offre à peine quatre-vingt mille citoyens. Comparez et jugez. » Suivent quarante-quatre signatures de commissaires des treize sociétés. (L'*Orateur du peuple*, t. 6, p. 355.)

— *Affaires des provinces.* — A la séance du 4, on lut une lettre de la municipalité de Carpentras au roi, sur sa réunion.— Le soir, parmi plusieurs adresses, il y en eut une des négocians du Hâvre, félicitant l'assemblée de son décret sur les gens de

(1) Paris avait vingt-quatre députés à nommer. Le département de Paris ne prit le nom de *Seine* qu'en l'an IV.

couleur. Elle excita de violens tumultes dans la partie droite, qui en contesta l'authenticité. Menouville se saisit de cette pièce et l'emporta. Bouche somma le président de faire arrêter Ménouville. Un huissier rapporta l'adresse.

Immédiatement après cet incident, un fait que nous avons rapporté à sa date fut ainsi expliqué :

[Un membre du comité des rapports rend compte des informations juridiques prises à l'occasion du désastre arrivé en 1789 dans le château de Quincey, en Franche-Comté, où, un jour de fête, une terrasse entière, en s'écroulant, engloutit dans ses décombres un grand nombre de personnes qui dansaient sur sa surface. Il annonce que le tribunal, après avoir épuisé tous les procédés qui pouvaient amener à la découverte des coupables, a prononcé, le 30 mai, la décharge de l'accusation contre les personnes inculpées de ce crime.

M. Séran. Je demande qu'il soit fait mention de ce résultat dans le procès-verbal, afin que le ci-devant seigneur de Quincey soit authentiquement disculpé.

Cette proposition est adoptée.]

A la même séance, fut porté un décret sur les blessés de Nancy confondus et mêlés avec ceux de la Bastille. Une conduite analogue a été tenue de nos jours envers les blessés de juillet et ceux de juin. Nous remarquons dans le décret, une demande de Souberbielle, chirurgien, en paiement de traitement et fournitures par lui faites à diverses personnes pour blessures reçues au siége de la Bastille.

Les affaires de provinces les plus graves furent celles de l'île de Corse, et celles de Brie-comte-Robert. Nous allons analyser les séances où elles furent exposées.

AFFAIRE DE CORSE. — *Séance du 18 juin.*

[*M. Muguet.* Des nouvelles qui viennent d'arriver de Bastia, nécessitent des mesures urgentes : le fanatisme y a fait les mêmes efforts que dans nos départemens; ses succès y ont été plus faciles par le voisinage de l'Italie. On y a profité du temps des rogations pour une procession extraordinaire, à laquelle les prêtres ont assisté les pieds nuds, le crucifix à la main, et se donnant la discipline. (*Plusieurs voix de la partie gauche* : Les malheureux!) Cette procession a été suivie de violences exercées contre les membres du département, dont la plupart ont été réduits à s'embarquer de force. Les séditieux se sont emparés de la citadelle. Je me bornerai à vous faire lecture de l'arrêté du département de Corse, et de la protestation de la commune de Bastia, qui veut maintenir l'ancien état des choses relativement au clergé.

Lettre des administrateurs composant le directoire du département de l'île de Corse.

Porta, *le 5 juin* 1791. C'est avec le plus vif regret que nous allons vous faire part de l'insurrection arrivée à Bastia. Les ennemis de la chose publique ont su allumer la torche du fanatisme pour soulever le peuple, lequel s'est déclaré solennellement rebelle à la loi. Nous avons l'honneur de vous faire passer un exemplaire du procès-verbal dressé par les habitans de ladite ville, qui est un témoignage authentique de leur rébellion. Nous allons vous faire le récit de l'affaire telle qu'elle s'est passée. Les habitans de Bastia, auxquels nous en avions imposé par la force, lors de l'élection du nouvel évêque, avaient, pour quelque temps, caché leur dépit et étaient restés dans un calme apparent. Mercredi dernier au matin, ils prirent prétexte du jour des rogations pour faire une procession. Toute la ville intervint à cet acte apparent de religion. Les moines, la corde au cou, les hommes et les femmes généralement allant nu-pieds, quelques-uns traînant des chaînes de fer, d'autres se donnant des coups sur le dos avec des lames de fer, et criant tous *Vive notre religion!* Cela suffit pour échauffer tous les esprits; ce fut le signal de la révolte. Le lendemain, 2 du courant, des femmes fanatiques se portèrent dans la cathédrale, et voulaient placer les armoiries de M. Verclos, ci-devant évêque de Mariana et Accia, qu'on avait ôtées après l'élection du nouvel évêque du département. Les mêmes femmes se portèrent ensuite à la maison du nouvel évêque, enfoncèrent les portes pour entrer dans sa maison; mais elles se retirèrent à la vue de quelques personnes armées qui étaient dans ladite maison. Dans le moment elles se saisirent du mai qui avait été planté à la porte de l'évêque lors de son élection, le traînèrent à la marine, et le brûlèrent. Tous ces actes priliminaires qu'on peut appeler des fureurs sacrées, nous firent prendre des précautions. Le directoire du département s'assembla, pria la municipalité de s'assembler, lui écrivit et lui remontra que la tranquillité publique était en danger, et lui insinua de prendre des mesures pour arrêter tout désordre, sous peine de responsabilité.

Le corps municipal se rendit à la salle du directoire, et nous assura qu'il n'y avait rien à craindre. Ensuite le peuple se réunit en assemblée à deux heures de relevée. Prévoyant que le fanatisme du peuple allait éclater, nous eûmes recours à M. Roni, commandant les troupes de ligne en Corse, pour que la troupe fût sous les armes, et que les portes de la citadelle fussent fermées. Ce commandant, sous prétexte de se rendre le pacificateur du peuple, différa l'exécution de la demande que nous lui avions faite; le peuple, en attendant, réuni, nous envoya une députation pour nous engager à envoyer une députation de deux membres à la salle de l'assemblée. Nous nous refusâmes à cette proposition, protestant que nous ne pouvions adhérer à leurs demandes, qui n'étaient rien moins que conformes à la loi. La députation de l'assemblée se retira, et nonobstant nos protestations dressa le procès-verbal de demandes, que vous trouverez consigné dans l'acte de rébellion que nous vous adressons. Le peuple, après l'assemblée, se porta en grand nombre à la place de la citadelle. M. Roni, qui avait adhéré à notre demande, de faire mettre la troupe sous les armes, n'avait pas voulu se prêter à faire fermer les portes. Le peuple était par conséquent le maître de la citadelle, et il ne tarda pas à se porter à des excès. Invité par le trompette envoyé de la part de la municipalité à prendre les armes vers les onze heures du soir, il s'attroupa autour de la maison de M. Arena, faisant fonctions de procureur-général-syndic, tira des coups de fusil aux fenêtres, et après s'être saisi de sa personne et de son fils, les firent embarquer tous les deux par force, sur un bateau, pour les porter en Italie, après leur avoir fait essuyer les insultes les plus outrageantes.

Le lendemain la fureur populaire se tourna contre M. Panattieri, secrétaire-général du département : le peuple se portant en foule à sa maison, se saisit également de lui, et le fit embarquer avec M. Buonarotti, un des commis au bureau du département. Nous devions nous attendre à de pareilles insultes : et pour les éviter, nous prîmes le parti de prendre la fuite, après en avoir délibéré entre nous, de nous réunir à la Porta, cheflieu du district de ce nom. Nous prîmes, deux d'entre nous, le prétexte de nous promener, et sortîmes de la ville, d'un côté, MM. Geatili et Pietri; de l'autre, M. Mathei s'embarqua, déguisé en habit de marinier. Nos confrères ne nous ont pas encore rejoints; nous les attendons ici demain. Voilà le récit de la conduite scandaleuse des habitans de Bastia. Le général Paoli se trouve à Ajaccio, nous l'attendons ici de retour dans peu de jours. Après que nos confrères se seront réunis à nous, nous délibérerons sur les moyens de venger, tant qu'il dépendra de nous, l'insulte faite à la loi par ce peuple de rebelles. Nous espérons que le feu ne se communiquera pas dans l'intérieur du département; mais, en attendant, c'est le secours de l'assemblée nationale que nous implorons; et c'est à vous, qui êtes les représentans du département, à le solliciter auprès d'elle.

C'est la force de mer qui nous manque, et c'est précisément cette force maritime qui est nécessaire pour s'emparer de la ville. Nous nous flattons d'avoir assez de force de terre pour l'attaquer; et de concert avec la force de mer, nous espérons venger l'outrage fait à la loi, et de donner en même temps un exemple qui en impose à tout le département. Nous allons écrire par un bateau extraordinaire au directoire du département du Var pour faire changer la direction des bateaux de poste qui partent de Toulon ou d'Antibes, et pour les adresser à Saint-Florent; nous avons pris même la précaution d'écrire au même directoire et au trésorier à Toulon, pour faire suspendre l'envoi de la somme de 410,000 livres que vous nous avez annoncée par le dernier courrier.

Les administrateurs composant le directoire du département de Corse.

Signés, POMPÉ PAOLI, COLONNAT, LACAT, JADEI, MASTAGLI, *commis-secrétaires.*

Procès-verbal de l'assemblée générale des habitants de Bastia, chef-lieu du département de Corse, tenue dans l'église paroissiale de Saint-Jean-Baptiste de Terravecchia, le 2 juin de l'année de grâce 1791, et de la deuxième année de la liberté.

« La pluralité des habitants de cette cité se prévalant des droits accordés par les décrets de l'assemblée nationale, concernant l'organisation des municipalités, après l'avis donné aux officiers municipaux, s'est rassemblée à l'effet de délibérer sur diverses demandes à faire à l'assemblée nationale, principalement à l'égard de la détermination manifestée par ce peuple, de vouloir conserver intacte la religion de ses ancêtres, et l'obéissance absolue au saint-siége apostolique romain. Après que l'assemblée a eu de vive voix et provisoirement élu pour président M. Jean-Antoine Vidau, et pour secrétaire, M. Bonaventure Paggioli, plusieurs membres ont observé qu'il manquait à cette réunion MM. les officiers municipaux, et particulièrement les membres du directoire de département, alarmés par cette convocation qui n'a d'autre objet que la cause publique, et le désir de faire de respectueuses remontrances aux législateurs de la patrie : en conséquence, et pour dissiper ces soupçons, il a paru nécessaire d'inviter les membres du directoire, les officiers municipaux et les autres bons citoyens à se réunir à l'assemblée. Alors l'assemblée a député près d'eux MM. le prévôt Bajetta, le capitaine Aletta, Pierre-Antoine Guerucci, Jean Guaitella, César de Pétriconni, etc.

Après le retour des députés, sont venus MM. l'abbé Battaro, l'un des officiers municipaux, et l'abbé Semidei, procureur de la commune, lesquels ont recommandé à l'assemblée de procéder tranquillement, et de manière à n'exciter aucun tumulte. M. César de Petriconni, l'un des députés, portant la parole, a dit : « Les membres composant le directoire du département et le directoire du district de Bastia, se sont montrés sensibles à la confiance de l'assemblée, qui avait députe vers eux pour les inviter à se réunir à elle. Ils ont témoigné le regret d'être empêchés par la loi de se rendre à cette invitation; mais ils assurent le peuple de Bastia que le directoire du département et celui du district ne manqueront pas d'appuyer près de l'assemblée nationale les demandes que la ville de Bastia croirait à propos de faire.

L'assemblée s'étant trouvée augmentée par un très-grand nombre de citoyens, et composant alors presque la totalité du peuple, a délibéré immédiatement de faire les demandes suivantes :

1° L'assemblée protestant de son plus profond respect et de son aveugle déférence dans les décrets de l'assemblée nationale pour tout ce qui concerne la constitution civile et temporelle, excepté ce qui regarde la constitution du clergé, laquelle devait rester dans l'état où elle était hors de la première convocation générale des états du royaume; par conséquent, l'assemblée demande la conservation du diocèse dans son antique détermination, au siége duquel avait été nommé par le souverain pontife, M. de Verclos, personnage bien méritant, et digne de toute vénération, et de tout l'attachement de ses diocésains. L'assemblée demande également que toutes les communautés ecclésiastiques de l'un et de l'autre sexe, régulières et séculières, soient conservées.

2° L'assemblée arrête de députer sur-le-champ Curato de Saint-Jean, pour aller en Toscane prier M. de Verclos, évêque de Mariana et d'Accia, de se rendre promptement au désir ardent qu'ont ses diocésains de le voir rentrer dans ses fonctions et dans la possession de son diocèse.

3° Et que M. Buonarotti, toscan, établi dans cette ville, y exerçant la profession de gazetier, et ayant répandu des maximes contraires à la religion, et tendant à inspirer du mépris pour les ministres des autels, sera sur-le-champ chassé de la cité.

Le peuple de Bastia, après avoir secoué le premier, dans l'île, le joug du despotisme, regarde comme le plus grand de ses avantages d'être Français et Français libre, et proteste de vivre et mourir tel; mais son attachement pour la religion de ses pères et pour le saint-siége apostolique romain, l'oblige à déclarer, comme il déclare solennellement, qu'il sera toujours constant dans les sentimens qu'il vient de manifester, persuadé que les pères de la patrie, les augustes législateurs de l'empire, après les grands bienfaits dont ils ont comblé la Corse, et spécialement la ville de Bastia, daigneront y ajouter celui de se rendre à l'humble et instante prière de tout un peuple, au sujet d'une chose aussi intéressante pour sa tranquillité. Fait l'an et le jour susdits.

Suivent six pages de signatures.

M. Muguet. Vous voyez que l'on est parvenu à égarer la grande majorité des habitans de Bastia. Ne vous laissez cependant point alarmer par cette nouvelle : le reste de la Corse est prêt à marcher contre cette ville; et si le général Paoli, aussi prudent que brave, n'avait arrêté le zèle des citoyens, la loi serait vengée.

M. Folleville. Je demande qu'il soit ajouté au décret : « Les commissaires, après avoir rétabli l'ordre, recevront aussi les plaintes contre le département, relativement aux faits antérieurs à ce dernier événement. » Votre vengeance est louable, mais elle doit être accompagnée d'impartialité, quoique les habitans de Bastia paraissent coupables, ils ne sont cependant pas sortis hors de toute mesure. (Il s'élève de violens murmures dans la partie gauche.) Ils n'ont pas commis de faits atroces.

M. Muguet. M. Buttafuoco, qui a paru au comité, convaincu de la nécessité de nos mesures, n'aurait pas dû faire répéter ici l'objection qu'il y a faite. Les mots *renseignement général*, qui se trouvent dans le projet de décret, comprennent tous les éclaircissemens. Le département de Corse a donné des preuves de son patriotisme; il ne faut pas porter contre lui une disposition flétrissante. (On applaudit.)

M. Salicetti. La plus grande preuve du civisme des administrateurs du département de Corse, c'est que M. Folleville s'en plaint. (On applaudit.) Pour moi, je ne suis pas alarmé de la rébellion des moines et de quelques fanatiques de la ville de Bastia. Je sais que si le peuple des campagnes est réduit à employer la force, il les mettra à l'ordre. (On applaudit.) Si, dis-je, il est réduit à cette fatale nécessité, il nous délivrera de cette vermine. (Quelques membres de la partie gauche applaudissent.) Je demande que le décret proposé par le comité soit adopté en entier. Mon département est dans une position particulière; il est éloigné de l'assemblée nationale, et il avoisine l'Italie. Le saint-père, par un effet de sa bonté paternelle, nous a fait présent d'un bref particulier adressé à ce qu'il appelle le royaume de Corse, comme s'il ignorait que ce n'est plus qu'une petite partie de l'empire français. Je demande la question préalable sur la proposition de M. Folleville, et que le projet de décret des comités soit adopté.

M. Buttafuoco. Le département de Corse est dénoncé à l'assemblée nationale par la ville de Bastia; toute l'île se plaint de lui : nous avons à Paris des citoyens qui ont été arrachés de leurs lits, embarqués de force et traînés en prison, quoiqu'il n'y ait contr'eux aucune preuve de délit....

— L'amendement de M. Folleville fut rejeté, et le décret du comité autorisant le département à se transporter à Corte, et ordonnant des mesures pour le rétablissement de l'ordre et la poursuite des perturbateurs, fut adopté. Afin de ne pas revenir sur cette affaire, nous dirons que, le 28 au soir, Salicetti annonça le retour de la tranquillité et l'expulsion des factieux.

Affaire de Brie-Comte-Robert.
SÉANCE DU 18 AU SOIR.

[M. Merlin fait lecture du procès-verbal dressé par la municipalité de Cambrai, des troubles arrivés dans cette ville le 13 de ce mois. — L'assemblée charge son comité des rapports de lui rendre compte de ces faits dans la séance de demain.

M. Robespierre. Je demande le renvoi au comité des rapports d'une autre affaire également importante. Vous ne croiriez pas que dans un temps où l'on ne parle que de justice et de liberté, on exerce, à peu de distance de cette capitale, presque sous vos yeux, les plus horribles vexations contre les citoyens. Les habitans de Brie-Comte-Robert sont exposés depuis long-temps aux insultes d'un corps de troupes qui y est en garnison ; récemment encore, au milieu de la nuit, on a arraché de leurs lits plusieurs citoyens, hommes et femmes ; on les a garottés, mutilés, traînés en prison. Les auteurs de ces violences sont les chasseurs d'Hainault, égarés par des suggestions perfides, favorisés même par les officiers municipaux, dont l'élection, si les lois eussent été observées avec sévérité, vous eût déjà été dénoncée comme l'ouvrage de la violence. Il n'est pas possible de souffrir que de tels désordres subsistent plus long-temps, et il serait malheureux de réduire les patriotes à la nécessité de repousser l'oppression par la force. Je demande le renvoi de cette affaire au comité des rapports.

L'assemblée ordonne ce renvoi.

M. Bouillé, député de Brie-Comte-Robert. Je ne dois pas laisser subsister l'impression défavorable qu'on a cherché à répandre sur le compte des chasseurs d'Hainault. Je crois que les faits qui vous ont été dénoncés se réduisent à peu près à ceci : Il y a eu dans cette ville plusieurs insurrections ; c'est en vertu de vos décrets que les chasseurs d'Hainault y ont été envoyés, et que le tribunal de Melun a été chargé de faire des informations. Il y a tout lieu de croire que les chasseurs n'ont fait qu'exécuter des décrets de prise de corps décernés par le tribunal.

M. Regnaud, député de Saint-Jean-d'Angely. Il est bien temps enfin que la tranquillité publique s'établisse, que les lois reprennent leur vigueur, et qu'on ne vienne pas dans le sein de l'assemblée nationale protéger les auteurs des insurrections. Si, après que les tribunaux ont lancé des décrets, on ose dénoncer comme oppresseurs les hommes qui ont eu le courage d'exécuter la loi avec fermeté, la tranquillité publique pourra donc être impunément troublée! (On applaudit.) Je demande que cette affaire ne soit renvoyée au comité des rapports que dans le cas où il serait remis sur votre bureau des pièces justificatives, et signées soit par les individus plaignans, soit par le membre de l'assemblée qui a fait la dénonciation.

M. Murinais. Je demande à M. Robespierre s'il fait l'apprentissage de son emploi d'accusateur public?

M. Robespierre. C'est en qualité de membre de l'assemblée nationale que je lui expose des faits qui intéressent essentiellement le maintien de la constitution et de la liberté publique; je n'ai pas parlé sur cet objet sans avoir entre mes mains des pièces propres à déterminer l'homme le plus prudent. S'il suffisait d'entendre après moi un membre de l'assemblée donner pour toute réponse qu'il est probable que les violences dont j'ai parlé ont été commises en vertu d'un jugement; s'il suffisait, pour vous empêcher d'examiner cette affaire, qu'un autre après lui vînt nous dire qu'il y a de l'audace à défendre des opprimés; qu'il vînt pour jeter de la défaveur sur l'homme qui n'a fait que remplir un devoir rigoureux, alléguer les mots d'ordre public et d'insurrection; si l'assemblée enfin, applaudissant à ces déclamations, faisait pencher la balance de la justice en faveur des oppresseurs contre les opprimés, je serais du moins heureux d'être déchargé d'une tâche pénible, que beaucoup d'autres n'eussent pas osé entreprendre. Mais j'espère que l'assemblée sentira combien il serait indigne de son caractère de refuser, par une aussi révoltante partialité, d'examiner les plaintes des opprimés. Je lui fais observer que je tiens à la main des plaintes signées par plusieurs centaines de citoyens, et que rien ne prouve mieux la nécessité de vous faire présenter les détails de cette affaire par l'organe du comité des rapports, que la malveillance dont je ne cesse d'éprouver les témoignages. Mais je méprise ce système d'oppression et les inculpations continuelles qu'on cherche à répandre contre ma conduite et mes principes. J'en appelle au tribunal de l'opinion publique; il jugera entre mes détracteurs et moi. Pour revenir à l'affaire dont il s'agit, je dis que je ne demande rien autre chose, sinon que l'assemblée vérifie les faits, et que, pour s'y opposer, il faudrait prouver qu'ils sont faux.]

— Il ne nous reste, pour achever le compte-rendu des séances étrangères à la fuite du roi, que quelques mots à ajouter sur les finances. — Le 5, la réclamation du duc d'Orléans, relative à la dot de Louise-Élisabeth, fille du régent, fut remise par Cochard sous les yeux de l'assemblée. Il déclara que le comité de liquidation persistait dans son avis pour le paiement de cette dette. On demanda à gauche l'ajournement à la prochaine législature. Maury, Cochard et Madier réclamèrent; Lavie observa que cette question paraissait être une affaire de parti, d'après l'acharnement du côté droit pour la discuter. Ces paroles furent suivies d'une agitation extrême, au milieu de laquelle l'assemblée décréta le renvoi à la nouvelle législature.

A la séance du 17, Lecoulteux présenta, au nom du comité des finances, l'état général des dons patriotiques, montant à 2,194,696 livres. — A celle du 19, sur un rapport de Camus, l'assemblée décréta la fabrication de six cents millions d'assignats. Camus fit précéder son projet de décret des deux notices suivantes, qu'il nous a paru intéressant de transcrire.

Notice de la création des assignats et de leur emploi.

Décret du 21 décembre 1789, qui ordonne la création de 400 millions en assignats sur la caisse de l'extraordinaire.

Autre décret du même jour, portant qu'il sera remis à la caisse d'escompte, pour ses avances de l'année présente, et pour celles des six premiers mois 1791, 170 millions en assignats.

Décret du 17 avril 1790, qui porte que les assignats décrétés le 21 décembre 1789, auront cours de monnaie; leur attribue 3 pour cent d'intérêt.

Que les 400 millions en assignats seront employés, 1° à l'échange des billets de la caisse d'escompte jusqu'à concurrence des billets qu'elle a remis au trésor public; que le surplus sera versé au trésor public pour éteindre les anticipations et rapprocher d'un semestre les intérêts arriérés de la dette publique.

29 septembre et 8 octobre 1790, décrets pour la création de 800 millions en assignats ; cessation des intérêts à 3 pour cent attribués aux premiers assignats.

Ainsi, l'effet des deux premières créations monte à...................... 1,200,000,000 l.

Plus, en coupons annexés aux assignats de première création, et remis avec les assignats au trésor public.............. 1,656,468

Total des deux premières créations... 1,201,656,468 l.

Dépense de cette somme,
1° jusqu'au dernier mai 1791 :
   Echange des billets de la caisse d'escompte...................... 348,433,800 l.
   Versemens au trésor public........ 409,438,403 13
   Liquidations et remboursemens...... 295,352,394 16 4
   Intérêts avancés, suivant les décrets, dont il sera tenu compte par le trésor public........................ 2,900,216
   Coupons remboursés.............. 4,610,479 10
2° Dépenses pour liquidation, du 1er juin au 17 juin soir................ 61,015,042
   A verser au trésor public, suivant les décrets, pour ce mois........... 28,451,436
      Total de la dépense......... 1,150,181,771 19 4
      Reste................... 51,474,696   8

A observer qu'il restait à échanger de billets de la caisse d'escompte (au 1er mai 1791)............... 51,566,200 l.

Notice des domaines nationaux.

Pour connaître la valeur des domaines nationaux, l'assemblée nationale a décrété :

1° Le 6 décembre 1790, que l'administrateur de la caisse de

l'extraordinaire fera dresser le dénombrement des domaines nationaux par départemens, districts, cantons, municipalités.

2° Le 12 avril 1791, que les directoires de tous les districts du royaume seront tenus d'envoyer au comité d'aliénation l'état de la valeur présumée de tous les domaines nationaux compris dans leur circonscription, en séparant la valeur des biens dont les décrets ordonnent la vente, et celle des bois et forêts dont les décrets ont ordonné la conservation.

Les ordres de l'assemblée n'ont pu être exécutés complétement, parce que les envois qu'elle avait décrété de faire, tant pour le dénombrement, que pour l'état des valeurs présumées, n'ont été faits ni par toutes les municipalités, ni par tous les districts.

Mais en comparant le nombre des municipalités et des districts dont on a reçu des envois, avec celui des municipalités et des districts dont on n'a pas reçu d'envoi, il est facile de trouver, par le résultat des états qui ont été envoyés, quel aurait dû être le résultat de tous ceux qui ont été demandés.

M. Amelot a opéré d'après les déclarations des municipalités, première base du dénombrement qui lui a été demandé le 12 avril.

Le comité d'aliénation a opéré d'après les états de valeur qui lui ont été envoyés aux termes du décret du 12 avril.

Voici le résultat des deux opérations:

Opération de M. Amelot.

Il existe dans le royaume 43,915 municipalités. On n'a pu opérer que sur les déclarations que 17,001 municipalités ont données du revenu des domaines nationaux situés dans leur territoire; et le résultat du calcul a présenté dans les 17,001 municipalités un revenu de.................. 37,798,850 l.

C'est pour 43,915 municipalités, à quelques fractions près........................ 97,637,581

Ce revenu donne, au denier 25, un capital de........................... 2,440,939,525 l.

Opération du comité d'aliénation.

Il existe dans le royaume 544 districts. On n'a pu opérer que sur les états envoyés par 314 districts ; et le résultat du calcul a donné, dans ces 314 districts, un capital formé des biens vendus, des biens à vendre, des biens dont la vente est suspendue, et des bois et forêts, de...................... 1,415,440,287 l.

C'est pour les 544 districts, à quelques fractions près, un capital de.............. 2,452,227,758

Il est donc manifeste que les domaines nationaux excèdent en capital 2 milliards 400 millions.

Les états envoyés par les districts, étant distribués selon les différentes natures des biens, donnent le détail suivant :

Biens vendus......................	555,397,633 l.
Biens à vendre....................	517,456,690
Biens dont la vente est suspendue.......	159,869,546
Bois et forêts.....................	182,716,448
Total..............	1,415,440,287 l.

— A la séance du 20, Talleyrand fit un rapport sur le change et sur la cause de l'émigration des monnaies. La principale cause, selon lui, de la rareté du numéraire, était la disproportion de l'importation sur l'exportation de la part du commerce français. On avait acheté une énorme quantité de grains, et la compensation n'ayant pas eu lieu par les échanges, il avait fallu payer en numéraire. Rewbell vota l'impression de ce discours, afin, dit-il, qu'on vît bien que l'opinion de l'évêque d'Autun sortait de la rue Vivienne et de *la patte* des commissaires de la trésorerie. — A la séance du 24, l'assemblée décréta que les cloches des églises supprimées dans le département de Paris seraient fondues et coulées en monnaie, à raison de 24 pièces d'un sou à la livre, et de 48 demi-sous. — A celle du 29, elle renvoya au comité des recherches une lettre de la municipalité de Quillebœuf, annonçant l'arrestation de huit cent dix-sept marcs d'argent.

HISTOIRE DE PARIS DU 1ᵉʳ AU 21 JUIN.

« Hier (2 juin), un prélat réfractaire disait la messe aux Théatins à deux cents dévotes et les communiait à belles baise-mains. Les portes étaient fermées ; le peuple entre par le moyen d'un officier de la garde nationale ; il attend que la messe soit finie, et que le prêtre se retire. Puis, il brise ou déménage tout, chaises tables, gradins. Le soir, MM. Bailly et la Fayette s'y sont transportés. Ce dernier, en sa qualité de Dieu (*le dieu Mottié*), à qui les autels sont agréables, a fait rétablir celui de l'église des Théatins, et on a chanté vêpres et complies. A un autre jour le salut. » (*L'Orateur du peuple.*) Prudhomme qui raconte ce même fait, ajoute que pendant vêpres, tandis que la municipalité protégeait au-dedans les schismatiques, les groupes du dehors détachaient et brûlaient l'inscription décrétée. (*Révolutions de Paris*, nº XCIX.) Ce qu'il y a d'assez singulier, c'est que le corps municipal, ayant consulté le directoire pour savoir aux frais de qui l'incription serait rétablie, il lui fut répondu que ce serait aux frais des non-conformistes eux-mêmes. « Votre dette à vous, continue le département, se borne à leur donner cette protection de la force publique que tous les citoyens ont droit d'attendre des magistrats du peuple et des dépositaires de la loi. » (*Procès-verbaux-manuscrits. — Séance du 11 juin.*) — Le 5, une émeute vint encore compromettre les principes de tolérance religieuse professés par la loi et par ses ministres. Voici le récit du *Moniteur* :

[L'attroupement suscité jeudi dernier contre la société qui s'était réunie dans la ci-devant église des Théatins, avait excité de la fermentation ; les groupes du Palais-Royal et des Tuileries avaient été très-agités à ce sujet. La voix des véritables amis de la constitution n'avait pas pu parvenir à étouffer celle des émissaires des ennemis de la tranquillité publique. On avait eu la perfidie de faire répandre dans ces groupes que mesdames Bailly et la Fayette avaient communié dans cette église. Aujourd'hui, dès six heures du matin, il y avait beaucoup de monde réuni aux portes, mais un placard annonçait que la société, désirant éviter le trouble, ne se réunirait pas. Un ecclésiastique s'est présenté pour entrer, on a voulu s'y opposer, et déjà l'on se préparait à exercer quelques violences sur sa personne, lorsque la garde nationale est arrivée, a protégé ce citoyen, et a dissipé l'attroupement. Tout est dans ce moment tranquille.]

— L'affaire de Santerre contre la Fayette et Desmottes, son aide-de-camp, occasionna aussi plusieurs émeutes. Nos lecteurs n'ont pas oublié le mouvement du 28 février sur Vincennes, ni l'altercation de Santerre avec la Fayette. Le comité de surveillance, devant lequel fut traduit le commandant du bataillon des Enfans-Rouges, le renvoya absous, et il ne s'agissait plus pour lui que de faire punir le calomniateur. Santerre s'adressa au tribunal des Minimes. Trois audiences furent consacrées à plaider cette affaire. Les journaux, *l'Orateur du peuple*, *l'Ami du peuple*, *les Révolutions de Paris*, surabondent en détails, sur l'empressement du peuple à suivre ce procès, sur le zèle de la foule pour la bonne cause, ainsi que sur les nombreuses intrigues dirigées par les mouchards du général pour diviser, sinon pour changer l'opinion. Tronçon du Coudray était l'avocat de la Fayette, Verrières plaidait pour Santerre. On poussa l'acharnement, disent les journalistes que nous analysons, jusqu'à exciter un créancier du sieur Verrières à faire mettre ses meubles en vente pour une dette de cent livres. Le même jour où celui-ci devait plaider pour la dernière fois, on affecta de tapisser le tribunal et ses avenues, des affiches de cette vente. Ce fut le club des Cordeliers qui délivra sur-le-champ cette somme, et fit cesser les poursuites contre Verrières, le même qui avait déjà défendu Marat et Fréron dans l'affaire des mouchards.

Le tribunal se déclara incompétent et renvoya les parties, dépens réservés, devant des juges militaires. Ce jugement fut regardé comme un déni de justice, concerté pour faire tomber Santerre dans les filets de ses ennemis. A l'importance que le public de ce temps-là attachait à l'issue de cette querelle, à l'aigreur de la polémique engagée là-dessus, on voit qu'il s'agissait du général de la bourgeoisie, en lutte avec le futur général des révolutionnaires, et personne d'ailleurs ne s'y méprenait. Le journaliste Gorsas, plus fayétiste encore que Brissot, inséra une lettre d'un sieur Joly qui prétendait avoir vu M. Latouche (attaché à la maison d'Orléans), haranguant le peuple dans les groupes et dans les cabarets du faubourg. Latouche réclama très-énergiquement par la voie des journaux.

Ce même Gorsas était ainsi traité par Marat : « Les écrivains populaires qui ont prôné le faux patriotisme du sieur Gorsas, ont de grands reproches à se faire, puisqu'il ne tenait qu'à eux de savoir à quoi s'en tenir sur le compte de ce misérable barbouilleur, qui a débuté par vendre sa plume à Necker, et qui finit en la vendant à Mottié. Les preuves de la première inculpation se trouvent à chaque page dans les feuilles, jusqu'à la chute du ministre des finances ; celles de la dernière composent son journal depuis deux ans. » Ici Marat parle de la lettre de Joly, ensuite il dit : « Gorsas est encore coupable d'un silence criminel sur des malversations qui font le désespoir du peuple. Il y a déjà longtemps qu'un agent très au fait des déprédations des bureaux des finances, lui a fait passer la dénonciation des abus crians qui s'y commettent; et Gorsas n'en a jamais dit le mot, quoique cette dénonciation soit bien authentique. J'invite la personne qui l'a adressée à Gorsas à vouloir bien la faire passer à *l'Ami du peuple*, il se fera un devoir de la rendre publique aussitôt. » (*L'Ami du peuple*, 12 juin.)

— Les élections occupaient beaucoup la presse. Brissot publia sur cette question un grand nombre d'articles. La discussion publique des candidatures était la forme recommandée, et à peu près universellement approuvée. Les autres journalistes reproduisaient en tout ou en partie les dissertations de Brissot qui était bien certainement à cette époque l'avocat consultant, même de ceux qui blâmaient ses actes, ou suspectaient son but. Il avait pour collaborateur F. Lanthenas, docteur-médecin. *Le Patriote français* du 7 juin renferme un long article de ce dernier sur les moyens de faire de bonnes élections. Un supplément au numéro du 10 est consacré à la publication d'un traité du même rédacteur, sur la liberté indéfinie de la presse. Brissot intitula ses propres articles sur les élections. — *Qui faut-il élire?* Il mit pour épigraphe en tête du 1ᵉʳ : *Justum et tenacem propositi virum.* La qualité dont il faisait le titre essentiel à la députation, consistait à être *homme du peuple* et non pas *ami du peuple*. (*Patriote français* des 12 et 15 juin.)

Chacun faisait sa tâche. Ici on traitait les généralités politiques, les principes qu'il fallait appliquer; là on dressait des listes de candidats. Carra s'en était chargé. Comme les individus désignés dans cette circonstance, sont des hommes que nous retrouvons plus tard, et que d'ailleurs c'est ici la constatation d'une notabilité acquise par des actes révolutionnaires, et conférée par un futur girondin, nous allons transcrire les listes de Carra.

— *Antonnelle*, maire d'Arles; *Janson* cadet, président de la société des Amis de la constitution à Besançon; *Lesage et Sta*, officiers municipaux de Lille; *Levasseur*, municipal du Mans; *Phélipeaux*, président du tribunal du Mans; *Roland de la Platrière*, municipal de Lyon; *Regnaud* fils, de Bar-le-Duc; *Dumont* père, de Senecey; *Alexandre Ladrix*, d'Auch; *Claude Fauchet*, évêque du Calvados; *Grimaud et Chandezon*, de Clermont-Ferrand. (*Annales patriotiques* du 1ᵉʳ juin.)

Jean de Bry, administrateur de l'Aisne; *Périn*, officier municipal de Verdun; *Rancin et Viard*, de Ligny; *Garrant et Baylard*, de la Gironde; *Billot*, procureur-général du Doubs; *Dehaye*, procureur-général des Ardennes; *Duvigneau*, de Charleville; *Courtois*, de Longuion (Moselle); *Mercier*, procureur-syndic de Provins; l'abbé *Comerel*, de Puttelange; *Perrin*, de Metz; *François de Neufchâteau*; *Sonini*, rédacteur du journal de la Meurthe; *Mollevaut*, membre du tribunal de Cassation; *Jonas Laurent*, du Bas-Rhin; *Père Prudent*, capucin du Doubs; *Leigonye*, d'Aurillac; *Nérat*, à Château-Thierry; *L. Joubert, F. V. Aigouin* et *J. Goguet*, de la société des Amis de la constitution, à Montpellier; *Margeot et Lerbourg*, de Lizieux; *Cord*, à Valfrancesque; *Roubaud*, à Aups (Var); *L. Viguier, Quillet, Stème* et

Robin, à Rochefort; *Gardépée*, à Cognac; *L. Lorrain*, à Lyon; *Delpech*, à Sauveterre; *Jouan*, instituteur à Tonnins; *Philippe* et *Blad*, de Brest; *Cimond-Largillière*, de Landrecy; *Tachard*, maire de Maringues; *Battelier*, de Vitry-le-Français; *Charton-la-Caze*, de Libourne; *Barril*, citoyen du Havre; *d'Aubichon*, citoyen de Moyaux; l'abbé *Véron*, de Saint-Flour; *Guitard*, président du département du Cantal; *de Lastic*, lieutenant-général; *Vidal*, curé de Lugeac; *Bernard*, de Saintes. (*Annales patriotiques* du 11 juin.)

Coutard, *Benoiston*, *Mourain*, *Nugent*, *Papin*, *Dufexon* et *P. Grelier*, tous excellens patriotes nantais; *Champagneux*, ci-devant auteur du *Courrier de Lyon*, retiré aujourd'hui à Latour-du-Pin, département de l'Isère; *Cochet* et *Béthune*, tous deux de Châtillon-sur-Sambre; *Buchut*, *Faivre*, *Olivier*, *Desvernois*, de Lons-le-Saulnier, département du Jura; *F.-P. Ferry* et *C. Guinot*, de la section n° 2 de Marseille; presque toute la *municipalité* de Marseille, à commencer par le maire; et les *membres* du département des Bouches-du-Rhône, parmi lesquels on n'a que l'embarras du choix; *Edmond Mortier*, de Cateau-Cambrésis; *Mazzet*, et *Mallet*, officier municipal de Saint-Valery-sur-Somme; *Beleze*, citoyen du Puy, département de la Haute-Loire; *Soulet*, citoyen de Saintes; *J.-B. Langlois* et *Leprévôt*, de Louviers; *Loustalot*, citoyen de Saint-Jean-d'Angely; *Lefrançois*, de Bar-sur-Seine; *Gautier*, citoyen de Breteuil; *Noireau*, citoyen de Dijon; *T.-V.-J. Joffroy*, citoyen de Bar-sur-Aube; *Thirion*, homme de loi, citoyen de Thionville; *Chanolle*, citoyen de Buxi, district de Châlons-sur-Saône; *Dougados*, ci-devant *Venance*, professeur de rhétorique à Perpignan; *Chouette* et *Auzas*, citoyens d'Issoire; *Dizès*, procureur-général-syndic du département des Landes. (*Annales patriotiques* du 21 juin.)

Poulains, procureur-général-syndic du dép. des Vosges; *Foissey*, président du tribunal de district de Nancy; *Manuel*, administrateur de la police de Paris pendant quinze mois depuis la révolution, retiré aujourd'hui à Montargis, et indignement oublié par les Parisiens, auxquels il a rendu les plus grands services ; *Thiébaud*, secrétaire de la société des Amis de la constitution à Langres; *Lanot* et *Pamphile* aîné, de la société des Amis de la constitution à Tulle; *Hindré*, citoyen de Poitiers, et commis de l'administration du département de la Vienne; *Ballaud*, procureur-syndic du district de Bruyères ; *Fronraut*, secrétaire de la société patriotique des surveillans zélés de la constitution à Bordeaux ; *Le Génissel-l'Écusson*, membre de la société des Amis de la constitution à Domfront, département de l'Orne; *de Bonnaire*, électeur du département de l'Allier ; *Romand*, commandant de la garde nationale de Conliége, département du Jura; *Tardy la Carrière*, membre du département de l'Ain ; *Villevielle fils* et *Cambon*, de Montpellier ; *Du Perreau, Tridaulat, Auguste Jubé* et *Ribet*, de Cherbourg; *Roger* et *Jouanneau*, de Blois ; *Barenne*, procureur-général-syndic du département de la Gironde ; *Journeau*, président du directoire dudit département; *Saige*, maire de Bordeaux; *Courpon*, major-général de la garde nationale bordelaise ; *Baux*, député extraordinaire du commerce ; *Gadet*, homme de loi ; *Oré*, curé; *Pierre Sers* et *Camescase*, négocians, ces six derniers également de Bordeaux; *Ducos*, médecin, maire de Saint-Jean-de-Luz; *Darsah la Motte*, directeur de la poste du même lieu ; *Dascoubes* et *Lerenbourc*, également de Saint-Jean-de-Luz ; *Lafargue*, le manchot, de Bayonne ; *d'Hiturbie*, de Starise ; *Dalbarade*, chevalier de Saint-Louis, de Saint-Jean-de-Luz ; *Bourscis*, maire de Milhau ; *Poignand*, docteur-médecin, de Bressuire ; *Dalmas*, de la société des Amis de la constitution de Draguignan ; *Lavallery*, officier municipal d'Étampes ; *Thomas Beaumont*, du Hâvre; *Voïart*, président du district de Longwy; *Bonnet*, lieutenant dans la garde nationale de Rozan ; *Ignace Caseneuve*, nouvel évêque d'Embrun ; *Izoard fils*, d'Embrun ; *Charles Pradel* et *Charles*, de la garde nationale de Nîmes ; *Gabriel Bonnard*, de la société des Amis de la constitution de Strasbourg ; *Maurin*, procureur-syndic, et *Manuel*, administrateur du district de Barcelonnette ; *Langlois*, à Aupt, près Vesoul, département de la Haute-Saône ; *Dominique Dupuis*, curé de la Bastide-Savès ;

A. Mortreuil, citoyen de Rouen ; *Valantin*, président de la société des Amis de la constitution de Cette ; *Loysel*, vice-président, et *Blin*, procureur-général-syndic du département de l'Aisne. (Supplément au numéro du 25 juin.)

Marat, de son côté, s'occupe aussi des élections, mais c'est pour dénoncer les *scélérats et les coquins* qui briguent pour se faire nommer électeurs. Ce sont encore ici des tables de proscription qui coïncideront sans doute en plus d'un point avec les listes du tribunal révolutionnaire. Voici les noms. Nous avertissons le lecteur que chaque individu dénoncé a son paragraphe de griefs et d'imputations plus ou moins graves. — *Le-Roux* père, autrefois porteur d'avertissemens de capitation, coquin dévoué aux conspirateurs Bailly et Mottié ; *Gillot, Duvivier*, avocat inepte ; *Le Grand*, tartufe accompli ; *Pommageot*, homme sans mœurs et sans probité ; *Chappe*, dit *de la Vallette*, ex-procureur au chapitre de Notre-Dame, ex acteur de la veuve et de l'orphelin ; *Beauvalet*, fieffé pendard ; *Guiot*, dit *de Sainte-Hélène*, avocat, marchand de paroles, aristocrate gangréné, débauché, crapuleux ; *Vaucher*, libertin effronté ; *Singli, Tournemine, Péron, Boivin, Dabonières*, tous cinq avocats pourris d'aristocratie ; *Bressilon*, épicier, rue Saint-Christophe, aristocrate pourri ; *Chandel*, traiteur, et sapeur du bataillon, mouchard assermenté de Mottié ; *Bulot*, marchand de fer, vis-à-vis la Madeleine, inepte vaurien, passant pour amateur de son sexe ; *Vatrin*, chasublier, faux dévot ; *Lacour*, apothicaire ; *Buisson*, apothicaire ; *Briban*, cordier, rue du Petit-Pont, toujours à maudire la révolution ; *Papin*, réduit à tout faire pour vivre ; *Challie*, bijoutier ; *Martel*, passant sa vie dans les cafés ; *Clément*, horloger ; *Tourteaux*, mouchard d'une figure sinistre ; *Renaud*, papetier, rue de la Lanterne, banqueroutier ; *Lambert*, limonadier, hébergeur de tous les scélérats du quartier ; *Atenot* et *Apriman*, tous deux libertins crapuleux, vivant avec des femmes publiques. Ces hommes appartenaient à la section Notre-Dame. — Voici les membres *pourris* de la section du Théâtre-Français : *Astruc*, trésorier de Saint-Cyr, rue des Grands-Augustins, n° 24 ; *Jarry*, banquier, même rue, n° 22 ; *Deprez-Larezière*, avocat, rue de Savoie, n° 25 ; *Artaud*, procureur au parlement, rue Hautefeuille, n° 29 ; *Laloüa*, logeur, rue Saint-André, n° 91 ; *Franchet*, orfèvre, rue des Grands-Augustins, n° 51 ; *Paradis* père, bijoutier, rue Dauphine, n° 47 ; *Graillar-Graville*, ex-conseiller d'état, rue du Battoir, n° 28 ; *Vacherot*, tapissier, rue St-André, n° 84 ; *Semen*, graveur, quai des Augustins, n° 47 ; *Bandaubanc*, greffier, rue des Grands-Augustins, n° 24 ; *Chatelain*, épicier, rue de Savoie, n° 27 ; *Peret*, huissier-priseur, rue *idem*, n° 4 ; *Mascarié*, tailleur, rue *idem*, n°11 ; *Parisau*, peintre et graveur, rue *idem*, n° 14 ; *Hemery*, avocat, rue id., n° 18 ; *Duprez*, ancien négociant, rue de l'Eperon ; *Chauvaux* ; médecin, rue du Battoir, n° 28 ; *Kyneli*, agent de l'électeur palatin, rue des Grands-Augustins, n° 11 ; *Cochin*, avocat, rue Hautefeuille, n° 34 ; *Gérard*, tapissier, rue Percée, n° 6 ; *Froullé*, libraire, quai des Augustins, n° 39 ; *Carrin*, employé à la Vallée ; *Deburre*, avocat, rue de Savoie, n° 8 ; *Monnet*, rue id., n° 21 ; *Meneur*, architecte, rue des Grands-Augustins, n° 28 ; *Maloigne*, banquier, rue Mâcon, n° 10 ; *Demonville*, imprimeur, rue Christine ; *Gobert*, ancien greffier, rue de Savoie, n° 21 ; *de Tournière*, marchand mercier, rue Saint-André, n° 95 ; *Mixelle*, graveur, rue Dauphine, n° 38 ; *Gueffier*, imprimeur, rue Gît-le-Cœur, n° 26 ; *de Belleyme*, ingénieur, rue du Paon ; *Langehamp*, citoyen, rue des Grands-Augustins, n° 25 ; *Lecuit*, tailleur, rue Saint-André, n° 81 ; *Arnaud*, limonadier, quai des Augustins ; *Preste*, procureur des comptes, rue Pavée, n° 12 ; *Gillot*, toiseur, rue Christine, n° 9 ; *Boscheron*, payeur de rentes, rue Pavée, n° 17 ; *Cairety*, maître de pension, rue des Grands-Augustins, n° 12 ; *Deblois*, avocat, rue du Battoir, n° 2 ; *Bontoux*, avocat, rue id., n° 8 ; *Mangin*, architecte, rue Saint-André ; *Elat*, tailleur, rue de Savoie, n° 2 ; *Terribilini*, brodeur, rue des Grands-Augustins, n° 25 ; *Neveu*, citoyen, rue du Théâtre-Français, n° 19 ; *Meunier*, citoyen, rue des Grands-Augustins, n° 23 ; *Dufour*, avocat, rue Saint-André-des-Arcs, n° 24 ; *Languigneux*, marchand de meubles, rue de Laharpe ; *Guilhier*, avocat au conseil, cul-de-sac Saint-Dominique; *Ginisty*, ancien greffier, rue Dauphine; *Archambault*, avocat, rue Saint-André, n° 24; *Méquignon*, libraire, rue des Cordeliers, n° 5; *Lerouge*, avocat, rue des Poitevins, n° 14; *Jollit*, avocat, rue de l'Observance; *Robin*, chirurgien, rue Saint-André, n° 125; *Bajault*, serrurier, rue du Battoir, n° 4; *Knapen* père, imprimeur, rue St-André, n° 1; *Savarry*, chirurgien, rue Dauphine; *Huguenin*, homme de loi, rue Serpente; *Martin*, chirurgien, rue de Savoie, n° 21; *Alevin*, arquebusier, rue Saint-André, n° 77; *Desjobert*, grand-maître des eaux et forêts, rue du Jardinet; *Lamotte*, tailleur, rue des Grands-Augustins; *Deschamps*, ex-procureur au Châtelet; *Mabille*, ex-procureur; *Moitte*, peintre, quai des Augustins, n° 42; *Odent*, ancien commissaire au Châtelet, rue St-André; *Hurel*, payeur de rentes, hôtel de la Trémoille, rue Ste-Avoye; *Moreau*, homme de loi, rue de l'Hirondelle; *Roussineau*, curé à Saint-Germain-des-Prés; *de la Roue*, négociant, rue Sainte-Anne, n° 44.

Tableau fidèle des membres du club du Roule (club fayétiste).— *Raymond*, rue de Clichy, instituteur du club et mouchard de Mottié; *Levillain*, marchand épicier, au coin de la rue d'Anjou et de Surène, banqueroutier frauduleux; *Bernier*, commis de la marine, homme vil; *Chambrenille*, commis à l'hôtel de Langeron; *Trémouille*, président à la cour des monnaies, membre du club de 1789; *Ducloseaux* père, rue d'Anjou, ancien avocat, spoliateur, de concert avec le sieur Girardin, des œuvres de J.-J. Rousseau; *Tacot*, commis-architecte, escroc de café; *Lemaître*, sculpteur, banqueroutier frauduleux; *Combette*, capitaine des chasseurs du bataillon; *Feucœur*, marchand d'argent au Roule; *Fontaine*, maître de pension à la Petite-Pologne; *Petit*, commissaire de police; *Thuet*, rue de Duras, charron du sieur Mottié; *Bataille*, serrurier, rue de la Pépinière, maître filou; *Quietant*, ex-avocat, intriguailleur reconnu; *Le Bas*, marchand épicier, rue des Saussayes, usurier; *Chausset*, rue de Valois, ancien commis de le Noir; *Colson*, maître menuisier; *Perrot*, épicier, usurier, banqueroutier; *Barisson*, marchand tapissier;

Devèze, maître charpentier ; *Ragondet*, maquignon ; *Vaudin*, marchand mercier ; *Paquet*, ex-boulanger ; les deux frères *Anqueil*, l'un juge de paix, l'autre maître maçon, banqueroutier, rue Verte ; *Labillois*, ex-boucher, usurier ; *Carron*, boucher ; *Langlois*, banqueroutier frauduleux ; *Perrier*, marchand fruitier ; *Roquel*, ancien décrotteur ; les frères *Fourcy*, boulangers ; *Lamarre*, ex-procureur, fieffé coquin ; *Houdon*, sculpteur au Roule, homme de mauvaise foi ; *Le Marchand*, épicier ; *Dufresne* du Caney, à la Petite-Pologne, parfait coquin ; *Petit*, avocat ; *Duplat*, huissier ; *Benneton*, *Robert*, *Petit-Bled*, *Baignères*, tous quatre aristocrates.

Liste des mauvais sujets de la section des Quinze-Vingts.—*Guérin*, ancien teinturier ; *Colombeau*, scribe ; *Cotion*, jeannot du précédent ; *Gilet du Coudrai*, ex-clerc, homme à tout faire pour de l'argent ; *Denaurois*, directeur de la manufacture des glaces, fourbe dissimulé ; *Chapelier*, son mannequin ; *Gauchier*, vieux radoteur : on l'appelle par dérision depuis quelques jours l'abbé Raynal ; *Le Curé*, normand retors ; *Duhamel*, caissier des Quinze-Vingts ; *Courtier*, *Méguet*, *Démoulin*, *Chérieux*, *Hébrar*, *Camont*, *Bédet*, *Buffet*, *Savard* et *Arcelet*, intrigans ignares et avides ; *Lejeune*, fabricant d'étain, fat inepte ; *Prévex*, maître de pension, normand retors ; *Béchet*, homme d'affaires du cardinal-collier ; *Raffy*, huissier, dévoré de l'amour du bien de ses cliens ; *Lami*, huissier-priseur ; *Saint-Charles*, cousin de Lami. (*L'Ami du peuple*, n°s des 17, 19 et 21 juin.)

Nous allons maintenant faire une analyse rapide des séances du club des Jacobins.

Club des Jacobins, du 1ᵉʳ au 21 juin.

Prieur occupe le fauteuil jusqu'au 50 juin ; il le cède à Bouche.

Le journal qui nous sert ici de guide, et que nous avons annoncé dans le mois précédent, commence avec le premier jour de juin. Il ne renferme que le compte-rendu des séances, rédigé très-grossièrement, et composé le plus souvent de quelques parôles d'orateur entrecoupées d'une multitude de brouhahas et de murmures. Cette feuille donne au fameux club qui préludait déjà à gouverner la France, l'aspect d'une troupe d'enfans indisciplinés jouant à l'assemblée nationale, la valeur d'une parodie prétentieuse et rien de plus. Tel est l'ordre du jour. Seulement, parmi les billevesées qui se croisent de la tribune aux banquettes, apparaissent de temps en temps quelques éclairs soudains, quelques bons discours de Robespierre, de Rœderer, de Danton. Nous espérons que la rédaction s'améliorera; sans quoi le drame que nous aurions à reproduire serait bien pauvre et bien misérable.

La motion sur le licenciement de l'armée occupa le club du 2 au 10. Nous avons fait connaître plus haut la partie intéressante de cette discussion : plusieurs incidens la traversèrent. A la séance du 10, une motion de Danton contre Gouy-d'Arcy mérite d'être relevée. Nos lecteurs savent que les députés des colonies s'étaient exclus de la constituante depuis le dernier décret sur les gens de couleur. Voici maintenant comment ils furent jugés aux Jacobins dans la personne de l'un d'eux.

Séance du 10. Elle fut presque tout entière consacrée au licenciement. Rœderer et Meissard parlèrent.

— « La séance allait être levée, lorsque M. Danton a demandé la parole.

M. Danton. « C'est une motion d'ordre au sujet de M. Gouy-d'Arcy. Je m'étonne de voir dans cette assemblée un représentant de la nation, déserteur de l'assemblée nationale. Nul sentiment personnel ne dicte ma dénonciation. Je somme ce membre d'essayer, s'il l'ose, de se laver sur-le-champ de la grande forfaiture nationale dont je l'accuse ici. S'il a déserté l'assemblée, il devait s'abstenir de venir au milieu de nous, qui faisons profession d'être amis de la constitution qu'elle a décrétée.

» Je tiens pour lâche, sinon pour stupide, quiconque prétend opposer sa résistance particulière à un décret. Il faut que le membre s'explique soit en se justifiant, soit en sortant de la société. »

— « M. Gouy-d'Arcy est monté à la tribune, où il a défendu sa conduite et celle de ses collègues de tous les raisonnemens dont ils peuvent s'étayer. Nous épargnerons aux lecteurs les détails de cette discussion, peu intéressante pour eux, et nous passerons sur-le-champ à l'arrêté que, sur la motion de M. Billecoque, la société a pris, sauf rédaction. La société a arrêté que ceux de ses membres qui l'étaient en même temps du comité colonial, seraient suspendus de leur droit d'entrée jusqu'à ce que, par leur retour dans l'assemblée nationale, ils eussent donné une preuve éclatante de leur soumission aux lois et de leur amour pour la constitution. »

Cette question fut reprise à la séance suivante.

M. Billecoque. « La société se rappelle l'incident qui eut lieu à la dernière séance, et la manière dont il s'est terminé. Il me semble que le rédacteur du procès-verbal a entièrement particularisé l'arrêté, pris à cette occasion, à M. Gouy d'Arcy, tandis qu'il s'étendait également aux autres députés des colonies, qui ont cru, comme lui, de leur devoir de s'éloigner de l'assemblée nationale. Voici la rédaction que j'ai proposée :

« La société des Amis de la constitution déclare qu'elle n'admettra dans son sein aucun des députés des colonies qui se sont abstenus de reparaître à l'assemblée nationale depuis le décret rendu le 15 mai dernier sur les hommes libres de couleur, jusqu'à ce que, par leur retour au milieu des représentans de la nation, ils aient donné une preuve authentique de leur soumission aux lois, et rendu un hommage éclatant aux principes de la constitution française. »

N..... Je demande que M. Gouy-d'Arcy soit dénommé particulièrement ; cela intéresse surtout les membres de l'assemblée nationale.

M. Billecoque. « J'observe, Messieurs, que cette punition n'est pas infligée seulement à M. Gouy-d'Arcy, mais à tous les membres qui se sont absentés de l'assemblée nationale, parce qu'ayant déclaré par cette démarche qu'ils tenaient plus aux intérêts de leurs commettans qu'à ceux de la nation, ils semblaient avoir méconnu les bases de la vraie représentation nationale. L'intérêt de la société est que le principe soit reconnu ; et si, malgré cela, la société croit nécessaire que M. Gouy-d'Arcy soit dénommé.... (*Plusieurs voix* : Non, non ; vous n'avez pas entendu. — Quantité de voix demandent la parole.) — *M. Prieur.* Je vous prie, Messieurs, d'observer qu'il ne s'agit pas de renouveler aujourd'hui une question qui nous a tenu trois heures à la dernière séance, qui n'a été levée qu'à une heure du matin ; il ne s'agit que de décider si on adoptera la rédaction proposée par M. Billecoque. — Aux voix ! aux voix ! — La discussion est fermée. — La rédaction, mise aux voix, est adoptée. »

— A la séance du 13 on fit lecture d'une lettre écrite de Paris, par laquelle la société était engagée à surveiller un club qui venait de s'établir sous le nom de *club des Impartiaux*, rue de Grétry, n° 1, et qui était présidé par M. Rasamba.

A la séance du 14, après la réception des jeunes communians dont nous avons déjà parlé, un membre proposa de prêter mille écus à Avignon. L'*Orateur du peuple* disait quelque jours auparavant : « L'armée avignonaise est aux abois ; elle comptait sur une somme de trois cent mille livres que devait lui rembourser le gouvernement de France ; mais son espérance a été frustrée : notre ministère a envoyé la somme au légat du pape. L'armée des Avignonais menace, dans sa fureur, de porter dans la ville elle-même le fer et la flamme. » Voici la motion faite à cet égard aux Jacobins.

M. Desfieux. « Je propose à la société, Messieurs, de prêter, sans intérêt, mille écus à la ville d'Avignon, aussitôt que la municipalité de cette ville aura ouvert son emprunt. » (On applaudit de tous les côtés.)

N.... « Quelque applaudie que soit cette proposition, n'y aurait-il pas à craindre, en l'adoptant, qu'on ne nous accusât d'envoyer de l'argent aux peuples pour y soudoyer et fomenter les troubles ? » (Non ! non ! non ! au contraire.)

M. Feydel. « Nous pouvons donc, dans l'un ou l'autre cas, prêter les mille écus sans aucun inconvénient ? »

M. Regnier neveu. « Avant de faire ce prêt, il serait bon de consulter le comité d'administration; nous avons de fortes dépenses à payer. Pourrons-nous faire ce prêt et satisfaire à nos engagemens? »

M. Desfieux. « Je puis, mieux que personne, vous donner l'état de situation de votre caisse. La dépense de votre nouveau local payée, vous aurez en caisse plus de quatre mille livres, et dans un mois, il vous rentrera sept à huit mille livres. Vous ne devez rien; vous pouvez et vous devez donc prêter mille écus à un peuple qui a tout sacrifié pour la liberté, et pour se rallier à la mère-patrie, dont le despotisme des papes l'a séparé quelque temps. » (On applaudit.)

M. Renaudin. « Et quand la somme n'y serait pas, est-il un bon citoyen parmi nous qui refusât de se cotiser pour la compléter? »

M. Restout. « Je demande que la société fasse part de l'arrêté qu'elle vient de prendre par l'envoi d'une circulaire. »

M. Desfieux. « Cet envoi est absolument inutile. Elles verront cet arrêté dans le journal de nos débats, auquel toutes ont certainement souscrit, et nous ne devons pas douter que notre exemple ne soit imité par toutes les sociétés de l'empire. » (La motion, applaudie, est mise aux voix et adoptée.)

— A cette même séance, M. Gorguereau, parlant sur le duel, se plaignit de l'abandon récent de plusieurs membres de l'assemblée nationale. Il attribua cette désertion au dernier décret rendu sur les gens de couleur. Nous saisissons ce motif et cette date comme la première rumeur de la grande scission qui éclatera définitivement en juillet, et qui donnera origine aux Feuillans.

— A la séance du 19, Robespierre lut une instruction pour les élections. Voici cette pièce:

M. Robespierre. « Je n'ai reçu que ce matin, en rentrant de l'assemblée nationale, la lettre par laquelle le comité me chargeait de cette rédaction; je n'ai pu y donner d'autre temps que le court intervalle qui se trouve entre ce moment et notre séance;

il m'a donc été impossible de la porter au comité. Obligé de faire un petit voyage demain soir, il m'eût été impossible de vous la lire demain. Je vous prie d'excuser les fautes de rédaction qui pourront s'y trouver, en faveur de la précipitation avec laquelle elle a été faite.

— « Citoyens, ce serait perdre un temps précieux que de vous parler de l'importance des élections dont vous allez vous occuper. Vous savez que les électeurs que vous allez choisir, nommeront à leur tour les députés dont dépend ou votre bonheur ou votre misère. Vous vous rendrez donc exactement aux assemblées primaires, vous surtout qui, par vos faibles moyens, pourriez craindre l'oppression; songez que c'est à vous qu'il importe d'être éclairés sur ces choix, puisqu'il est question de discuter vos plus chers intérêts. Si vous êtes obligés par là à des sacrifices, la raison, la justice et l'intérêt public vous assurent des indemnités.

» Dans les choix que vous ferez, songez que la vertu et les talens sont nécessaires, mais que, des deux, la vertu est la plus nécessaire encore. La vertu sans talent peut être encore utile; les talens sans vertu ne peuvent être qu'un fléau. (On applaudit.) Et en effet la vertu suppose ou donne assez souvent les talens nécessaires aux représentans du peuple. Quand on aime la justice et la vérité, on aime les droits des citoyens, et on les défend avec chaleur. Tenez-vous en garde contre les apparences trompeuses: les amis et les ennemis de la liberté se présenteront à vous avec les mêmes dehors et le même langage. Si vous voulez vous assurer des sentimens de quelques citoyens, remontez au-delà de l'époque où vous êtes aujourd'hui. L'homme ne se détache pas tout à coup de tous les préjugés qui ont formé ses sentimens. Si, une fois dans la vie, un homme s'est montré vil ou impitoyable, rejetez-le; rejetez ces hommes qu'on a vus ramper honteusement aux pieds d'un ministre ou d'une femme. Leur manière est changée: leur cœur est resté le même. (On applaudit.)

» Ils flattent aujourd'hui leurs concitoyens, comme ils flattaient les tyrans subalternes. On ne devient pas subitement d'un vil adulateur, d'un lâche courtisan, un héros de la liberté. (On applaudit.)

» Mais si vous connaissez des hommes qui aient consacré leur vie à venger l'innocence ; si vous connaissez quelqu'un d'un caractère ferme et prompt, dont les entrailles se soient toujours émues au récit des malheurs de quelques-uns de ses concitoyens, allez le chercher au fond de sa retraite, priez-le d'accepter la charge honorable et pénible de défendre la cause du peuple contre les ennemis déclarés de la liberté, contre ces ennemis bien plus perfides encore qui se couvrent du voile de l'ordre et de la paix. Ils appellent ordre tout système qui convient à leurs arrangemens ; ils décorent du nom de paix la tranquillité des cadavres et le silence des tombeaux.

» Ce sont ces personnages, cruellement modérés, dont il faut vous défier le plus. Les ennemis déclarés de la révolution sont bien moins dangereux. Ce sont ceux-là qui assiégent les assemblées primaires, pour obtenir du peuple, qu'ils flattent, le droit de l'opprimer constitutionnellement. Évitez leurs piéges, et la patrie est sauvée. S'ils viennent à vous tromper, il ne nous reste plus qu'à réaliser la devise qui nous rallie sous les drapeaux de la liberté : *Vivre libre ou mourir.* »

(On demande l'impression sur-le-champ, et l'envoi aux sections assemblées.)

M. Rœderer. « Je demande que M. Robespierre veuille bien relire l'article concernant les électeurs, parce que, quelque fondé que soit son principe, l'application pourrait en être dangereuse pour cette année ; car il n'y a pas de fonds faits pour les électeurs. »

M. Robespierre. « L'observation de M. Rœderer porte sur un fait qui n'est pas exact. Il a supposé qu'il était décidé que les électeurs ne seraient pas payés cette année, et cela n'est pas décidé. La motion en fut faite, il y a quelques jours, à l'assemblée nationale. M. Desmeuniers, rapporteur, n'a pas du tout été éloigné de cette idée, et l'avis des membres de l'assemblée m'a paru y être favorable. J'ai donc cru pouvoir annoncer cet avis dans un moment où il s'agit de porter un plus grand nombre de citoyens dans les assemblées primaires, qui en général sont peu nombreuses. »

(Après la lecture de la phrase, on la change en celle-ci : La raison, la justice et l'intérêt public sollicitent pour vous.)

« L'impression est arrêtée au nombre de 3,000, ainsi que l'envoi aux sociétés affiliées et aux quarante-huit sections. »

—Dans cette même séance, Sieyès fut violemment dénoncé par Salle, pour un écrit qu'il offrait depuis quelques jours à la signature de ses collègues. Cet écrit, résumé par le dénonciateur, roulait sur trois points : 1° liberté pour tous ; 2° acceptation des deux chambres dans la législature, si l'assemblée nationale les décrétait ; 3° soumission absolue aux lois.

Sieyès, présent à cette séance, se défendit en maître. Le lendemain la discussion fut reprise, parce que Sieyès était absent. Antoine proposa de traiter une motion qu'avait faite Laclos; Danton s'y opposa. «Je vous observe, dit-il, que chez un peuple qui devient vraiment grand, il ne doit plus être question de ces égards pour de prétendus grands hommes. » La discussion fut continuée. Plusieurs députés, Buzot, Barrère, Pétion, Voidel, Boutidoux, Boissy-d'Anglas, s'excusèrent successivement d'avoir signé l'écrit de Sieyès ; leur bonne foi, dirent-ils, avaient été surprise.

M. Danton. « J'ai demandé la parole pour vous donner connaissance des faits importans relatifs à cette déclaration. »

M. Gorguereau. « J'ai demandé, pour la même chose, la parole avant vous, je la réclame. »

M. Danton. « Soit ; mais je l'aurai aussi et je dirai tout malgré vous. »

M. Billecoque. «Messieurs, je dois à ma conscience, comme à la vérité de déclarer que c'est sans ma participation que mon nom se trouve au bas de cet écrit. »

N.... « Je répondrai à ce que vient d'observer le préopinant, que j'ai entendu dire à cinq ou six personnes, qu'hier, M. Billecoque a approuvé tout ce que disait M. Sieyès, et qu'il l'a même soufflé en tout. »

M. Billecoque. « Je pourrais répondre au préopinant qui a eu recours au témoignage de ses voisins, par le témoignage des miens. J'ai approuvé hier la défense que M. l'abbé Sieyès a fait de son opinion ; si c'est un crime, j'avoue que j'en suis coupable. » (Oui, oui, à bas ! à bas!)

Après cet incident, Gorguereau dit quelques mots et Danton lui succède à la tribune.

M. Danton. « Depuis long-temps ma vie appartient aux poignards des ennemis de la liberté, sous quelque masque qu'ils se présentent ; je ne les redoute pas davantage que je n'ai craint les armes du Châtelet.

» Le prêtre Sieyès qui a défendu la dîme ; le prêtre Sieyès qui ne voulait pas que les biens du clergé fussent déclarés nationaux ; le prêtre Sieyès qui a fait une loi pour modérer la liberté de la presse, n'est pas le seul auteur de la déclaration qu'on vous a fait connaître. Il y a un an qu'un homme, sur lequel je m'expliquerai aussi hardiment, M. de la Fayette, établit des conférences avec ceux qu'il regardait comme les plus exaltés du parti populaire. Je fus admis à ces conseils, et là M. de la Fayette déploya la même opinion qui est répandue dans cet écrit. Il me faisait observer que moi qui avais alors déployé toute mon ardeur pour la cause de la liberté, j'étais banni des places, par une espèce d'ostracisme des sections, tandis que M. Bailly avait été réélu. Il pensait encore qu'il lasserait bientôt les amis de la constitution. Je lui répondis que le peuple, d'un seul mouvement, balayerait ses ennemis quand il le voudrait.

» Dans une de ces conférences où l'on croyait attiédir les patriotes, on me disait : ne serait-il pas possible qu'avant la fin de la constitution, sans rappeler le système de M. Mounier, on représentât quelque chose d'équivalent. On a bien cherché cet équivalent, on l'a bien fait mûrir, on a décrié les sociétés amies de la constitution, et on a reproduit enfin cet équivalent sous les auspices d'une réputation factice, et à l'aide de quelques hommes qui ont eu l'infamie expresse de se servir de fausses signatures.

» Et c'est ce même homme tant prôné qui, déserteur de cette société, est l'auteur de ce projet dans un temps de régénération où tout homme qui cherche à morceler un établissement utile à la liberté est un traître! ils espèrent rester nobles en dépit de l'horreur que la noblesse inspire à toute la France. Ils veulent les deux chambres.

» Mais il y aura toujours unité de lieu, de temps et d'action et la pièce restera. Mais quoique votre ennemi soit presque à demi battu, puisque sa trame est découverte, ne vous endormez pas dans une fausse sécurité ; songez que vous avez affaire au prêtre Sieyès. »

ASSEMBLÉE NATIONALE. — (*Du 21 au 30 juin.*)

La bourgeoisie n'avait jamais voulu supposer au roi le projet de fuir, parce qu'elle pensait que la révolution devait avoir pour dernier mot une constitution monarchique constitutionnelle ; elle ne comprenait pas comment un homme serait assez stupide pour chercher à sortir d'une position qui lui assurait, sans troubles, sans embarras et sans travail personnel, une liste civile de vingt-cinq millions.

Les démocrates honnêtes gens, et nous avouons qu'ils étaient en très-petit nombre, sentaient une fin révolutionnaire bien différente ; aussi n'avaient-ils pas cessé d'être convaincus que le roi cherchait à s'échapper, et ils affirmaient hautement qu'ainsi le voulaient les circonstances fatales à la pente desquelles Louis XVI s'était abandonné dès les premiers jours de son règne.

Les hommes de désordre, et ils étaient nombreux, exagéraient audacieusement tout cela. Nous ne croyons pas manquer à l'impartialité froide que nous nous sommes imposée, nous pensons, au contraire, n'y avoir jamais été plus fidèles qu'en disant, par exemple, que le club des Cordeliers montre dans ses moindres actes une volonté qui va au mal par toutes les voies, celle de l'ignorance, celle de la vanité, celle de l'intrigue, celle de la friponnerie, et par-dessus tout, celle d'un cynisme qui repousse. Il n'y a pas, dans tout l'*Orateur du peuple*, l'un des meneurs de ce club, une ligne, une seule, où le lecteur le moins prévenu ne flaire la trace d'un menteur. Et cependant Fréron était encore un coquin subalterne auprès du rédacteur du journal *du Diable*, du citoyen Labenette. Dans un de ses numéros de juin, Fréron accuse ce dernier d'exagération; mais peu après il revient, et lui délivre un certificat de patriotisme fervent.

Le crédit de ces hommes provenait de l'esprit rétrograde qui animait la cour, de l'esprit stationnaire qui s'était emparé de la bourgeoisie, tendances aussi contre-révolutionnaires, aussi égoïtes assurément l'une que l'autre. A cause de cela, il se trouva que les méchans, qui protestent toujours contre les obligations sociales, qu'elles soient légitimes ou illégitimes, protestaient cette fois contre des obligations vraiment illégitimes; car l'intérêt de la royauté, pas plus que l'intérêt de la bourgeoisie, n'étaient la grande loi morale. Mais qu'espérer de ces ennemis des rois et des bourgeois lorsque la fraternité universelle par le dévoûment, serait proposée à leur respect et à leurs œuvres?

En outre, les méchans se couvraient alors et se couvriront jusqu'au 9 thermidor de deux noms honnêtes et purs. Lorsqu'on leur parle de probité et de vertu, ils citent victorieusement à leurs adversaires Robespierre et Marat. Il est difficile en effet de refuser à ces deux révolutionnaires la pensée constante du bien. Cette conviction de notre part sur Marat en particulier, est sans doute partagée par quiconque a lu notre histoire; quant à Robespierre, il est devenu banal de louer son intégrité. Mais si l'un et l'autre combattaient pour arracher la France au despotisme d'un homme ou d'une caste, ce n'était pas pour la diviser comme une curée aux loups qui suivaient leur armée; c'était pour la placer à jamais sous le despotisme de la justice.

Le peuple était avec les démocrates. Aux jours de fermentation, lorsqu'il se répandait sur les places publiques, son excellent sentiment, son ardeur révolutionnaire, le livraient à ceux qui exprimaient ce sentiment avec audace, et il finissait par les imiter et par les suivre dans tous les désordres où ils voulaient l'entraîner. Ceci nous explique bien des attentats sans nom et sans figure connue, d'horribles excès qui n'eussent jamais été commis après une prédication de Marat ou de Robespierre. Mais qui trouvait-on dans les groupes? Ou la Fayette et Bailly invitant à l'ordre au nom de la bourgeoisie; ou Labenette, Fréron et compagnie, excitant la foule au nom de la souveraineté du peuple. Aussi les anarchistes étaient-ils seuls obéis, et s'il en résulta des crimes, qu'ils retombent sur la tête de ceux qui les conseillèrent et de ceux qui les provoquèrent.

Marat appelait une insurrection générale; il demandait que les incorrigibles fussent frappés. Mais une punition, même la peine de mort, lorsque le salut du but social l'exige, est sanctionnée par la morale. Les choses que la morale réprouve, bien loin de les absoudre, ce sont les folies des mutilations, la débauche du sang, les dépécemens des cadavres et les jeux avec des lambeaux de chair humaine. Nous faisons ces réflexions, parce que nous qui sommes placés dans la continuité du drame, et qui le reproduisons en même temps que le milieu dans lequel il se passa, nous le voyons se consommer dans un instant indivisible; les scènes croulent pour ainsi dire l'une sur l'autre, de manière à annuler la successivité. L'événement qui va nous occuper, rompt le dernier fil sur lequel tiraient encore les révolutionnaires et les contre-révolutionnaires. Au moment où il est rompu, la France tombe dans l'avenir plutôt qu'elle n'y descend.

Pendant la dernière semaine qui précéda la fuite du roi, le comité des recherches, la municipalité, la Fayette, furent plusieurs fois avertis que la cour se préparait à partir. On trouvera tous ces détails dans les séances de l'assemblée.

Fréron, qui n'ignorait pas ces renseignemens, prépara là-dessus une fable digne de ceux qui, au 9 thermidor, glissèrent sur la table de Robespierre un cachet aux fleurs de lis, et en firent une pièce de conviction pour l'accuser de royalisme. Il prétendit avoir reçu des révélations d'une certaine dame Deflandre, flamande, parlant fort mal français, qui lui avait livré une lettre écrite par Marie-Antoinette au prince de Condé. Cette dame déclara l'avoir reçue de madame Rochechouart, pour la transmettre de la part de la reine à une dame Benoît, riche dévote, retirée aux dames du Saint-Sacrement. Le but de cette lettre était de convaincre cette dernière qu'on allait enfin partir, chose à laquelle elle ne voulait plus croire, à moins qu'on ne lui en administrât des preuves. (*Orateur du peuple*, n° XLIX.) Ce fut sous cette farine que Fréron se promena avec cette femme des Cordeliers à la section du Théâtre-Français; de cette section au comité des recherches, laissant partout des déclarations signées et paraphées. Camille Desmoulins lui-même se laissa prendre à ce piége, au point qu'il conduisit ladite dame à Robespierre et à Buzot, et qui tous deux se disposaient à attaquer la Fayette et Bailly avec ce faux témoignage, lorsque Pétion, qui survint, les en détourna. Or, voici la lettre prétendue. Nous la transcrivons parce qu'on en tint compte alors, parce que beaucoup de journalistes la citèrent. Il fallait une bien-grande préoccupation pour s'arrêter une minute devant cette platitude.

Lettre de la reine au ci-devant prince de Condé.

« Notre ami, ne faites aucune attention au décret lancé contre vous par l'assemblée des *cochons*; nous apprendrons à faire remuer les *crapauds* et les *grenouilles* (les Parisiens). Voici la façon dont notre *gros* partira aussitôt que *nos gens* seront de garde. Nous avons résolu de faire faire une voiture publique dans le genre d'un fiacre, le cocher habillé en fiacre, qui nous mènera à deux lieues de Paris. Nous partons pour le pays *wallon* (le Pays-Bas); nous irons de Philippeville à Malplaquet, de Malplaquet à Bonsecours, à quatre lieues de Mons, en revenant du côté de Maubeuge, château appartenant à M. de Croy, et disposé à recevoir la famille royale. Le roi partira avec son fils; moi, je me rendrai de mon côté, avec madame Elisabeth et ma fille, au Luxembourg. Nous partirons aussi en fiacre, moi avec une de mes amies (madame de Rochechouart), dans un fiacre; madame Elisabeth, Madame et Monsieur partiront de l'autre côté.

» Notre blond (la Fayette) et le Bailly tâcheront de s'échapper à cheval du côté du Bourget, comme s'ils se promenaient. Quant à nous, si le peuple s'aperçoit de notre départ, la cavalerie, sous prétexte de courir après nous, nous escortera jusqu'à Bonsecours ; car la cavalerie est pour nous, et nous comptons entièrement sur elle. Bailly donne depuis quelque temps à la majeure partie des cavaliers six livres par jour. Nous avons aussi le corps des marchands qui s'entend avec nous ; ils nous fournissent les fonds en espèces. Dans l'assemblée nationale, les nôtres ont gagné qu'il n'y ait plus que du papier dans le commerce, afin que nous soutirions tout l'argent. Notre parlementaire (le premier président *Sarron*) est venu ici nous faire part du projet des parlemens : ils offrent de payer toutes les dettes de l'État et de soulager le peuple de la capitation et du droit des patentes pendant dix ans ; mais c'est une amorce pour le peuple, afin de l'amadouer et de s'en rendre le maître.

» Voilà des décrets que nous avons fait sanctionner par notre *gros* (le roi) : nous en avons fait passer dans les provinces, et nous en avons aussi adressé au prince Louis (faux décrets envoyés pour égarer le peuple et tromper la troupe de ligne, et soustraction des véritables). Ici, à Paris, nous nous reposons sur les chefs de la municipalité et sur les citoyens actifs qu'on travaille. Que le cardinal ne passe pas le Rhin, jusqu'à ce qu'il y ait reçu la nouvelle que le roi sera parti, par une lettre particulière.

» Si nous ne réussissons pas, pour lors, notre ami, ne vous pressez pas de revenir en France. Je profite du moment où cet animal du sceau n'y est pas, pour donner cette lettre à signer au roi. Tout est arrangé pour que nous partions sous un jour ou deux. Nous ne craignons que les troupes du *bourgeonné* (M. d'Orléans), ci-devant gardes-françaises ; il n'y a qu'eux que nous ne pouvons pas gagner, ainsi que la république du faubourg Saint-Antoine.

» Je vous envoie 2,000,000 de livres en espèces, que les marchands nous ont procurées. » Ce sont les seize caisses d'argent parties avant-hier matin pour Bâle en Suisse. (*L'Orateur du peuple*, n° XLVI.)

La soirée du 20 fut très-calme à Paris. « Moi, dit Desmoulins, je revenais à onze heures des Jacobins avec Danton et d'autres patriotes : nous n'avons vu dans tout le chemin qu'une seule patrouille. Paris me parut cette nuit si abandonné, que je ne pus m'empêcher d'en faire la remarque. L'un de nous (Fréron), qui avait dans sa poche une lettre dont je parlerai, laquelle prévenait que le roi devait partir cette nuit, voulut observer le château : il vit M. la Fayette y entrer à onze heures. » Le lecteur remarquera que ce fut Fréron qui vit la Fayette.

Le même Desmoulins nous raconte ensuite les événemens de la nuit, d'après des témoins oculaires.

« La nuit où la famille des Capets prit la fuite, à minuit vingt minutes, le sieur Busebi, perruquier, rue de Bourbon, s'est transporté chez le sieur Hucher, boulanger, et sapeur du bataillon des Théatins, pour lui communiquer ses craintes sur ce qu'il venait d'apprendre des dispositions que faisait le roi pour fuir. Ils courent à l'instant même réveiller leurs voisins, et bientôt rassemblés au nombre d'une trentaine, tous membres du bataillon, ils se portent chez le sieur Mottié, auquel ils annoncent que le roi est sur le point de prendre la fuite : ils le pressent de prendre immédiatement des mesures pour s'y opposer. Mottié se met à rire et à les dissuader, en leur recommandant de se rendre tranquillement chez eux. Pour n'être pas arrêtés en se retirant, au cas qu'ils vinssent à rencontrer quelques patrouilles, ils lui demandent le mot d'ordre. Il le leur donne, en leur répétant de n'avoir point d'inquiétudes, et en les assurant que le roi est en sûreté. Lorsqu'ils ont le mot d'ordre, ils se portent aux Tuileries, où ils n'aperçoivent aucun mouvement, si ce n'est parmi grand nombre de cochers de fiacre, qui étaient à boire autour de ces petites boutiques ambulantes qui se trouvent près du guichet du Carrousel. Ils font le tour des cours jusqu'à la porte du manége, et reviennent sur leurs pas sans avoir rien aperçu ; mais ils sont surpris, à leur retour, de ne plus trouver un seul fiacre sur la

place : ils avaient tous disparu ; et c'est précisément là le moment où l'indigne famille s'est évadée ; ce qui ferait conjecturer que toutes ces voitures ont été employées par les personnes qui formaient la suite des Capets fugitifs. *Le pauvre la Fayette!* (1) »
(*Révolutions de France*, etc., n° LXXXIII.)

Le matin, à la première rumeur de la fuite du roi, tout Paris s'ébranla. La foule inondait surtout les abords des Tuileries, les quais, la place de Grève, le Palais-Royal. Pour peu que l'on réfléchisse aux habitudes révolutionnaires déjà contractées, aux lectures en plein vent, aux harangues, aux motions des carrefours, aux affiches, aux placards, aux marches et aux contremarches de la garde nationale, on se fera une idée à peu près exacte du spectacle que présentait la capitale. Les sections et les clubs ouvrirent aussitôt la permanence. Nous allons laisser parler Prudhomme :

« Ce ne fut qu'à dix heures que le département et la municipalité annoncèrent par trois coups de canon l'événement inattendu du jour. Depuis trois heures, la nouvelle volait déjà de bouche en bouche, et circulait dans tous les quartiers de la ville. Pendant ces trois heures, il pouvait se commettre bien des attentats. Le roi est parti. Ce mot donna d'abord un moment d'inquiétude; on se porta en foule au château des Tuileries pour s'en assurer ; mais tous les regards se portèrent presqu'aussitôt sur la salle de l'assemblée nationale. Notre roi est là dedans, se dit-on ; Louis XVI peut aller où il voudra.

» Puis on fut curieux de visiter les appartemens évacués. On les parcourut tous ; on y trouva des sentinelles. Nous les questionnâmes : « Mais par où et comment a-t-il pu fuir? Comment ce gros individu royal, qui se plaint de la mesquinerie de son logement, est-il venu à bout de se rendre invisible aux factionnaires, lui dont la corpulence devait obstruer tous les passages ? Nous ne savons que répondre, disaient les soldats de garde. »

(1) Depuis le n° LXXIX, ce journal s'intitule : *Révolutions de France et de tous les royaumes qui demandant une assemblée nationale, et arborant la cocarde, mériteront une place dans les fastes de la liberté.* (*Note des auteurs.*)

Nous insistâmes : cette fuite n'est pas naturelle ; vos chefs étaient du complot..... et tandis que vous étiez à vos postes, Louis XVI quittait le sien à votre insu et tout près de vous.

» C'est à ces observations qui se présentaient les premières à l'esprit, que la Fayette est redevable de l'accueil qui le fit pâlir sur la place de Grève et tout le long des quais. Il alla se réfugier à l'assemblée nationale, où il fit des aveux peu propres à lui ramener la faveur populaire.

» Bien loin d'être *affamé de voir un roi*, le peuple prouva par la manière dont il prit l'évasion de Louis XVI, qu'il était saoul du trône et las d'en payer les frais. S'il eût su dès-lors que Louis XVI, dans sa déclaration qu'on lisait en ce moment à l'assemblée nationale, *se plaignait de n'avoir point trouvé dans le château des Tuileries les plus simples commodités de la vie*, le peuple indigné se serait porté peut-être à des excès ; mais il sentait sa force et ne se permit aucune de ces petites vengeances familières à la faiblesse irritée : il se contenta de persifler à sa manière la royauté, et l'homme qui en était revêtu. Le portrait du roi fut décroché de sa place d'honneur et suspendu à la porte ; une fruitière prit possession du lit d'Antoinette pour y vendre des cerises, en disant : C'est aujourd'hui le tour de la nation de se mettre à son aise. Une jeune fille ne voulut jamais souffrir qu'on la coiffât d'un bonnet de la reine ; elle le foula aux pieds avec indignation et mépris ; on respecta davantage le cabinet d'étude du Dauphin ; mais nous rougirions de rapporter le titre des livres du choix de sa mère.

» Les rues et les places publiques offraient un spectacle d'un autre genre. La force nationale armée se déployait en tous lieux d'une manière imposante. Le brave Santerre pour sa part enrôla deux mille piques de son faubourg. Ce ne furent point les citoyens actifs et les habits bleu-de-roi qui eurent les honneurs de la fête ; les bonnets de laine (1) reparurent et éclipsèrent les bonnets

(1) Les ouvriers des faubourgs, et en général à cette époque, les hommes du peuple, portaient tous des bonnets de laine. Nous avons vu passer quelques lettres, notamment une à Gorsas, signée *Lapique*, général des bonnets de laine. Ce fut là l'origine du bonnet rouge. — (*Note des auteurs.*)

d'ours. Les femmes disputèrent aux hommes la garde des portes de la ville, en leur disant : Ce sont les femmes qui ont amené le roi à Paris, ce sont les hommes qui le laissent évader. Mais on leur répliqua : Mesdames, ne vous vantez pas tant, vous ne nous aviez pas fait là un grand cadeau.

»L'opinion dominante était une antipathie pour les rois et un mépris pour la personne de Louis XVI, qui se manifestèrent jusque dans les plus petits détails. A la Grève, on fit tomber en morceaux le buste de Louis XVI, qu'éclairait la célèbre lanterne, l'effroi des ennemis de la révolution. Quand donc le peuple se fera-t-il justice de tous ces rois de bronze, monumens de notre idolâtrie ! Rue Saint-Honoré, on exigea d'un marchand le sacrifice d'une tête de plâtre à la ressemblance de Louis XVI ; dans un autre magasin, on se contenta de lui poser sur les yeux un bandeau de papier : les mots de *roi*, *reine*, *royale*, *Bourbon*, *Louis*, *cour*, *Monsieur*, *frère du roi*, furent effacés partout où on les trouva écrits sur tous les tableaux et enseignes des magasins et des boutiques. Le Palais-Royal est aujourd'hui le Palais-d'Orléans. Les couronnes peintes furent même proscrites. » (*Révolut. de Paris*, n° CII.)

Le club des Cordeliers fit imprimer et afficher un arrêté dans lequel il disait que le corps-législatif avait rendu la France esclave en décrétant l'hérédité de la couronne. Il demandait que le nom du roi fût à jamais supprimé, et que le royaume fût à l'avenir une république. (*Chronique de Paris*.) Nous verrons plus bas comment les Jacobins accueillirent cette proposition.

Les bruits les plus étranges se répandirent : selon les uns, le roi avait pris la route de Metz ; selon d'autres, la famille royale s'était sauvée par un égout. Le mot *enlèvement*, qui avait été mis dans le décret de l'assemblée nationale, placardé par le département, fut partout effacé, et on y substitua le mot *fuite*.

« Voilà bien assez de temps que je suis aux Jacobins, « s'écrie Desmoulins dans sa narration. Pendant ce temps-là, le peuple de Paris déployait tout son courage, et le caractère, la gaîté française ne s'est point démenti dans cette journée. On lisait dans les Tuileries cette affiche :

« On prévient les citoyens qu'un gros cochon s'est enfui des Tuileries ; on prie ceux qui le rencontreront de le ramener à son gîte : ils auront une récompense modique. »

« La motion suivante fut faite en plein vent au Palais-Royal :
« Messieurs, il serait très-malheureux, dans l'état actuel des choses, que cet homme perfide nous fût ramené ; qu'en ferions-nous ? il viendrait comme Thersite nous verser ces larmes grasses dont parle Homère. Si on le ramène, je fais la motion qu'on l'expose pendant trois jours à la risée publique, le mouchoir rouge sur la tête ; qu'on le conduise ensuite par étape jusqu'aux frontières, et qu'arrivé là on lui donne du pied au cul. »

« Comme on effaçait partout le nom du roi, on a remarqué, rue de Laharpe, une enseigne, au *Bœuf couronné*, elle a été enveloppée dans la même proscription. » (*Révolutions de France*, etc., n° LXXXII.)

Les feuilles aristocratiques ne parurent pas. Mallet du Pan, dit la chronique, a fui comme un roi. Royou suspendit sa publication ; et donna plus tard le numéro arriéré. Sa narration est plutôt une longue élégie que de l'histoire : seulement voici ses réflexions sur la tranquillité de Paris : « Quel a dû être leur étonnement et leur confusion (des factieux) lorsqu'ils ont vu ce même peuple, qu'ils croyaient si furieux et si passionné pour la révolution, attendre si paisiblement le nouvel ordre de choses que l'éloignement du roi semblait présager. Ils ont prétendu se faire un mérite de cette tranquillité miraculeuse, eux qui comptaient sur un massacre et un pillage universel. Mais les hommes éclairés n'ont pas été surpris ; ils n'ignorent pas que le peuple de Paris est très-disposé à la tranquillité quand on n'a pas soin de l'échauffer, et surtout de le soudoyer. Les chefs d'émeute, chargés du département des insurrections, sont restés eux-mêmes étourdis de ce départ imprévu du roi ; d'ailleurs, les fonds leur manquaient, et la caisse de la révolution est presque épuisée : voilà pourquoi le peuple, abandonné à lui-même, est demeuré muet et stupide, très-disposé à reconnaître et à respecter son roi quand il le verrait environné de la majesté et de la force qui conviennent à sa dignité. » (L'*Ami du roi*, 23 juin.)

Royou commence cet article par ces mots : « Un monarque prisonnier au milieu de sa capitale ; un monarque abreuvé d'humiliations, etc., etc. » Fréron disait : « Il est parti, ce roi imbécille, ce roi parjure, cette reine scélérate, qui réunit la lubricité de Messaline à la soif du sang qui dévorait Médicis ! Femme exécrable, furie de la France, c'est toi qui étais l'âme du complot ! »

Après ce coup d'œil général sur la journée du 21, nous entrerons dans les pièces. Notre travail est ainsi divisé : séance de l'assemblée nationale le 21 juin ; séance des Jacobins le même jour ; séances de l'assemblée du 22 au 30 ; mêmes séances aux Jacobins, précédées d'une analyse de la presse.

ASSEMBLÉE NATIONALE. — SÉANCE DU 21 JUIN.

[*M. le président.* J'ai une nouvelle affligeante à vous donner. M. Bailly est venu, il n'y a qu'un instant chez moi, m'apprendre que le roi, et une partie de sa famille, ont été enlevés cette nuit par les ennemis de la chose publique.

(L'assemblée nationale garde un profond silence.)

M. Regnault, député de Saint-Jean-d'Angely. Il est sans doute inutile de retracer à l'assemblée la conduite courageuse et imposante qu'elle a tenue il y a deux ans, dans des conjonctures moins importantes peut-être, et moins difficiles. Les hommes qui ont su conquérir à cette époque la liberté, sauront aujourd'hui la conserver et la défendre, et tous les amis de la constitution vont se presser et s'unir pour la maintenir.

Vous aurez, Messieurs, lorsque vous serez instruits, des mesures essentielles à préparer et à prendre. Dans cet instant, il me paraît essentiel d'en adopter deux ; la première, de mander les ministres pour recevoir les ordres de l'assemblée, et lui donner les renseignemens qu'ils ont ; la seconde, d'expédier des courriers dans les départemens, pour faire arrêter ceux qui ont conspiré et effectué l'enlèvement de la famille royale et du roi. Je propose le décret suivant :

« L'assemblée nationale ordonne que le ministre de l'intérieur expédiera à l'instant des courriers dans tous les départemens, avec ordre à tous les fonctionnaires publics, et gardes nationales ou troupes de ligne de l'empire, d'arrêter ou faire arrêter toute personne quelconque sortant du royaume ; comme aussi d'empêcher toutes sorties d'effets, armes, munitions ou espèces d'or et d'argent, chevaux ou voitures : et dans le cas où les courriers joindraient le roi, quelques individus de la famille royale, et ceux qui auraient pu concourir à leur enlèvement, lesdits fonctionnaires publics, ou gardes nationales, et troupes de ligne, seront tenus de prendre toutes les mesures nécessaires pour arrêter ledit enlèvement, les empêcher de continuer leur route, et rendre compte ensuite au corps-législatif. »

Cette proposition est unanimement décrétée.

M. Vernier. Il faut donner des ordres pour qu'il soit fabriqué des armes dans tous les arsenaux.

M. Camus. La chose la plus importante d'après les avis que je reçois, est de veiller à ce que la salle soit exactement gardée. Il faut que personne ne puisse s'introduire ici qu'il ne soit député.

L'assemblée consultée charge son président de donner à cet égard les ordres les plus précis.

M. Bahey. Je demande qu'on envoie des commissaires près du ministre de l'intérieur, pour qu'ils s'assurent que tous les ordres qui lui seront intimés par l'assemblée, soit exactement exécutés.

M. Chapelier. Je propose que l'assemblée ordonne aux administrateurs et aux officiers municipaux d'instruire les citoyens par une proclamation publiée dans tous les carrefours, que l'assemblée nationale va s'occuper avec la plus grande activité, et sans aucune interruption de séance, des moyens propres à assurer l'ordre dans l'empire, et pour leur ordonner de ne commettre aucun désordre, aucune violence.

Cette proposition est décrétée à l'unanimité.

M. Camus. La troisième mesure consiste à mander les ministres pour entendre de leur bouche le récit des faits qui sont à leur connaissance et leur donner tous les ordres nécessaires, car c'est à vous certainement qu'il appartient de donner tous les ordres. Il faut également mander le maire de Paris et le commandant de la garde nationale, et leur ordonner notamment de prendre des précautions pour le château des Tuileries.

M. Charles Lameth. Sans doute l'assemblée croira que, sans perdre un moment, il faut que le ministre de la guerre ordonne à M. de Rochambeau, commandant en Flandre, de se rendre sur sa frontière. Son patriotisme n'est pas plus douteux que ses talens, et son poste est le plus exposé.

N..... Il me paraît convenable d'ordonner que la plus grosse artillerie de Paris fasse de dix minutes en dix minutes des décharges d'alarme, qu'on hisse un pavillon en berme, et que des courriers expédiés portent les mêmes ordres.

M. Regnault de Saint-Jean-d'Angely. Le commandant général a déjà ordonné les décharges d'alarme.

M. Martineau. Rien n'est plus dangereux que cette mesure : elle répandrait de grandes inquiétudes. (On murmure.) On ne saura pas quelle est la cause de l'alarme ; des courriers valent mieux que des canons.

M. Goupil. Des canons ! Ils annoncent que le pouvoir exécutif retourne naturellement à sa source.

(Le ministre de la justice entre dans la salle.)

M. le président. On vient de m'annoncer qu'un aide-de-camp de M. la Fayette, envoyé à la poursuite des personnes qui enlèvent le roi, a été arrêté par le peuple ; il demande à paraître.

M. Robeuf, aide-de-camp du commandant de la garde nationale parisienne. Je ne m'attendais pas à paraître devant cette assemblée. Le peuple qui m'a arrêté, m'a conduit au comité des Feuillans et a voulu que je fusse amené devant vous. Je partais pour exécuter les ordres de M. la Fayette, qui m'avait expédié un ordre par lequel il me chargeait d'avertir les bons citoyens du départ du roi, et de les engager à employer tous les moyens pour l'arrêter dans sa route, et pour s'opposer aux tentatives des ennemis de l'ordre public. Ce sont les ouvriers du pont Louis XVI qui m'ont arrêté. Ils m'ont maltraité, ainsi que M. Curmer, mon camarade, dont j'ignore en ce moment le sort.

L'assemblée ordonne à son président d'ajouter un ordre d'elle-même à l'ordre de M. la Fayette. Elle charge deux de ses membres d'accompagner M. Robeuf vers le peuple, et de s'informer de la position actuelle de M. Curmer.

N.... Je serais d'avis qu'on fît proclamer, sur-le-champ, le décret sur les arrestations et sur l'ordre public ; afin que le peuple, voyant votre vigilance, se rassure et se contienne.

M. Rewbel. M. la Fayette va paraître, je prie le président de lui demander, s'il est vrai que depuis plusieurs semaines, les officiers avaient la consigne de ne pas laisser sortir le roi après minuit. Cela signifie quelque chose....

M. Barnave. M. le président, je demande la parole avant que l'on continue..... J'arrête l'opinant sur ce qu'il a paru vouloir dire. L'objet qui doit nous occuper, est de sauver la chose publique, et d'attacher la confiance populaire à qui elle appartient. Il est des hommes sur lesquels des mouvemens populaires voudraient appeler des défiances que je crois fermement, et que je jure à la nation qu'ils n'ont pas méritées. C'est donc en attachant sur ces personnes la confiance du peuple, comme elles ont la nôtre, que nous aurons un centre d'exécution, et un bras pour agir quand nous ne devons avoir qu'une tête pour penser. M. la Fayette, depuis le commencement de la révolution, a montré les vues et la conduite d'un bon citoyen : il mérite la confiance, il l'a obtenue; il importe à la nation qu'il la conserve. Il importe que dans le centre du royaume la force publique parle son véritable langage, et que les représentans ne soient pas influencés par des causes qui, quoique paraissant populaires, pourraient être étrangères. Il faut de la force à Paris ; mais il y faut de la tranquillité.

Il faut de la force ; mais c'est vous qui devez la diriger. Il importe que tous ceux qui aiment leur patrie, que ceux qui, par leur courage ont assuré la révolution, le 14 juillet, se tiennent prêts à marcher. Vous savez qu'à cette époque les armes furent d'abord prises par des hommes que l'espoir du désordre avait rassemblés. Des désordres furent en effet commis; ils cessèrent bientôt, et des actes civiques sauvèrent la France. Je demande donc que passant à l'ordre du jour sur le commencement de la proposition qui vous a été faite par le préopinant, il soit ordonné aux citoyens de se tenir en armes, mais calmes, mais immobiles, avec la ferme résolution d'obéir au mouvement qui leur sera imprimé par l'assemblée nationale.

M. Dandré. J'ai l'honneur de représenter que tous les momens sont précieux. Que l'ordre s'établisse et le vaisseau de l'état échappera à tous les orages. On ne peut pas douter de la fermeté de ses pilotes ; ils n'en quitteront la conduite qu'en mourant. Je l'ai dit le 14 juillet, et je le répète aujourd'hui, il faut agir et non pas discourir : je demande que les paroles de M. Barnave soient la proclamation elle-même. Ne prenons pas tant de mesures à la fois, exécutons celle que nous avons prise, et adoptons la proposition de M. Barnave.

La proposition de M. Barnave est unanimement décrétée. — Le côté droit, peu nombreux, prend part à la délibération.

M. le président. On m'annonce que M. Cazalès est arrêté par le peuple.

On propose d'envoyer près de lui six commissaires.

Cette proposition est adoptée par acclamation.

Beaucoup de membres se pressent autour du bureau pour obtenir d'être chargés de cette mission.

Les commissaires sortent en très-grand nombre.

Après quelques minutes les commissaires rentrent.

M. Darenaudat, l'un d'eux, annonce que M. Cazalès est hors de danger.

Les ministres des contributions publiques, de la marine, de l'intérieur et de la guerre sont admis successivement dans l'assemblée,

M. Chapelier. Voilà comment je propose de rédiger les décrets proposés par MM. Dandré et Folleville.

« L'assemblée nationale déclare aux citoyens de Paris, et à tous les habitans de l'empire, que la même fermeté qu'elle a portée au milieu de toutes les difficultés qui ont accompagné ses travaux, va diriger ses délibérations, à l'occasion de l'enlèvement du roi et de la famille royale;

» Avertit tous les citoyens que le maintien de la constitution, le salut de l'empire n'ont jamais exigé plus impérieusement le bon ordre et la tranquillité publique; que l'assemblée nationale a pris les mesures les plus actives pour suivre la trace de ceux qui se sont rendus coupables de l'enlèvement du roi et de la famille royale; qu'elle va sans aucune interruption, dans ses séances, employer tous les moyens pour que la chose publique ne souffre pas de cet événement; que tous les citoyens doivent se reposer entièrement sur elle, des soins qu'exige le salut de l'empire, et que tout ce qui exciterait le trouble, effraierait les personnes, menacerait les propriétés, serait d'autant plus coupable, que par-là, seraient compromises et la liberté et la constitution;

» Ordonne que les citoyens de Paris se tiendront prêts à agir, pour le maintien de l'ordre public et la défense de la patrie, suivant les ordres qui leur seront donnés d'après les décrets de l'assemblée nationale.

» Ordonne aux administrateurs du département et aux officiers municipaux, de faire promulguer aussitôt le présent décret, et de veiller avec soin à la tranquillité publique. »

Cette rédaction est décrétée à l'unanimité.

M. Crillon le jeune. Dans les circonstances où nous sommes, il est certain que nous ne devons pas borner nos mesures au seul département de Paris, mais qu'elles doivent comprendre l'universalité des départemens. Il est certain qu'il y a maintenant des précautions à prendre; par exemple, de faire partir des courriers. (*Plusieurs voix* : Cela est fait.) J'apprends avec plaisir que l'assemblée a déjà pris ce matin cette mesure; mais il en est une multitude d'autres que la prudence vous commande. Il est impossible qu'une assemblée de huit cents ou de mille personnes agisse avec la promptitude qui convient aux circonstances. Je demande que vous nommiez cinq personnes, ou même un plus petit nombre, auxquelles vous confierez le pouvoir nécessaire. (Plusieurs voix: *Cela est rejeté.*) Je ne sais pas sous quelle forme une mesure aussi sage a été proposée pour qu'elle ait pu être rejetée. Si l'on veut, je consens à ce que cette commission ne puisse faire à elle seule aucun acte d'administration; mais je demande qu'elle s'adjoigne à cet effet aux ministres, et qu'elle vous rende compte tous les jours des mesures qu'elle aura prises dans la journée.

M. le président. Ce que propose M. Crillon ayant été rejeté par l'assemblée, je ne puis plus le soumettre à la délibération.

M. Fréteau. Nous avons vu dans le courant de cette révolution les malheureux effets des faux décrets répandus dans les départemens; je demande que pour prévenir les troubles qu'y exciteraient les faux décrets, les faux ordres qu'on pourrait y répandre, je demande que tous les décrets de l'assemblée nationale soient scellés du grand sceau de ses archives, qu'on ne se serve plus des cachets particuliers des comités, et qu'il soit enjoint aux directoires de département de vérifier avec la plus grande attention, sur les expéditions qui leur seront envoyées, la fidélité des signatures.

La proposition de M. Fréteau est décrétée.

M. Camus. Conformément aux ordres de l'assemblée nationale, la députation nommée par le président s'est rendue dans les Tuileries pour protéger M. Cazalès. Nous avons rendu compte au peuple des mesures que l'assemblée avait prises; notre récit a été fréquemment interrompu par des applaudissemens; nous avons recommandé à tous le calme et la tranquillité; ils ont tous juré d'empêcher qu'il ne se commît aucun désordre. Nous leur avons dit d'aller, chacun dans sa section, y porter les mêmes impressions, et instruire tous leurs concitoyens des mesures prises par l'assemblée nationale; ils se sont aussitôt rendus à notre invitation.

M. l'évêque de Blois. Je dois ajouter au compte-rendu par le préopinant, que nous avons rencontré partout le peuple dans les mêmes dispositions ; soutenons sa cause avec courage; *et nos, si fractus illabatur orbis, impavidos ferient ruinæ*; nous mourrons, s'il le faut, pour sauver la chose publique.

M. Charles de Lameth. La proposition de M. Crillon a été repoussée. Je crois cependant que l'assemblée ayant dans son sein des comités diplomatique, militaire, des finances, et, en un mot, de toutes les parties de l'administration, elle devrait leur ordonner de travailler avec les ministres, chacun en la partie qui le concerne, de rendre compte à l'assemblée de toutes les mesures qu'ils croiront devoir prendre, et de les lui soumettre toutes les fois qu'un décret de l'assemblée nationale sera nécessaire. Je crois ensuite que nous devons autoriser les ministres à venir d'eux-mêmes, et quand la chose publique l'exigera, dans le sein de l'assemblée. Vous jugerez aussi utile d'adjoindre six membres au comité des recherches. Il a été commis un grand forfait, un crime de lèse-nation au premier chef, s'il y en a. Il y aura mille et mille recherches à faire pour savoir quels moyens on a employés, quelles personnes sont les auteurs ou les complices de ce crime.

M. Dandré. Il est une mesure générale, une mesure préalable à toute autre, que je crois devoir vous proposer avant même que vous entendiez les ministres. Votre constitution porte que nul décret ne sera exécuté comme loi du royaume, que lorsqu'il aura été accepté ou sanctionné. La sanction est impossible en ce moment. Cependant il est important de prendre un mode provisoire pour l'exécution de nos décrets. Je propose, en conséquence, le projet de décret suivant :

« L'assemblée nationale décrète que provisoirement et jusqu'à ce qu'il en ait été autrement ordonné, tous les décrets rendus par elle seront mis en exécution par les ministres, sans qu'il soit besoin de sanction ni d'acceptation. »

M. Pétion. La proposition du préopinant me paraît extrêmement simple, et conforme aux principes. En effet, le droit de donner aux lois une sanction quelconque, vous l'avez délégué au roi, comme tous les autres. Dans l'absence du roi, ce droit retourne naturellement à sa source; l'assemblée constituante peut le déléguer à tout autre pouvoir, ou en suspendre la délégation. Il me paraît que les ministres ont quelques observations à faire. Je demande qu'ils soient entendus.

M. Dandré. Ma proposition passe avant tout; elle consiste à ce que provisoirement les décrets rendus par l'assemblée nationale soient scellés du sceau de l'État par le ministre de la justice, et mis à exécution par les autres ministres, sans qu'il soit besoin de sanction ni d'acceptation.

Plusieurs membres demandent à proposer des amendemens.

M. le président. Les motions se renouvellent; une foule de questions incidentes se succèdent avec rapidité; j'engage les opinans d'attendre qu'une question soit vidée avant d'en proposer une autre.

M. Guillaume. Je disais, en appuyant la motion de M. Dandré, qu'une addition nécessaire à son projet de décret, c'était de changer la forme des lois; ainsi, au lieu de mettre à la tête: *Louis, par la grâce de Dieu,* etc., il faut mettre: *L'assemblée nationale décrète, mande et ordonne ce qui suit.*

M. le président accorde la parole à M. Delessart, ministre de l'intérieur.

M. Delessart. Je crois qu'il y aurait une mesure importante à prendre dans les circonstances; je demanderais que l'assemblée m'adjoignît deux de ses membres, avec lesquels je me concerterais sur les moyens d'exécution de vos décrets.

M. Baumetz. La proposition faite par le ministre de l'intérieur est la même que celle que l'assemblée a déjà rejetée aujourd'hui au commencement de sa séance. Un membre l'ayant renouvelée, l'assemblée n'a pas même voulu l'écouter, et elle a passé à l'ordre du jour. Il est impossible que la demande du ministre qui atteste sa modestie, mais qui n'atteste pas sa capacité, soit adoptée par l'assemblée. Plus les circonstances sont importantes, et plus elles doivent se rallier aux principes. Ils sont le roc, auquel en adhérant sans cesse, elle bravera tous les dangers et tous les orages. Elle doit laisser les fonctions du pouvoir exécutif confiées à ceux qui en sont les dépositaires ordinaires. Ils doivent être admis à lui faire le rapport de toutes les mesures qu'ils prendront, et à lui demander tous les ordres nécessaires à l'accomplissement de ces mesures. L'assemblée, de son côté, doit tenir ses séances sans désemparer ; mais je demande qu'elle rejette la proposition du ministre ; sauf à prendre, si les dangers deviennent plus grands, des mesures d'un ordre supérieur.

M. le président. On a fait la motion que les ministres soient autorisés à venir à vos séances quand ils le jugeront convenable, pour vous rendre compte de leurs travaux, et à ce qu'ils soient pareillement autorisés à se retirer dans un des bureaux de l'assemblée nationale, d'où ils donneront les ordres.

M. Cazalès. La question est de savoir si des individus de l'assemblée seront adjoints au ministre. Or, je demande que la question soit mise aux voix, afin qu'elle soit formellement rejetée.

M. Dandré. On ne peut pas mettre aux voix la proposition faite par le ministre ; elle n'existe pas pour l'assemblée, si elle n'est pas relevée par un de ses membres.

M. le président donne la parole à M. Duport-Dutertre, ministre de la justice.

M. Duport-Dutertre. Je crois qu'il est utile que l'assemblée ajoute à son décret une disposition qui m'autorise complétement à apposer le sceau de l'État à ses décrets ; car c'est le roi qui m'a nommé et qui m'a confié ce sceau entre les mains. Une délibération de l'assemblée nationale peut seule m'autoriser en ce moment à en faire usage, et cette autorisation est d'autant plus nécessaire, que le roi m'a enjoint ce matin, par une apostille mise au bas du mémoire qui m'a été remis, de ne signer ni sceller aucun ordre jusqu'à ce qu'il m'en ait été autrement ordonné.

M. le président. Sur l'avis qui est donné par le ministre de la justice, un assez grand nombre de membres me demandent la parole. Je crois devoir interrompre la discussion pour communiquer à l'assemblée une lettre écrite par M. Montmorin à M. Delessart.

M. le président lit cette lettre, dont voici la substance :

« .....Je ne puis sortir; le peuple entoure ma maison, on y a mis des gardes; s'il y a quelques démarches à faire auprès de l'assemblée nationale, je vous prie de me le faire savoir, et de prier l'assemblée de faire donner des ordres pour que je puisse me rendre auprès d'elle. Je ne demande pas mieux que de lui rendre compte de ma conduite. Vous êtes sans doute plus libre que moi; songez à moi, je vous prie; il pourrait paraître extraordinaire que je n'allasse pas dans ce moment à l'assemblée nationale, etc. »

M. le président. Un chef de division de la garde nationale de Paris vient de me remettre une lettre adressée à la reine, trouvée dans ses appartemens par le peuple qui y était entré.

N....... Il faut l'ouvrir. (Un très-grand nombre de voix : *Non, non, non.* L'assemblée doit donner l'exemple de l'inviolabilité du secret des lettres.)

M. Dandré. Je supplie l'assemblée de ne pas détourner ses idées de la motion que je lui ai faite. La première chose à laquelle elle doit songer, c'est le moyen de mettre ses décrets à exécution ; tout le reste n'est que secondaire. Je demande donc que mon projet de décret soit mis aux voix, et que l'on y ajoute qu'il est enjoint au ministre de la justice d'apposer le sceau de l'État aux décrets de l'assemblée nationale.

M. Cazalès. Il est important surtout que l'assemblée donne connaissance au peuple de ses décrets, qu'elle envoie des courriers dans les départemens. (Plusieurs voix : *Cela est fait.*) Ces mesures sont d'autant plus importantes, que j'ai failli ce matin être déchiré et mis en pièces par le peuple ; et sans le secours de la garde nationale de Paris qui m'a témoigné toute l'affection.... (On murmure.) Ce n'est pas pour moi que je parle, c'est pour l'intérêt public. Je ferai volontiers le sacrifice de ma faible existence, et ce sacrifice est fait depuis long-temps. Je demande pour l'intérêt général de l'empire, et il importe à tout l'empire qu'aucune espèce de mouvement tumultueux ou séditieux ne trouble vos séances à l'époque importante où nous sommes ; je demande qu'il soit donné ordre à tous les fonctionnaires publics d'user de tout le pouvoir qui leur est confié pour maintenir la tranquillité publique. J'appuie la motion de M. Dandré.

M. Custine. Je demande pour amendement à la proposition de M. Dandré, qu'aucun ordre ne puisse être exécuté dans le royaume, à moins qu'il ne soit signé par les ministres actuellement en place ; que tout contre-ordre donné par tout autre que les ministres actuels, soit déclaré crime de lèse-nation.

M. le président. Je demande si l'assemblée m'autorise à donner des ordres pour que M. Montmorin puisse, en sûreté, se rendre à l'assemblée nationale. (Un très-grand nombre de voix : *Oui, oui.*) Je vais en conséquence expédier des ordres.

M. Desmeuniers. La proposition de M. Dandré a donné lieu à divers amendemens relatifs à la forme à donner aux lois. Ayant moi-même des observations à faire à ce sujet, je demande qu'on commence par délibérer sur le projet de décret, sauf à reprendre ensuite les autres propositions.

L'assemblée décrète à l'unanimité le projet de décret de M. Dandré, en ces termes :

« L'assemblée nationale décrète provisoirement, et jusqu'à ce qu'il en ait été autrement ordonné, que les décrets rendus par elle seront mis en exécution par les ministres ; enjoint au ministre de la justice d'y apposer le sceau de l'État, sans qu'il soit besoin de sanction ni d'acceptation. »

M. Desmeuniers. Maintenant il s'agit de savoir : 1° si vous conserverez à vos décrets l'intitulé de *loi* ; 2° s'il faudra que le ministre de la justice y appose sa signature. Je crois qu'il est d'autant plus nécessaire d'autoriser le ministre de la justice à y mettre sa signature, et à y apposer le sceau de l'État, que ceux qui ont commis l'attentat d'enlever la personne du roi n'ont pas négligé de le lui défendre. Sans doute ils ne connaissent pas le patriotisme et le courage que ce ministre montrera dans cette occasion ; mais il faut que vous l'autorisiez par un décret à faire usage du sceau qui lui est confié. Si maintenant l'assemblée trouve des difficultés à conserver l'intitulé de loi à ses décrets qui ne seront pas sanctionnés, elle peut enjoindre à son comité de constitution de lui présenter une autre forme. (On murmure.)

Si elle n'y trouve pas de difficulté, elle peut décréter sur-le-champ que les actes émanés d'elle, et certifiés par le ministre de la justice, conserveront l'intitulé de *loi*, et seront exécutés comme tels : quant à la forme à donner à la rédaction de ces décrets, le comité de constitution pourra vous proposer, dans le jour, le parti qu'il y aura à prendre. Je demande ensuite que le ministre de la justice dépose sur le bureau la note qu'il a reçue ce matin, par laquelle le roi lui mandait de ne signer aucun acte jusqu'à nouvel ordre.

M. le président donne la parole à M. Duport-Dutertre, ministre de la justice.

M. Duport-Dutertre. M. Laporte, intendant de la liste civile, m'a communiqué ce matin, de la part du roi, un mémoire, à la suite duquel était, par apostille, une note de la main du roi, ainsi conçue : « Vous enjoindrez de ma part à tous les ministres de ne signer aucun ordre qui ne soit pas de moi ; vous enjoindrez de plus au garde-des-sceaux de ne point faire usage du sceau que je lui ai confié, jusqu'à ce que j'en aie autrement ordonné. » M. Laporte m'a consulté sur le parti qu'il y avait à prendre dans cette circonstance ; j'ai pensé que je n'avais rien de plus pressant à faire que de me rendre sur-le-champ à l'assemblée nationale. J'ai rendu à M. Laporte le mémoire qu'il m'avait communiqué.

M. Moreau de Tours. Je fais la motion que M. Laporte soit mandé sur-le-champ à la barre, afin qu'il donne à l'assemblée connaissance du mémoire.

M. le président. Je vous prie de ne pas enchevêtrer les motions. Je mets aux voix la proposition faite par M. Desmeuniers, portant que les décrets de l'assemblée constituante conserveront le nom de loi, et que le comité de constitution présentera la forme sous laquelle ils seront promulgués.

Cette proposition est décrétée à l'unanimité.

M. Camus. Je demande la question préalable sur la proposition de M. Moreau. L'assemblée nationale pouvait bien mander à la barre les ministres; mais M. Laporte, intendant de la liste civile, n'est qu'un particulier, qu'un domestique du roi; il ne peut remettre les lettres dont le roi l'a chargé qu'à ceux à qui elles sont adressées. Vous pourrez l'interroger et le faire déposer par la suite; mais ce serait en ce moment une imprudence, une inconvenance, que de le mander à la barre. (On murmure.)

M. Baumetz. L'assemblée a déjà plusieurs fois mandé à la barre des particuliers qui pouvaient lui donner des renseignemens; il ne faut pas qu'on soit ministre pour être autorisé à lui communiquer des renseignemens utiles. J'appuie donc la proposition de M. Moreau.

L'assemblée décrète la proposition de M. Moreau.

M. Alexandre Lameth. L'assemblée a pris des mesures pour faire exécuter ses lois; mais il est des mesures d'un autre genre également importantes; il en est à prendre pour l'armée et pour les gardes nationales : comme elles doivent être réfléchies, je ne les propose pas en ce moment; mais plusieurs de mes collègues demandent avec moi que nous soyons chargés de nous retirer dans le comité militaire, pour les examiner et les proposer ensuite à l'assemblée.

M. Mathieu Montmorenci. Je voudrais aussi que l'assemblée fît une proclamation à ce sujet; mais comme il faut être en ce moment avare de paroles, je demande qu'on aille aux voix sur la proposition de M. Lameth.

La proposition de M. Lameth est décrétée.

M. Muguet. Je demande que M. d'Affry, commandant pour le roi dans le département voisin, et commandant des gardes-suisses, soit chargé de venir faire part à l'assemblée des mesures qu'il doit avoir prises dans les départemens où il commande, et notamment pour les gardes suisses qui doivent être en ce moment au service de l'assemblée nationale.

M. Fréteau. Il serait important que, sans attendre l'impression des décrets que l'assemblée vient de rendre, il en fût fait une proclamation sur des expéditions manuscrites. (Plusieurs voix : *Cela est fait.*)

M. le président. On fait une autre motion : elle consiste à ce que toutes les dépenses de la liste civile soient suspendues dès ce jour.

M. Cazalès. La rigueur d'une pareille mesure retomberait sur des hommes parfaitement innocens dans cette affaire. Je demande en conséquence la question préalable.

L'assemblée décide qu'il n'y a pas lieu à délibérer.

M. Clermont-Tonnerre entre avec précipitation dans la salle. Il annonce qu'il a été arrêté par le peuple dans les Tuileries. Il monte à la tribune pour faire part à l'assemblée des circonstances de cet événement.

L'assemblée passe à l'ordre du jour.

M. Dandré. Vous venez de décréter que vos décrets seront exécutés par les ministres, sans qu'il soit besoin de sanction. Il y a un article de votre constitution, qui porte que dans l'absence du roi, les ministres se réuniront en conseil, et sont autorisés à délibérer et à signer des proclamations et autres actes d'administration. Je demande qu'en ce moment, vous autorisiez les ministres à s'assembler dans l'hôtel du sceau de l'État.

La proposition de M. Dandré est décrétée.

MM. Bailly et la Fayette entrent dans la salle.

M. la Fayette se place près de M. Camus.

M. Camus, se levant avec chaleur. Point d'uniforme ici ; nous ne devons point voir d'uniforme dans l'assemblée.

(De longs et violens murmures coupent la parole à M. Camus.)

M. le président. Le mouvement qui vient de se manifester dans l'assemblée, et qui pourrait produire le plus grand malheur, celui de la diviser au moment où elle doit se coaliser contre les ennemis de la chose publique, peut s'expliquer d'une manière très-simple. Il existe un décret qui interdit à tout individu de délibérer en uniforme, mais il en existe un autre qui a mandé M. la Fayette dans l'assemblée. Il est évident qu'au moment où il s'agit de maintenir la tranquillité publique, M. le commandant-général qui volait aux ordres de l'assemblée, ne pouvait se dépouiller de la décoration militaire, indispensable à l'exercice de ses fonctions.

N.... Je demande que le procès-verbal constate que le mouvement de l'assemblée a été contre la motion de M. Camus, et qu'elle l'a hautement improuvée.

M. Desmeuniers. Je rends justice au patriotisme de celui de mes collègues qui a fait cette motion ; mais j'observe que lorsque l'assemblée a décrété qu'on ne pourrait se présenter dans les assemblées délibérantes en uniforme, ni en armes, elle en a excepté par une disposition contenue dans son procès-verbal les soldats citoyens qui seraient de service.

M. Duport. Les commissaires que l'assemblée a chargés de se transporter à la municipalité, se sont rendus à l'hôtel-de-ville ; nous avons trouvé sur la place de Grève une assez grande quantité de peuple assemblé sans aucun désordre. Nous avons pénétré dans la salle de l'hôtel-de-ville, où nous avons trouvé le maire et le commandant général. Nous avons fait part au conseil-général de la commune du décret qui ordonnait au chef de la municipalité, et au chef de la garde nationale de se rendre à l'assemblée nationale ; nous avons cru devoir lui communiquer les différentes mesures prises par l'assemblée, et nous lui avons indiqué comme une disposition propre à calmer le peuple, d'afficher à la porte de l'hôtel-de-ville le sommaire des décrets que vous avez rendus jusqu'à ce moment. Nous avons remarqué dans le peuple, au milieu de la douleur profonde qui paraît empreinte sur tous les visages, des dispositions à la paix et à l'union, et une entière et pleine confiance dans l'assemblée nationale.

Nous n'avons vu la tranquillité publique troublée par aucun cri, par aucune division. Nous avons recueilli nous-mêmes, sur toute notre route, comme membres de l'assemblée nationale, des témoignages multipliés de respect et de confiance. Nous avons invité M. Gouvion, commandant en second de la garde nationale, à nous accompagner, pour nous communiquer les détails qui sont à sa connaissance. Nous croyons pouvoir vous assurer que vous pouvez avec confiance prendre toutes les mesures que votre patriotisme et votre prudence vous suggéreront, et que vous pouvez être sûrs d'être secondés par le courage et le zèle de tous les citoyens. S'il est une circonstance où ils ont montré la plus entière confiance dans l'assemblée nationale, c'est celle-ci.

M. la Fayette. L'assemblée est instruite de l'attentat que les ennemis du bien public, dans la coupable espérance de compromettre la liberté française, ont commis, la nuit dernière, contre le roi et une partie de sa famille. Je pense que vous voudrez bien entendre M. Gouvion, à qui la garde des Tuileries était confiée; je prends sur moi seul toute la responsabilité d'un officier dont le zèle et le patriotisme me sont aussi connus que le mien propre. L'assemblée veut-elle l'entendre? (Un grand nombre de voix : *Oui, oui.*) M. Duport a rendu compte à l'assemblée des dispositions du peuple de Paris ; qu'il me soit permis de dire que celles qu'a montrées la garde nationale, me sont la plus grande preuve que le peuple français est digne de la liberté, et que rien ne pourra l'en priver.

M. Gouvion, parlant à la barre. Je demanderai la permission dans ce moment de taire le nom de quelques personnes, sur la conduite desquelles je pourrai déposer dans un autre temps. Il y eut samedi huit jours, la veille de la Pentecôte, un commandant du bataillon de la garde nationale vint me prévenir qu'il y avait dans le château des Tuileries des mouvemens qui annonçaient de la part de la reine, le projet de partir et d'enlever M. le Dauphin et Madame Royale. Il me dit qu'il tenait ce fait d'une personne sûre ; je lui dis que l'affaire était trop sérieuse pour qu'on pût se fier à la parole d'un tiers. Il me nomma la personne qui lui avait donné ces renseignemens. J'eus une entrevue avec elle, et j'en instruisis le commandant général, qui m'ordonna de redoubler de vigilance. Je retins chez moi, dans la nuit, plusieurs officiers de la garde nationale, à qui j'ordonnai de se promener autour des Tuileries. Les jours suivans, on me donna des détails plus exacts. Je retins tous les soirs aux Tuileries des officiers pour en surveiller les issues.

Samedi soir, un grenadier volontaire vint chez moi, et me dit qu'il sortait du comité des recherches, où il avait fait à M. Sillery la même déclaration. J'en parlai à M. le maire et à M. le commandant général. Hier matin, les inquiétudes augmentèrent. Je me rendis chez le maire, il assembla les officiers du tribunal de police, lesquels envoyèrent deux commissaires au comité des recherches, où ils n'ont, je crois, trouvé personne; j'envoyai hier au soir un commandant de bataillon avertir M. le maire et le commandant général; ils se rendirent aux Tuileries; j'ai ensuite donné des ordres pour que toutes les portes fussent fermées; plusieurs officiers ont veillé pendant toute la nuit; ce n'est que ce matin que j'ai reçu la nouvelle du départ du roi par la même personne qui m'avait instruit du projet; cette personne m'indiqua la porte par laquelle le roi est sorti; mais je crois qu'il est impossible qu'il y soit passé, puisque pendant toute la nuit cinq officiers et moi n'en avons pas désemparé.

M. Fréteau, au nom des trois commissaires chargés de recevoir les députations. Nous avons reçu plusieurs députations de sections qui sont venues nous consulter sur différens faits sur lesquels nous leur avons donné réponse; nous demandons que l'assemblée veuille bien entendre une députation du département de Paris, qui vient lui communiquer un arrêté relatif à la sûreté des Tuileries et du Luxembourg.

L'orateur de la députation du département parlant à la barre. Le directoire du département de Paris m'a chargé de soumettre à l'assemblée nationale l'arrêté suivant :

«Sur la proposition d'un de ses membres, le directoire du département, attendu le départ du roi et de la famille royale, arrête que la municipalité de Paris mettra sur-le-champ les scellés dans les appartemens des Tuileries et du Luxembourg; qu'elle vérifiera s'il a été pratiqué des issues secrètes dans le château des Tuileries, qu'elle tiendra aux arrêts, jusqu'à nouvel ordre, qu'elle interrogera les personnes qui l'habitent, et qu'elle empêchera que personne ne sorte de Paris dans la journée.

Il y aurait encore des mesures à prendre relativement à la sûreté du moulin à poudre d'Essonne ; mais ces mesures regardent le ministre de l'intérieur.

M. le président à la députation. L'assemblée satisfaite de votre zèle, se repose entièrement sur votre patriotisme ; elle vous engage à retourner au département.

M. Dandré. Il faut que l'assemblée approuve cet arrêté qui est très-bon.

L'assemblée décrète unanimement qu'elle approuve l'arrêté du directoire.

M. l'abbé Sieyès. Je demande que le directoire soit autorisé à tenir ses séances dans l'un des bureaux de l'assemblée nationale, pour que l'exécution de vos décrets soit plus prompte, et la correspondance du directoire avec vous plus immédiate et plus facile.

La proposition de M. l'abbé Sieyès est adoptée.

M. Bailly. Je n'ai rien à ajouter aux détails qui vous ont été donnés par M. Gouvion ; je puis en confirmer une partie, qui est à ma connaissance. Nous sommes restés hier jusqu'à une heure aux Tuileries. Nous ne nous sommes retirés qu'après avoir pris toutes les précautions possibles pour la garde des postes ; il était impossible de deviner l'événement dont nous avons été instruits ce matin. J'ai convoqué le conseil-général de la commune, qui a donné des ordres aux hôtels des postes pour qu'on ne délivrât point de chevaux, et aux barrières, pour qu'on ne laissât passer personne sans un passeport de la municipalité. Je demande maintenant à l'assemblée la permission de retourner à l'hôtel-de-ville.

M. Sillery. M. Gouvion vous a dit qu'un garde national devait m'avoir fait une déclaration relative au départ du roi ; je certifie à l'assemblée que personne ne m'a parlé de cette affaire.

M. Voidel. Je crois aussi que M. Gouvion s'est trompé sur la qualité de la personne qu'il a dit être venue au comité des recherches ; voici le fait :

Jeudi dernier, dans la séance du soir, une personne que je ne connais pas, mais qui m'a inspiré de la confiance par la manière dont elle m'a parlé, m'a dit tenir d'une autre personne digne de confiance, que la reine et sa fille devaient partir. J'en communiquai au comité des recherches. Comme il fallait prendre des mesures, et d'un autre côté, ne pas donner des alarmes inutiles, le comité envoya l'un de ses membres, M. Lapparent, pour en avertir M. le commandant général.

M. Bailly. J'ai eu effectivement l'honneur de voir M. Lapparent, qui m'a donné plusieurs renseignemens à cet égard.

M. Lapparent. Je ne connaissais le fait que par une déclaration de M. Toustaing, membre de cette assemblée qui m'apprit qu'on lui avait dit que la reine devait se sauver avec Madame Royale. Hier, il m'ajouta que mesdames..... femmes de chambre de la reine et de Madame Royale, étaient parties avant-hier soir. J'en fis part à M. le maire et à M. la Fayette, avec lesquels je restai cette nuit jusqu'à une heure. Nous étant assurés qu'il n'y avait aucune espèce de mouvement au château, nous crûmes pouvoir nous retirer.

M. Custine. J'insiste sur la motion que j'ai faite, et je propose de la décréter en ces termes : « Nul acte du pouvoir exécutif ne sera exécuté, s'il n'est signé par MM......, ministres actuellement en fonctions ; et ceux qui signeraient et exécuteraient d'autres ordres signés par d'autres prétendus ministres, en seront personnellement responsables. »

M. Desmeuniers. La rédaction du projet de décret du préopinant ne peut être adoptée dans sa première partie. Il est évident que l'assemblée ayant confié par commission le pouvoir exécutif aux ministres actuels, nul autre acte, nul ordre du roi en fuite ne peut être appelé acte du pouvoir exécutif. Je demande donc le renvoi de la proposition de M. Custine au comité de constitution.

M. le Chapelier. L'assemblée nationale a décrété constitutionnellement que dans un interrègne, le conseil du roi était autorisé à faire des proclamations et autres actes d'administration. Si quelques nouveaux ministres, nommés par un roi séduit, veulent s'emparer de l'administration, nous les ferons poursuivre criminellement.

M. Desmeuniers. Si l'on craint que les factieux qui ont séduit le roi le déterminent à nommer de nouveaux ministres, vous pouvez déclarer formellement que vous concentrez le pouvoir exécutif, sauf le pouvoir de la sanction, dans les ministres actuels.

M. Charles Lameth. Je pense que la proposition de M. Custine est extrêmement utile ; mais je pense qu'elle est mal rédigée. Je crois aussi que cette mesure ne pourra être adoptée que quand nous saurons à quoi nous en tenir sur la fuite du roi, quand nous saurons s'il est dans le royaume, ou s'il se prépare à des dispositions hostiles contre la constitution qui l'a fait roi. Je demande donc que la motion prématurée de M. Custine soit renvoyée au comité de constitution.

L'assemblée ordonne le renvoi au comité.

M. Fréteau. Je suis chargé par votre comité diplomatique de vous proposer d'ordonner à la municipalité de Paris de mettre le scellé sur les archives des affaires étrangères, et sur les chiffres qu'elles renferment. Si l'on pense qu'une partie de ces chiffres est indispensable pour la connaissance des dépêches qui arrivent journellement des cours étrangères, on peut décréter que lorsque les scellés seront mis, rien ne sortira de ces dépôts que sur la signature du ministre des affaires étrangères, et sur sa responsabilité.

La proposition de M. Fréteau est adoptée.

M. Rœderer. Je demande que la lettre trouvée dans l'appartement de la reine soit renvoyée au département.

Plusieurs membres demandent le renvoi au comité des recherches.

Cette dernière proposition est adoptée.

MM. Montmorin, ministre des affaires étrangères, et d'Affri, commandant-général des Suisses, sont admis, le premier, au sein de l'assemblée, le second, à la barre.

M. Montmorin proteste de son dévoûment et de sa soumission aux ordres du corps constituant.

M. Charles Lameth. Je pense qu'il serait bon d'ordonner que le ministre des affaires étrangères se réunît au comité diplomatique, afin de préparer les grands moyens de résistance que les circonstances pourront rendre nécessaires.

Cette proposition est adoptée.

M. d'Affri, accompagné de cinq à six officiers de l'état-major, prononce quelques paroles que la faiblesse de son organe empêche de recueillir.

M. le président. M. d'Affri, que son grand âge empêche de se faire entendre, vient d'exprimer sa fidélité à l'assemblée nationale, et de protester qu'il n'obéira qu'à ses ordres; qu'il se regarde non comme étranger, mais comme officier français, et qu'il se fera un devoir de mourir pour sa patrie.

(L'assemblée applaudit à plusieurs reprises.)

Il demande aussi la permission de se faire remplacer par ceux qui lui succèdent dans la hiérarchie militaire.

(L'assemblée applaudit en signe d'adhésion.)

M. Leboisdaiguier. M. le président a oublié de vous dire que M. d'Affri, dans le peu de mots qu'il vous a adressés, avait aussi protesté de la fidélité de son état-major, sur le patriotisme duquel on peut compter. (On applaudit.)

M. Regnaud, député de Saint-Jean-d'Angely. Vous savez que M. Duverrier a été chargé par le roi de notifier à M. Condé le décret qui le concerne; peut-être jugerez-vous bon, pour sa sûreté, de lui faire expédier un passeport signé du président de l'assemblée nationale.

Cette proposition est adoptée.

M. Rewbell. Vous avez décrété que la caisse de l'extraordinaire verserait une somme de vingt-huit millions dans le trésor public. Quoique ce décret ne soit pas sanctionné, je demande qu'il soit exécuté; il ne faut aucun retard ni dans les recouvremens, ni dans les paiemens.

M. Desmeuniers. Nous avons pourvu à la proposition de M. Rewbell par la disposition insérée dans le décret que vous venez de rendre. Il est ainsi conçu : « L'assemblée constituante ordonne que les décrets rendus ou à rendre, non sanctionnés par le roi, à raison de son absence, auront néanmoins provisoirement force de loi dans toute l'étendue du royaume. »

Cette dernière rédaction est adoptée.

M. Barnave. Il est important que les décrets que vous avez rendus, reçoivent une rédaction parfaite : ainsi il pourrait être bon que l'assemblée autorisât son président à nommer six commissaires qui, réunis aux secrétaires de l'assemblée, perfectionneront les rédactions, placeront les décrets dans leur ordre, et en feront à l'assemblée une lecture definitive.

M. Fréteau. Il est bien entendu que les décrets qui sont déjà expédiés sont bons, quelques changemens de rédaction qui pourraient y être faits.

L'assemblée adopte la proposition de M. Barnave.

M. Charles Lameth. Je demande que, dans le cas où l'absence du roi prendrait de la consistance, le comité de constitution nous présente un projet de proclamation à tous les départemens, afin de leur recommander l'ordre, la protection des propriétés et des travaux de l'agriculture, et de les exhorter à veiller à ce que tous les citoyens fassent également le service de gardes nationales: ainsi les mauvais citoyens seront retenus par les bons.

La proposition de M. Charles Lameth est adoptée.

M. Regnaud, député de Saint-Jean-d'Angely. Il est nécessaire de savoir en quel état sont, dans ce moment, vos différentes caisses : je propose donc de décréter que les commissaires de la trésorerie nationale s'y rendront pour constater ce qui s'y trouve.

Cette proposition est adoptée.

M. le président. Il paraît que personne n'a plus à faire aucune proposition relative aux circonstances. L'assemblée jugera peut-être bon jusqu'à ce que ses comités soient prêts à rendre compte des divers objets qui leur ont été renvoyés, de passer à l'ordre du jour.

L'assemblée passe à l'ordre du jour.

M. Latour-Maubourg. Conformément à vos ordres, nous avons été délivrer les deux aides-de-camp qui avaient été arrêtés, et nous les avons conduits jusqu'à la porte Saint-Martin. Sur notre route, nous n'avons remarqué dans le peuple que le désir de l'ordre, et nous n'avons entendu que des bénédictions pour l'assemblée nationale qui détruira tous les complots.

M. Dandré. Je propose à l'assemblée nationale de décider qu'elle ne levera sa séance que par un décret exprès.

Cette proposition est adoptée.

M. Laporte paraît à la barre.

M. le président lui notifie les intentions de l'assemblée nationale.

M. Laporte. J'ai reçu à huit heures du matin, par un domestique du premier valet de chambre du roi, un paquet contenant un billet du roi, et un mémoire assez long, dont je n'ai lu que la première et la dernière page. Je me suis aussitôt rendu chez M. le garde du sceau pour lui en faire part, et ensuite chez M. le président de l'assemblée nationale, que je n'ai point trouvé.

M. Regnaud, député de Saint-Jean-d'Angely. Je propose une mesure préliminaire: je demande que M. Laporte écrive et signe le peu de mots qu'il vient de prononcer.

M. Defermont. Je demande que l'assemblée ordonne le renvoi du billet et du mémoire à ses comités des recherches et des rapports.

Plusieurs membres demandent qu'il soit fait sur-le-champ lecture du mémoire.

M. Charles Lameth. Le mémoire n'est point cacheté; le patriotisme de M. Laporte l'a déterminé à vous en donner connaissance : il peut contenir des choses très-importantes : je demande qu'il en soit fait lecture.

M. Laporte remet le mémoire à M. le président.

Un de MM. les secrétaires en fait lecture.

Proclamation du roi à tous les Français, à sa sortie de Paris.

Un membre demande le renvoi au comité des recherches.

Toute la partie gauche se lève contre cette proposition.

M. le secrétaire continue.

Extrait de la proclamation.

Lorsque le roi a pu espérer de voir renaître l'ordre et le bonheur par les moyens employés par l'assemblée nationale et par sa résidence auprès de cette assemblée, aucun sacrifice ne lui a coûté ; il n'aurait pas même argué du défaut de liberté, dont il est privé depuis le mois d'octobre 1789 ; mais aujourd'hui que le résultat de toutes les opérations est de voir la royauté détruite, les propriétés violées, la sûreté des personnes compromise, une anarchie complète dans toutes les parties de l'empire, sans aucune apparence d'autorité suffisante pour l'arrêter, le roi, après avoir protesté contre tous les actes émanés de lui pendant sa captivité, croit devoir mettre sous les yeux des Français, le tableau de sa conduite.

Au mois de juillet 1789, le roi, sûr de sa conscience, n'a pas craint de venir parmi les Parisiens. Au mois d'octobre de la même année, prévenu des mouvemens des factieux, il a craint qu'on arguât de son départ pour fomenter la guerre civile. Tout le monde est instruit de l'impunité des crimes qui se commirent alors. Le roi, cédant au vœu manifesté par l'armée des Parisiens, vint s'établir avec sa famille au château des Tuileries. Rien n'était prêt pour le recevoir ; et le roi, bien loin de trouver les commodités auxquelles il était accoutumé dans ses autres demeures, n'y a pas même rencontré les agrémens que se procurent les personnes aisées. Malgré toutes les contraintes, il a cru devoir dès le lendemain de son arrivée, rassurer les provinces sur son séjour à Paris. Un sacrifice plus pénible lui était réservé : il a fallu qu'il éloignât de lui ses gardes-du-corps, dont il avait éprouvé la fidélité. Deux ont été massacrés, plusieurs ont été blessés en exécutant l'ordre qu'ils avaient reçu de ne pas faire feu. Tout l'art des factieux s'est employé à faire envisager sous un mauvais aspect une épouse fidèle qui venait de mettre le comble à sa bonne conduite: il est même évident que toutes les machinations étaient dirigées contre le roi lui-même. C'est aux soldats des gardes-françaises et à la garde nationale parisienne que la garde du roi a été confiée, sous les ordres de la municipalité de Paris, dont le commandant général relève.

Le roi s'est ainsi vu prisonnier dans ses propres États; car comment pourrait-on appeler autrement celui qui se voit forcément entouré par des personnes qu'il suspecte; ce n'est pas pour inculper la garde nationale parisienne que je rappelle ces détails; mais pour rapporter l'exacte vérité; je rends au contraire justice à son attachement lorsqu'elle n'a pas été égarée par les factieux. Le roi a ordonné la convocation des États-généraux, il a accordé au Tiers-État une double représentation; la réunion des ordres, les sacrifices du 23 juin, tout cela a été son ouvrage; mais ses soins ont été méconnus et dénaturés. Lorsque les États-généraux se sont donné le nom d'assemblée nationale, on se rappelle les menées des factieux sur plusieurs provinces : on se rappelle les mouvemens qui ont été occasionnés pour anéantir la disposition des cahiers qui portaient que la confection des lois serait faite de concert avec le roi. L'assemblée a mis le roi hors de la constitution, en lui refusant le droit de sanctionner les actes constitutionnels, en rangeant dans cette classe ceux qu'il lui plaisait d'y ranger, et en limitant à la troisième législature, son refus de sanction. On lui a donné 25,000,000 qui sont absorbés en totalité par la dépense que nécessite l'éclat nécessaire à sa maison. On lui a laissé l'usufruit de quelques domaines avec des formes gênantes, en le privant du patrimoine de ses ancêtres; on a eu attention de ne pas comprendre dans ses dépenses des services rendus au roi comme s'ils n'étaient pas inséparables de ceux rendus à l'État. Qu'on examine les différens points de l'administration, et on verra que le roi en est écarté : il n'a point de part à la confection des lois; seulement il peut prier l'assemblée de s'occuper de telle ou telle chose. Quant à l'administration de la justice, il ne fait qu'expédier les provisions des juges et nommer les commissaires du roi dont les fonctions sont bien moins considérables que celles des anciens procureurs-généraux. La partie publique a été dévolue à de nouveaux officiers. Il restait une dernière prérogative, la plus belle de toutes ; celle de faire grâce et de commuer les peines ; vous l'avez ôtée au roi, ce sont maintenant les jurés qui l'ont en appliquant suivant leur volonté le sens de la loi. Cela diminue la majesté royale ; les peuples étaient accoutumés à y recourir comme à un centre commun de bonté et de bienfaisance. L'administration intérieure dans les départemens est embarrassée par des rouages qui nuisent au mouvement de la machine ; la surveillance des ministres se réduit à rien.

Les sociétés des Amis de la constitution sont bien plus fortes et rendent nulles toutes les autres actions. Le roi a été déclaré chef suprême de l'armée, cependant tout le travail a été fait par les comités de l'assemblée nationale sans ma participation ; on a accordé au roi la nomination de quelques places, encore le choix qu'il a fait, a-t-il éprouvé des contrariétés ; on a été obligé de refaire le travail des officiers-généraux de l'armée ; parce que les choix déplaisaient aux clubs ; ce n'est qu'à eux qu'on doit attribuer la plupart des révoltes des régimens : quand l'armée ne respecte plus les officiers, elle est la terreur et fléau de l'État ; le roi a toujours pensé que les officiers devaient être punis comme les soldats, et que les portes devaient être ouvertes à ces derniers pour parvenir aux avancemens, suivant leur mérite. Quant aux affaires étrangères, on a accordé au roi la nomination des ambassadeurs et la conduite des négociations ; on lui a ôté le droit de faire la guerre ; on ne devait cependant pas soupçonner qu'il la déclarerait de but en blanc. Le droit de faire la paix est d'un tout autre genre. Le roi ne veut faire qu'un avec la nation, mais quelle puissance voudra entamer des négociations, lorsque le droit de révision sera accordé à l'assemblée nationale ? Indépendamment du secret nécessaire et impossible à garder dans une assemblée délibérante nécessairement publiquement, on aime encore à ne traiter qu'avec la personne qui peut, sans aucune intervention, passer le contrat. Quant aux finances, le roi avait reconnu, avant les états-généraux, le droit qu'a la nation d'accorder des subsides, et à cet égard il a accordé, le 23 juin, tout ce qui avait été demandé. Le 4 février, le roi a prié l'assemblée de s'occuper des finances; elle ne l'a fait que tard; on n'a pas encore le tableau exact de la recette et dépense; on s'est laissé aller à des calculs hypothétiques; la contribution ordinaire est arriérée, et la ressource des douze cents millions d'assignats est presque consommée; on n'a laissé au roi, dans cette partie, que de stériles nominations; il connaît la difficulté de cette administration; et s'il était possible que cette machine pût aller sans sa surveillance directe, sa majesté ne regretterait que de ne pas diminuer les impôts; ce qu'elle a désiré, et qu'elle aurait effectué sans la guerre d'Amérique.

Le roi a été déclaré chef suprême de l'administration du royaume, et il n'a pu rien changer sans la décision de l'assemblée. Les chefs du parti dominant ont jeté une telle défiance sur les agens du roi, et les peines portées contre les prévaricateurs ont tant fait naître d'inquiétude, que ces agens sont restés sans force. La forme du gouvernement est surtout vicieuse par deux causes, l'assemblée excède les bornes de ses pouvoirs, en s'occupant de la justice et de l'administration de l'intérieur; elle exerce par son comité des recherches le plus barbare de tous les despotismes. Il s'est établi des associations connues sous le nom des Amis de la constitution, qui offrent des corporations infiniment plus dangereuses que les anciennes; elles délibèrent sur toutes les parties du gouvernement, exercent une puissance tellement prépondérante que tous les corps, sans en excepter l'assemblée nationale même, ne font rien que par leur ordre. Le roi ne pense pas qu'il soit possible de conserver un pareil gouvernement; plus on voit s'approcher le terme des travaux de l'assemblée, plus les gens sages perdent de leur crédit. Les nouveaux réglemens, au lieu de jeter du baume sur les plaies, aigrissent au contraire les mécontentemens ; les mille journaux et pamphlets calomniateurs, qui ne sont que les échos des clubs, perpétuent le désordre, et jamais l'assemblée n'a osé y remédier; on ne tend qu'à un gouvernement métaphysique et impossible dans son exécution.

Français, est-ce là ce que vous entendiez en envoyant vos représentans? Désiriez-vous que le despotisme des clubs remplaçât la monarchie sous laquelle le royaume a prospéré pendant quatorze cents ans? L'amour des Français pour leur roi est compté au nombre de leurs vertus. J'en ai eu des marques trop touchantes pour pouvoir l'oublier : le roi n'offrirait point le tableau suivant, si ce n'était pour tracer à ses fidèles sujets l'esprit des factieux. Les gens soudoyés pour le triomphe de M. Necker ont affecté de ne pas prononcer le nom du roi; ils ont, à cette époque, poursuivi l'archevêque de Paris ; un courrier du roi fut arrêté, fouillé, et les lettres qu'il portait, décachetées; pendant ce temps, l'assemblée semblait insulter au roi; il s'était déterminé à porter à Paris des paroles de paix; pendant sa marche on a arrêté de ne faire entendre aucun cri de *vive le roi!* On faisait même la motion de l'enlever, et de mettre la reine au couvent, cette motion a été applaudie.

Dans la nuit du 4 au 5, lorsqu'on a proposé à l'assemblée d'aller siéger chez le roi, elle a répondu qu'il n'était pas de sa dignité de s'y transporter; depuis ce moment, les scènes d'horreur se sont renouvelées. A l'arrivée du roi à Paris, un innocent a été massacré presque sous ses yeux dans le jardin même des Tuileries; tous ceux qui ont parlé contre la religion et le trône ont reçu les honneurs du triomphe. A la fédération du 14 juillet, l'assemblée nationale a déclaré que le roi en était le chef, c'était montrer qu'elle en pouvait nommer un autre; sa famille a été placée dans un endroit séparé du sien, c'est cependant alors qu'elle a passé les plus doux momens de son séjour à Paris.

Depuis, pour cause de religion, Mesdames ont voulu se rendre à Rome ; malgré la déclaration des droits, on s'y est opposé, on s'est porté à Bellevue, et ensuite à Arnay-le-Duc où il a fallu des ordres de l'assemblée, pour les laisser aller, ceux du roi ayant été méprisés. Lors de l'émeute que les factieux ont excitée à Vincennes, les personnes qui s'étaient réunies autour du roi par amour pour lui ont été maltraitées, et on a poussé l'audace jusqu'à briser leurs armes devant le roi qui s'en était rendu le dépositaire. Au sortir de sa maladie, il se disposait à aller à Saint-Cloud, on s'est servi pour l'arrêter, du respect qu'on lui connaît pour la religion de ses pères; le club des Cordeliers l'a dénoncé lui-même comme réfractaire à la loi; en vain M. de la Fayette a-t-il fait ce qu'il a pu pour protéger son départ : on a arraché par violence les fidèles serviteurs qui l'entouraient, et il est rentré dans sa prison. Ensuite, il a été obligé d'ordonner l'éloignement de sa chapelle, d'approuver la lettre du ministre aux puissances étrangères, et d'aller à la messe du nouveau curé de Saint-Germain-l'Auxerrois. D'après tous ces motifs et l'impossibilité où est le roi d'empêcher le mal, il est naturel qu'il ait cherché à se mettre en sûreté.

Français, et vous qu'il appelait habitans de la bonne ville de Paris, méfiez-vous de la suggestion des factieux, revenez à votre roi, il sera toujours votre ami, quand votre sainte religion sera respectée, quand le gouvernement sera assis sur un pied stable, et la liberté établie sur des bases inébranlables.

Paris, le 20 juin 1791. *Signé*, Louis.

P. S. Le roi défend à ses ministres de signer aucun ordre en son nom, jusqu'à ce qu'ils aient reçu des ordres ultérieurs, et enjoint au garde-des-sceaux de lui renvoyer le sceau lorsqu'il en sera requis de sa part.

Signé, Louis.

M. l'évêque de Blois. Je demande le renvoi de ce mémoire au comité de constitution, qui préparera une proclamation en conséquence.

M. Barnave. Je demande d'abord qu'avant que ce mémoire soit remis entre les mains d'aucun dépositaire, il soit signé de la main de celui qui l'a remis, ensuite signé et paraphé du président de l'assemblée. J'ai une seconde disposition à proposer, c'est que les commandans des troupes actuellement à Paris soient mandés à la barre, pour y prêter leur serment d'obéissance à l'assemblée nationale, et y recevoir ses ordres. M. de Rochambeau, l'un des généraux employés, et dont les qualités personnelles ont mérité la confiance, est actuellement à Paris, et a manifesté l'intention de se soumettre à vos ordres.

M. Lavenue. Vous avez chargé vos comités militaires de vous présenter des vues pour vous assurer les chefs des commandemens de terre et de mer. Je demande qu'on attende le résultat de ces opérations.

M. Robespierre. Je ne puis que m'étonner de ce que l'on propose des mesures aussi molles ; je crois que celles déjà adoptées sont également faibles, mais il faut connaître plus particulièrement les circonstances, et en attendant, il faut veiller sur les traîtres et sur le salut de la chose publique.

M. Barnave. Je me réduis à demander que l'on mette aux voix ma première proposition, et que la seconde soit renvoyée au comité militaire.

La première proposition de M. Barnave est adoptée.

M. Regnaud, député de Saint-Jean-d'Angely. Dans ces circonstances dangereuses, ce n'est pas auprès de vous que les commandans de troupes de ligne doivent être, mais à leurs postes.

M. le Chapelier. Il est trois heures et demie ; je demande que l'assemblée suspende sa délibération jusqu'à quatre heures et demie.

Cette proposition est mise aux voix.

L'assemblée décide que la délibération est suspendue jusqu'à quatre heures et demie.

Le 21 à cinq heures du soir.

M. Regnaud de Saint-Jean-d'Angely. Quelques-uns des ministres ou ambassadeurs des puissances étrangères résidens à Paris, témoignent, dit-on, quelques inquiétudes. Quoiqu'elles ne soient pas fondées, il me paraît nécessaire de leur donner une garde d'honneur.

M...... Si l'on adoptait cette proposition, on paraîtrait avoir des doutes sur la tranquillité du peuple de Paris, tandis que cette capitale présente un aspect tranquille, touchant et fier, qui fait présager assez quels peuvent être jamais les succès des ennemis de l'État. Que les ambassadeurs soient donc sans inquiétudes sous la garantie de la loyauté d'un peuple généreux qui respectera toujours le droit des gens, et qui montre, par un calme profond, le sentiment le plus juste de sa force et de ses droits, et sous la garantie sacrée de l'assemblée nationale.

M. Regnaud. Je retire ma proposition, et je demande : 1° qu'on avertisse les ambassadeurs actuellement en France, qu'ils peuvent continuer leurs relations avec le ministre des affaires étrangères; 2° que les ministres et ambassadeurs de France près les cours étrangères, reçoivent ordre de continuer leurs travaux, leurs négociations et leurs correspondances comme à l'ordinaire.

Ces deux propositions sont décrétées.

M. Fréteau. Je demande qu'il soit dépêché des courriers aux puissances étrangères, pour leur témoigner que la nation française restera fidèle à ses traités. Des motifs pressans sollicitent cette mesure. Une considération particulière vient encore à l'appui. Les lettres de Suisse annonçaient le désir de vivre toujours en bonne intelligence avec nous. Les dernières lettres ne sont plus sur le même ton.

M. Desmeuniers. Je crois que l'assemblée ne peut sans imprudence adopter cette proposition; attendons que la trame perfide ourdie contre la France soit découverte. L'ascendant de la justice et de la raison, et la force puissante d'une grande nation libre qui a reconquis sa liberté et qui saura la conserver, ne permettent pas de douter que nous ne triomphions de nos ennemis ; mais ne compromettons pas la dignité de la nation, en exposant à des humiliations ceux que nous enverrions vers des princes dont nous ne devons pas suspecter les intentions. Encore un moment, et la souveraineté de la nation française qui restera constamment attachée à la monarchie, sera reconnue par toutes les puissances de l'Europe.

Après plusieurs autres observations, M. Fréteau retire sa proposition.

M. Rewbell, au nom du comité des finances. Le versement de 28 millions à faire par la caisse de l'extraordinaire dans le trésor public, est arrêté par le défaut d'un signataire qui reçoive sur sa responsabilité. Pour que les paiemens ne soient aucunement suspendus, le comité vous propose de déclarer les ordonnances valables sur la seule signature d'un des commissaires de la trésorerie.

M. Cernon, au nom du comité des finances. Nous venons conformément à vos ordres, vous rendre compte de la situation de la caisse de l'extraordinaire et du trésor public; il y avait hier au trésor public 31 millions six cent trente-deux mille livres, dont 2 millions neuf cents mille livres en or, 6 millions en écus, 19 millions trois cent trente-deux mille livres en assignats, et 3 millions quatre cents mille livres en effets au portefeuille. Aujourd'hui, à deux heures, il n'y avait plus dans le trésor public que 30 millions, parce qu'on en avait tiré les sommes nécessaires à la dépense du jour. Vos commissaires ont vérifié par eux-mêmes les caisses de distribution; ils ont vu que les paiemens de la liste civile ont été faits dans l'ordre prescrit par vos décrets. Le paiement du mois de juin a été fait en deux parties, suivant l'usage; il est actuellement entièrement effectué.

M. Biozat. Je demande que le comité nous dise comment les espèces en or et en argent se livrent au trésor public contre des assignats. On m'a dit que la semaine dernière il y avait eu une grande fabrication d'espèces. Je demande ce qu'elles sont devenues.

M. Cernon. Le trésor public est dans la nécessité de se pourvoir de numéraire : il achète ou des espèces ou des matières d'or et d'argent; le numéraire fabriqué rentre exactement au trésor public; de là il est mis en circulation et s'échappe ensuite d'une manière que l'assemblée connaît comme nous. Les états de livraison des monnaies sont constamment déposés au comité des finances ; ils seront imprimés quand l'assemblée le voudra.......

M. Biauzat. A quoi sont employées ces quantités de numéraire ? Je demande une notice sur cela, afin d'empêcher les inquiétudes de quelques personnes. On tire de l'argent du trésor public, mais qui est-ce qui en tire l'or ?

M. Montesquiou. Les troupes, la marine.

M. Biauzat. Je suis content de cet éclaircissement; mais il faut qu'il soit connu de tout le monde.

M. Baumetz. Il est très-aisé d'en remettre l'état à l'assemblée.

M. Cernon. Cet état existe : il nous a été remis ce matin. Le numéraire que le trésor public se procure est destiné à la guerre, à la marine, à de légers appoints, aux ateliers de charité, etc. Il est parti ce matin 800 mille livres pour Valenciennes, Lille, Metz et Strasbourg.

M. Biauzat. Je demande que le comité des finances nous présente demain un projet de décret pour assurer aux parties prenantes sur la liste civile, les moyens de se faire solder. Le trésor public est acquitté; mais la liste civile ne l'est pas envers les parties prenantes, et nous devons nous occuper d'elles. (On demande l'ordre du jour.) Je demande une mesure pour que, sans décréter de nouveaux fonds, les fonds donnés soient utilement employés. (On demande encore l'ordre du jour.)

M. Rœderer. Ou le roi doit ou il ne doit pas : s'il ne doit pas, il n'y a pas lieu à délibérer; s'il doit, il n'y a encore pas lieu à délibérer. Car, afin qu'il ne pût pas abuser de la liste civile, vous avez décrété que la nation ne paierait désormais les dettes de personne.

Un de MM. les secrétaires lit une adresse par laquelle la section de la Croix-Rouge proteste de son respect pour l'assemblée, et de son obéissance pour tous les décrets sanctionnés ou non sanctionnés, nonobstant le mémoire du roi. (On applaudit.)

M. le président. M. de Rochambeau, commandant dans les départemens du Nord, instruit de la motion faite ce matin, demande à être admis à la barre.

M. de Rochambeau est introduit.

M. le président. L'assemblée nationale a désiré connaître vos sentimens dans cette circonstance, et savoir si les événemens avaient changé vos intentions patriotiques.

M. de Rochambeau. De nouvelles dispositions prises à mon égard m'honorent en augmentant l'étendue du commandement qui m'a été confié; mais les facultés morales et physiques d'un homme de 68 ans ne lui permettent pas de se charger d'une tâche aussi importante. Je désirerais donc que ces nouvelles dispositions fussent modifiées. Au reste, je prie l'assemblée nationale de recevoir les assurances de mon zèle, de toute ma fidélité et de mon entière soumission. (On applaudit.)

MM. Crillon l'aîné, Delbecq, Custine, Daboville, officiers-généraux employés, se présentent à la barre.

M. Crillon l'aîné. Employés également au service de la nation, nous venons tous sous les ailes de M. de Rochambeau vous assurer la même soumission et le même dévoûment (On applaudit.)

M. Montesquiou. J'ai l'honneur d'être employé dans l'armée. Je n'avais pas besoin de l'exemple qui vient de m'être donné; mais ce n'est pas au moment où je le reçois que je serai le dernier à jurer à l'assemblée zèle, dévoûment et soumission. (On applaudit.)

M. d'Aiguillon. Je demande que tous les colonels employés.....

M. Tracy. Je demande la parole pour cela. J'applaudis à l'exemple que je reçois, et je le suivrai de tout mon cœur. (On applaudit.)

M. Latour-Maubourg. MM. Praslin, Tracy et moi, qui avons l'honneur de commander des régimens, n'attendions que la fin du discours de M. de Rochambeau pour nous unir à lui. Je demande que le comité présente une nouvelle rédaction du serment que vous avez décrété. Celle qui est arrêtée ne peut servir en ce moment. Le nouveau serment sera prêté demain par nous et envoyé à l'armée. (On applaudit.)

M. Charles Lameth. Je me joins à ceux de mes collègues qui ont l'honneur de commander des régimens de la nation, et je jure de mourir pour la patrie et pour la constitution. J'appuie la mesure proposée par M. Maubourg, et je n'ajoute qu'un mot. Il y a ici des officiers employés dans d'autres grades que celui de colonel; je prie l'assemblée de décider l'opinion qu'il faudra prendre de ceux qui garderaient le silence; car il n'y a pas à reculer : ou on aime la nation et la constitution, et il faut le dire, ou l'on est opposé à l'une et l'on trahit l'autre, et il faut encore qu'on le sache; on doit être prononcé en ce moment : nous pouvons avoir demain l'ennemi sur les bras. Je demande donc que ceux qui dans vingt-quatre heures n'auront pas prêté leur serment, soient déchus de leurs grades. (On applaudit à plusieurs reprises.)

M. Toulongeon. Nous ne désemparerons pas, et on lira probablement pendant la nuit le procès-verbal de cette journée. Afin que tout ce qui est relatif aux événemens actuels y soit compris, je demande que la formule soit rédigée à l'instant, et le serment prêté aujourd'hui.

M. Custine. La profession de foi civique faite dans cette assemblée par M. Lameth, sera celle de tous les officiers de l'armée. Sans doute c'est aux officiers généraux à donner l'exemple de cet engagement sacré; ils le donneront. (On applaudit.)

M. Dabadie. Quelle que soit la formule du serment, les sentimens dont il contiendra la déclaration sont dans mon cœur. Je le prête, et je préviens le décret. (On applaudit.)

La proposition d'ordonner la rédaction d'une nouvelle formule du serment qui sera prêté demain matin par tous les membres de l'assemblée ayant des grades dans l'armée, est décrétée à l'unanimité du côté gauche. Le côté droit ne prend point de part à la délibération.

M. Defermont. Je demande que M. de Rochambeau soit invité à se réunir au comité militaire pour y délibérer sur les mesures nécessaires pour l'exécution de vos décrets. (On applaudit.)

M. Wimpsen. M. de Rochambeau et le ministre de la guerre ont été appelés au comité militaire.

M. Defermont. Rien ne flatte l'assemblée comme le témoignage spontané du zèle des bons citoyens, et le tribut volontaire de leurs lumières; mais rien n'honore davantage un citoyen que d'être admis par un décret à la discussion préparatoire des mesures qui doivent être décrétées par les représentans de la nation pour le salut de la patrie. (On applaudit.)

La proposition de M. Defermont est décrétée à l'unanimité, la partie droite délibérant.

Une députation est admise à la barre. Elle vient, au nom du département de Seine-et-Oise, du district, du tribunal, de la municipalité et de la commune de Versailles, témoigner sa confiance dans les représentans de la nation, et donner l'assurance que l'assemblée nationale sera considérée dans le département comme le centre autour duquel tous les bons citoyens doivent se rallier. La députation proteste que ceux qui l'envoient sont disposés à sacrifier leur vie et leur fortune pour le maintien de la constitution. (On applaudit.)

M. Legrand. Cette démarche est un grand exemple. Je demande l'impression et l'envoi aux départemens de l'adresse dont la députation est chargée.

M. Lucas. Nous n'avons pas besoin de stimuler les départemens; ils s'expliqueront: n'en doutez pas.

M. Defermont. L'assemblée a chargé des commissaires de rédiger le procès-verbal de cette journée. Ce procès-verbal servira d'instruction à toute la France, c'est là que l'adresse dont il s'agit doit être imprimée.

L'assemblée décrète unanimement l'insertion de l'adresse au procès-verbal.

M. le président. Avant de donner la parole au comité militaire qui me la demande, je vous propose d'entendre M. de Chabrillant, officier-général, employé dans les départemens du centre, qui désire exprimer ses sentimens.

M. de Chabrillant. J'ai été instruit de la motion faite ce matin à l'assemblée; mais étant allé voir chez *Monsieur* s'il était parti, quand j'ai voulu sortir on m'a arrêté en me disant : *Cela vous plaît à dire.* Enfin, on vient de me rendre ma liberté, et me voilà.

M. le président. L'assemblée a décrété qu'il serait rédigé une nouvelle formule de serment à prêter par tous les officiers employés dans l'armée : c'est à cette occasion que plusieurs officiers-généraux sont venus donner à l'assemblée nationale l'assurance de leur obéissance à ses décrets, et de leur fidélité à la nation.

M. de Chabrillant. Tels sont mes sentiments. (On applaudit.)

M. Alexandre Lameth. Les comités militaire et de constitution ont été chargés par vous de s'occuper des moyens d'exécution des mesures que vous êtes dans l'intention de prendre relativement à la garde nationale et aux troupes de ligne. Nous ne vous parlerons aujourd'hui que de la garde nationale : nous présenterons demain une formule de serment, et la proclamation à l'armée. Je suis chargé de vous proposer en ce moment un projet de décret pour la formation d'un corps de trois à quatre cent mille hommes de garde nationale à la disposition de la nation.

M. Alexandre Lameth lit un projet de décret, dont tous les articles sont adoptés en ces termes à l'unanimité, le côté droit prenant part à la délibération.

Art. Ier. La garde nationale de tout le royaume sera mise en activité ainsi qu'il suit :

II. Les départemens du Nord, du Pas-de-Calais, du Jura, du Haut et du Bas-Rhin, et tous les départemens situés sur les frontières d'Allemagne, fourniront un nombre d'hommes aussi considérable que leur situation le permettra.

III. Les autres départemens fourniront chacun de deux à trois mille hommes.

IV. En conséquence, tout citoyen qui voudra porter les armes se fera inscrire dans sa municipalité.

V. Les gardes nationales enregistrées se formeront en bataillon de dix compagnies chacun ; chaque compagnie sera de cinquante hommes.

VI. Les compagnies seront commandées par un sous-lieutenant, un lieutenant et un capitaine.

VII. Les bataillons seront commandés par deux lieutenans-colonels et un colonel.

VIII. Les compagnies nommeront leurs officiers, et les bataillons leur état-major.

IX. Chaque garde national recevra quinze sous par jour, le tambour aura une solde et demie, le fourrier deux soldes, le sous-lieutenant trois, le lieutenant quatre, le capitaine cinq, le lieutenant-colonel six, le colonel sept.

X. Les gardes nationales, à l'instant où leurs services ne seront plus nécessaires, ne recevront plus de solde, et rentreront sans distinction dans leurs anciennes compagnies.

XI. Il sera fait incessamment un réglement pour ces troupes.

M. Dubois-Crancé. Le comité a une soumission de M. Grandpré pour fournir soixante mille fusils. Je demande que le ministre de la guerre soit engagé à examiner les conditions de cette soumission, et à traiter avec ce particulier.

Cette proposition est unanimement décrétée, la partie droite délibérant.

Un de MM. les secrétaires fait lecture d'une lettre du président des comités réunis, des recherches et des rapports. Ces comités préviennent l'assemblée qu'ils ont concerté avec le département des mesures efficaces pour assurer la durée du calme parfait dont jouit la capitale. Ils ne se sépareront pas, et seront toujours prêts à recevoir les ordres de l'assemblée (On applaudit.)

M. Larochefoucault. Le département et la municipalité resteront assemblés nuit et jour tant que la chose publique l'exigera, pour exécuter vos ordres et ceux des comités. Les dispositions sont prises pour que vos décrets soient transmis avec une grande célérité aux sections de Paris et aux deux districts ruraux. (On applaudit.)

M. Laville-aux-Bois. Le département vient de rendre compte au comité des rapports et des recherches de la suspension provisoire de la distribution des lettres dans la ville de Paris. Les comités me chargent de vous proposer de décréter qu'il n'y aura désormais aucune interruption dans le service, et que la distribution se fera comme à l'ordinaire.

M. *Delessart*, ministre de l'intérieur. Je crois devoir observer que la distribution n'a point été interrompue, mais suspendue provisoirement.

M. *Anson*. Le département a envoyé deux commissaires pour exprimer un vœu conforme à la proposition du comité des rapports.

La proposition du comité des rapports est décrétée unanimement.

Il est dix heures, l'assemblée, séance tenante, suspend la délibération jusqu'à onze heures.

Le 21 à onze heures du soir.

Un de MM. les secrétaires commence la lecture du procès-verbal du matin.—L'assemblée en renvoie la rédaction à des commissaires nommés à cet effet.

Un autre secrétaire lit le procès-verbal de la séance de la veille. —Une légère discussion s'élève sur ce procès-verbal.

M. *Merlin*. Je demande qu'à l'article de ce procès-verbal, où il est dit que le curé de Saint-Germain-l'Auxerrois a invité l'assemblée à se rendre à la procession de la Fête-Dieu, il soit ajouté que le roi avait promis d'y assister.

Cette proposition est adoptée.

L'assemblée suspend la séance à minuit.]

CLUB DES JACOBINS. — *Séance du 21 juin.*

Nous placerons deux pièces avant le compte rendu, afin que nos lecteurs trouvent réunies les opinions démocratiques influentes. — Le club des Cordeliers, *Société des amis des droits de l'homme et du citoyen*, fit imprimer et afficher le serment qu'on va lire, précédé de la citation suivante accommodée aux circonstances.

Songez qu'au Champ de Mars, à cet autel auguste,
Louis nous a juré d'être fidèle et juste;

De son peuple et de lui, tel était le lien ;
Il nous rend ses sermens puisqu'il trahit le sien.
Si parmi les Français, il se trouvait un traître
Qui regrettât les rois, et qui voulût un maître,
Que le perfide meure au milieu des tourmens,
Que sa cendre coupable, abandonnée aux vents,
Ne laisse ici qu'un nom plus odieux encore
Que le nom des tyrans que l'homme libre abhorre.

« Les Français libres, composant la société des Amis des droits de l'homme et du citoyen, *le club des Cordeliers*, déclare à tous leurs citoyens, qu'elle renferme autant de tyrannicides que de membres, qui ont tous juré *individuellement* de poignarder les tyrans qui oseront attaquer nos frontières, ou attenter à notre liberté, ou à notre constitution, de quelque manière que ce soit, et ont signé : — LEGENDRE, *président* ; COLLIN, CHAMPION, *secrétaires*. »

Manifeste de Marat.

« Toute la France se rappelle le discours ignoble que Louis XVI récita à l'assemblée nationale, le 18 avril dernier, pour se plaindre en écolier que le peuple de la capitale l'avait empêché d'aller à Saint-Cloud, c'est-à-dire à Bruxelles. Toute la France se rappelle aussi cette fameuse lettre écrite par son ordre à ses ministres dans les cours étrangères, et communiquée officiellement à l'assemblée nationale, pour faire parade de son prétendu civisme, se dire le défenseur de la liberté publique et le soutien de la constitution, se plaindre des doutes des citoyens éclairés sur le peu de sincérité de ses sentimens, se récrier contre les bruits qui couraient qu'il n'était pas libre, déclarer qu'il n'avait point eu envie de partir, et protester qu'il est au milieu de ses enfans, de ses concitoyens, de ses amis, où le plaisir et l'amour le retiennent.

» A l'appui de ces protestations, il invoquait la vérité, la loyauté, l'honneur, la foi du serment. La foi du serment dans sa bouche ! Souvenez-vous de Henri III et du duc de Guise. Henri s'était réconcilié en apparence avec le duc ; pour le plonger dans une sécurité plus profonde, il prend le ciel à témoin de la sincérité de ses sermens ; il communie à la même table, il lui promet d'oublier tout ressentiment, et lui jure sur l'autel une éternelle amitié, à l'instant même qu'il roule dans son âme le noir projet de le faire assassiner. A peine hors du temple du Dieu de paix, qu'il distribue à ses garçons des poignards, et qu'il le fait appeler dans son cabinet par une porte dérobée qu'on venait de murer par son ordre, et qu'il le fait percer de mille coups.

» Peuples, voilà la loyauté, l'honneur, la religion des rois : Fiez-vous à leurs sermens. Dans le matin du 19, Louis XVI riait des siens, et s'amusait de sa lettre ministérielle au milieu du comité autrichien avec Mottié, Bailly, Cazalès, Dandré et les autres chefs de la noire bande des conspirateurs, tout en se disposant à fuir. Il devait s'esquiver en moine. Sa femme prend les devants et veut monter dans un fiacre. Elle est arrêtée au moment où quelques chevaliers du poignard ouvrent la portière. Ramenée au château par un détachement des gardes patriotes, elle y répand la confusion et la consternation.

» Léopold et Gustave pressaient Louis XVI de fuir : L'Autrichienne supplie à genoux Mottié de faire les derniers efforts. Le traître fait courir des espions de l'état-major. L'ordre est donné aux sergens-majors de la troisième division de choisir dans les bataillons, les officiers et les soldats les plus gangrénés parmi ceux qui ont fait serment d'obéissance aveugle; on leur prodigue l'or à pleines mains; et cette fois, pour le malheur de la patrie, le crime est couronné de succès : Les chefs des conspirateurs et l'Autrichienne entraînent le roi vers le camp des ennemis. La nuit dernière, Louis XVI, en soutane, a pris la fuite avec le dauphin, Monsieur et le reste de la famille. Ce roi parjure, sans foi, sans pudeur, sans remords, ce monarque indigne du trône n'a pas été retenu par la crainte de passer pour un infâme. La soif du pouvoir absolu qui dévore son âme le rendra bientôt assassin féroce; bientôt il nagera dans le sang de ses concitoyens, qui refuseront de se soumettre à son joug tyrannique. En attendant, il rit de la sottise des Parisiens qui se sont stupidement reposés sur sa parole.

» Citoyens, la fuite de la famille royale est préparée de longue main par les traîtres de l'assemblée nationale, et surtout par les comités des recherches et des rapports. Pour ménager des intelligences entre les commandans contre-révolutionnaires de l'Alsace et de la Lorraine avec les armées des Capets fugitifs et des Autrichiens, il fallait écraser le parti patriotique. Aussi ces infâmes comités vous en ont-ils perpétuellement imposé sur les auteurs des troubles d'Hagueneau, de Colmar et Vissembourg, etc. Pour mieux vous tromper, il n'y a sorte de faux que n'aient commis Broglie, Reignier, Noailles, Voidel, et autres scélérats vendus. C'est donc l'assemblée nationale elle-même qui a préparé la réussite de l'invasion de ces provinces, ou plutôt qui a ouvert le royaume aux ennemis par ces frontières. Tandis que le général parisien, par ses machinations, pour composer, d'ennemis de la révolution, les états-majors de tous les départemens, et par les intelligences criminelles qu'il s'est ménagées par ses espions et au-dedans et au-dehors, a tout fait pour paralyser les forces nationales, et les mettre entre les mains du roi.

» Citoyens, amis de la patrie, vous touchez au moment de votre ruine. Je ne perdrai pas le temps à vous accabler de vains reproches sur les malheurs que vous avez attirés sur vos têtes par votre aveugle confiance, par votre fatale sécurité. Ne songeons qu'à votre salut.

» Un seul moyen vous reste pour vous retirer du précipice où vos indignes chefs vous ont entraînés, c'est de nommer à l'instant un tribun militaire, un dictateur suprême, pour faire main-basse sur les principaux traîtres connus. Vous êtes perdus sans ressource, si vous prêtez l'oreille à vos chefs actuels, qui ne cesseront de vous cajoler et de vous endormir, jusqu'à l'arrivée des ennemis devant vos murs. Que dans la journée le tribun soit nommé; faites tomber votre choix sur le citoyen qui vous a montré jusqu'à ce jour le plus de lumières, de zèle et de fidélité : Jurez-lui un dévoûment inviolable et obéissez lui religieusement, dans tout ce qu'il vous ordonnera pour vous défaire de vos mortels ennemis.

» Voici le moment de faire tomber la tête des ministres et de leurs subalternes, de Mottié, de tous les scélérats de l'état-major et de tous les commandans antipatriotes de bataillons, de Bailly, de tous les municipaux contre-révolutionnaires, de tous les traîtres de l'assemblée nationale ; commencez donc par vous emparer de leurs personnes, s'il en est encore temps. Saisissez ce moment pour détruire l'organisation de votre garde nationale, qui a perdu la liberté : dans ces momens de crises et d'alarmes, vous voilà abandonnés par tous vos officiers. Qu'avez-vous besoin de ces lâches, qui se cachent dans les momens de danger, et qui ne se montrent dans les temps de calme que pour insulter et maltraiter les soldats patriotes, que pour trahir la patrie. Faites partir à l'instant des courriers pour demander main-forte aux départemens ; appelez les Bretons à votre secours, emparez-vous de l'arsenal ; désarmez les alguazils à cheval, les gardes des ports, les chasseurs des barrières : préparez-vous à défendre vos droits, à venger votre liberté, à exterminer vos implacables ennemis.

» Un tribun, un tribun militaire, ou vous êtes perdus sans ressource. Jusqu'à présent j'ai fait pour vous sauver tout ce qui était au pouvoir humain : Si vous négligez ce conseil salutaire, le seul qui me reste à vous donner, je n'ai plus rien à vous dire, et je prends congé de vous pour toujours. Dans quelques jours, Louis XVI, reprenant le ton d'un despote dans un manifeste insolent, vous traitera en rebelles, si vous n'allez vous-mêmes au-devant du joug. Il s'avancera contre vos murs à la tête de tous les fugitifs, de tous les mécontens et des légions autrichiennes, il vous bloquera! Cent bouches à feu menaceront d'abattre votre ville à boulets rouges, si vous faites la moindre résistance ; tandis que Mottié, à la tête des hussards allemands, et peut-être des alguazils de l'armée parisienne, viendra vous désarmer ; tout ce qu'il y a parmi vous de chauds patriotes seront arrêtés, les écrivains populaires seront traînés dans les cachots; *l'Ami du peuple* dont le dernier soupir sera pour la patrie et dont la voix fidèle vous rappelle encore à la liberté, aura pour tombeau un four ardent. Encore quelques jours d'indécision, et il ne sera plus temps de sortir de votre léthargie : la mort vous surprendra dans les bras du sommeil.

Signé, MARAT, *l'ami du peuple.* »

Le *Journal des débats des Jacobins* ne renferme sur la séance extraordinaire du 22 que la note suivante :

« L'événement inattendu du départ du roi a porté tous les amis de la constitution à se rassembler, pour pouvoir correspondre sur le champ avec toutes les sections de la capitale. Le danger de la chose publique avait éteint toutes les petites divisions. MM. de la Fayette, Sieyès, etc., se rendirent à la société, et tous les membres prêtèrent unanimement serment de fidélité à la nation. Sur la motion de M. Barnave, la société a arrêté d'écrire à toutes les sociétés affiliées la lettre suivante :

« Frères et amis,

» Le roi, égaré par des suggestions criminelles, s'est éloigné de l'assemblée nationale.

» Loin d'être abattu par cet événement, notre courage et celui de nos concitoyens s'est élevé au niveau des circonstances.

» Aucun trouble, aucun mouvement désordonné n'a accompagné l'impression que nous avons sentie. Une fermeté calme et déterminée nous laisse la disposition de toutes nos forces ; elles sont consacrées à la défense d'une cause juste : elles seront victorieuses.

» Toutes les divisions sont oubliées ; tous les patriotes sont réunis. *L'assemblée nationale*, voilà notre guide ; *la constitution*, voilà notre cri de ralliement. *Signé*, PRIEUR, *président*, HUOT-GONCOURT, CHERY fils, LAMPIDOR, DANJOU, *secrétaires*.

» *N. B.* Eloigné de l'assemblée par son service, le rédacteur attendra pour donner de plus grands détails sur cette intéressante séance que la rédaction du procès-verbal en soit terminée. »

Cette séance n'existe dans aucune des collections de pièces que nous avons dépouillées ; nous l'avons prise, moitié dans Desmoulins et moitié dans Fréron.

Séance. Desmoulins arrive ainsi aux Jacobins : « Pendant que l'assemblée nationale décrète, décrète, décrète, décrète, décrète bien ou mal, le peuple fait admirablement la police : il déclare que tout citoyen qui se permettra le moindre pillage sera puni sur-le-champ. Des commandans de bataillon la font beaucoup plus mal. Il y en a qui se permettent, dans le territoire de la section, de s'emparer des cannes à épée : un corps-de-garde me saisit la mienne. J'ai beau me nommer, M. le commandant de bataillon avait pris sur lui de désarmer tous les citoyens, quoique la clameur générale ait forcé Bailly et la Fayette de rétracter un pareil ordre, il y a six semaines. Je vais aux Jacobins : je vois arriver la Fayette sur le quai de Voltaire. Le décret du matin a déjà ramené les esprits ; on crie autour de lui : *Vive la Fayette !* Il passe en revue les bataillons postés sur le quai de Voltaire. Convaincu du besoin de se réunir autour d'un chef, je cède à un mouvement qui m'entraîne vers le cheval blanc. M. la Fayette, lui dis-je au milieu de la foule, j'ai dit bien du mal de vous depuis un an ; voici le moment de me convaincre de faux témoignage : prouvez que je suis un calomniateur, rendez-moi odieux, couvrez-moi d'infamie, et sauvez la chose publique. Je parlais avec une chaleur extrême ; il me serre la main : Je vous ai toujours reconnu pour un bon citoyen ; vous verrez qu'on vous a trompé ; notre serment à tous est de vivre libres ou mourir. Tout va bien. Il n'y a plus qu'un seul esprit dans l'assemblée nationale, où le danger commun a réuni tous les partis. — Mais pourquoi cette assemblée affecte-t-elle de placer dans tous ses décrets le mot d'enlèvement du roi, tandis que le roi lui écrit à elle-même qu'on ne l'enlève pas, qu'il part ? Je pardonne à un valet de mentir, lorsque son maître le chasserait, s'il disait la vérité ; mais lorsque l'assemblée a autour d'elle trois millions de baïonnettes, quelle bassesse ou quelle trahison dans ce mensonge ! Il s'en faut bien que je sois aussi content que vous de ces décrets. — L'assemblée, quand elle a rendu ces décrets, n'avait point encore connaissance de cette lettre du roi. Le mot *enlèvement* est un vice de rédaction que l'assemblée corrigera. C'est une chose bien infâme que cette conduite du roi. — La Fayette répéta ce mot plusieurs fois, et il me serra la main fort affectueusement. Je le quittai en songeant que peut-être la carrière immense que la fuite du roi offrait à son ambition le ramènerait au parti populaire, et j'arrivai aux Jacobins, en m'efforçant de croire à ses démonstrations d'amitié et de patriotisme, et à me remplir de cette persuasion, qui, malgré mes efforts, s'écoulait de mon esprit par mille ressouvenirs, comme par mille issues.

» Le seul en qui j'aie pleinement confiance, Robespierre avait la parole. Écoutez un discours plein de vérités, dont je n'ai pas perdu une seule, et frémissez. »

Robespierre. « Ce n'est pas à moi que la fuite du premier fonctionnaire public devait paraître un événement désastreux. Ce jour pouvait être le plus beau de la révolution; il peut le devenir encore, et le gain de quarante millions d'entretien que coûtait l'individu royal, serait le moindre des bienfaits de cette journée. Mais pour cela, il faudrait prendre d'autres mesures que celles qui ont été adoptées par l'assemblée nationale, et je saisis un moment où la séance est levée pour vous parler de ces mesures qu'il me semble qu'il eût fallu prendre, et qu'il ne m'a pas été permis de proposer. Le roi a saisi, pour déserter son poste, le moment où l'ouverture des assemblées primaires allait réveiller toutes les ambitions, toutes les espérances, tous les partis, et armer une moitié de la nation contre l'autre, par l'application du décret du marc d'argent, et par les distinctions ridicules établies entre les citoyens entiers, les demi-citoyens et les quarterons. Il a choisi le moment où la première législature, à la fin de ses travaux, dont une partie est improuvée par l'opinion, voit de cet œil dont on regarde un héritier, s'approcher la législature qui va la chasser, et exercer le *veto* national en cassant une partie de ses actes. Il a choisi le moment où des prêtres, traîtres, ont, par des mandemens et des bulles, mûri le fanatisme et soulevé contre la constitution tout ce que la philosophie a laissé d'idiots dans les quatre-vingt-trois départemens. Il a attendu le moment où l'empereur et le roi de Suède seraient arrivés à Bruxelles pour le recevoir, et où la France serait couverte de moissons; de sorte qu'avec une bande très-peu considérable de brigands on pût, la torche à la main, affamer la nation. Mais ce ne sont point ces circonstances qui m'effraient: que toute l'Europe se ligue contre nous, et l'Europe sera vaincue. Ce qui m'épouvante, moi, Messieurs, c'est cela même qui me paraît rassurer tout le monde. Ici j'ai besoin qu'on m'entende jusqu'au bout. Ce qui m'épouvante, encore une fois, c'est précisément cela même qui paraît rassurer tous les autres: c'est que, depuis ce matin, tous nos ennemis parlent le même langage que nous. Tout le monde est réuni; tous ont le même visage, et pourtant il est clair qu'un roi qui avait quarante millions de rente, qui disposait encore de toutes les places, qui avait encore la plus belle couronne de l'univers et la mieux affermie sur sa tête, n'a pu renoncer à tant d'avantages sans être sûr de les recouvrer. Or, ce ne peut pas être sur l'appui de Léopold et du roi de Suède, et sur l'armée d'outre-Rhin qu'il fonde ses espérances : que tous les brigands d'Europe se liguent, et encore une fois ils seront vaincus. C'est donc au milieu de nous, c'est dans cette capitale que le roi fugitif a laissé les appuis sur lesquels il compte pour sa rentrée triomphante; autrement sa fuite serait trop insensée. Vous savez que trois millions d'hommes armés pour la liberté seraient invincibles: il a donc un parti puissant et de grandes intelligences au milieu de nous, et cependant regardez autour de vous, et partagez mon effroi en considérant que tous ont le même masque de patriotisme. Ce ne sont point des conjectures que je hasarde, ce sont des faits dont je suis certain : je vais tout vous révéler, et je défie ceux qui parleront après moi de me répondre.

» Vous connaissez le mémoire que Louis XVI a laissé en partant; vous avez pris garde comment il marque dans la constitution les choses qui le blessent, et celles qui ont le bonheur de lui plaire. Lisez cette protestation du roi, et vous y saisirez tout le complot. Le roi va reparaître sur les frontières, aidé de Léopold, du roi de Suède, de d'Artois, de Condé, de tous les fugitifs et de tous les brigands dont la cause commune des rois aura grossi son armée: on grossira encore à ses yeux les forces de cette armée. Il paraîtra un manifeste *paternel*, tel que celui de l'empereur quand il a reconquis le Brabant. Le roi y dira encore, comme il a dit cent fois : Mon peuple peut toujours compter sur mon amour. Non-seulement on y vantera les douceurs de la paix, mais celles même de la liberté. On proposera une transaction avec les émigrans, paix éternelle, amnistie, fraternité. En même temps les chefs, et dans la capitale, et dans les départemens, avec lesquels ce projet est concerté, peindront de leur côté les horreurs de la guerre civile. Pourquoi s'entr'égorger entre frères qui veulent être tous libres? Car Bender et Condé se diront plus patriotes que nous, amis de la liberté plus que nous. Si lorsque vous n'aviez point de moissons à préserver de l'incendie, ni d'armée ennemie sur vos frontières, le comité de constitution vous a fait tolérer tant de décrets nationicides, balancerez-vous à céder aux insinuations de vos chefs, lorsqu'on ne vous demandera que des sacrifices d'abord très-légers, pour amener une réconciliation générale? Je connais bien le caractère de la nation : des chefs qui ont pu vous faire voter des remercîmens à Bouillé pour la Saint-Barthélemy des patriotes de Nanci, auront-ils de la peine à amener à une transaction, à un moyen terme, un peuple lassé, et qu'on a pris grand soin jusqu'ici de sevrer des douceurs de la liberté, pendant qu'on affectait d'en appesantir sur lui toutes les charges, et de lui faire sentir toutes les privations qu'impose le soin de la conserver? Et voyez comme tout se combine pour exécuter ce plan, et comme l'assemblée nationale elle-même marche vers ce but avec un concert merveilleux.

» Louis XVI écrit à l'assemblée nationale de sa main; il signe qu'*il prend la fuite*, et l'assemblée, par un mensonge bien lâche, puisqu'elle pouvait appeler les choses par leur nom au milieu de trois millions de baïonnettes; bien grossier, puisque le roi avait l'imprudence d'écrire lui-même : *on ne m'enlève pas; je pars pour revenir vous subjuguer*; bien perfide, puisque ce mensonge tendait à conserver au ci-devant roi sa qualité et le droit de venir nous dicter, les armes à la main, les décrets qui lui plairont :

l'assemblée nationale, dis-je, aujourd'hui dans vingt décrets, a affecté d'appeler la fuite du roi un enlèvement. On devine dans quelle vue.

» Voulez-vous d'autres preuves que l'assemblée nationale trahit les intérêts de la nation? Quelles mesures a-t-elle prises ce matin. Voici les principales:

» Le ministre de la guerre continuera de vaquer aux affaires de son département, sous la surveillance du comité militaire. Le ministre des affaires étrangères sous la surveillance du comité diplomatique. De même les autres ministres. Or, quel est le ministre de la guerre? C'est un homme que je n'ai cessé de vous dénoncer, qui a constamment suivi les erremens de ses prédécesseurs, persécutant tous les soldats patriotes, fauteur de tous les officiers aristocrates. Qu'est-ce que le comité militaire chargé de le surveiller? C'est un comité tout composé de colonels aristocrates déguisés, et nos ennemis les plus dangereux. Je n'ai besoin que de leurs œuvres pour les démasquer. C'est du comité militaire que sont partis dans ces derniers temps les décrets les plus funestes à la liberté. »

Ici Robespierre a commenté quelques-uns de ces décrets, et, pièces à la main, il a prouvé que le comité militaire regorgeait de traîtres, qu'il n'avait toujours fait qu'un avec Duportail, que Duportail était la créature du comité, et que la surveillance du ministre par le comité, son compère, était une dérision.

« Et le ministre des affaires étrangères, a-t-il ajouté, quel est-il? C'est un Montmorin, qui, il y a un mois, il y a quinze jours, vous répondait, se faisait caution que le roi *adorait* la constitution. C'est à ce traître que vous abandonnez les relations extérieures! sous la surveillance de qui? du comité diplomatique, de ce comité où règne un André, et dont un de ses membres me disait qu'un *homme de bien*, qu'un homme qui n'était pas un traître à sa patrie, ne pouvait pas y mettre le pied. Je ne pousserai pas plus loin cette revue. Lessart n'a pas plus ma confiance que Necker, qui lui a laissé son manteau. Citoyens, viens-je de vous montrer assez la profondeur de l'abîme qui va engloutir notre liberté? Voyez-vous assez clairement la coalition des ministres du roi, dont je ne croirai jamais que quelques-uns, sinon tous, n'aient pas su la fuite? Voyez-vous assez clairement la coalition de vos chefs civils et militaires; elle est telle que je ne puis pas ne pas croire qu'ils n'aient favorisé cette évasion dont ils avouent avoir été si bien avertis? Voyez-vous cette coalition avec vos comités, avec l'assemblée nationale? Et comme si cette coalition n'était pas assez forte, je sais que tout à l'heure on va vous proposer à vous-mêmes une réunion avec tous nos ennemis les plus connus : dans un moment, tout 89, le maire, le général, les ministres, dit-on, vont arriver ici ! Comment pourrions-nous échapper? Antoine commande les légions qui vont venger César ! et c'est Octave qui commande les légions de la république. On nous parle de réunion, de nécessité de se serrer autour des mêmes hommes. Mais quand Antoine fut venu camper à côté de Lepidus, et parla aussi de se réunir, il n'y eut bientôt plus que le camp d'Antoine, et il ne resta plus à Brutus et à Cassius qu'à se donner la mort.

» Ce que je viens de dire, je jure que c'est dans tous les points l'exacte vérité. Vous pensez bien qu'on ne l'eût pas entendue dans l'assemblée nationale. Ici même, parmi vous, je sens que ces vérités ne sauveront point la nation, sans un miracle de la Providence, qui daigne veiller mieux que vos chefs sur les gages de la liberté. Mais j'ai voulu du moins déposer dans votre procès-verbal un monument de tout ce qui va vous arriver. Du moins, je vous aurai tout prédit ; je vous aurai tracé la marche de vos ennemis, et on n'aura rien à me reprocher. Je sais que par une dénonciation, pour moi dangereuse à faire, mais non dangereuse pour la chose publique ; je sais qu'en accusant, dis-je, ainsi la presqu'universalité de mes confrères, les membres de l'assemblée, d'être contre-révolutionnaires, les uns par ignorance, les autres par terreur, d'autres par ressentiment, par un orgueil blessé, d'autres par une confiance aveugle, beaucoup parce qu'ils sont corrompus, je soulève contre moi tous les amours-propres, j'aiguise mille poignards, et je me dévoue à toutes les haines ; je sais le sort qu'on me garde ; mais si dans les commencemens de la révolution, et lorsque j'étais à peine aperçu dans l'assemblée nationale, si lorsque je n'étais vu que de ma conscience, j'ai fait le sacrifice de ma vie à la vérité, à la liberté, à la patrie; aujourd'hui, que les suffrages de mes concitoyens, qu'une bienveillance universelle, que trop d'indulgence, de reconnaissance, d'attachement, m'ont bien payé de ce sacrifice, je recevrai presque comme un bienfait, une mort qui m'empêchera d'être témoin des maux que je vois inévitables. Je viens de faire le procès à l'assemblée nationale, je lui défie de faire le mien. »

» — Voilà autant que je m'en souviens, la substance du discours de mon cher Robespierre. Que ne puis-je rendre cet abandon, cet accent du patriotisme et d'indignation avec lesquels il l'a prononcé! Il fut écouté avec cette attention religieuse dont on recueille les dernières paroles d'un mourant. C'était en effet comme son testament de mort qu'il venait déposer dans les archives de la société. Je n'entendis pas ce discours avec autant de sang-froid que je le rapporte en ce moment, où l'arrestation du ci-devant roi a changé la face des affaires. J'en fus affecté jusqu'aux larmes en plus d'un endroit; et lorsque cet excellent citoyen au milieu de son discours parla de la certitude de payer de sa tête les vérités qu'il venait de dire, m'étant écrié : *Nous mourrons tous avant toi*, l'impression que son éloquence naturelle et la force de ses discours faisaient sur l'assemblée était telle, que plus de 800 personnes se levèrent toutes à la fois, et entraînées comme moi par un mouvement involontaire, firent un serment de se rallier autour de Robespierre, et offrirent un tableau admirable par le feu de leurs paroles, l'action de leurs mains, de leurs chapeaux, de tout leur visage, et par l'inattendu de cette inspiration soudaine. (*Révol. de France*, etc., n° LXXXII.)

Extrait des registres des Amis de la constitution, du 21 juin 1791.

« Après que la société eut juré individuellement de défendre la vie de M. Robespierre, exposée par les vérités hardies qu'il venait d'énoncer à la tribune, on annonça l'arrivée des ministres et des membres de l'assemblée nationale du club de 89, qui venaient se réunir à la société des Amis de la constitution. Alors M. Danton, prenant la parole, dit : M. le président, si les traîtres se présentent dans cette assemblée, je prends l'engagement formel de porter ma tête sur un échafaud, ou de prouver que la leur doit tomber aux pieds de la nation qu'ils ont trahie.

» Les députés de l'assemblée nationale étant entrés, M. Danton, ayant aperçu au milieu d'eux M. la Fayette, monta à la tribune et dit :

» Messieurs, nous avons aujourd'hui les plus grands intérêts à traiter; et, en effet, ne nous le dissimulons pas, du résultat de cette séance, de l'esprit public que vous aurez montré, dépendra peut-être le salut de l'empire.

» Au moment où le premier fonctionnaire public vient de disparaître, ici se réunissent ces hommes chargés de régénérer la France, dont les uns sont puissans par leur génie, et les autres par leur grand pouvoir.

» Ah ! s'il était possible que l'intérêt personnel eût perdu son influence, s'il était possible que toutes divisions fussent cessées, la France serait sauvée ; mais une funeste expérience vient de nous montrer l'étendue de nos maux. Je dois parler, et je parlerai comme si je burinais l'histoire pour les siècles à venir. Et d'abord, j'interpelle M. la Fayette de me dire pourquoi, lui, signataire du système des deux chambres du prêtre Sieyès, vient-il se réunir aux amis de la constitution, lui, dis-je, signataire de ce système destructeur de la constitution et de la liberté, répandu dans les départemens précisément dans les mêmes circonstances où le roi fuit, dit-il, pour changer la face de l'empire ?

» M. Danton a ensuite dit à M. la Fayette que dans les conférences qu'il avait eues avec lui, dans le temps que les amis de la constitution se flattaient d'éteindre toute semence de discorde et de division, M. la Fayette avait paru désirer un changement dans la constitution, à peu près semblable à celui proposé par M. Sieyès, et qu'à cet égard il lui avait formellement dit que le projet de M. Mounier était trop exécré pour penser à le reproduire, mais qu'il serait possible de faire accepter à l'assemblée quelque chose d'équivalent. M. Danton a défié M. la Fayette de lui nier ce fait, et a ajouté :

» Par quelle étrange singularité se fait-il que le roi donne pour raisons de sa fuite les mêmes motifs qui vous avaient déterminé à favoriser l'établissement de sociétés d'hommes qui, étant intéressés comme propriétaires, disiez-vous, au rétablissement de l'ordre public, balanceraient bientôt, et feraient ensuite disparaître ces associations de prétendus amis de la constitution, composées presqu'entièrement d'hommes sans aveu, et soudoyées pour perpétuer l'anarchie ? Que M. la Fayette m'explique comment il a pu inviter, dans un *ordre militaire*, sans se déclarer l'ennemi de la liberté de la presse, la garde nationale en uniforme, de service ou non, à arrêter la circulation des écrits publiés par les défenseurs des droits du peuple ; tandis que protection était accordée aux lâches écrivains détracteurs de la constitution.

» Qu'on me dise pourquoi M. la Fayette a mené en triomphe les habitans du faubourg Saint-Antoine qui voulaient détruire le dernier repaire de la tyrannie (le donjon de Vincennes) !

» Qu'on me dise pourquoi M. la Fayette a, le même soir de cette expédition de Vincennes, accordé protection aux assassins armés de poignards pour favoriser la fuite du roi !

» M'apprendra-t-on comment il se fait que M. la Fayette ait pu laisser subsister les apparences du crime qu'il a commis envers la souveraineté de la nation, en ne désavouant pas, avec la plus grande publicité, le trop fameux serment individuel que lui a prêté la garde nationale de Paris ? Comment se fait-il que la même compagnie des grenadiers de l'Oratoire, dont il a si arbitrairement chassé 14 grenadiers, pour s'être opposés, le 18 avril, au départ du roi, ait été la même compagnie de garde le 21 juin ?

» Comment se fait-il que M. la Fayette, qui, depuis le 18 avril, a fait connaître qu'il était en garde contre les tentatives du départ du roi, ait voulu, dans ce mémorable jour 18 avril, employer le fer et le feu pour protéger le départ du roi pour Saint-Cloud, lieu qui n'était évidemment, comme l'événement l'a prouvé depuis, que le rendez-vous des fugitifs et de leurs perfides agens?

» Ne nous faisons pas illusion, Messieurs ; la fuite du roi n'est que le résultat d'un vaste complot. Des intelligences avec les premiers fonctionnaires publics en ont pu seules assurer l'exécution. Et vous, M. la Fayette, vous, qui me répondiez encore dernièrement de la personne du roi sur votre tête, paraître dans cette assemblée, est-ce avoir payé votre dette?

» Il faut, Messieurs, pour sauver la France, il faut au peuple de grandes satisfactions ; il est las d'être continuellement bravé par ses ennemis connus et déclarés : il est temps que ceux qui ont signé des protestations contre la constitution, cessent d'être représentans du peuple. L'assemblée nationale a décrété ce principe, en excluant de toute fonction les coupables de ce délit. Une protestation contre les décrets est une abdication de la qualité de représentant. Ce n'est pas altérer le principe de l'irrévocabilité, que chasser de l'assemblée nationale, et livrer à la justice ceux qui appellent la guerre civile en France par les actes audacieux de la plus infâme rébellion. Mais si la voix des défenseurs du peuple est étouffée ; si, toujours faibles, nos ménagemens pour les ennemis de la patrie la mettent perpétuellement en danger, j'en appelle au jugement de la postérité, c'est à elle à juger entre vous et moi.

» M. la Fayette, invité à répondre, a dit :

» L'un de MM. les préopinans me demande pourquoi je viens me réunir à cette société. Je viens me réunir à cette société, parce que c'est à elle que tous les bons citoyens doivent recourir dans ces temps de crises et d'alarmes. Il faut plus que jamais combattre pour la liberté, et le premier j'ai dit que lorsqu'un peuple voulait être libre, il le devenait; et je n'ai jamais été si sûr de la liberté qu'après avoir joui du spectacle que vient de nous offrir la capitale dans cette journée.

» Deux minutes après avoir parlé ainsi, M. la Fayette est sorti de l'assemblée.

» M. le député de Brest a dit alors : Messieurs, je demande que M. la Fayette, qui a éludé les questions de M. Danton, soit invité à venir lui répondre catégoriquement; je vous le demande pour satisfaire au vœu de mes commettans et à celui de tous les bons citoyens en général.

» L'assemblée a ordonné l'impression et l'insertion du discours de M. Danton dans le procès-verbal, dont elle a également arrêté l'envoi dans toutes les sociétés affiliées.

» Sur la motion de M. le député de Brest, il a été arrêté que M. le président inviterait M. la Fayette à se rendre incessamment dans la société pour répondre catégoriquement aux interpellations de M. Danton.

» Ainsi s'exprimait M. Danton aux Jacobins, en présence de M. la Fayette ; ainsi répondit sans répondre M. la Fayette. L'assemblée ayant pris le lendemain l'arrêté de sommer le général de se justifier, il écrivit au président que les soins de la chose publique prenaient tous ses instans, et qu'il avait été occupé à faire prêter serment, le soir même, aux gardes nationales et au peuple de Paris dans l'enceinte du temple législatif. Le lendemain du lendemain, il poussa l'hypocrisie jusqu'à dénoncer lui-même par écrit à la société un pamphlet, où lui, général, était, suivant l'usage, porté aux nues, et M. Danton désigné de la manière la plus outrageante. Oncques depuis il n'a osé reparaître à la société des Jacobins : ainsi l'accusation de M. Danton reste tout entière. Les Philippiques, ouvrage infernal, composé par le vénal Charron, n'ont pas manqué d'annoncer que M. la Fayette avait répondu victorieusement à M. Danton ; mais c'est un insigne mensonge ; car sa réponse, que j'ai transcrite sur le procès-verbal des Jacobins, lu avant-hier soir à la société, se réduit à ce que j'ai cité. Or, je demande si c'est là répondre. Cependant on lit les Philippiques dans tous les carrefours, afin de tromper le peuple : il est bon qu'il soit prémuni contre les artifices. Tout le crime de M. Danton est d'être un des meilleurs citoyens de la capitale, un des plus fermes appuis de la liberté et de l'égalité ; raison pour égarer sur son compte le peuple, dont il a toujours défendu la cause avec énergie et éloquence. Il est membre du département, il est fonctionnaire public : ce qu'il avance contre M. la

Fayette est donc de quelque poids ; il faut s'en débarrasser, et un chef-d'œuvre de l'art des intrigues serait d'animer contre lui, en le peignant comme un factieux, ce même peuple pour lequel il combat. En conséquence, quelques membres du département ont eu la stupidité d'aller le dénoncer au comité des recherches de l'assemblée nationale, comme étant à la tête d'une faction formidable, et comme ayant tenté de s'emparer des hauteurs de Montmartre. C'est de M. Dufourny de Villiers, excellent patriote, que je tiens ce fait, que lui-même il tenait d'un membre du département : je le défie à cet égard de me démentir.

» *La grande preuve*, disait M. Danton, *que je n'ai point enrôlé pour Montmartre, c'est que je n'ai point recruté parmi les ânes du département.*

» Citoyens, on cherche à vous faire prendre le change sur vos meilleurs, sur vos plus zélés défenseurs. Croyez-moi, brûlez les Philippiques, et bernez le département. » (*L'Orateur du peuple*, t. 6, p. 441 et suivantes.)

SÉANCE PERMANENTE (22, *quatre heures du matin*).

[M. Dupont lit la rédaction du procès-verbal du commencement de cette séance. — Après une légère discussion, l'assemblée approuve cette rédaction, ainsi que la forme et le classement des différens décrets rendus, sauf rédaction, dans la matinée.

Elle suspend sa séance à cinq heures, M. le président, ainsi que les secrétaires et une partie des membres de l'assemblée, restant dans la salle.

Le 22, à neuf heures.

M. le président. Avant de passer à l'ordre du jour, je vais vous donner lecture d'une lettre de la municipalité de Saint-Claude :

« Les officiers municipaux de Saint-Claude, réunis à cause de la cessation des fonctions du pouvoir exécutif, pénétrés de douleur en apprenant la conduite du roi d'un peuple libre, renouvellent le serment de défendre la constitution jusqu'à la dernière goutte de leur sang. » (On applaudit.)

M. Charles Lameth. Puisque les travaux des comités relativement aux grandes mesures qu'exigent les circonstances ne sont pas encore prêts, je voudrais demander aux commissaires nommés pour veiller au garde-meuble, des renseignemens sur les diamans de la couronne, et qu'ils s'y rendent avec deux joailliers qui les examineront.

M. Fréteau. Et qui vérifieront si la garde est suffisante.

Ces propositions sont adoptées.

M. Fréteau. Le comité diplomatique a connaissance d'une lettre de M. l'ambassadeur de France à Londres, sur le départ de la flotte anglaise. Le vent étant au sud-est, la flotte a fait voile pour la Baltique. Jusqu'ici sa route ne peut être effrayante.

M. Charles Lameth. Il n'est ni long ni difficile d'armer des vaisseaux. Je demande que les comités diplomatique et de marine s'occupent des mesures nécessaires à ce sujet.

Une grande partie des officiers de la gendarmerie sont à Paris; je propose de décréter qu'ils seront tenus de se rendre à leurs postes, et que le ministre soit tenu de donner des commissions à ceux qui n'en ont pas encore.

L'assemblée adopte le décret suivant :

« L'assemblée nationale décrète que le ministre de la guerre expédiera dans la journée les brevets de tous les officiers et sous-officiers de la gendarmerie nationale dont la nomination est en état ;

» Qu'il donne l'ordre à tous les officiers, sous-officiers ou gendarmes de la gendarmerie nationale, de se rendre sur-le-champ à leurs postes respectifs ;

» Que les comités de constitution et militaire présenteront dans la journée, ou demain matin, les articles additionnels, néanmoins, pour que l'organisation de la gendarmerie nationale soit complétement achevée dans le plus court délai. »

M. Fréteau. Il faut donner le même ordre aux commissaires des guerres, et à tout ce qui tient au service.

M. Rabaud. Le travail du comité, à ce sujet, a été retardé par la proposition qui lui a été soumise par le ministre, tendante à faire accorder des retraites à ceux qui ne voudraient point rester en activité.

M. *Fréteau.* On ne peut douter de la justice de cette assemblée; elle s'occupera des retraites dans un autre moment.

M. *Charles Lameth.* Il est étonnant qu'on nous parle dans ce moment de retraite ; ceux qui en demandent n'en méritent pas. Les mesures provisoires sont urgentes : il est important que la gendarmerie nationale soit en activité ; car dans l'abominable complot dont on espère en vain de nous rendre les victimes, on a tout calculé. Au mois de juillet de l'année dernière, on a bien coupé les blés verts ; cette année on pourrait bien les brûler secs.

L'assemblée adopte la proposition de M. Charles Lameth.

M. *Fréteau.* Je vais vous faire lecture, au nom du comité diplomatique, d'une lettre de Mayence.

M. *l'envoyé de France au ministre des affaires étrangères.*

Mayence, *le* 15 *juin.*

Extrait de la lettre. Le séjour de M. le comte d'Artois à Mayence a été remarquable par le grand nombre de réfugiés français, et surtout d'officiers qui sont venus auprès de lui. Sa table était tous les jours de soixante-quatorze couverts. Il a eu une conférence avec l'électeur et avec M. le prince de Condé. On dit que M. de Calonne s'y est trouvé. Parmi les réfugiés, on remarque beaucoup de magistrats. M. le vicomte de Mirabeau s'y était rendu avec un uniforme ridicule. J'ai fait ma cour à M. le comte d'Artois, en me tenant cependant toujours dans la plus grande réserve. Il paraissait attendre l'époque de la délibération de la diète. La désunion et la mésintelligence que l'on dit régner entre eux ne percent pas. M. le marquis d'Autichamp a donné sa démission. La plupart des gardes-du-corps qui étaient venus se joindre à eux, s'en sont retournés sur-le-champ, et douze gendarmes, arrivés à Mayence, sont repartis incontinent. (M. l'ambassadeur ne pouvait pas soupçonner ce qui vient de se passer.)

Le dernier décret relatif aux mesures nécessaires sur la sûreté extérieure pourrait les contenir. Il arrive journellement de nouveaux Français; on se prévaut du rassemblement d'officiers à Mayence. On répand le bruit que l'empereur veut renouveler alliance avec la France; plusieurs princes de l'empire n'approuvent pas les questions que l'électeur de Mayence a proposées à la diète.

M. *Fréteau.* L'une de ces questions, ainsi que vous l'a dit votre comité diplomatique, est le démembrement de plusieurs portions de la France; le surplus de la lettre renferme des conjectures qu'il est peut-être bon de ne pas rendre publiques. Cependant si l'assemblée l'ordonne, je vais continuer. (Non, non, s'écrie-t-on dans toutes les parties de la salle.)

M. *le président.* Le tribunal de cassation demande à être admis à la barre.

L'assemblée décide qu'il sera admis.

M. Garand-Coulon, président du tribunal, prend la parole.

Essentiellement attaché à l'assemblée nationale par la loi de notre établissement, nous venons, dans ce nouvel orage qui, comme tous les autres, ne fera que hâter les progrès de la constitution, de la liberté et du bonheur public; nous venons protester de notre soumission à vos décrets, et renouveler en vos mains le serment de fidélité à la nation et à la loi : à la nation dont vous êtes les dignes représentans; à la loi, qui conserve toute sa force et sa pureté, puisqu'elle ne cesse pas d'être l'expression de la volonté générale. (On applaudit à plusieurs reprises.)

M. *le président.* L'assemblée nationale a déjà reçu les témoignages de fidélité de plusieurs départemens du royaume; le vœu du peuple se manifeste, l'ordre est maintenu dans la capitale, tout concourt à garantir aux amis de la liberté que leur ouvrage sera respecté, et que le grand événement par lequel on a vainement tenté de l'ébranler, ne servira qu'à prouver au monde entier que des Français libres par l'effet de leurs vœux, de leur courage et des lumières de leur siècle, ne peuvent cesser de l'être qu'en périssant tous jusqu'au dernier.

L'assemblée, satisfaite de votre hommage, vous invite à assister à sa séance. (On applaudit à plusieurs reprises.)

L'assemblée ordonne l'impression du discours du tribunal, et de la réponse de son président.

M. le président rappelle à l'assemblée qu'elle doit demain se rendre en corps à la procession de la paroisse de Saint-Germain-l'Auxerrois.

M. Emmery. Conformément à vos ordres, votre comité militaire s'est occupé, de concert avec les ministres et quelques officiers généraux, d'une mesure qui soit assortie aux circonstances. Le décret du 13 juin n'ayant pas encore été mis à exécution, nous vous proposerons une nouvelle formule de serment qui doit rallier tous les esprits, et les déterminer vers le même objet, du moins instantanément. Le comité vous proposera une autre mesure qui tend à nommer des commissaires pour recevoir le serment; et comme le choix de ces commissaires importe beaucoup, nous vous proposerons de nommer des membres de cette assemblée. Voici notre projet de décret :

L'assemblée nationale décrète, 1° que le serment ordonné les 11 et 13 juin dernier, sera prêté dans la forme qui suit : « Je jure d'employer les armes remises dans mes mains à la défense de la patrie, et à maintenir, contre tous ses ennemis du dedans et du dehors, la constitution décrétée par l'assemblée nationale, de mourir plutôt que de souffrir l'invasion du territoire français par des troupes étrangères, et de n'obéir qu'aux ordres qui seront donnés en conséquence des décrets de l'assemblée nationale; 2° que des commissaires pris dans le sein de l'assemblée nationale seront envoyés dans les départemens frontières pour recevoir le serment ci-dessus, dont il sera dressé procès-verbal, pour y concerter avec les corps administratifs et les commandans des troupes les mesures qu'ils croiront propres au maintien de l'ordre public et à la sûreté de l'État, et à faire à cet effet toutes les réquisitions nécessaires. 3° En conséquence, l'assemblée nationale nomme pour commissaires MM. Custine, Chassey et Regnier pour les départemens du Haut-Rhin, du

Bas-Rhin et des Vosges; MM. Toulongeon, Regnaud de Saint-Jean-d'Angely et Lacour-Dambezieux, pour les départemens de l'Ain, de la Haute-Saône, du Jura et du Doubs; MM. Latour-Maubourg, Alquier et Boullé, pour les départemens du Nord et du Pas-de-Calais; MM. Biron, Devismes et Colona, pour les départemens des Ardennes, de la Meuse et de la Moselle; MM. Sinetti, Prieur et Ramel-Nogaret, pour les départemens du Finistère. Ordonne qu'immédiatement après la prestation du serment des troupes, MM. Custine, Toulongeon, Latour-Maubourg, Biron et Sinetti viendront rendre compte à l'assemblée nationale de l'état des départemens qu'ils auront visités.

Ce décret est adopté à l'unanimité.

M. Elbeck. Je crois qu'il est utile que tous les fonctionnaires publics militaires qui sont membres de l'assemblée nationale, prêtent à l'instant le serment dont la formule vient d'être décrétée, et je demande la permission d'en donner le premier l'exemple. (De nombreux applaudissemens éclatent à la fois dans toutes les parties de la salle et dans toutes les tribunes.)

Tous les fonctionnaires publics militaires, présens à l'assemblée, montent simultanément, et se pressent autour de la tribune.

M. le président. Tous messieurs les fonctionnaires publics faisant partie de la force publique armée me demandent à l'envi à prêter sur-le-champ leur serment entre les mains de l'assemblée nationale. On fait la motion, et cette motion me paraît être unanimement accueillie, que messieurs les fonctionnaires publics militaires montent successivement à la tribune pour y prêter le serment individuellement, et que de là ils se retirent au bureau pour y apposer leurs signatures.

M. Elbeck monte le premier à la tribune.

M. le président. Vous vous engagez, etc.

M. Prieur. Je demande que les fonctionnaires publics militaires qui se trouvent dans cette assemblée prêtent sur-le-champ le serment décrété par l'assemblée. (On applaudit.)

M. De Luines. J'observe à l'assemblée qu'il y a dans son sein, des officiers généraux qui ne sont pas employés; ils demandent la faveur de se réunir à ceux qui prêteront serment. (L'assemblée applaudit à trois différentes reprises.)

M. le président. L'assemblée accorde-t-elle aux officiers généraux non employés, la faveur de prêter serment?

M. Charles Lameth. Il n'y a pas besoin pour cela d'un décret de l'assemblée. Tout chevalier de Saint-Louis jouit d'une faveur nationale; il doit prêter le serment, ou il est traître à la patrie. (L'assemblée applaudit.)

M. le président lit la formule.

Une foule de membres se précipitent à la tribune, et prêtent le serment au milieu des applaudissemens excités par le plus vif enthousiasme.

Deux membres prêtent serment avec restriction.

Un troisième prête serment de fidélité au roi. —

M. Folleville. Je demande que le décret ne s'applique qu'aux fonctionnaires publics. (Les murmures les plus violens étouffent la voix de M. Folleville.)

Plusieurs militaires prêtent serment.

M. Folleville. Je demande que l'assemblée se repose.... comme député à l'assemblée....

M. le président. Je dois observer que plusieurs membres demandent la parole, soit pour prêter le serment avec des observations, soit pour y apporter des modifications; mais je déclare que je n'accorderai la parole à personne avant tous ceux qui, après avoir entendu la formule, veulent jurer purement et simplement.

Plusieurs militaires se présentent encore, et prêtent le serment.

M. Folleville. Je ne demandais pas la parole pour proposer des restrictions: ce n'est point là la mesure que l'on doit présenter quand il s'agit de sauver son pays; mais je pense que dans les circonstances le serment décrété doit être celui de tout Français, parce que tout Français doit prendre les armes pour la défense de la patrie.

M. Folleville prête le serment.

M. *Dambly*. Je suis fort âgé, j'avais demandé à être employé, et j'avais été mis dans la liste des lieutenans-généraux; mais j'ai été rayé par les Jacobins, qui ont substitué à ma place M. Montesquiou, qui n'eût attendu que six mois. Je suis vieux, cela m'est égal. Ma patrie a été ingrate envers moi; je jure de lui rester fidèle. (L'assemblée applaudit à plusieurs reprises.)

M. *Montesquiou*. Je ne m'étais pas douté que j'eusse été honoré de cette faveur : je n'ai rien demandé. Personne n'a plus de confiance à toutes les qualités de Dambly que moi; je suis lieutenant-général, s'il ne l'est pas; je recevrai toujours ses ordres avec respect. (L'assemblée applaudit.)

Voici les noms de tous ceux qui ont prêté le serment pur et simple :

MM. Delbecq, Liancourt, Toulongeon, Custine, Menou, d'Aiguillon, Alexandre Lameth, Montmorency, Lamarck, Bureaux, d'Orléans, Charles Lameth, Dillon, Boufflers, Castellane, Latouche, Biron, Toustain, Rostaing, Crillon, Rochegude, Crassico, Randon, Colona, Jessé, Estagnol, Labadie, Paslin, Phelnie, Dedelay, Montesquiou, Lida, Sinetti, Quency, Vialis, Larochefoucault, Puysaye, Sillery, Montrevel, Crillon, Lacoste, Hauloy, Wolteo, Dubois-Crancé, Lablache, Biancourt, Voger, Mazanaretz, Usson, Luynes, Harambure, Sarrazin, Dumans, Maulette, Decroix, Davarey, La Galissonnière, Galbert, Lancosne, Daisgailliers, Folleville, Claude Lachabre, Mercy, Crussol, Mortemart, Cors, Lercé, Lamberby, Evruy, Gouy-d'Arcy, Pleurs, Montcalm, Defromont, Lusignan, Desay, Alexandre Beauharnais, Tracy, Dallarde.

M. *Fréteau*. Il est important que les cours étrangères soient officiellement instruites des événemens qui viennent de se passer. Je demande, au nom du comité diplomatique, que l'assemblée autorise son président à expédier des passeports aux courriers qui vont être expédiés par le ministre des affaires étrangères, afin qu'ils puissent librement traverser la frontière.

La proposition de M. Fréteau est adoptée.

M. Defermont. L'assemblée vient de charger des commissaires pris dans son sein de se rendre dans les départemens qu'elle leur a indiqués. Cette mesure en entraîne nécessairement une autre. C'est par l'union, par le concours des efforts de tous les membres qui la composent, que l'assemblée parviendra à maintenir autour d'elle la confiance et la tranquillité publiques. Il est important qu'un appel nominal fasse connaître à l'assemblée le nom des membres que l'esprit de malveillance a fait éloigner. Je demande donc : premièrement que tous les membres absens de l'assemblée soient rappelés sur-le-champ ; 2° que le 12 juillet il soit fait un appel nominal qui constate le nombre des membres présens ; 3° qu'il ne soit accordé aucun congé jusqu'à ce qu'il en ait été autrement ordonné.

Les trois propositions de M. Defermont sont décrétées.

M. la Fayette. Ne m'étant pas trouvé à l'assemblée lorsque ceux de ses membres qui sont fonctionnaires publics militaires ont prêté le serment, *je jure*, etc..... Tous ceux de mes compagnons d'armes qui ont connaissance du serment qui vient d'être prêté, ont la plus vive impatience de le prêter dans le sein de l'assemblée nationale.

M. Murinais et différens autres membres du côté droit, qui ne s'étaient pas trouvés à la précédente délibération, prêtent et vont signer leur serment.

M. Gouy-d'Arcy. Hier j'ai passé à Senlis à onze heures du soir : la municipalité m'a chargé de remettre à l'assemblée nationale deux paquets, l'un desquels contenait deux lettres saisies dans les poches de M. Hérard, médecin du roi. L'une est adressée à madame Vaudemont, l'autre à une personne qui demeure chez elle.

La municipalité a cru devoir respecter les décrets de l'assemblée nationale et le secret des lettres ; et je puis assurer à l'assemblée que le service de la garde nationale a été fait dans ces cantons, pendant toute la nuit, avec un zèle qui mérite ses éloges. J'ai cru devoir prendre des renseignemens sur la fuite du roi et d'une partie de sa famille ; je me suis fait représenter l'état des postes et messageries vers les quatre à cinq heures du matin ; j'ai parlé à Senlis à deux postillons, qui m'ont dit avoir rencontré une diligence dans laquelle était un seul homme conduit par un cocher et un postillon, et ayant deux hommes derrière. Cette diligence était suivie à peu de distance par une chaise de poste, dans laquelle était un seul individu ; enfin, dans une berline à six chevaux, conduite par deux postillons, était une femme sur le devant, ayant à côté d'elle deux enfans, et deux hommes sur le derrière. Le postillon à qui j'ai parlé m'a dit qu'après avoir conduit cette berline, il s'était approché de la portière pour demander si on voulait lui laisser un reste de compte qu'il avait entre les mains ; qu'un gros homme brun, qui se trouvait à l'une des portières, lui répondit qu'il le lui laissait, et en même temps se cacha. Cependant il aperçut qu'à côté de cet homme il y en avait un autre, de stature à peu près égale ; mais il ne put lui parler. Cette berline était précédée d'un homme à cheval, qui lui a paru être ce qu'on appelle au-dessus de la classe commune : elle était suivie de deux autres hommes. Voici les renseignemens que j'ai cru devoir communiquer à l'assemblée.

M. le président. Il est important pour la tranquillité du royaume que l'état actuel de la ville de Paris soit connu dans tous les départemens. Je prie en conséquence l'assemblée de donner attention à la lettre suivante que vient de m'adresser M. Bailly.....

« M. le président, la municipalité de Paris, constamment occupée du soin de maintenir la tranquillité publique, n'a cependant pas perdu un seul des instans qu'elle consacrait ordinairement à l'administration. J'ai l'honneur de vous adresser en son nom l'état des adjudications des domaines nationaux, qui ont été faites hier. (On applaudit à plusieurs reprises.)

L'état joint à cette lettre indique les adjudications de trois maisons dépendantes du ci-devant chapitre de Paris. La première, estimée 60,000 liv., a été adjugée pour 90,260 liv. ; la seconde, estimée 25,500 liv., a été adjugée pour 50,100 liv. ; la troisième, estimée 28,700 liv., a été adjugée 44,900 liv.

M. Sinetti. La patrie est menacée, mais la nation surmontera tous les obstacles par le courage, le patriotisme et l'union de ses citoyens. Cependant les circonstances exigeront peut-être une grande augmentation de dépense. Je demande qu'il soit décrété que les corps administratifs mettront dans l'instant en recouvrement les rôles de contributions arriérées, et qu'elle les autorise à recevoir des à-comptes sur la contribution de 1791.

M. Dedelay. Je suis chargé par diverses municipalités de la ci-devant province du Dauphiné, de faire la même demande à l'assemblée nationale. Tous les citoyens n'attendent que la permission de donner des à-comptes. Ils tiennent leur argent prêt pour le service de la patrie.

M. le président. J'annonce à l'assemblée que tous ses membres sont invités à se rendre demain, à neuf heures, à la procession de Saint-Germain-l'Auxerrois.

La délibération est interrompue par l'arrivée de M. Delessart, ministre de l'intérieur.

M. le président lui accorde la parole.

M. Delessart. Dans ce moment d'inquiétudes, les citoyens ont cru que l'assemblée se déterminerait à apporter provisoirement quelques modifications aux décrets que dans un moment de calme elle a rendu sur la circulation de l'argent. Cependant je crois qu'il y aurait de très-grands inconvéniens à suspendre la libre circulation du numéraire dans l'intérieur du royaume. Je prie, en conséquence, l'assemblée nationale de prendre un parti à cet égard.

M. Regnaud de Saint-Jean-d'Angely. Je convertis en motion la demande du ministre de l'intérieur, et je propose à l'assemblée le projet de décret suivant :

« L'assemblée nationale, considérant qu'il importe au maintien de la tranquillité publique que la libre circulation du numéraire ne soit pas interrompue dans l'intérieur ; que le paiement du prêt des troupes dans les diverses garnisons du royaume, qui ne peut se faire qu'en argent, soit assuré avec la plus grande exactitude ; que la chose publique éprouverait le plus grand danger, si, par des entraves arbitraires, les expéditions de numéraire que le trésor public est obligé de faire par la voie des messageries étaient arrêtées dans les divers lieux où passent les diligences; qu'il serait également dangereux et impolitique d'arrêter les envois que les particuliers font dans l'intérieur pour leurs affaires personnelles; que ce serait un moyen d'accroître la disette du numéraire dans la capitale, parce que le retour des espèces deviendrait plus difficile et plus rare: décrète qu'il ne peut être apporté aucun obstacle à la circulation du numéraire dans l'intérieur du royaume; recommande et enjoint à tous les corps administratifs, aux municipalités et aux gardes nationales de protéger de tout leur pouvoir ladite circulation et le libre passage des diligences et autres voitures des messageries, sur lesquelles seraient chargées des espèces enregistrées et énoncées sur les feuilles de route, dont les conducteurs de diligences sont porteurs, soit pour le compte du trésor public, soit pour le compte des particuliers.

» L'assemblée nationale déclare que le présent décret ne préjudicie pas à celui rendu la veille, qui défend l'exportation hors du royaume; enjoint au ministre de l'intérieur d'en recommander l'exécution aux municipalités des frontières; ordonne qu'expédition du présent décret en sera envoyée sur-le-champ au ministre de l'intérieur. »

Ce projet de décret est adopté.

MM. Perigny, Villeblanche et plusieurs autres membres prêtent le serment.

M. D'Aiguillon fait lecture d'une lettre par laquelle M. Daumont, chef de la sixième division de la garde nationale, proteste à l'assemblée de son zèle et de son dévoûment au service de la patrie, et se justifie des inculpations répandues contre sa conduite.

La séance est levée à trois heures.]

SÉANCE DU 22 JUIN. — (*Cinq heures du soir.*)

M. le président. Pendant l'intermittence de vos délibérations, j'ai reçu différentes lettres qui m'ont paru destinées par leur nature à être renvoyées au comité des recherches.

M. Legrand. Je demande que le comité militaire et le ministre de la guerre s'occupent sans désemparer de toutes les mesures à prendre pour la défense extérieure.

M. Rostaing. Le ministre et le comité militaire s'en occupent en ce moment.

M. Noailles, arrivant des frontières du Rhin, entre dans la salle au milieu des applaudissemens de l'assemblée. Il prête son serment comme fonctionnaire public militaire.

M. Wimpsen. L'assemblée a décrété il y a quatre mois, quatre millions pour les réparations des places de guerre; depuis elle a décrété quatre millions pour la construction d'effets de campement. Je n'ai pas vu qu'on se soit encore occupé de l'achat des chevaux des équipages, et de tous les objets nécessaires à une armée. J'appuie donc la proposition de M. Legrand.

La proposition de M. Legrand est décrétée.

M. Guillaume. Je demande que provisoirement l'on séquestre les chevaux qui sont à Versailles.

Cette proposition est écartée par l'ordre du jour.

M. Desmeuniers, au nom du comité de constitution. Vous avez ordonné à votre comité de vous présenter le projet d'une adresse aux Français, dans laquelle vous rappeliez d'abord aux citoyens la nécessité de maintenir l'ordre public, et dans laquelle vous répondiez au mémoire du roi, qui a été remis sur votre bureau. Ce mémoire, comme vous le savez, est très-volumineux. Le comité a cru devoir se contenter en ce moment d'en réunir les principaux traits, et d'y faire une réponse courte et accommodée aux circonstances. Voici ce projet d'adresse.

L'assemblée nationale aux Français.

« Un grand attentat vient de se commettre. L'assemblée nationale était au terme de ses longs travaux; la constitution allait être finie; les orages de la révolution allaient cesser; et les ennemis du bien public ont voulu, par un seul forfait, immoler la nation entière à leurs vengeances. Le roi et la famille royale ont été enlevés le 21 de ce mois. (On murmure.)

Je prie l'assemblée d'entendre avec attention jusqu'à la fin. Le comité de constitution a rédigé son projet d'adresse dans le sens que les circonstances lui ont paru dicter. Je poursuis.

« Mais vos représentans triompheront de tous les obstacles. Ils mesurent avec calme l'étendue des devoirs qui leur sont imposés. La liberté publique sera maintenue ; les conspirateurs et les esclaves apprendront à connaître l'intrépidité de la nation française ; et nous prenons, au nom de la nation, l'engagement solennel de venger la loi ou de mourir. (On applaudit.)

» La France veut être libre, et elle sera libre. On veut faire rétrograder la révolution, et la révolution ne rétrogradera pas, elle est l'effet de votre volonté, rien n'arrêtera sa marche. Il convenait d'abord d'accommoder la loi à l'état momentané où se trouve le royaume. Le roi, dans la constitution, exerce le pouvoir de la sanction royale sur les décrets du corps-législatif ; il est chef du pouvoir exécutif ; et en cette qualité, il fait exécuter les lois par son ministre. S'il quitte son poste, quoiqu'il soit enlevé malgré lui, les représentans de la nation ont le droit de lui suppléer. L'assemblée nationale a en conséquence décrété que le sceau de l'État et la signature du ministre de la justice seraient apposés à tous ses décrets pour leur donner le caractère de loi. Aucun ordre du roi ne pouvant être exécuté sans être contre-signé par le ministre responsable, il a fallu une simple délégation de l'assemblée constituante pour l'autoriser à signer les ordres et les seuls ordres qui lui seraient donnés par l'assemblée nationale, on a suivi dans cette circonstance la loi constitutionnelle sur la régence qui autorise les ministres à exercer les fonctions du pouvoir exécutif jusqu'à la nomination du régent.

» Par ces dispositions, vos représentans ont assuré l'ordre dans l'intérieur du royaume ; pour repousser les attaques du dehors, ils viennent de donner à l'armée un renfort de trois cent mille gardes nationales. Tout offre donc aux citoyens des mesures de sécurité. Que les esprits ne se laissent pas frapper d'étonnement ; l'assemblée constituante est à son poste : tous les pouvoirs constitués sont en activité ; les citoyens de Paris, ses gardes nationales, dont le patriotisme et le zèle sont au-dessus de tout éloge, veillent autour de vos représentans; les citoyens actifs de tout le royaume sont armés, et la France peut attendre ses ennemis.....

»Faut-il craindre les suites d'un écrit arraché avant son départ à un roi séduit, que nous ne croirons inexcusable qu'aux derniers instans? On conçoit à peine l'ignorance et l'aveuglement qui l'ont dicté. Cet écrit méritera d'être discuté par la suite avec plus d'étendue : vos représentans se contenteront d'en examiner en ce moment quelques idées.

» L'assemblée nationale a fait une proclamation solennelle des vérités politiques et des droits dont la reconnaissance fera un jour le bonheur du genre humain, et pour l'engager à renoncer à sa déclaration des droits, on lui présente la théorie même de l'esclavage.

»Français, on ne craint pas de vous rappeler le jour fameux du 23 juin 1789, ce jour où le chef du pouvoir exécutif, le premier fonctionnaire public de la nation, osa dicter ses volontés absolues à vos représentans chargés par vos ordres de faire une constitution. L'assemblée nationale a gémi des désordres commis le 5 octobre, elle a ordonné une poursuite criminelle contre les coupables; et, parce qu'il a été difficile de découvrir quelques brigands au milieu de tout un peuple, on dit qu'elle a approuvé tous ces crimes. La nation est plus juste, elle n'a pas reproché à Louis XVI les violences exercées sous son règne et sous celui de ses aïeux.... (On applaudit.)

»On ose rappeler la fédération du 14 juillet, et sur cet acte auguste, quelles sont les réflexions de ceux qui ont dicté la lettre du roi? C'est que le premier fonctionnaire public a été obligé de se mettre à la tête des représentans de la nation au milieu des députés de tout le royaume; il a prêté le serment solennel de maintenir la constitution. Si le roi ne déclarait pas un jour que des séditieux ont surpris sa bonne foi, on aurait donc dénoncé son parjure au monde entier. (On applaudit.) Est-il besoin de nous fatiguer à repondre à tous les reproches de cette lettre.

»On dit que le roi a éprouvé des désagrémens dans son habitation à Paris, et qu'il n'y trouvait pas les mêmes plaisirs qu'auparavant : c'est-à-dire, sans doute, qu'une nation doit se régénérer sans aucune agitation, sans troubler un seul instant les plaisirs et les aisances des cours. Des adresses de félicitation et d'adhésion à vos décrets; c'est, dit-on, l'ouvrage des factieux; oui, sans doute, de vingt-six millions de factieux. (On applaudit.)

» Il fallait reconstituer tous les pouvoirs, parce que tous les pouvoirs étaient corrompus, parce que des dettes effrayantes, accumulées par l'impéritie et les désordres du gouvernement, allaient précipiter la nation dans l'abîme, et on nous reproche de n'avoir pas assez écouté les refus du roi! Mais la royauté n'existe-t-elle pas pour le peuple? et si une grande nation s'oblige à la maintenir, n'est-ce pas uniquement parce qu'elle la croit utile à son amour? La constitution a laissé au roi cette belle prérogative et affermi la seule autorité qu'il puisse désirer d'exercer. Vos représentans ne seraient-ils pas bien coupables, s'ils avaient sacrifié vingt-six millions de citoyens à l'intérêt d'un seul homme?

» Le travail des citoyens alimente le trésor de l'État, la maxime du pouvoir absolu est de ne voir dans les contributions publiques qu'une dette payée au despotisme. L'assemblée nationale a réglé les dépenses avec une stricte justice; elle a cru devoir, au nom de la nation, agir avec munificence, lorsqu'il s'est agi d'appliquer une partie des contributions publiques aux dépenses du premier fonctionnaire public de la nation, et plus de trente millions accordés à la famille royale sont présentés comme une somme trop modique. Les décrets sur la guerre et la paix ont ôté au roi et à ses ministres le droit de sacrifier les peuples aux caprices des cours : la ratification définitive des traités a été réservée aux représentans de la nation. On se plaint d'avoir perdu une prérogative : quelle prérogative que celle de n'être pas soumis à consulter la volonté nationale pour sacrifier le sang et les fortunes des citoyens! Qui mieux que le corps-législatif peut connaître le vœu et les intérêts de la nation? On veut pouvoir faire la guerre impunément. Eh quoi! n'avons-nous pas fait sous d'anciens gouvernemens une assez longue expérience des suites terribles de l'ambition des ministres? On nous accuse d'avoir dépouillé le roi en organisant l'ordre judiciaire, comme si le roi d'une grande nation devait se montrer dans l'administration de la justice, autrement que pour faire observer la loi et pour exécuter les jugemens! On veut qu'il ait le droit de faire grâce, de commuer les peines; et tout le monde ne sait-il pas comment ce droit était exercé, et sur qui tombait une pareille faveur? L'on sait que le roi ne pouvait pas l'exercer par lui-même, et c'est ainsi, qu'après avoir revendiqué le despotisme royal, il était bien naturel aussi de revendiquer le despotisme ministériel.

» La nécesssité des circonstances a quelquefois déterminé l'assemblée nationale à se mêler malgré elle des affaires d'administration. Ne devait-elle pas agir lorsque le gouvernement restait dans une coupable inertie? Faut-il le dire! le roi ni les ministres n'avaient alors la confiance de la nation. L'assemblée nationale a-t-elle dû conserver de la défiance? Vous devez en juger d'après le départ du roi. Les sociétés des Amis de la constitution ont soutenu la révolution : elles sont plus nécessaires que jamais, et l'on ose dire qu'elles gouvernent les corps administratifs et l'empire comme si c'étaient des corps délibérans.

»Français! tous les pouvoirs sont organisés, tous les fonctionnaires publics sont à leur poste; l'assemblée nationale veille au salut de l'État: que votre contenance soit ferme et tranquille. Un seul danger est imminent : vous avez à vous défendre de la suspension des travaux industriels, du retard du paiement des impositions, des mouvemens exagérés qui commenceraient par amener l'anarchie, et finiraient par la guerre civile. C'est sur ces dangers que l'assemblée nationale appelle la sollicitude de tous les citoyens. Dans ce moment de crise, les haines particulières, tous les intérêts privés doivent disparaître.

» Le peuple qui veut conserver sa liberté doit montrer cette fermeté tranquille qui fait pâlir les tyrans. Que les factieux qui espéraient tout bouleverser voient l'ordre se maintenir, la constitution s'affermir, et être plus chère aux Français à mesure qu'elle sera plus attaquée. La capitale peut servir de modèle au reste de la France. Le départ du roi n'y a excité aucun désordre; et ce qui fait le désespoir des malveillans, elle jouit d'une tranquillité parfaite. Pour mettre sous le joug le territoire de cet empire, il faudrait anéantir la nation entière. Le despotisme formera s'il veut une pareille entreprise, il sera vaincu; ou, à la suite de ses triomphes, il ne trouvera que des ruines. (On applaudit à plusieurs reprises.)

L'assemblée approuve la rédaction de cette adresse, et ordonne qu'elle sera envoyée à tous les départemens.

On demande que la séance soit suspendue pour une heure, afin de laisser au comité militaire le temps de préparer sa proclamation.

M. *Charles Lameth.* L'assemblée a décrété qu'aucun fonctionnaire public ne pouvait être destitué sans un jugement préalable: cette loi n'est pas applicable à un temps de révolution. Les momens de crise ne peuvent être assujétis aux formes rigoureuses qu'on se fait un devoir d'observer dans le calme. Avant l'évasion du roi, il y avait dans l'armée des officiers dénoncés pour être malintentionnés, et il est impossible que la sûreté publique ne soit pas compromise. Si pour les destituer il faut observer les formes.... (Il s'élève des murmures dans la partie droite.) Quand par zèle pour la chose publique je m'égarerais, il ne faut pas pour cela m'interrompre par des murmures. Je conviens que ma proposition peut donner lieu à quelques injustices; mais il vaut mieux porter un préjudice partiel que de perdre l'État. Je demande que ceux qui remplacent le pouvoir exécutif dans ses fonctions, puissent prononcer une suspension provisoire; mais comme je ne tiens pas beaucoup à mon opinion, j'en demande le renvoi au comité militaire pour qu'il la rédige de la manière la plus conforme à l'intérêt public.

Cette proposition est adoptée.

La séance est suspendue pour une heure: il est neuf heures et demie.

Quelques minutes se passent. — Une grande agitation se manifeste dans toutes les parties de la salle. — Plusieurs voix s'élèvent : *Il est arrêté! il est arrêté!*

Les députés reprennent leurs places.

M. *le président.* Je viens de recevoir un paquet contenant plusieurs pièces, dont il va vous être donné connaissance. Avant de commencer la lecture, je supplie l'assemblée d'écouter en silence, et de ne donner aucun signe d'approbation ou de désapprobation.

Il se fait un grand silence.

Un de messieurs les secrétaires fait lecture des pièces suivantes :

Lettre de la municipalité de Varennes.

« Dans l'alarme où nous nous trouvons, nous autorisons M. Mangin, chirurgien à Varennes, à aller prévenir l'assemblée que sa majesté est ici, et que nous la supplions de nous tracer la marche que nous devons tenir. »

De Sainte-Menehould, ce 22 juin 1791, trois heures du matin.
—Nous vous prions de rendre compte à l'assemblée nationale de l'événement qui vient de mettre notre ville dans les plus vives alarmes, et qui intéresse toute la France. Hier, sur les onze heures du matin, est entré dans cette ville, par la porte de Verdun, un détachement de hussards du 6e régiment, commandé par plusieurs officiers : celui d'entre ces officiers qui le commandait en chef, ayant été requis de déclarer à la municipalité quel était l'objet de sa mission, il a communiqué des ordres signés *Bouillé*, qui portaient que ce détachement était chargé d'aller au-devant d'un trésor destiné pour les troupes de la frontière. Cet officier et son détachement devaient être remplacés ici par un détachement de dragons, qui devait recevoir le trésor sur la route de cette ville à Châlons. Les hussards ont quitté Sainte-Menehould ce matin, sur les sept heures, et ont pris la route de Châlons. Vers les neuf heures est entré, par la même porte de Verdun, le détachement de dragons. Nous joignons ici copie des différens ordres dont l'officer commandant était chargé. Il a été difficile d'abord de connaître le véritable motif de ces ordres;

aussi entre sept heures et demie et huit heures de cet après-midi, est-il passé par cette ville deux voitures, la traversant de l'ouest à l'est; elles étaient précédées d'un courrier, et suivies d'un autre, tous deux habillés de couleur chamois, et elles ont sorti après avoir été relayées, sans que personne ait pu se douter des personnages qu'elles conduisaient.

A peine ces deux voitures ont-elles été perdues de vue, M. Drouet, maître de poste, ayant soupçonné quelque mystère, il a cru devoir en prévenir la municipalité. Nous nous sommes aussitôt assemblés en l'hôtel commun, et tous les habitans ont pris les armes. Cependant le détachement de dragons était tranquille; mais le peuple ayant demandé le désarmement de ces militaires, nous avons invité M. Berdoin, qui le commandait, à se rendre à l'hôtel-de-ville. En même temps nous avons été confirmés dans nos craintes par un exprès qui nous a été envoyé par le directoire du département de la Marne. Nous avions déjà chargé M. Drouet, maître de poste, et un autre de nos habitans, de courir après les voitures, et de les faire arrêter s'il pouvait les joindre. Il est deux heures du matin, et ils ne sont pas encore de retour.

Pour satisfaire nos habitans, nous avons cru devoir obtempérer à leur demande, et nous avons obtenu le désarmement des dragons; et pour nous assurer de la personne de l'officier, autant que pour le soustraire à la violence et au mécontentement de nos habitans et des municipalités de Verrières, Chaude-Fontaine, Arger, la Neuville-au-Pont, nous l'avons fait conduire et recommander dans les prisons de cette ville. Nous ne devons pas oublier de vous informer que la municipalité de la Neuville-au-Pont nous a envoyé un exprès sur les neuf heures, ce soir, avec avis que le détachement des hussards a passé par ce territoire, et tenu la route de Varennes. Nous venons de voir passer M. Bayon, commandant de bataillon de Saint-Germain, allant à la poursuite des voitures; nous désirons que notre zèle soit suivi d'un succès que l'assemblée nationale a droit d'attendre de notre patriotisme. *Signé*, les officiers municipaux.

JUIN (1791)

Copie des ordres donnés par M. Bouillé.

DE PAR LE ROI,

François-Claude-Amour Bouillé, lieutenant-général des armées du roi, chevalier de ses ordres, commandant-général de l'armée sur le Rhin, la Meurthe, la Moselle, la Meuse, et pays adjacens, frontières du Palatinat et du Luxembourg:

Il est ordonné à un escadron du premier régiment de dragons de partir avec armes et bagages de Commercy, le 17 de ce mois, pour se rendre à Saint-Mihiel, d'où il repartira, le lendemain 18, avec un escadron du 15e régiment de dragons, et ils se rendront ensemble à Mouson, où ils resteront jusqu'à nouvel ordre.

Metz, le 13 juin 1791.

Signé, BOUILLÉ.

Par M. le commandant-général de l'armée.

Signé, TURFA, *le 18 juin.*

DE PAR LE ROI,

François-Claude, etc., etc. Il est ordonné à un capitaine du premier régiment de dragons de partir avec 40 hommes dudit régiment, le 19, de Clermont, pour se rendre à Sainte-Menehould, où il attendra le 20 ou le 21 un convoi d'argent qui lui sera remis par un détachement du sixième régiment de hussards, venant du pont de Sommevelle, route de Châlons.

Metz, le 14 juin.   *Signé*, BOUILLÉ.

DE PAR LE ROI,

François-Claude, etc., etc. Il est ordonné à l'escadron du premier régiment de dragons qui, en vertu de nos ordres précédens, devait se rendre à Saint-Mihiel, le 17 de ce mois, de ne partir de Commercy que le 18, pour arriver le même jour à Saint-Mihiel, et suivre la destination que nous lui avons prescrite.

Metz, le 15 juin.   *Signé*, BOUILLÉ.

Châlons, le 22 juin. Sur la nouvelle reçue et qui vous est portée que l'enlèvement du roi a trouvé son obstacle à Varennes, nous nous empressons de vous faire part de l'ardeur des citoyens à prêter le serment pour rendre sans effet les projets des ennemis de la patrie. Nous prenons tous les moyens nécessaires, et les gardes nationales de la ville et des environs partent pour se rendre à Varennes et route.

Signé, les corps administratifs réunis.

M. Alexandre Lameth. Rendre certain le retour de la personne du roi, instruire le royaume que son enlèvement a été empêché par le zèle des citoyens, et s'assurer de la personne de M. Bouillé, telles sont les trois mesures qu'il faut prendre sur-le-champ. Je demande qu'à cet effet, l'assemblée décrète que M. le président ordonnera l'envoi des courriers pour ces différens objets.

L'assemblée renvoie ces propositions au comité militaire, pour lui en rendre compte dans une heure.

M. Charles Lameth. Depuis que le courrier qui nous a apporté les nouvelles est arrivé, il serait possible qu'on s'occupât d'en faire parvenir un à M. Bouillé. Je demande qu'il soit donné des ordres au commandant général de la garde nationale de cette ville, pour qu'il ne soit donné aucuns chevaux à la poste.

Cette proposition est adoptée.

M. Rœderer. A la faveur du commandement dont M. Bouillé est revêtu, il pourrait peut-être échapper. Je demande qu'il soit défendu à aucune troupe de le reconnaître pour commandant. Il faut ou le suspendre ou le destituer provisoirement, et j'opine pour ce dernier avis.

M. Regnaud, député de Saint-Jean d'Angely. Vous avez ordonné que des commissaires se transporteraient dans le département que commande M. Bouillé, pour qu'ils puissent prendre toutes les mesures que leur suggérera la prudence. Nommez, s'il le faut, quelqu'un pour le remplacer.

M. Merlin. Il faut aussi veiller à ce que personne ne puisse cette nuit, sortir de Paris, que muni d'un passeport signé de M. le maire.

M. Moreau Saint-Méry. S'il m'est permis de rappeler les circonstances où les précautions n'étaient pas moins nécessaires qu'aujourd'hui, je vous dirai qu'on peut dans ces cas sortir des règles ordinaires, et je demande que pour prévenir tous les inconvéniens, les passeports soient signés de M. le président de l'assemblée nationale, pour cette nuit seulement.

M. *Wimpsen.* Vous avez décrété que nul officier ne pourrait être destitué sans un jugement préalable, vous voulez que M. Bouillé ne puisse exercer ses fonctions; eh bien, suspendez-le, il ne faut jamais s'écarter des principes.

M. *Toulongeon.* La royauté appartient à la nation, elle ne doit pas être avilie; je demande donc que l'on ajoute au décret que votre comité doit vous présenter, que l'on rendra au caractère du roi le respect qui lui est dû.

Cette proposition est adoptée.

M. *Boussion.* Tous les ministres sont ici, excepté M. Montmorin, je l'inculpe de n'être pas réuni aux ministres patriotes.

M. *Duport, garde-du-sceau*, *obtient la parole*. L'hôtel de M. Montmorin est fort loin d'ici, je lui ai expédié un courrier pour l'avertir des nouvelles que l'on vient de recevoir. Il est peut-être malade; mais encore j'assure qu'il ne tardera pas à être ici.

M. le président suspend la séance.

Le 22, à dix heures et demie du soir.

M. Montmorin est présent.

On fait lecture de plusieurs lettres, dont voici les extraits :

Lettre du directoire du département de la Seine-Inférieure et du district de Rouen.

« Jamais le patriotisme des citoyens n'a été plus énergique et plus ardent.... Nous maintiendrons la constitution.... Le salut de l'Etat existe uniquement dans l'assemblée nationale; notre espérance en elle ne sera pas trompée. Nous jurons à l'assemblée nationale adhésion, confiance et dévoûment sans bornes. L'intérêt public nous paraît exiger que les forts du Havre et de Dieppe soient occupés par des gardes nationales : il nous semble également pressant de faire distribuer aux municipalités des fusils de l'arsenal du Hâvre. Nous prions l'assemblée de prendre notre demande en considération. »

M. Prieur relève cette demande, et en fait l'objet d'une motion que l'assemblée renvoie au comité militaire.

Extrait d'un arrêté du département du Loiret, du district et de la municipalité d'Orléans.

«Les citoyens doivent être tranquilles. Reposons-nous sur la sagesse et le courage de l'assemblée nationale.... La constitution ne peut dépendre de quelques vils esclaves.... Les administrateurs du peuple jurent avec lui de veiller sans cesse et de mourir, s'il le faut, pour la liberté. »

Lettre de M. Clermont-Tonnerre.

«Je suis malade et ne puis me rendre à l'assemblée. J'apprends le serment qu'elle exige : j'obéis au décret, et je prête le nouveau serment qu'elle ordonne.»

On fait lecture du procès-verbal de la veille.

M. *Emmery* (au nom du comité militaire). Je suis chargé de vous présenter deux projets de décret : ils ont pour objet, l'un d'assurer le retour du roi, l'autre de mettre l'assemblée à même de connaître la conduite de celui qui paraît avoir concouru à son évasion.

M. Emmery lit deux projets de décret, qui sont adoptés en ces termes :

Premier décret. «L'assemblée nationale, ouï la lecture des lettres et autres pièces à elle adressées par les municipalités de Varennes, Sainte-Menehould, le directoire du district de Clermont et les administrateurs du département de la Marne, décrète que les mesures les plus puissantes et les plus actives seront prises pour protéger la personne du roi, de l'héritier présomptif de la couronne, et des autres personnes de la famille royale dont le roi est accompagné, et assurer leur retour à Paris; ordonne que, pour l'exécution de ces dispositions, MM. Latour-Maubourg, Pétion et Barnave se rendront à Varennes, et autres lieux où il serait nécessaire de se transporter, avec le titre et le caractère de commissaires de l'assemblée nationale; leur donne pouvoir de faire agir les gardes nationales et les troupes de ligne, de donner des ordres aux corps administratifs et municipaux et à tous officiers civils et militaires, et généralement de faire et ordonner tout ce qui sera nécessaire à l'exécution de leur mission; leur recommande spécialement de veiller à ce que le respect dû à la dignité royale soit maintenu.

»Décrète en outre que lesdits commissaires seront accompagnés de M. Dumas, adjudant-général de l'armée, chargé de faire exécuter leurs ordres.»

Second décret. « L'assemblée nationale décrète que M. François-Claude-Amour de Bouillé est suspendu de ses fonctions militaires; elle défend à toute personne exerçant des fonctions civiles ou militaires de reconnaître son commandement et d'obéir à ses ordres; elle ordonne aux tribunaux, corps administratifs et municipalités de le faire arrêter et conduire à Châlons, afin de statuer sur ce qu'il appartiendra; aux gardes nationales, troupes de ligne et à tous les citoyens, de prêter main-forte à son arrestation.

» Elle autorise les commissaires, dont l'envoi a été décrété ce jour même pour recevoir le serment des troupes, à suspendre, si les circonstances l'exigent, les officiers qui commandent sous ses ordres.

» Elle ordonne aux tribunaux, corps administratifs, municipalités, gardes nationales, troupes de ligne, et à toutes personnes qui en seront requises, d'obéir aux ordres qui pourront leur être donnés par lesdits commissaires pour l'exécution du présent décret. »

M. Dandré. L'assemblée nationale vient de prendre toutes les mesures nécessaires et possibles pour ramener avec sécurité le roi à Paris. La tranquillité presque miraculeuse qui a régné dans la capitale nous assure qu'à son arrivée le calme ne sera pas troublé : cependant nous ne devons rien négliger. Je propose d'ordonner au département, à la municipalité et au commandant de la garde nationale, de prendre dès à présent toutes les précautions convenables. On croira peut-être que cet ordre est inutile, et qu'on ne fera que leur rappeler leur devoir ; mais vous connaissez l'influence de vos décrets sur l'opinion du peuple, et vous ne devez pas balancer à prendre une mesure qui assurera d'autant plus l'obéissance aux ordres qui seront donnés pour la sûreté de la personne du roi et de sa famille.

M. *Virieu.* Le moyen le plus efficace pour le maintien de l'ordre qui a régné à Paris, est d'insérer dans le décret des témoignages d'approbation pour les citoyens de cette ville. (On applaudit.)

La proposition de M. Dandré, amendée par M. Virieu, est mise aux voix, et le décret suivant est rendu.

« L'assemblée nationale, éprouvant une pleine satisfaction de l'ordre et de la tranquillité qui ont régné dans la ville de Paris, invite les citoyens de cette ville à persister dans des sentimens si conformes au patriotisme qui les a toujours animés ; enjoint au département de Paris, à la municipalité et au commandant de la garde nationale de prendre toutes les précautions nécessaires à la sûreté de la personne du roi et de sa famille. »

La délibération est suspendue. — Il est une heure du matin, jeudi 23 juin.]

Le 23, à 5 heures du matin.

La séance, occupée par un rapport sur le trésor public, est suspendue à 8 heures et demie.

M. le président nomme les membres qui doivent rester dans la salle. Il cède le fauteuil à M. Rabaud, et part avec une partie de l'assemblée pour se rendre à la procession de Saint-Germain-l'Auxerrois.

Le 23, à 9 heures et demie du matin.

[M. *Rabaud occupant le fauteuil.*

M. Larochefoucault se présente à la barre, à la tête d'une députation du conseil d'administration du département de Paris. Il rend compte des difficultés qu'éprouve l'exécution du décret de cette nuit, relatif à la clôture des barrières, en ce qui concerne le passage des marchands de comestibles.

M. Dauchy. L'objet de votre décret a été d'empêcher que les personnes dont vous avez ordonné l'arrestation n'en fussent averties avant que votre décret pût être mis à exécution. Les commissaires que vous avez envoyés à Varennes sont partis ce matin à deux heures : il est probable qu'ils sont déjà à 25 lieues d'ici, et il est impossible qu'ils soient rejoints par les personnes qui partiraient en ce moment. Je demande donc que le passage des barrières soit libre dès ce moment, et que, passé deux heures, on puisse passer avec des chevaux, pourvu qu'on soit muni d'un passeport de la municipalité.

La proposition de M. Dauchy est décrétée.

La séance est suspendue à 10 heures.

Le 23, à 11 heures du matin.

Un de MM. les secrétaires fait lecture de deux lettres : l'une de la municipalité, l'autre de la société des Amis de la constitution de Valenciennes, qui demandent à l'assemblée nationale des armes, et invitent leurs frères d'armes des départemens de l'intérieur à se joindre à eux sur les frontières pour la défense commune. La société des Amis de la constitution annonce qu'à l'instant où la nouvelle de l'évasion du roi est parvenue dans cette ville, M. Sarelabousse, commandant pour le roi, s'est rendu dans la société avec tous les officiers de la garnison pour y prêter serment de maintenir la constitution et tous les décrets de l'assemblée nationale.

L'assemblée, sur la proposition de M. Legrand, rend le décret suivant :

« L'assemblée nationale, après avoir entendu la lecture des lettres de la municipalité et de la société des Amis de la constitution de Valenciennes, décrète qu'une expédition de son procès-verbal sera envoyée tant à la municipalité qu'à la société des Amis de la constitution ; que mention honorable sera faite dans le procès-verbal, de l'activité et de la vigilance de la municipalité et du zèle qu'ont montré dans cette ville le commandant pour le roi, le corps des officiers de la garnison, et les citoyens rassemblés sous le nom d'amis de la constitution ; décrète qu'elle s'occupera sans relâche des moyens d'assurer la défense et la tranquillité des frontières. »

La séance est suspendue à 11 heures un quart.

Le 23, à midi.

M. Rabaud occupant le fauteuil pendant l'absence du président, annonce que la partie de l'assemblée nationale qui a assisté à la procession de Saint-Germain-l'Auxerrois est de retour. Aussitôt une musique militaire fait entendre aux portes de la salle l'air : *Ah! ça ira*. Environ 200 membres de l'assemblée entrent précédés de la musique, et escortés par un nombreux détachement de grenadiers de la garde nationale qui se rangent en plusieurs haies au milieu de la salle.

M. *le président*. Le détachement de la garde nationale qui a escorté l'assemblée, lui demande la permission de prêter dans son sein le serment de tous les fonctionnaires publics militaires.

M. *Bouthillier*. N'ayant pu me trouver hier à l'assemblée, je m'empresse de suivre les traces de mes collègues, et de prêter le serment dans la forme décrétée par l'assemblée nationale, d'employer les armes qui me sont confiées à la défense de la patrie, de maintenir la constitution contre tous ses ennemis, tant extérieurs qu'intérieurs, etc.

Ce serment est répété au même instant par tous les gardes nationaux, au bruit des applaudissemens réitérés de l'assemblée.

La musique reprend l'air : *Ah ça ira*, et le détachement se retire de la salle.

M. le président reprend le fauteuil, et l'assemblée se forme en corps délibérant.

Un de MM. les secrétaires fait lecture d'une lettre par laquelle trois citoyens de Paris offrent à l'assemblée une contribution volontaire pour le paiement des gardes nationaux qui seront employés à la défense des frontières.

L'assemblée ordonne l'impression de cette lettre.

Plusieurs des citoyens qui ont contribué à arrêter le départ du roi sont introduits à la barre. L'un d'eux porte la parole.

« L'assemblée nationale est instruite qu'un détachement du régiment de Royal-Allemand devait protéger le départ du roi. Voici comment l'exécution de ce projet a été arrêtée. Le maître de poste de Châlons ayant conçu des soupçons sur la voiture qui renfermait le roi et sa famille, les a suivis jusqu'à Clermont. Là les conducteurs de la voiture demandèrent des chevaux pour Verdun. Les soupçons du maître de poste augmentèrent, lorsqu'il vit la voiture prendre le chemin de Stenay. Ce fut à Varennes que deux jeunes gens à qui il avait communiqué ses soupçons, arrêtèrent la voiture. Les courriers fouettèrent les chevaux; mais les jeunes gens ayant menacé de tirer dans la voiture, on arrêta. Aussitôt on sonna l'alarme, on fit descendre les voyageurs; ce qu'ils firent sans résistance.

» On ignorait encore qui ils étaient, lorsque je reconnus le roi et la reine, le dauphin, madame Elisabeth et Madame Royale. Les citoyens témoignèrent le plus grand zèle. La bonne contenance de la garde nationale et la fermeté des officiers municipaux prévinrent toutes les tentatives. Le roi ordonna qu'on avertît les différens détachemens qui étaient en route qu'il allait retourner à Paris. En moins d'une heure de temps, il y eut 4,000 hommes de gardes nationales réunis, sans compter les dragons qui, en bons patriotes, s'étaient joints à eux. On a aussitôt envoyé des courriers dans tous les lieux circonvoisins. J'ai cru devoir me rendre sur-le-champ à Paris pour exposer ces faits à l'assemblée nationale. » (On applaudit.)

Une députation du conseil-général de la commune de Paris se présente à la barre : l'un des officiers municipaux fait lecture de la lettre suivante adressée à la municipalité de Paris par le maire de Sainte-Menehould.

Sainte-Menehould, le 22 juin, à 4 heures du matin.

» J'ai l'honneur de vous annoncer que le roi est parti d'ici à deux heures du matin pour se rendre à Châlons, et de suite à Paris.

Le roi et la reine m'ont fait promettre qu'il ne leur arriverait aucun accident dans la route et à leur arrivée à Paris, ainsi qu'aux personnes de leur suite. Je le leur ai promis sur ma tête, et leur ai assuré en conséquence que je ne les quitterais pas pendant toute la route. Je vous prie de prévenir les citoyens de la capitale, et de prendre toutes les mesures pour que l'arrivée du roi n'y trouble pas la tranquillité publique.»

M. Muguet. Il est extrêmement important que le décret rendu hier soit exécuté sur-le-champ. Les commissaires ne sont pas partis, parce qu'ils ont pensé qu'il y avait lieu à leur donner de nouvelles instructions. Je demande qu'il leur soit enjoint de partir sur-le-champ.

Cette proposition est décrétée.

M. le président. Comme il est important que la nuit prochaine il y ait un plus grand nombre de membres que la nuit dernière, je propose que l'assemblée suspende la séance pour deux heures.

L'assemblée suspend sa séance, et cependant un certain nombre de membres demeure dans la salle, et un des ex-présidens occupe le fauteuil.

Le 23, à 4 heures du soir.

M. le président fait lecture d'une lettre des trois commissaires envoyés à la rencontre du roi. Cette lettre est ainsi conçue:

La Ferté-Sous-Jouare, à 9 heures du matin.

«Le roi est parti cette nuit de Châlons, escorté par une armée de gardes nationales accourues des départemens voisins, dès l'instant où la nouvelle de l'arrestation y fut répandue. Nous avons donné partout des ordres pour la sûreté et la tranquillité du retour du roi. Nous avons été parfaitement secondés par les dispositions des citoyens. Partout les impressions du peuple sont les mêmes qu'à Paris. Sa contenance est fière et tranquille. Nous n'avons cessé de recueillir des témoignages de respect et de confiance pour l'assemblée nationale.»

M. Rewbel. Les ennemis du bien public se flattaient qu'à peine le roi serait parti, les mécontens se réuniraient et aideraient leurs projets. Partout la tranquillité publique a été maintenue, et l'on n'a vu éclater que des signes de patriotisme. Je demande que la lettre des commissaires soit imprimée.

L'assemblée ordonne l'impression.

La séance est suspendue et reprise quelques minutes après.

Un de MM. les secrétaires fait lecture de deux lettres, l'une du département de Seine-et-Marne, et l'autre du département de la Somme, qui annoncent que la nouvelle du départ du roi n'a occasionné aucun désordre, et protestent de leur entier dévoûment aux décrets de l'assemblée nationale.

M. Robespierre. La patrie doit être reconnaissante. M. Mangin et les deux gardes nationales qui ont arrêté la voiture du roi ont rendu un service signalé. Je demande qu'il leur soit décerné une couronne civique.

L'assemblée renvoie cette proposition à son comité de constitution.

Un de MM. les secrétaires fait lecture d'une lettre de MM. les administrateurs du district de Sens ; en voici l'extrait : « Nous avons été informés à cinq heures du soir de la nouvelle du départ du roi. Aussitôt la municipalité a fait prendre les armes, publier une proclamation pour le maintien de la tranquillité publique, et distribuer des armes. Cette nouvelle a apporté l'étonnement, et non la terreur : un mâle et silencieux courage a succédé au premier moment de surprise. » (On applaudit.)

« P. S. Nous venons d'apprendre que M. Jaillant, député de notre département, est dans cette ville. La garde nationale s'est réunie à nous pour le presser de se rendre au corps-législatif. »

M. Jaillant. J'étais absent de l'assemblée nationale par congé. Aussitôt que j'ai appris la nouvelle du départ du roi, j'ai pris la poste, et je me suis rendu ici.

M. Rewbell. Je demande que les lettres qui nous sont arrivées des départemens soient insérées au procès-verbal, et envoyées aux autres départemens.

M. Dandré. Cet envoi est inutile ; les adresses des départemens seront insérées dans les procès-verbaux, qui apprendront à l'Europe la conduite de l'assemblée dans ces circonstances.

M. Latouche. Je demanderais qu'on exceptât mon département de cet envoi. Il n'a pas besoin de cette stimulation.

Plusieurs voix s'élèvent : Le mien non plus.

L'assemblée passe à l'ordre du jour.

M. Thouret. Un grand crime a été commis dans l'événement de la nuit du 21. Sous quelqu'aspect qu'on l'envisage, soit que le roi ait été enlevé par violence, soit qu'il ait été égaré par des suggestions perfides, il est nécessaire que l'assemblée caractérise le crime et dévoue les coupables à la vengeance des lois. C'est l'objet du premier article que vous présente votre comité de constitution. Les autres articles sont relatifs aux dispositions nécessaires à la sûreté de la personne du roi, tant pendant la durée de son voyage qu'après son arrivée.

M. Thouret présente un projet de décret dont voici les dispositions :

« L'assemblée nationale déclare traîtres à la nation et au roi ceux qui ont conseillé, aidé ou exécuté l'enlèvement du roi, et tous ceux qui, pour favoriser des desseins pervers, aussi contraires aux droits du peuple qu'aux intérêts de la royauté, tenteraient de mettre obstacle à son retour, et à sa réunion aux représentans de la nation.

» L'assemblée nationale ordonne à tout fonctionnaire civil et militaire d'employer, chacun en ce qui le concerne, l'autorité qui lui est confiée pour protéger le retour du roi ; de repousser par force, saisir et mettre en état d'arrestation tous ceux qui oseraient porter atteinte au respect dû à la dignité royale. »

Quelques membres demandent à aller aux voix.

M. Robespierre. Le décret qu'on vous propose préjuge de grandes questions. On ne voit dans la première partie qu'une disposition sévère contre les conseillers de l'évasion du roi. Le devoir des représentans de la nation les oblige à agiter une question plus importante. Vous la pressentez tous ; je ne veux pas la développer, et j'en demande l'ajournement. Vous avez reconnu avec sagesse que vous ne devez pas supposer des intentions coupables contre la personne du roi. Les mesures que vous avez déjà prises sont suffisantes. Depuis cet événement, le peuple a montré une conduite si sage, si imposante, qu'il est impossible de ne pas se reposer sur sa modération. Ce serait lui faire injure que de ne pas regarder comme suffisantes les précautions déjà prises. Je finis en disant que prévoir un désordre qui ne peut exister, c'est faire naître le danger.

M. Rewbell. Le comité de constitution emploie dans son projet le mot d'*enlèvement*. Après un acte aussi évident, n'oserons-nous donc dire la vérité ? C'est pour ne l'avoir pas dite que nous en sommes là. (On applaudit.) Le mot d'enlèvement est déplacé pour tous les membres de l'assemblée qui ne sont pas complices de l'évasion. Le roi doit revenir, et nous devons protéger son retour ; mais je demande que l'on retranche du décret présenté ces mots : *Pour sa réunion aux représentans de la nation.* Je n'en dirai pas davantage, car quiconque ne m'entend pas est indigne d'être Français. (On applaudit.)

M. Toulongeon. Nous allons écrire de grandes pages dans l'histoire de France. Il est beau pour le vainqueur de ne pas vouloir tout ce qu'il peut. Ne nous laissons pas calomnier par de perfides rapprochemens de ce qui s'est fait dans d'autres contrées. (On murmure.) Ne préjugeons rien ; attendons que la loi ait prononcé ; elle ne prononce jamais sans certitude.

M. Boissy-d'Anglas. Nous ne sommes ici en ce moment que pour des dispositions provisoires. La longueur de nos travaux influe sur nos forces ; et la question que l'on agite me paraît d'une telle importance, que je crois devoir en demander l'ajournement à la séance de demain matin.

La séance est suspendue pour une demi-heure.

La délibération recommence à huit heures et demie.

M. Delagrange, officier-général, est admis à la barre et prête le serment.

MM. Valence, Barbantane, Bory et Monville, députés suppléans, qui avaient demandé à prêter le serment en même temps que les membres de l'assemblée, se présentent et le prêtent.

Une députation très-nombreuse de la garde nationale est admise.

M. la Fayette, orateur de la députation. Vous voyez des citoyens qui n'ont jamais mesuré leur dévoûment qu'aux besoins de la patrie. Ils demandent à prêter devant vous le serment de n'employer les armes qu'ils ont prises pour la liberté, que pour la défense de la constitution et de la liberté..... Les derniers événemens n'ont été, pour le peuple de la capitale, que ce que doivent être des mouvemens qui n'attaquent pas ses droits. S'il est vrai que le calme imposant et fier dont il a offert le touchant spectacle, augmente la fureur de nos ennemis, hâtez-vous de nous désigner les lieux où ils se trouvent ; et que les premiers soldats de la liberté soient les premiers soldats qui marchent contre le despotisme.

M. le président. Après avoir donné à tout le royaume l'exemple du courage pour conquérir la liberté, vous avez retrouvé vos forces pour conserver la liberté publique...... La France entière sait trop ce qu'elle vous doit, pour ne pas s'attendre à ce qu'elle vous devra encore. C'est avec joie, c'est avec confiance que les représentans de la nation recevront vos sermens. Si nos ennemis oubliaient que le peuple français est libre, ils apprendraient de vous que les forces des hommes libres sont aussi inépuisables que leur courage.

M. le président lit la formule du serment, que la députation prête au milieu des applaudissemens de l'assemblée.

Les musiciens de la garde nationale arrivent en silence, la main levée vers le ciel, et vont se placer dans la partie supérieure du côté droit.

La garde nationale parisienne, à laquelle s'unissent des gardes-suisses et un grand nombre de citoyens armés de fusils, de sabres, de piques, ou sans armes, entrent aussi la main levée vers le ciel. Ils traversent la salle, s'arrêtent devant M. le président, répètent à grands cris : *Nous le jurons, nous voulons vivre libres ou mourir,*

Les applaudissemens, l'air *Ça ira*, se mêlent à leurs sermens. Ils se retirent, et sont remplacés par une autre phalange patriotique qui fait aussi retentir la salle, au son des instrumens militaires, de ses sermens et des acclamations de sa joie. Elle se renouvelle sans cesse pendant deux heures et demie. M. le président annonce que les comités n'ont point encore terminé les rapports qu'ils doivent présenter, et suspend la séance.

Il est onze heures et demie.

Article omis au commencement du Bulletin.

Une députation de deux cents gardes nationaux de la ci-devant province de Bretagne, se trouvant présentement à Paris, est admise à la barre.

L'Orateur de la députation. La patrie et la force sont partout où la nation est assemblée par ses représentans. La loi vit; et nous saurons mourir pour la défendre, en donnant au roi l'exemple de la fidélité qu'on doit aux sermens. Epars au milieu de la capitale, nous nous réunissons aux colonnes de l'État: heureux si vous croyez les ci-devant Bretons dignes de périr les premiers pour la cause commune! (L'assemblée applaudit à plusieurs reprises.)

M. le Président à la députation. Vous êtes nés sur une terre chère à la liberté..... Si la patrie était en danger, elle tournerait les yeux vers vous. Heureux citoyens, vous voulez mourir pour votre pays; vivez pour lui. Vous nous voyez à notre poste; quand vous nous aurez entendus discuter les droits de la nation, vous retournerez au vôtre. L'assemblée vous invite à assister à sa séance.

La députation entre dans l'enceinte de la salle, au milieu des applaudissemens de l'assemblée.

La nuit se passe sans que la délibération soit reprise.

Du 24, à neuf heures du matin.

On fait lecture d'une lettre de la municipalité de Châlons, qui annonce que le roi a passé le mercredi au soir par cette ville, escorté par une nombreuse armée de gardes nationales, et qu'il doit passer la nuit du jeudi au vendredi à Epernai.

Un de MM. les secrétaires fait lecture de l'arrêté des citoyens de la commune de Chartres, ainsi conçu :

« Dignes représentans de la nation, les citoyens de la commune de Chartres ont appris sans crainte et sans effroi le départ de Louis XVI. Vos décrets du 21 ont été publiés avec l'appareil qu'exigeaient les circonstances. Le peuple a manifesté le plus profond respect pour la loi : il attend avec sécurité les mesures que votre sagesse vous dictera. La société des Amis de la constitution a arrêté de tenir ses séances sans interruption. Le peuple a été invité à y assister : on compte ici le nombre des Amis de la constitution par le nombre des citoyens. (On applaudit.) Tous se sont rendus à la société ; c'est là qu'ils ont déployé l'énergie et la dignité d'hommes libres, d'hommes qui, ayant conquis la liberté, sauront la défendre, et que les machinations des ennemis du bien public n'effraient pas. Tous les citoyens sont pénétrés d'admiration envers l'assemblée nationale, et tous les bras prêts à défendre vos décrets, etc. »

Cette adresse est suivie de six pages in-folio de signatures.

M. Bellegarde, officier-général dans l'artillerie, est introduit dans la salle, où il prête, dans la formule décrétée le 22 juin, le serment de n'obéir qu'aux ordres donnés en vertu des décrets de l'assemblée nationale.

M. Morel. Il y a une foule d'officiers français qui sont hors du royaume. M. d'Artois reçoit toujours ses revenus de France. Je demande que tous les officiers soient rappelés, et que tout paiement à l'étranger soit suspendu.

M. Saint-Martin. Je demande que les comités chargés de ces matières fassent incessamment le rapport de la loi sur les émigrans : cette loi avait été ajournée ; les circonstances exigent impérieusement qu'elle soit rendue au plus tôt.

M. Camus. Il me semble que rien n'est plus facile que de remplir le vœu de M. Morel : il faut décréter qu'aucun paiement ne sera fait, par le trésor public ni par la caisse de l'extrordinaire, qu'à ceux qui se présenteront en personne, ou qui enverront, par procuration, un certificat de la municipalité dans laquelle ils font leur domicile, lequel constatera qu'ils sont habituellement en France.

M. Emmery. Il est une autre mesure que l'assemblée nationale doit prendre pour l'intérieur : je suis chargé par le comité militaire de vous proposer de décréter que les corps administratifs seront chargés de protéger dans l'intérieur du royaume le libre passage des personnes et des choses, mais que seulement à cinq lieues en-deçà des frontières on ne puisse traverser sans passeport. Cette précaution est extrêmement importante; car vous concevez que toutes les mesures que vous prendrez pour la défense du royaume seront inutiles, si les courriers chargés de vos ordres sont arrêtés à chaque municipalité pour y subir les vérifications qu'exigent les passeports.

Les deux propositions de MM. Camus et Emmery sont décrétées.

M. le président. M. de Rochambeau se disposant à partir, en vertu des décrets de l'assemblée nationale, pour le commandement des troupes de ligne sur les frontières du Nord, demande à être introduit à la barre.

M. de Rochambeau. En attendant les dernières instructions que le comité militaire s'occupe de rédiger, et d'après lesquelles le ministre de la guerre m'expédiera mes pouvoirs, je me présente devant l'assemblée nationale pour obtenir les dernières marques de sa confiance, et pour lui renouveler l'assurance de mon dévouement à la défense de la patrie et à l'exécution de ses décrets.

M. le président. L'assemblée se rappelle avec intérêt le serment que vous avez prêté hier entre ses mains; elle ne peut pas vous voir partir, pour la mission dont vous êtes chargé, sans témoigner la plus grande confiance en votre patriotisme.

M. de Rochambeau se retire au milieu des applaudissemens de l'assemblée.

L'assemblée charge son comité de constitution de lui présenter incessamment une loi sur les émigrans.

Une députation des administrateurs du district de Clermont est introduite dans l'assemblée, accompagnée de M. Romeuf, qui, en qualité d'aide-de-camp de M. la Fayette, avait été envoyé pour porter les décrets de l'assemblée nationale sur la route de Châlons.

M. Romeuf. J'ai été chargé par l'assemblée nationale de courir après le roi : je viens lui rendre compte de ma mission. J'ai pris la route qui me paraissait, d'après les indications qu'on m'avait données, être celle par laquelle est parti le roi. Je suis arrivé à Châlons le mardi 21 à neuf heures du soir, où j'ai trouvé M. Baillon, commandant de bataillon de la garde nationale, chargé d'ordres particuliers de M. la Fayette : on m'apprit que le roi venait d'y passer. Je me rendis à Varennes, où j'arrivai deux heures après l'arrivée du roi. Après avoir rendu compte à la municipalité de l'objet de ma mission, je me suis présenté chez le roi. Il m'a donné sa parole que son intention n'était pas de sortir du royaume (il s'élève des murmures) ; qu'il se rendait à Montmédy ; mais que, d'après la connaissance qu'il avait de l'assemblée nationale, il allait se rendre à ses ordres, et retourner à Paris. On avait arrêté M. Damas et M. Choiseul. Le peuple ne voulut pas nous laisser partir avant le retour de la municipalité. Je n'ai pas voulu non plus quitter ce Messieurs avant que la réunion des gardes nationales les mît hors de danger. Je me suis ensuite mis en route pour Paris. J'ai éprouvé un nouvel obstacle à Sainte-Menehould ; mais les officiers municipaux de Clermont m'ont fait passer. M. Choiseul et M. Damas, qui avaient été retenus avec moi à Varennes, m'ont dit avoir reçu des ordres de M. Bouillé, pour qu'ils se tinssent prêts avec des détachemens des régimens qu'ils commandent.

M. Martinet, l'un des députés de l'administration du district de Clermont, prend la parole :

« Nous sommes chargés de mettre sous les yeux de l'assemblée nationale les procès-verbaux et les différentes pièces relatives à l'arrestation du roi. Pour ne pas abuser de vos momens précieux, nous ne vous ferons pas le récit des circonstances affligeantes qui sont contenues dans le procès-verbal de la municipalité de Varennes; mais nous vous parlerons de l'infatigable patriotisme de la garde nationale, de la conduite sage et héroïque de M. Sausse, procureur de la commune de Varennes, qui répondit aux promesses, aux caresses même que lui firent le roi et la reine : J'aime mon roi; mais je resterai fidèle à ma patrie. »

L'orateur de la députation dépose sur le bureau les pièces et le procès-verbal du district de Clermont.

M. Marchand le jeune, secrétaire et député de l'administration. A peine étions-nous sortis de ces premières inquiétudes, que nous avons appris qu'un corps de troupes s'avançait sur la Meuse, et dirigeait sa route vers Montmédy. De nouvelles alarmes se sont répandues partout, et déjà elles étaient parvenues à Châlons, lorsque nous y sommes passés; nous espérons que l'assemblée nationale prendra en considération l'état de nos frontières; qu'elle y enverra des secours et des armes, n'y ayant en ce moment qu'un fusil pour vingt hommes. J'ose lui attester que les sentimens de tous les citoyens sont ceux du respect et de l'admiration pour ses décrets; que le despotisme régnerait plutôt sur des déserts, que de nous faire obéir à ses lois. (On applaudit.)

M. Menou. Le comité militaire s'occupe en ce moment des instructions relatives à la défense des frontières, et dans la journée tous les ordres partiront.

Un de MM. les secrétaires fait lecture du procès-verbal déposé sur le bureau, dont voici l'extrait :

Du mardi 21 juin, à 11 heures de relevée.

«Le directoire s'étant assemblé sur ce que tous les citoyens étaient alarmés d'avoir vu le commandant pour le roi, M. Damas, rassembler à point nommé des détachemens de divers régimens, apprit que les alarmes augmentaient d'autant plus qu'on avait vu des soldats escorter des berlines suivies de courriers, dont l'une à trois chevaux, et l'autre à six chevaux, que sous le prétexte de faire escorter un trésor, on voyait les officiers du détachement des dragons aller de maison en maison ordonner à leurs soldats de partir à l'instant. La municipalité arrêta de se rendre chez le commandant pour lui faire part des alarmes des citoyens. Les députés de la municipalité trouvèrent M. Damas qui se disposait à partir. Ils lui observèrent que les voitures qu'il voulait faire escorter paraissaient suspectes ; à quoi il répondit d'un air embarrassé qu'elles ne contenaient rien de suspect, et qu'au reste il avait des ordres; sommé de montrer ces ordres, il montra des ordres de M. Bouillé: sur ce qui lui fut répondu qu'il les outrepassait, il répondit d'un ton animé qu'il ferait ce qu'il voudrait, et qu'il allait partir. Le maire insistant pour l'engager à faire rentrer les dragons, il sortit de la maison et cria : *A moi, dragons!* Ce mouvement ayant contribué à faire suspecter davantage les intentions de M. Damas, la municipalité s'assembla, les corps administratifs vinrent sur la place, les dragons étaient sous les armes. A l'instant, les officiers municipaux voyant les dangers qu'il y avait à ce qu'ils sortissent de la ville, leur ordonnèrent de rentrer dans leur logement; le commandant leur ordonna de marcher, mais ils restèrent immobiles; les citoyens crièrent alors: *Vive la nation!* et les dragons mirent pied à terre sur les ordres de M. Damas. Cependant M. Damas resta à cheval avec ses officiers. Sommé de nouveau de se rendre à l'hôtel-de-ville pour exhiber ces ordres, il s'avança vers son logement; mais au lieu de s'y arrêter, il s'enfuit.

«Le 22 juin, à deux heures du matin, le directoire étant assemblé, il entra un courrier porteur de dépêches pour la municipalité de Varennes, qui annonçaient que M. Drouet, maître de poste, ayant pris un chemin de détour, avait devancé, ainsi que lui, les voitures suspectes. Il repartit sur-le-champ. De retour, une heure et demie après, il rapporta la nouvelle que les personnes que contenaient les voitures, étaient le roi, la reine et la famille royale, quoiqu'elles eussent un passeport qui indiquât le contraire. »

M. *Prieur*. L'un des membres de la députation du district de Clermont tient en main le passeport dont était muni le roi. Voici comme il est conçu :

» De par le roi, à tous les officiers civils et militaires chargés de surveiller et de maintenir l'ordre public dans les différentes parties du royaume, etc. Nous vous mandons et ordonnons que vous ayez à laisser passer madame la baronne de Korf pour se rendre à Francfort avec ses deux enfans, une femme, un valet de chambre et trois domestiques, sans lui donner, ni souffrir qu'il lui soit donné aucun empêchement, etc. Le présent passeport donné à Paris, le 20 juin. *Signé*, Louis.

Et plus bas, Montmorin. »

M. *Muguet*. Je demande qu'il soit envoyé à M. Montmorin une escorte nombreuse, pour l'engager à se rendre à l'assemblée nationale, pour lui donner, au sujet de ce passeport, tous les éclaircissemens que l'assemblée peut désirer.

La proposition de Muguet est décrétée à l'unanimité.

« L'assemblée nationale décrète que M. Montmorin, ministre des affaires étrangères, sera mandé sur-le-champ à la barre de l'assemblée nationale, pour y rendre compte d'un passeport qu'il a signé le 5 juin courant, et dont le roi était porteur, et remis par les députés du directoire de Clermont avec autres pièces.

» Il est ordonné au commandant de la garde nationale de pourvoir au moment à la sûreté et à la garde de la personne dudit M. Montmorin. »

M. le secrétaire continue la lecture du procès-verbal.

« Le directoire considérant que le roi n'était plus qu'à neuf lieues des frontières, arrêta que la municipalité donnerait des ordres à toutes les gardes nationales des lieux circonvoisins, de se rendre tant à Clermont qu'à Varennes, afin de prêter main forte pour assurer le retour du roi, et de s'opposer par la force à toute tentative qu'on pourrait faire pour l'enlever; il arrêta de plus de tenir ses séances sans désemparer. Vers les trois heures du matin arriva un aide-de-camp du commandant général de la garde nationale de Paris, porteur des ordres de l'assemblée nationale ; il continua sa route pour Varennes. Le directoire considérant alors que, dans des circonstances aussi délicates, il était indispensable que les chefs militaires eussent la confiance de leurs soldats, arrêta que provisoirement le détachement de dragons serait commandé par M....., chevalier de Saint-Louis, et par le commandant de la garde nationale, sous les ordres de la municipalité. Il arrêta ensuite de se transporter à Varennes, pour exprimer au roi les inquiétudes et les alarmes qu'occasionneraient un plus long séjour de sa part dans la proximité des frontières. Vers le matin, étant de retour à Clermont, il apprit que le roi était environ à moitié chemin ; il se transporta aussitôt à sa rencontre ; le roi était escorté par plus de six mille hommes de gardes nationales et d'une cohorte innombrable de citoyens de tout âge et de tout sexe. (On applaudit.) Le président du directoire lui ayant témoigné les alarmes des citoyens, sa majesté répondit que son intention n'était pas de sortir du royaume. (On rit, on murmure.) Elle continua sa route au milieu des signes de l'allégresse qu'occasionnait la certitude que le roi ne quitterait pas la France, et au milieu des cris de *vive la nation*. (On applaudit à plusieurs reprises.) La conduite des dragons fut aussi vivement applaudie. Les mêmes témoignages de joie se manifestèrent dans la ville de Clermont. Le roi reprit la route de Châlons, escorté par une partie de notre garde nationale et les dragons. Le directoire arrêta que le passeport remis par le roi au procureur de la commune, ainsi que les ordres de M. Bouillé aux commandans militaires, seraient portés par deux de ses membres à l'assemblée nationale, et qu'ils lui exprimeraient les sentimens d'admiration et de reconnaissance dont les citoyens sont pénétrés pour ses travaux immortels, et leur dévouement à l'exécution de la loi. »

M. George. Comme député du Clermontois, je demande qu'il soit fait une mention honorable, dans le procès-verbal, du courage et de la prudence du district de Clermont. (*Plusieurs voix s'élèvent:* Et des dragons.)

M. *Muguet.* Nous avons trop d'obligation à tous ceux qui, dans ces circonstances, ont donné des témoignages de leur zèle, pour ne pas leur témoigner de la manière la plus solennelle notre reconnaissance. Je demande donc que le comité des rapports prenne tous les renseignemens nécessaires sur le nombre des personnes qui, dans ces circonstances, se sont signalées, et nous présente ensuite un projet sur la nature des récompenses qui doivent leur être accordées.

L'assemblée adopte la proposition de M. Muguet, et ordonne l'impression et l'insertion au procès-verbal des pièces qui viennent d'être lues.

M. *Muguet.* Vous avez approuvé la mesure du département de Paris, tendante à faire apposer les scellés sur le château des Tuileries, et à tenir provisoirement en état d'arrestation, ainsi qu'à faire interroger toutes les personnes qui habitent l'intérieur. La municipalité s'est conformée à votre décret; mais il est impossible de faire prêter interrogatoire à deux mille personnes. Un des objets de la mesure que vous avez prise, est de savoir par quel endroit le roi s'est évadé. Il résulte des perquisitions déjà faites et des informations que l'on a prises, qu'il est sorti par l'appartement de M. Villequier, après avoir passé par deux portes condamnées jusqu'à ce moment, et qui n'ont été ouvertes que pour ce seul usage. Le conseil du département est d'avis que par l'intérieur du château des Tuileries, on ne peut entendre que l'aile à l'usage de la famille royale, et non point l'autre partie, où habitent les palefreniers, les cent-suisses, les gardes de la prévôté, et plusieurs autres personnes qui n'ont aucune communication avec les appartemens du roi. Nous vous proposons, en conséquence, de décréter les dispositions suivantes :

« L'assemblée nationale, après avoir entendu le comité des rapports, approuve l'avis du département de Paris, en date du 23 juin, relatif aux mesures à prendre pour le château des Tuileries. On ne doit entendre que l'aile du château des Tuileries qui réunissait exclusivement tous les appartemens à l'usage de la famille royale et des personnes de leur service. »

Ce décret est adopté.

M. *Alexandre Lameth.* Je vais vous présenter, au nom du comité militaire, un projet de décret concerté avec M. de Rochambeau, le ministre de la guerre et M. la Fayette.

Voici le décret :

« L'assemblée nationale décrète : 1° que les commissaires civils qu'elle a envoyés dans les départemens frontières feront, si les circonstances l'exigent, toutes les réquisitions nécessaires aux corps administratifs et municipaux, à l'effet de procurer aux généraux d'armée les gardes nationales dont ils pourront avoir besoin pour concourir au service militaire.

» 2° Les gardes nationales désignées à cet effet par les corps administratifs et les municipaux, passeront sous les ordres des généraux, et ils serviront de la même manière que les troupes de ligne.

» 3° Outre les pouvoirs ordinaires donnés aux généraux d'armée, ils jouiront, jusqu'à ce qu'il en ait été autrement ordonné, du droit d'appliquer la déchéance prononcée par le même décret.

» 4° Pourront également les généraux d'armée suspendre provisoirement tout officier, de quelque grade qu'il soit, dont la conduite leur paraîtrait suspecte, à la charge d'en rendre compte à l'instant au ministre de la guerre.

» 5° L'assemblée nationale autorise les généraux d'armée à préposer à toutes les sous-lieutenances qui viendront à vaquer dans les corps à leurs ordres, les citoyens qu'ils croiront les plus en état de les remplir, en remettant la moitié des emplois aux sous-officiers des corps. »

M. *Darbille*, maréchal-de-camp employé, qui doit partir avec M. de Rochambeau, fait passer à l'assemblée nationale son serment.

M. *Montmorin*, ministre des affaires étrangères, entre dans l'assemblée.

M. le président lui notifie le motif pour lequel l'assemblée l'a mandé, et lui fait lecture du passeport signé de sa main.

M. *Montmorin.* On n'accorde des passeports que sur le certificat signé de la section où la personne demeure ; on en donne aux étrangers d'après les passeports des ambassadeurs de leur nation, et celui dont le roi s'est servi est vraisemblablement de ce nombre : seulement on inscrit sur un registre particulier le nom de la personne qui demande le passeport, et vraisemblablement on y trouvera celui-ci.

M. *Biauzat.* Dans le bureau où on délivre ces passeports, il doit y avoir des pièces qui constatent par quel motif il a été délivré. Il y a fort peu de temps que je suis allé pour en chercher un, et j'ai été obligé de satisfaire à cette formule.

M. *Montmorin.* Je ne sais pas si le passeport a été délivré aux affaires étrangères ou à la municipalité : dans tous les cas, les pièces qui constatent quelle personne a demandé ce passeport ne sont pas assez importantes pour qu'on les garde.

M. *Biauzat.* Celui à qui je me suis adressé pour demander ce passeport, le nommé Geoffroy, je pense, m'a dit qu'on les conservait. (Une voix s'élève dans la partie gauche : *Pourquoi ne pas dire M. Geoffroy?*)

M. *Montmorin.* Il est impossible que ces détails n'échappent pas au ministre des affaires étrangères : parmi le grand nombre de passeports qu'il signe, il lui est impossible de vérifier si le nom des personnes qui les demandent est vrai ou faux. (On applaudit.) Il m'est impossible de ne pas voir avec peine qu'un aussi léger motif ait fait naître des suspicions sur mon compte : si j'avais effectivement donné des passeports, je les aurais ou suivis ou précédés. (On applaudit à deux reprises différentes.)

M. *Muguet.* Je dois rendre compte à l'assemblée de l'intention que j'ai eue en proposant de demander M. Montmorin. Lorsqu'on a entendu dire que le roi était muni d'un passeport du ministre, les personnes dans les tribunes, qui sont peu éclairées, n'ont retenu que ces mots : « M. Montmorin a signé le passeport du roi. » J'ai pensé que, pour éviter tout soupçon, il fallait demander les explications que j'avais bien prévu que M. Montmorin donnerait. Tout le monde sait que tous les jours à la municipalité on délivre des passeports à des personnes que l'on ne connaît pas : cela est impossible autrement. Je répète donc que je n'ai eu d'autre motif que d'éloigner tous les soupçons de la malveillance, et de conserver la confiance à ceux qui en ont besoin. (On applaudit.)

M. Camus. Tout cela ne me suffit pas pour la justification de M. Montmorin. Je suis surpris que votre propre exemple ne vous rende pas plus défiant. Je demande que l'assemblée nomme quatre commissaires pour vérifier les faits. Je ne sais pas comment on peut brûler les registres si promptement, qu'on ne puisse aujourd'hui trouver un passeport du 5 de ce mois. (Trois ou quatre membres de l'assemblée et toutes les tribunes applaudissent.)

M. Montmorin. Je peux voir, d'après l'écriture, si le passeport a été donné aux affaires étrangères ou à la municipalité. (M. Montmorin examine le passeport.) Je crois qu'il a été délivré aux affaires étrangères.

M. Blacons. M. Gandolphe, secrétaire de M. Montmorin, est ici ; il pourrait nous donner un compte plus détaillé.

M. Camus. Qu'on ferme la discussion ; le décret rendu relativement à M. Montmorin a été su de lui plutôt qu'il n'aurait dû l'être.... (Les murmures étouffent la voix de M. Camus.)

M. Rewbell. La dame au nom de laquelle le passeport a été donné nous a envoyé à tous des mémoires relativement aux réclamations des affaires étrangères : il est impossible qu'elle ne soit pas connue de M. Montmorin. (Les tribunes applaudissent.)

Cinquante membres de la partie gauche se lèvent pour imposer silence aux tribunes.

M. d'Aiguillon. J'ai aussi reçu des mémoires de cette dame, et cependant je ne la connais pas.

M. Gourdan. Vous avez reçu hier une lettre de Valenciennes, qui vous annonce que Monsieur y a passé, muni d'un passeport de M. Montmorin. Je demande pourquoi il l'a signé.

M. Francoville. Et moi, je demande que M. Gourdan veuille

bien nous dire le nom qu'a pris Monsieur pour sortir du royaume.

M. Gourdan. Je réponds à l'interpellation. M. Montmorin a délivré des passeports à Mesdames, tantes du roi, sous des noms supposés, que je ne connais pas : il est possible qu'il en ait fait autant cette fois.

M. Montmorin. Je n'ai point donné à Mesdames de passeports sous des noms supposés. Dans ce cas, j'aurais favorisé une évasion ; je leur en ai donné un sous leurs véritables noms.

M. Véroquet. Je demande que M. Gourdan prouve ce qu'il a avancé.

L'assemblée rend le décret suivant :

« L'assemblée nationale nomme pour commissaires MM. Rœderer, Gourdan, Camus et Muguet, pour vérifier sur le registre des affaires étrangères si le passeport, délivré le 5 de ce mois, sous le nom de madame la baronne de Korf, et dont le roi était porteur, y est enregistré ; ils sont chargés de plus de vérifier sur quelles pièces et d'après quels motifs il a été expédié ; il est enjoint à tous secretaires du département des affaires étrangères d'ouvrir tous registres relatifs aux passeports. »

M. Chapelier. Je suis chargé par le comité de constitution de vous présenter un projet que le temps ne me permet pas de vous développer. La simple lecture vous en fera assez connaître les motifs.

« L'assemblée nationale, mesurant toute l'étendue de ses obligations, et trouvant dans la confiance de la nation le droit et le devoir de prendre sur elle les dangers dont on a menacé la liberté française ;

» Considérant que la tranquillité du royaume, l'achèvement de la constitution, dépendent de l'ensemble des moyens que l'assemblée nationale vient d'employer, et de la suite qu'elle doit y apporter ;

» Certaine que le courage et la modération du peuple français abrégeront les travaux de ses représentans, mais ne pouvant, dans le nouvel ordre d'événemens où elle se trouve placée, marquer, sans compromettre la chose publique, l'époque précise de sa séparation, quelque zèle qu'elle mette à la rapprocher, et ne voulant laisser aucun doute sur la résolution où elle est de remplir le serment qu'elle a fait de remettre à la première législature le dépôt complet de la liberté publique et de la constitution, croit donner à la nation une preuve nécessaire de son dévoûment, en suspendant pour quelques instans les opérations des électeurs qui sont ou qui seront nommés par les assemblées primaires.

» En conséquence, elle ordonne que les électeurs qui ont été ou qui seront nommés par les assemblées primaires, ne se réuniront pas, et surseoiront aux nominations auxquelles il devait être procédé d'après le décret du 29 mai, jusqu'au jour qui sera déterminé par un décret de l'assemblée nationale. »

On demande la question préalable.

M. Babey. C'est une infamie.

(Suivent d'assez longs murmures.)

M. Rewbell. L'importance du projet qui vient de vous être soumis aurait dû lui attirer le plus grand silence. On vient de m'assurer d'un fait. On prétend que déjà des corporations ont arrêté qu'il serait présenté à l'assemblée nationale des pétitions, pour qu'elle ne prononçât rien sans le vœu des 83 départemens. J'observe que le comité n'entend pas suspendre les assemblées primaires ni la nomination des électeurs, mais simplement celle de député à la législature. Il n'y a pas ici un seul homme qui ose garantir que les corps électoraux, étant une fois assemblés, ne s'occuperont que de nominations; et s'ils s'occupent d'autres choses, la monarchie est perdue.

M. Chapelier. Ceux qui ont désapprouvé le projet se sont abandonnés à un seul sentiment; ils ont pensé combien il serait désavantageux et pénible pour nous de prolonger les séances dont nous avions presque indiqué le terme; ils ont craint qu'on ne nous accusât de vouloir nous perpétuer. Le comité a pesé pendant deux jours ces considérations, et il a senti qu'elles ne balançaient pas le devoir qui nous est imposé de prendre sur notre responsabilité les dangers actuels de donner à notre plan un système suivi, et de prouver à la France que 26 mois de travaux pénibles n'ont ni ralenti notre zèle, ni abattu notre courage. Tous les partis s'agitent ; les grandes passions sont en mouvement : ne courons pas le risque d'avoir dans le royaume deux assemblées nationales et 83 corps délibérans. Je demande qu'on aille aux voix sur le projet de décret.

M. Babey. Nous altérons la confiance en laissant des soupçons sur l'étendue de notre durée. Je demande la question préalable sur le projet du comité.

L'assemblée adopte à une très-grande majorité le projet présenté par M. Chapelier, au nom du comité de constitution.

Un de messieurs les secrétaires fait lecture d'une lettre des membres composant le tribunal du district de Versailles.

« Les corps administratifs réunis ont dénoncé au tribunal de Versailles madame d'Ossun, dame d'atour de la reine, comme prévenue d'avoir trempé dans l'évasion du roi. Nous avons commencé l'information, d'où il résulte que madame d'Ossun n'a été instruite du départ du roi que par une lettre de la reine, datée du 21 de ce mois, dont nous envoyons copie à l'assemblée.

Lettre de la reine.

« Tous les devoirs réunis m'ont empêchée, madame, de vous avertir de notre départ; je risque pourtant à vous engager de me suivre, ne fût-ce que pour n'être pas ici. Je vous assure de mon inviolable amitié. Dieu veuille que nous soyons bientôt réunies ! »

M. le président suspend la délibération pour deux heures.

Il est quatre heures.

Le 24, à cinq heures du soir.

M. Rœderer. Je viens de vérifier sur les registres des affaires étrangères le fait des passeports, qui a jeté pendant un moment des soupçons sur la conduite de M. Montmorin. M. Simolin, ministre plénipotentiaire de l'impératrice des Russes, avait demandé un passeport pour madame de Korf et sa famille : la demande est du 5 juin. M. Montmorin ne pouvait se refuser à signer ce passeport. Quelques jours après, madame Korf écrit une lettre à M. Simolin, dans laquelle elle lui dit qu'ayant ramassé tous les papiers inutiles pour les brûler avant son départ, elle avait jeté par mégarde son certificat au feu. E le prie M. Simolin de demander un second certificat à M. Montmorin. Voilà le fait vérifié sur les pièces citées ci-dessus, trouvées dans les cartons du bureau des affaires étrangères.

Copie d'une note signée de M. Simolin.

« Le soussigné, ministre plénipotentiaire de sa majesté impériale de toutes les Russies, a l'honneur de prier son excellence M. le comte de Montmorin de vouloir bien lui accorder deux passeports, dont l'un pour madame la baronne de Korf, une femme de chambre, un valet de chambre, deux enfans et trois laquais; l'autre, pour madame la baronne de Stegleman, sa fille, sa femme de chambre, un valet de chambre et deux laquais, qui partent par Metz pour Francfort.

Paris, le 5 juin 1791.   *Signé,* SIMOLIN. »

Sur la proposition de M. Rœderer, l'assemblée déclare que la conduite de M. Montmorin est irréprochable.

M. *Roger.* Le peuple se porte en foule à l'hôtel de M. Montmorin. Il est instant, pour prévenir les désordres et pour mettre en sûreté la personne et les propriétés de ce ministre, d'envoyer quatre commissaires qui donneront connaissance à ce peuple du décret de l'assemblée nationale qui déclare M. Montmorin irréprochable. Je pense qu'en outre il doit être ordonné au directoire de proclamer ce décret à son de trompe.

L'assemblée nationale adopte cette proposition, et M. le président nomme les commissaires, qui se rendent à l'instant à l'hôtel de M. Montmorin.

Un de messieurs les secrétaires fait lecture de trois adresses : la première, de la section de Bondi; la seconde, de celle de la Halle-au-Blé; la troisième, d'une assemblée primaire. Toutes les trois contiennent l'expression énergique du patriotisme des citoyens qui les ont signées, et de leur dévouement à l'exécution des décrets de l'assemblée constituante.

M. le président fait lecture d'une lettre qu'il vient de recevoir des trois commissaires chargés des pouvoirs de l'assemblée nationale pour diriger le retour du roi à Paris. Elle est ainsi conçue :

De Dormans, le 24 juin, quatre heures du matin. — Nous sommes arrivés auprès du roi à trois heures du matin ; nous lui avons donné connaissance des décrets rendus par l'assemblée nationale à son égard. Dans sa voiture étaient la reine, le dauphin, leur fille, madame Elisabeth et madame Tourzel. Sur le siége étaient deux domestiques.

Un cabriolet suivait, dans lequel étaient deux femmes. Un cortége immense les entourait. Nous avons lu les décrets, et nommé M. Dumas commandant des gardes nationales. L'ordre le plus satisfaisant était observé. Le roi couche ce soir à Meaux, et nous espérons qu'il sera demain à Paris.

M. Ricard de Toulon. En vertu des ordres que nous avons reçus de l'assemblée, nous nous sommes rendus chez le ministre des affaires étrangères. Nous y avons trouvé le peuple ; nous lui avons montré la loi ; nous lui en avons fait connaître les dispositions, et il nous a témoigné par ses applaudissemens combien il était satisfait de l'innocence de M. Montmorin. Il s'est dissipé dans l'instant, et notre mission aurait été finie, si notre devoir ne nous avait imposé l'obligation de vous en rendre compte.

Les membres des tribunaux criminels de Paris sont introduits à la barre.

L'orateur de la députation. Dans ces jours de crise où le premier citoyen de l'empire est parjure, où le premier fonctionnaire public, entraîné par de perfides suggestions, a déserté son poste, nous avons vu la patrie en danger ; mais vous avez travaillé pour elle, et la patrie est sauvée. Vous avez montré de la sagesse et de l'énergie, de la force et de la prudence, et le peuple est resté calme, parce qu'il était rassuré par votre héroïsme..... Nous venons vous présenter l'hommage de notre admiration et l'assurance de notre fidélité à la constitution, et de notre obéissance à vos décrets. (On applaudit.)

M. le président répond, et invite la députation à assister à la séance. Elle entre dans l'enceinte de la salle, au milieu d'applaudissemens réitérés.

M. Menou. Le comité militaire m'a chargé de vous faire le rapport que vous lui avez demandé, sur une distribution d'armes aux gardes nationales, et de vous proposer une mesure concertée avec M. Rochambeau. Elle consiste à augmenter de seize le nombre des officiers-généraux. Il faut des officiers-généraux pour marcher avec les différens corps d'armée, qui, suivant votre décret de ce matin, vont être mis en campagne. Voici le projet de décret :

Art. Ier. Les officiers-généraux commandant sur les frontières sont autorisés à délivrer aux gardes nationales employées sous leurs ordres, des armes, des effets de campement et des attirails de guerre.

II. L'assemblée ordonne aux officiers-généraux employés de veiller aux arsenaux et dépôts de guerre ; autorise le changement de ces dépôts, si ce changement est nécessaire à leur sûreté ; défend aux corps administratifs de s'immiscer dans cette partie de l'administration.

III. Le nombre des officiers employés sera augmenté de quatre lieutenans-généraux et de douze maréchaux-de-camp ; le nombre des aides-de-camp sera déterminé conformément aux décrets.

Ces articles, mis aux voix, sont unanimement décrétés.

M. Charles Lameth. Je crois que l'assemblée doit demander la liste des officiers-généraux émigrans, ou qui, pour d'autres causes, ont encouru la déchéance portée par les décrets. Il faut aussi ordonner leur remplacement, ainsi que celui de ceux qui se sont démis volontairement.

Ces deux propositions sont décrétées.

M. Menou. On me demande ici des détails sur nos approvisionnemens de guerre. Il y a, depuis les départemens du Nord jusqu'à ceux du Rhin, huit cents pièces de canon ; nous avons assez de poudre pour faire pendant huit ans la guerre la plus active. (La salle retentit d'applaudissemens.) Nos magasins contiennent des vivres qui peuvent fournir pendant dix-huit mois à la subsistance d'une armée de deux cent mille hommes, et par conséquent pendant néuf mois à celle d'une armée de quatre cent mille hommes. Quant aux effets de campement, nous en avons pour trois armées de soixante mille hommes ; on travaille tous les jours à augmenter ces approvisionnemens. Les boulets et autres munitions de guerre sont en très-grande quantité. (Les applaudissemens recommencent.)

L'assemblée arrête que ces détails seront consignés dans son procès-verbal.

M. Lavenue. Je demande que le comité soit chargé de présenter le système de défense.....

L'assemblée passe à l'ordre du jour.

M. Sombreuil, officier-général, est admis à la barre, prête le serment, et entre dans l'enceinte de l'assemblée au milieu d'applaudissemens très-nombreux.

M. le président. La municipalité de Paris demande la parole ; une partie de ses membres est à la barre ; ils amènent avec eux les deux citoyens qui ont arrêté le roi.

M. Dacier, orateur de la députation. Le conseil-général de la commune présente à l'assemblée nationale les citoyens qui se sont opposés avec tant de courage et tant de succès au passage du roi et de la reine, près des frontières. Autrefois la ville de Paris eût regretté qu'ils ne fussent pas nés dans son sein ; mais aujourd'hui que tous les Français sont frères, lorsque l'un des citoyens de l'empire fait une bonne action, la gloire en rejaillit sur toute la famille. (On applaudit.) Voici M. Drouet, maître de poste de Sainte-Menehould, qui le premier ayant cru reconnaître le roi et la reine, a pris le parti de courir à leur suite. Voici M. Guillaume, son camarade, qui accourut en même temps que lui, et qui, de concert avec lui, prit des mesures pour arrêter le passage des voitures suspectes. M. Drouet demande à l'assemblée la permission de lui présenter le récit de ce qu'il a fait dans cette circonstance.

M. Drouet. Je suis maître de poste à Sainte-Menehould, ancien dragon au régiment de Condé ; mon camarade Guillaume est un ancien dragon au régiment de la reine. (On applaudit.) Le 21 juin, à 7 heures et demie du soir, deux voitures et onze chevaux relayèrent à la poste de Sainte-Menehould. Je crus reconnaître la reine, et apercevant une homme dans le fond de la voiture à gauche, je fus frappé de la ressemblance de sa physionomie avec l'effigie d'un assignat de 50 livres. (On applaudit.) Ces voitures étant conduites par un détachement de dragons, lequel succédait à un détachement de hussards, sous le prétexte de protéger un trésor, cette escorte me confirma dans mes soupçons, surtout lorsque je vis le commandant de ce détachement parler d'un air très-animé à l'un des courriers. Cependant, craignant d'exciter de fausses alarmes, étant tout seul, ne pouvant consulter personne, je laissai partir les voitures ; mais voyant aussitôt les dragons prêts à se mettre en mouvement pour les suivre, et voyant qu'après avoir demandé des chevaux pour Verdun, ces voitures prenaient la route de Varennes, je pris un chemin de traverse pour les rejoindre. Je les devançai à Varennes ; il était onze heures du soir : il faisait très-noir ; tout le monde était couché. Les voitures furent arrêtées dans une rue, par une dispute qui eut lieu entre les postillons et le maître de poste du lieu. Celui-ci voulait qu'on fit reposer et rafraîchir les chevaux, selon l'usage. Le roi, au contraire, voulait accélérer son départ. Je dis alors à mon camarade : Es-tu bon patriote ? N'en doute pas. Eh bien, lui répondis-je, le roi est à Varennes ; il faut l'arrêter. Alors nous descendîmes, et nous fîmes réflexion que, pour le succès de notre projet, il fallait barricader la rue et le pont par où le roi devait passer. (On applaudit.)

En conséquence, nous nous transportâmes, moi et mon camarade, près du pont de Varennes ; il y avait heureusement tout près une voiture chargée de meubles, nous l'amenâmes, et la culbutâmes, de manière qu'il était impossible de passer. (On applaudit.) Alors, nous courûmes chercher le procureur de la commune, le maire, le commandant de la garde nationale, et en moins d'un demi-quart-d'heure nous fûmes réunis au nombre de 8 hommes de bonne volonté. Le commandant de la garde nationale accompagné du procureur de la commune, s'approchèrent de la voiture et demandèrent aux voyageurs qui ils étaient et où ils allaient. La reine répondit qu'ils étaient pressés. On insista pour avoir un passeport; elle donna enfin son passeport à deux gardes-d'honneur, qui descendirent et vinrent à l'auberge. Ce passeport portait le nom de madame la baronne de Korff, etc. Quelques personnes qui entendirent la lecture de ce passeport disaient qu'il devait suffire. Nous combattîmes cette idée, parce que le passeport n'était signé que du roi, et qu'il devait l'être aussi par le président de l'assemblée nationale. Si vous êtes une étrangère, disions-nous à la reine, pourquoi avez-vous assez d'influence pour faire partir après vous un détachement? pourquoi, lorsque vous passâtes par Clermont, en avez-vous eu assez pour vous faire suivre par un premier détachement? D'après ces réflexions et notre obstination, on délibéra que les voyageurs ne partiraient que le lendemain. Ils descendirent dans la maison du procureur de la commune.

Alors, de lui-même, le roi nous dit : Voilà le roi, voilà mon épouse et mes enfans; nous vous conjurons de nous traiter avec les égards que les Français ont toujours eus pour leurs rois. Aussitôt les gardes nationales accoururent en foule, et l'on vit en même temps arriver les hussards le sabre à la main; ils essayèrent d'approcher la maison où était le roi; mais nous leur criâmes que si on voulait l'arracher, on ne l'arracherait que mort d'entre nos mains..... Le commandant de la garde nationale eut l'attention en outre de faire venir deux petites pièces d'artillerie qu'il fit mettre à l'embouchure de la rue par en haut, et deux autres en bas, de manière que les hussards se trouvèrent entre deux feux. On les somma de descendre de cheval, M. Jouglas s'y refusa : il dit qu'il voulait avec sa troupe garder le roi : on lui répondit que la garde nationale le garderait bien, qu'elle n'avait pas besoin de son secours; il insista, alors le commandant de la garde nationale ordonna aux canonniers de se mettre à leurs rangs et de faire feu; ils prirent la mêche à la main... Mais j'ai l'honneur de vous observer qu'il n'y avait rien dans les canons.

En un mot, le commandant de la garde nationale et la garde nationale firent si bien, qu'ils parvinrent à désarmer les hussards; le roi fut donc constitué prisonnier. Ayant ainsi rempli notre devoir, nous retournâmes chez nous au milieu des félicitations de nos concitoyens; et nous sommes venus déposer dans le sein de l'assemblée nationale l'hommage de nos services.

M. le président. L'assemblée nationale vous a reçus avec cet enthousiasme qu'elle doit à des citoyens qui ont montré un zèle et un dévoûment aussi généreux, à des hommes, qui, peut-être, ont préservé la France entière d'une guerre désastreuse. Si la commune de Paris regrette que vous ne soyez pas nés dans son sein, la nation entière vous réclame; c'est la France que vous avez sauvée, et l'assemblée nationale s'engage à récompenser les services que vous avez rendus à la patrie; elle vous donne l'assurance de la satisfaction la plus parfaite, et elle vous invite à assister à sa séance.

Une demi-heure se passe.

M. le président annonce que le département demande à être admis à la barre.

Il est introduit.

M. Pastoret, procureur-général-syndic, obtient la parole. Appelés dans votre enceinte, exécuteurs de vos lois, heureux d'en être les organes, nous nous livrions sans réserve aux droits importans que le peuple nous a confiés. Un grand événement nous avait rassemblés; il avait réuni tous les citoyens; il leur inspire à tous ce même besoin, celui d'un nouvel hommage au corps-législatif, d'un nouveau serment à la loi. Ceux qui l'ont offert avant nous, nous auraient-ils donc prévenus? Non, nous le prêtions nuit et jour en servant la patrie; mais nous aimons à le prêter encore, nous voulons le prêter en vos mains, nous voulons vous dire, vous répéter que vos vertus sont notre modèle; vos travaux, notre gloire et notre bonheur. Quels plus sûrs garans vous donner de notre inébranlable fidélité à la constitution décrétée par l'assemblée nationale? Nous jurons de la maintenir, et nous n'avons pas besoin de promettre de l'aimer. (On applaudit.)

M. le président. L'assemblée nationale n'est point surprise que vos premiers soins aient été pour les grands travaux que réclamait la circonstance. Elle reçoit avec sensibilité le nouvel hommage que vous présentez à la nation, entre les mains de ses représentans.

L'assemblée ordonne l'impression du discours du département et de la réponse de son président.

Il est dix heures. — L'assemblée suspend la délibération pendant deux heures.

Du 25, à minuit.

Un de MM. les secrétaires fait lecture d'une lettre des officiers municipaux de la commune de Valenciennes, qui rendent compte des précautions qu'ils ont prises aussitôt qu'ils ont reçu la nouvelle du départ du roi, et qui demandent des armes et des munitions.

L'assemblée ordonne le renvoi à son comité militaire.

M. le président. Je viens de recevoir une lettre des commissaires que l'assemblée a envoyés pour joindre le roi ; ils annoncent de nouveau qu'ils espèrent être à Paris aujourd'hui 25 dans la journée, et demandent à M. le commandant général de la garde nationale parisienne une forte garde de cavalerie.

M. Thierri, mandé pour rendre compte aux commissaires de l'assemblée de l'état du garde-meuble, se présente à la barre.

L'assemblée décide qu'il se rendra au garde-meuble, pour s'y tenir prêt aux ordres des commissaires de l'assemblée.

Il est minuit un quart.

La séance est suspendue.

La nuit se passe sans que la délibération soit reprise.

Le 25, à huit heures du matin.

Un de MM. les secrétaires fait lecture d'une lettre des administrateurs du département de la Marne, datée de Châlons, du

24 juin, à une heure et demie du matin ; en voici la substance:
« Les bruits qui s'étaient répandus d'une invasion sur la frontière ne se sont pas confirmés ; cependant la nouvelle de ce danger n'était pas plutôt arrivée, que les gardes nationales accoururent en foule pour voler au-devant de l'ennemi. Notre département manque d'armes ; le maire n'en pouvant fournir au peuple, qui en demandait à grands cris, a été obligé de prendre la fuite. »

On fait lecture d'un procès-verbal du département de la Meurthe, qui communique à l'assemblée les mesures qu'il a prises, en exécution des décrets de l'assemblée nationale ; ainsi que la transcription sur ses registres d'une lettre des officiers municipaux de Sainte-Menehould, qui annonce qu'on est rassuré sur la situation des ennemis ; que leur armée est à plus de huit lieues de la frontière ; qu'au reste, des corps nombreux de gardes nationales se rassemblent de tous côtés, et que la ville de Bar est en marche.

Le courrier, porteur de ces dépêches, atteste que plus de huit cent mille gardes nationales garnissaient la route qu'il a parcourue.

Un de MM. les secrétaires fait lecture de deux lettres, dont voici l'extrait :

Lettre de M. Choiseul.

« Le roi et la famille royale ayant été reconnus à Varennes, je quittai mon détachement pour aller prendre les ordres du roi. Malgré les efforts des officiers municipaux, je fus arrêté et conduit au cachot, d'où l'on me transféra dans les prisons de Verdun. C'est au zèle et au courage de la garde nationale de Verdun, et à la fermeté de la municipalité, que je dois la vie. N'étant pas coupable, je prie l'assemblée nationale d'ordonner mon élargissement. »

Lettre de M. Damas.

« J'avais reçu de M. Bouillé l'ordre de partir le 19 pour me rendre à Clermont ; le 20, à mon arrivée à Clermont, je reçus l'ordre de monter à cheval le lendemain à cinq heures du soir.

J'avais prévu qu'on m'enverrait à Varennes; je me tins en conséquence prêt à partir avec mon détachement, les chevaux sellés dans l'écurie : à la chute du jour je les fis desseller. A neuf heures on vit passer des voitures que l'on soupçonna, et une heure après, un officier qui avait été chargé d'escorter un convoi, nous dit que ces voitures étaient arrêtées. Je voulus aussitôt monter à cheval, et je rendis compte de mon intention à la municipalité : je lui montrai mes ordres. Pendant ce temps les dragons étaient montés à cheval. La municipalité se rendit sur la place, et me dit qu'elle désirait que je ne partisse pas, que les citoyens étaient déterminés à me retenir par la force. J'entendis battre la générale. Alors je ne balançai pas à commander à ma troupe de mettre pied à terre, et de rentrer dans les quartiers. Pendant ce temps le bruit se répandit que les voitures avaient été arrêtées à Varennes, qu'on avait envoyé des courriers pour avertir les gardes nationales. Divers soupçons me déterminèrent à aller sur la route avec un capitaine du régiment. J'appris que les voitures contenaient le roi et la famille royale, et qu'elles avaient été arrêtées à Varennes. La municipalité me conduisit chez le roi; mais lorsque je voulus partir, mes chevaux avaient été enlevés : le peuple arrivé en foule s'opposa à mon départ. Je fus transféré dans les prisons de Verdun : comme je n'ai rien à me reprocher, je demande ma liberté. »

M. le président. A ces deux lettres en étaient jointes deux autres non cachetées, et dont les adresses me paraissent écrites par les mêmes mains. Elles sont adressées à mesdames Simianes et Grammont. L'assemblée veut-elle ou non en entendre la lecture?

L'assemblée ordonne que ces lettres seront sur-le-champ cachetées et envoyées à leurs adresses.

M. Papin annonce que cent rames du papier pour les petits assignats sont imprimées, et qu'une somme de quatre cent mille livres en sous est prête à être mise en circulation la semaine prochaine, autant que les petits assignats.

Sur le rapport de M. Voidel le décret suivant est rendu :

« L'assemblée nationale, sur le rapport qui lui a été fait par ses comités réunis des recherches et des rapports, décrète qu'elle autorise le département de Paris à prendre toutes les mesures qu'il jugera convenables pour le logement du roi et de sa famille aux Tuileries, et à déterminer toutes les dispositions qu'il croira nécessaires à cet égard ; décrète que la municipalité de Paris demeure autorisée à faire lever les scellés apposés au château des Tuileries, et ce, en présence de l'intendant de la liste civile; décrète de plus que le gouvernement de Paris est autorisé à faire mettre sous un scellé particulier tous les papiers qui seront trouvés dans les appartemens du château des Tuileries, sous le sceau de la municipalité et de l'intendant de la liste civile, et que lesdits papiers seront à l'instant transportés aux archives nationales. »

M. Thouret, au nom du comité de constitution. Le travail de votre comité de constitution sur le grand événement qui vous occupe, doit embrasser trois questions différentes : la première concerne les dispositions provisoires que vous avez dû prendre jusqu'à l'arrivée du roi à Paris ; la seconde, le nouvel ordre de choses qui s'ouvre par la présence du roi à Paris; la troisième sera relative aux grandes résolutions que l'assemblée nationale aura à prendre pour la sûreté de l'État. L'article que nous vous proposâmes avant-hier se rapportait à la première de ces mesures, à cette durée de temps qui s'est écoulée jusqu'à l'arrivée du roi à Paris. Il a paru nécessaire d'en prendre de nouvelles dans le moment où le roi arrivait à Paris, parce qu'il paraît impossible que le pouvoir exécutif soit abandonné à des intentions ouvertement prononcées contre la constitution, parce que ce serait compromettre le salut de l'État que de soumettre les décrets de l'assemblée nationale à une nouvelle sanction sujette à être désavouée. Les articles que nous vous proposons sont des dispositions purement provisoires ; ils ne préjugent rien pour l'avenir : ils laissent à l'assemblée toute la latitude nécessaire pour prendre des résolutions ultérieures.

M. Thouret lit le projet de décret suivant :

Art. Ier. Aussitôt que le roi sera arrivé au château des Tuileries, il lui sera donné provisoirement une garde qui, sous les ordres du commandant-général de la garde nationale parisienne, veillera à sa sûreté et répondra de sa personne.

II. Il sera provisoirement donné à l'héritier présomptif de la couronne une garde particulière, de même sous les ordres du commandant-général, et il lui sera nommé un gouverneur par l'assemblée nationale. (Les tribunes applaudissent.)

M. le président. Je rappelle aux tribunes qu'elles doivent se tenir dans le silence, et attendre avec confiance les décisions de l'assemblée nationale.

III. Tous ceux qui ont accompagné la famille royale seront mis en état d'arrestation et interrogés; le roi et la reine seront entendus dans leur déclaration, le tout sans délai, pour être pris par l'assemblée nationale les résolutions qui seront jugées nécessaires.

IV. Il sera provisoirement donné une garde particulière à la reine.

V. Jusqu'à ce qu'il en ait été autrement ordonné, le décret du 21 juin, qui enjoint au ministre de la justice d'apposer le sceau de l'État aux décrets de l'assemblée nationale, sans qu'il soit besoin de la sanction et de l'acceptation du roi, continuera d'être exécuté dans toutes ses dispositions.

VI. Les ministres et les commissaires du roi préposés à la caisse de l'extraordinaire, à la trésorerie nationale et à la direction de liquidation, demeurent autorisés provisoirement à faire chacun dans son département, et sous sa responsabilité, les fonctions du pouvoir exécutif.

M. Malouet. Les mesures qui vous sont proposées sont toutes hors de la constitution: elles changent dans un instant la nature du gouvernement. La constitution prévoit le cas de l'absence du roi : elle a déclaré la personne du roi sacrée et inviolable. Les mesures proposées constituent le roi prisonnier dans la capitale pour transporter dans l'assemblée nationale tous les pouvoirs. Pendant la fuite du roi, vous étiez la seule puissance ; vous pouviez, vous deviez même prendre toutes les mesures nécessaires pour la sûreté de l'État. (Plusieurs voix : *Au fait.*) Le devoir le plus impérieux est d'obéir à sa conscience. Celui qui vous rend compte du cri de sa conscience, même en vous fâchant, mérite votre indulgence. Je ne concevrai jamais comment vous pourrez adopter des mesures qui dénatureraient absolument le gouvernement que vous avez constitué. (On murmure.) Il est possible qu'on voie dans l'adversaire de ces mesures un ennemi public ; mais le développement de mes réflexions ne m'embarrasserait pas même dans cette nombreuse assemblée ; car, quels que soient les spectateurs et les témoins qui nous environnent, je n'aurai jamais qu'un seul témoin ; c'est ma conscience.... Je demande que l'assemblée se forme en grand comité pour délibérer, ou qu'on se retire dans le comité de constitution, où chacun des membres de l'assemblée pourra faire librement des observations. La matière est de la plus grande importance : elle mérite des réflexions sérieuses. Si vous exercez le pouvoir législatif et le pouvoir exécutif, la nation elle-même pourra être effrayée d'un si grand pouvoir. Nous devons nous défendre de la prévention comme de l'irréflexion ; épargnons au peuple bien des regrets, et peut-être de grands malheurs. Je demande qu'il y ait une conférence dans le comité de constitution, et je déclare que jamais je n'accéderai à des mesures qui tendraient à rendre le roi prisonnier.

M. Rœderer. Le préopinant croit le principe de l'inviolabilité attaqué par le projet de décret qui vous est présenté ; mais on pourrait examiner si l'inviolabilité du roi ne se réduit pas, comme celle des membres de l'assemblée nationale, aux actes relatifs à ses fonctions, ou si elle s'étend à toute autre espèce d'actes personnels : par exemple, à la connivence avec les ennemis de l'État. Au reste, je n'observe qu'un fait : le projet de décret n'attaque pas le principe d'inviolabilité ; il ne s'agit pas de porter un jugement, il est seulement question de tenir le roi en état d'arrestation provisoire.... (Il s'élève de grands murmures.)

M. Thouret. Non, non ; ce n'est pas cela.

M. Martineau. Je demande que M. Rœderer soit rappelé à l'ordre. (Quelques minutes se passent dans une grande agitation.)

M. Rœderer. Je demande à défendre mon opinion. (Un grand nombre de voix : *Non! non!*)

M. Prieur. Je demande que M. Rœderer soit entendu. C'est au nom de la patrie que je réclame la liberté des opinions, plus nécessaire que jamais, surtout dans les circonstances importantes où nous sommes. (On applaudit.)

M. Rochebrune. M. Rœderer ne doit pas être entendu.

M. Rœderer. Si l'assemblée a entendu que j'attribuais au comité le projet de l'arrestation provisoire du roi, je me suis mal expliqué. J'ai dit qu'il s'agissait de cela. M. Malouet avait entendu que le roi serait constitué prisonnier; il l'a dit, et on l'a bien passé à M. Malouet. Au reste mon opinion n'a pas besoin d'être appuyée sur cette discussion; je propose seulement un amendement au premier article. Je ne puis me dispenser, en vertu des mêmes droits invoqués par M. Malouet, de dire, d'après ma conscience, que, par la tournure du projet de décret, on a l'air de vouloir préserver le roi contre la nation; je demande aussi qu'on préserve la nation contre le roi, et je pense en conséquence que la fin de l'article premier doit être ainsi rédigée : « Qui, sous les ordres du commandant-général, veillera sur sa personne, pour sa sûreté et celle de la nation. »

M. Alexandre Lameth. J'ai demandé la parole pour appuyer le projet de décret présenté par le comité de constitution, et pour combattre les objections faites par M. Malouet. Que renferme le projet du comité? D'abord des mesures relatives à la personne du roi; sa sûreté et la sûreté nationale réclament également ces mesures. Le roi est près d'arriver à Paris, et je ne suppose pas que M. Malouet voulût retarder des précautions si importantes; ces précautions sont sages : inutilement on se retirerait dans un comité, sous prétexte d'en vouloir concerter d'autres. Quant à la seconde partie du décret, relative à l'action provisoire du gouvernement, M. Malouet a avancé qu'elle change la forme du gouvernement. Cette allégation est fausse, et il est important de la détruire. Que propose le comité de constitution ? que l'assemblée ordonne que son décret, qui statue que les lois n'auront pas besoin de sanction et que les ministres exerceront le pouvoir exécutif sous leur responsabilité, continuera d'être exécuté. Eh bien! ce décret, bien loin de nous éloigner des principes, nous y ramène; les principes demandaient que pendant l'existence du pouvoir constituant, l'exercice du pouvoir exécutif fût suspendu dans les mains du roi, puisqu'on organisait le trône, et que les représentans de la nation ne devaient trouver aucun obstacle à remplir leur mission. Si des inconvéniens pratiques nous ont empêchés de proclamer ces principes, les circonstances actuelles les réclament; mais je ne crois pas, vu l'intention de l'assemblée nationale, que le vœu de la nation puisse être d'altérer la constitution et de changer la forme du gouvernement. Envoyés ici pour donner une constitution à notre pays, nous avons cru que l'étendue du royaume et une population de vingt-cinq millions d'hommes demandaient une unité de puissance et d'action qui ne pouvait se trouver que dans une constitution monarchique. (On applaudit.) Si cette vérité existait il y a un an, elle existe encore. Les événemens arrivés n'ont rien changé à la nature des choses, ils ne changeront rien à notre marche. (On applaudit.) Nous continuerons de travailler à la constitution; nous l'achèverons; elle aura, j'espère, l'assentiment de la nation; elle fera son bonheur, et ce sera notre récompense. Je demande que, sans s'arrêter aux objections de M. Malouet, l'assemblée adopte le projet du comité de constitution. (On applaudit.)

On demande à aller aux voix.

M. Goupil. Pour tranquilliser M. Malouet, on peut terminer l'article premier en disant : « Et répondra de sa personne, qui sera toujours inviolable et sacrée. » On admettrait en même temps l'amendement de M. Rœderer.

M. Malouet. Les réponses à mon opinion n'en détruisent ni les principes ni les motifs. On répond que le pouvoir constituant a le droit de réunir tous les pouvoirs, et que rien alors n'est changé dans la forme du gouvernement; il est cependant bien démontré que la mesure proposée est hors de la constitution et des principes. Cette mesure est née d'aujourd'hui; elle est contraire aux maximes que vous avez professées; elle interrompt, au moins momentanément, vos relations avec l'autorité royale. Vous n'avez pas pris le pouvoir exécutif dès le commencement; mais le pouviez-vous, mais le deviez-vous pour l'intérêt du peuple? Vous décrétez une garde de sûreté pour le roi : vous lui deviez cette garde; mais vous ne pouvez pas adopter un amendement qui préjugerait une espèce de conspiration contre la nation. (On murmure.)

M. le président. Plusieurs personnes qui avaient la parole pour répondre à M. Malouet, demandent que la discussion soit fermée.

M. Malouet. Pourquoi trouvez-vous indigne de votre sagesse d'envisager cet événement sous l'aspect le plus favorable?.... Je viens au fond de la question, et je maintiens que le projet de décret est une nouvelle constitution. En vous montrant aussi faciles, prenez garde.....

M. Dandré. L'opinant n'a pas compris le décret qu'on vous a lu. Si nous n'avions pas voulu conserver le pouvoir exécutif, aurions-nous rappelé le roi? aurions-nous confié l'exécution des lois à ses propres agens? Comment dire que l'assemblée veut envahir ce pouvoir, quand elle l'a laissé entre les mains d'individus pris hors de son sein? Nous voulons la constitution monarchique parce qu'elle est la meilleure forme de gouvernement. (La salle retentit d'applaudissemens.) Et les ennemis de la chose publique s'élèvent inutilement contre nos dispositions; ils doivent compter sur notre courage et notre fermeté. (Les applaudissemens recommencent.)

La discussion est fermée à la presqu'unanimité.

Les art. I et II sont adoptés à la presqu'unanimité.

On fait lecture de l'art. III.

M. Malouet. Je demande si cet article n'admet pas une juridiction qui interroge le roi et la reine.

M. Thouret. Il n'est pas permis, dans un décret de cette importance, de changer les expressions pour leur donner une autre signification. Vous avez entendu que ceux qui ont accompagné la famille royale seront *interrogés*, et que le roi et la reine seront entendus dans leurs *déclarations*. Cette distinction très-précise de *déclaration* et *d'interrogatoire* n'a sans doute pas échappé à M. Malouet, et il est d'une impolitique, dont il doit se repentir, d'élever en ce moment de pareilles discussions. (L'assemblée applaudit à plusieurs reprises.)

M. Rochebrune. Je déclare contre M. le rapporteur que l'article dont il est question est vraiment impolitique. (Il s'élève des murmures.) Nous sommes dans une assemblée libre, où nous avons le droit de parler. Je déclare donc que cet article est impolitique en soi; je demande la division, et la question préalable sur la première partie.

M. Duport. Les opinans n'ont pas assez de connaissance de nos lois, autrement ils ne feraient pas de semblables difficultés. Il est sûr que c'est un crime d'avoir concouru à l'enlèvement du roi; il est sûr que quelques détails de ce crime sont à la connaissance du roi : sa déclaration doit donc être entendue. Toutes les fois que le roi et la reine ont eu connaissance d'un fait porté en justice, on a dérogé à l'ordonnance qui n'excepte personne de l'obligation de déposer; on s'est transporté auprès d'eux pour prendre leurs déclarations. Si, après ces éclaircissemens, l'opinant soutient encore la question préalable, qu'il l'appuie.

M. Rochebrune. Je soutiens ma question préalable.

M. Thouret. Nous vous proposons des mesures importantes à la chose publique. Elles seraient d'un effet absolument nul, si vous ne preniez pas les moyens les plus propres à réunir tous les renseignemens possibles sur le grand délit qui a été commis. Je demande donc la question préalable sur la proposition de M. Rochebrune.

M. Rochebrune. Sur des réflexions ultérieures, je retire mon amendement.

L'article III, ainsi que les articles IV, V et VI sont adoptés à la presque unanimité.

M. Desmeuniers. Je demande que M. le président soit autorisé à donner des ordres au département de Paris, pour que le décret qui vient d'être rendu soit publié à son de trompe.

Cette proposition est décrétée.

M. Muguet, au nom du comité des rapports. Vous nous avez renvoyé ce matin les pièces qui vous ont été adressées de Verdun; elles consistent dans les procès-verbaux du directoire, qui, en annonçant les mesures prises pour aller au secours de la municipalité de Varennes, vous informent de l'arrestation de MM. Damas, Choiseul, Floriac et Remi, colonel et officiers des régimens ci-devant Royal et ci-devant Monsieur. Ces officiers disent n'avoir fait qu'exécuter les ordres de M. Bouillé, dont les intentions leur étaient inconnues. Le comité croit cependant qu'il est impossible de ne pas continuer leur état d'arrestation, et il vous propose de décréter que MM. Damas, Choiseul, Floriac et Remi continueront à être en état d'arrestation à Verdun, jusqu'à ce que l'assemblée ait pris des mesures ultérieures sur toutes les personnes qui ont concouru au départ du roi, et d'enjoindre aux officiers municipaux de Verdun de veiller à leur sûreté.

Cette proposition est décrétée.

Les officiers du génie et de l'artillerie dont les noms suivent se présentent à la barre, et prêtent le serment de fidélité à la nation. (On applaudit.)

MM. Dérozières, Desaudrouins, Larcher, d'Arcon, Lavaresnes, Decaire, la Lustière, d'Afrigny, Golbéry, Garnier, Saint-Honoré, Morlet, Coquebert, Villemontès, Livet.

M. le président. Plusieurs chefs militaires faisant partie de la force publique, se sont déjà empressés de présenter à l'assemblée nationale l'expression de leur fidélité à la nation, et l'assemblée a reçu avec confiance des assurances si nécessaires à la tranquillité du royaume.

Elle sait combien, dans la circonstance actuelle, vos talens peuvent être utiles pour repousser les efforts de nos ennemis. Elle compte sur vos lumières, sur votre courage, et ne regrette point de ne pas vous offrir d'assister à sa séance, puisqu'elle vous voit partir pour la défense de l'Etat. (On applaudit.)

Une députation du département de l'Hérault est admise à la barre.

M. *Étienne Méjan*, orateur de la députation. Depuis le jour où vous avez été rassemblés, vous avez voulu de grandes choses : vous avez rencontré de grands obstacles ; votre tranquillité, votre existence politique, vos sûretés personnelles même ont été menacées, inquiétées, et cependant la France est libre ! Elle l'était hier ; un nouveau danger vous a investis : le premier fonctionnaire public a déserté le poste glorieux que, dans votre amour pour les peuples et pour lui-même, vous lui aviez confié, et cependant nous n'avons pas cessé d'être libres ; nous le sommes encore aujourd'hui ; nous le serons toujours.

L'assemblée nationale avait juré de ne pas se séparer qu'elle n'eût achevé l'édifice de notre constitution ; elle a rempli son serment. Le roi avait juré de maintenir notre constitution, d'être inséparable de l'assemblée nationale ; il est parti.

Ce que vous aviez fait pour le roi dans vos jours de clémence, nous y applaudissions nous-mêmes ; car, comme vous, nous nous efforcions de croire que la faiblesse était de la bonté. Ce qu'il vous reste à faire au sujet du roi, nous y applaudirons sans doute encore ; car loin de nous la déplorable idée qu'au terme de votre carrière vous serez abandonnés de ce courage inflexible, de ce respect rigoureux pour les principes et la loi, qui ont assuré votre force et immortalisé vos triomphes. La nation, indignement trompée, ne sollicitera pas de vous un acte de vengeance ; le monde en attend un grand acte de justice.

Qu'ils seront déjà sévèrement punis les ennemis de notre liberté, lorsqu'ils apprendront ce que vous avez fait depuis trois jours, et ce que le peuple de la capitale n'a pas fait ! Qu'ils seront humiliés de leur succès d'un moment, lorsqu'ils sauront combien leur crime a fait éclore de vertus !

Français, citoyens du département de l'Hérault, nous venons pour tous nos compatriotes, pour nous-mêmes, vous offrir les témoignages de notre reconnaissance et de notre amour! Nous venons vous dire : Les couronnes qui vous sont destinées ne se flétriront pas; elles vivent, elles vivront dans nos cœurs! Amis de l'ordre et des lois, nous déposerons dans vos mains le serment solennel, et il ne sera pas violé celui-là, de ne vivre que pour mourir, s'il le faut, en défendant votre ouvrage!

M. le président. De toutes parts nous avons des preuves du zèle de tous les citoyens pour la défense commune, pour le maintien de la constitution; et l'événement sur lequel nos ennemis fondaient leurs espérances n'a servi qu'à augmenter les nôtres. Citoyens, amis de la liberté, nous recevons vos hommages avec enthousiasme; nous les recevons avec confiance; et ce ne peut être qu'avec un zèle infatigable que nous pouvons continuer notre ouvrage, puisque nous lui voyons de tels défenseurs. L'assemblée, satisfaite, vous invite à assister à sa séance. (On applaudit.)

Un de messieurs les secrétaires fait lecture de deux lettres: l'une des administrateurs du district et de la municipalité de Senlis; l'autre du département du Loiret. Toutes deux rendent compte à l'assemblée des précautions prises pour prévenir le trouble.

M. d'Elbecq lit un arrêté du directoire du département du Nord. Cet arrêté est ainsi conçu :

« Les administrateurs du directoire du département du Nord, informés de l'enlèvement du roi et de la famille royale, se sont empressés de prendre près les districts, les municipalités, les tribunaux, les gardes et gendarmerie nationales, et les troupes de ligne, toutes les précautions nécessaires, tant pour découvrir ceux qui ont coopéré à ce crime, soit directement, soit indirectement, que pour assurer le calme et la tranquillité publique. Ils déclarent que les amis de la patrie et de la constitution ne peuvent mieux manifester leurs sentimens dans ce moment difficile que par la plus stricte obéissance à la loi, la soumission la plus entière aux pouvoirs constitués, et le soin le plus constant à maintenir de tout leur pouvoir la paix intérieure et la sûreté des frontières; ils déclarent que la moindre démarche tendante à exciter le trouble, inquiéter les esprits, alarmer les citoyens, est dans ce moment non-seulement dangereuse, mais coupable; et voulant réunir tous les bons citoyens autour de la chose publique, et les éclairer sur la confiance qu'ils peuvent avoir dans les précautions que leur zèle leur a suggérées, ils ont arrêté que les présentes seront imprimées et affichées partout où besoin sera. »

A Douai, le 22 juin 1791. (On applaudit.)

Un de MM. les secrétaires annonce que madame Pagnon, de la ville de Sedan, fait passer à l'assemblée nationale un assignat de 500 liv. pour le paiement de deux soldats. (On applaudit.)

M. Broglie. J'étais à Strasbourg lorsqu'avant-hier, à neuf heures, on apprit le départ du roi. Cette nouvelle a produit d'une manière remarquable le dernier effet de la révolution. Tous les corps administratifs se sont réunis et ont pris les mesures ordonnées par votre décret aussitôt qu'ils en ont eu connaissance. Le zèle des citoyens n'avait point de bornes, et la plus grande fraternité régnait dans la ville lorsque j'en suis parti. D'après ce que j'ai vu sur la route, je pense qu'environ 500 mille hommes ont pris les armes dans le même moment. (On applaudit.) J'apprends que les militaires de cette assemblée ont prêté un serment nouveau; je demande à y être admis.

M. Broglie prête serment au milieu d'applaudissemens nombreux.

M. Emmery. La nouvelle du départ du roi est parvenue à Metz le 22. On a pris aussitôt toutes les mesures nécessaires; 500 gardes nationaux étaient prêts à partir, et les scellés ont été mis chez M. Bouillé. Je dois aussi rendre compte d'un fait qu'on m'assure être vrai. Le régiment Royal-Allemand n'était point, comme on l'a prétendu, à Stenai; il était à Saint-Avaux, d'où il n'a pas bougé.

M. Broglie. J'atteste aussi que la nouvelle qui inquiète quelques personnes est fausse. Un détachement du régiment Royal-Allemand est à Montmédy, où il se comporte d'une manière patriotique, et tout est calme en ce lieu.

Une assez grande agitation se manifeste dans toutes les parties de la salle.— Le bruit se répand que le roi traverse les Tuileries. — Il est sept heures et demie.

Vingt minutes se passent sans que l'assemblée reprenne sa délibération.

M. Lecouteulx prévient l'assemblée que les trois courriers qui sont sur la voiture du roi sont entourés par le peuple, et menacés d'être pendus.

Vingt commissaires sortent par ordre de l'assemblée pour aller rétablir l'ordre.

M. Lecouteulx. Lorsque vos commissaires sont arrivés, ils se sont aperçus que l'agitation avait été excitée par la vue de trois personnes enchaînées qui se trouvaient sur le siége de la voiture du roi, et que l'on disait lui avoir servi de postillons lors de son départ de Paris. M. Pétion était à la portière de la voiture du roi, qu'il semblait vouloir couvrir tout entière de son corps. A la vue des commissaires, l'agitation s'est dissipée, et la garde nationale est parvenue à faire faire place à la famille royale, qui est entrée dans le palais : les trois personnes qui ont servi de courriers sont aussi en sûreté. Un d'eux a laissé tomber un portefeuille qui m'a été remis par M. Cormenil, commandant de bataillon, et que je dépose sur le bureau. L'agitation est dissipée, et il ne reste aucun sujet d'inquiétude.

M. le président. Vous venez d'entendre le compte qui vous a été rendu. Louis XVI est maintenant dans le château des Tuileries.

M. Blacon. Si l'assemblée exige que je nomme les trois personnes qui étaient sur le siége, je les nommerai. (Plusieurs voix : *Nommez-les.*) Ce sont MM. *Valori, Moutier* et *Malsan,* tous trois gardes-du-corps.

M. Bonnai. Il n'est pas prouvé que le portefeuille qui a été ramassé soit d'une des personnes qui étaient sur la voiture. Il n'a été remis à M. Lecouteulx qu'après avoir passé dans deux autres mains. Je demande que le portefeuille soit scellé de manière qu'il soit constaté qu'on n'a pu rien ajouter à ce qui s'y trouve. (On murmure.)

M. Boissy-d'Anglas. Il appartient bien à l'une des personnes qui étaient sur le siége ; il a dit lui-même qu'on le remit à un de nous, qu'il ne contenait autre chose que du papier doré.

M. le président. On vient de me remettre la clé de la voiture du roi ; on m'annonce qu'un peuple nombreux entoure les voitures et veut les ouvrir.

M. Voidel. Les comités réunis des rapports et des recherches ont déjà pris à cet égard des précautions, et le département de Paris a été chargé de veiller avec le plus grand soin à ce que l'ordre soit maintenu dans cet endroit ; il y a des commissaires de la municipalité de nommés pour calmer le peuple.

MM. les commissaires, chargés des pouvoirs de l'assemblée pour diriger la marche du roi, entrent dans la salle, où ils sont accueillis par de nombreux applaudissemens.

M. Barnave. Nous allons rendre compte à l'assemblée, en peu de mots, de la mission dont elle nous a chargés. Elle s'est terminée de la manière la plus satisfaisante pour l'assemblée. Conformément à vos ordres, nous avons pris la route qui devait nous conduire au lieu où le roi avait été arrêté. Sur cette route, nous avons pris des instructions que nous avons pu recueillir sur les faits. Nous avons pris en même temps les mesures nécessaires pour le plus grand ordre, la plus grande tranquillité et la plus grande sûreté du retour du roi.

Nous avons appris qu'il était à Châlons, où se trouvait déjà un rassemblement nombreux de gardes nationales accourues des départemens voisins. Voulant que, suivant l'intention de l'assemblée nationale, l'ordre et le respect dû à la dignité royale fussent constamment maintenus, nous avons donné des ordres pour que la garde nationale, la gendarmerie nationale et les troupes de ligne se portassent partout où il nous a paru nécessaire. Nous nous sommes arrêtés à Dormans, où nous avons été instruits que le roi était parti de Châlons pour se rendre à Epernay. Mais nous avons appris la nouvelle alarmante qu'il était poursuivi. D'autres relations disaient que, sans être poursuivi, on cherchait à couper sa marche pour enlever sa personne. En conséquence, M. Dumas, qui nous accompagnait, et que l'assemblée avait chargé d'exécuter nos ordres, a pris avec un zèle digne de tous les éloges de l'assemblée, toutes les précautions nécessaires afin que les poursuites ou les tentatives hostiles qui pourraient être faites à l'effet de couper sa route, fussent repoussées.

Il a fait placer dans tous les postes des forces considérables, et nous avons mis la plus grande rapidité pour échapper aux poursuites, peu vraisemblables sans doute, mais dont il était prudent de prévoir la possibilité. Nous avons rencontré le roi entre Dormans et Epernay. Nous avons trouvé dans la voiture, avec le roi, le dauphin, la reine, madame royale, fille du roi, madame Elisabeth et madame Toursel, gouvernante du dauphin. Nous avons trouvé sur le siége trois personnes qui nous ont dit s'appeler Valori, Dumoutier, Malsan, et qui se sont dits tous les trois anciens gardes-du-corps. Ils étaient vêtus en courriers. A la suite de cette voiture, il y en avait une seconde dans laquelle étaient deux femmes, qui ont dit s'appeler madame Brigny, et madame Fourville, l'une femme de chambre de madame royale, et l'autre de M. le dauphin. L'un de nous a fait lecture au roi des décrets qui établissaient notre mission. Le roi a répondu en peu de mots, et a marqué de la sensibilité sur les précautions prises par l'assemblée nationale pour sa sûreté et pour le maintien de la dignité royale. Il nous a dit de plus, que jamais il n'avait eu l'intention de passer les limites du royaume. (On murmure.)

Tel est littéralement le sens de la très-courte réponse qui nous a été faite par le roi. Après la réponse du roi, nous avons lu les mêmes décrets aux gardes nationales. En conséquence, nous leur avons ordonné de reconnaître le caractère dont l'assemblée nationale nous avait revêtus, et d'exécuter les ordres qui leur seraient donnés par M. Dumas. Nous sommes retournés vers Paris, dans ces dispositions. La famille royale a passé la nuit à Dormans. Notre marche jusqu'à ce lieu, avait été extrêmement lente, parce que les gardes nationales qui nous accompagnaient étaient la plupart à pied. Notre marche en partant de Dormans fut aussi assez lente; mais ayant appris que les faux bruits d'une poursuite hostile se confirmaient, nous avons cru devoir accélérer notre marche. En conséquence, ayant renforcé et multiplié les postes, nous nous sommes séparés de l'infanterie, et nous n'avons gardé avec nous que les gens à cheval; ainsi notre marche a été très-rapide jusqu'à Meaux, elle s'est faite avec beaucoup de succès.

Nous avons écrit de Meaux, au président de l'assemblée nationale, au maire et au commandant de la garde nationale de Paris, pour les prier de prendre les mesures nécessaires pour assurer la tranquillité publique au moment de l'arrivée du roi, et d'envoyer un corps de gardes nationales au-devant de nous, afin que les avenues fussent gardées. Aussitôt que nous avons joint la famille royale, nous avons faite une proclamation relative aux circonstances, que nous avons envoyée à tous les corps administratifs, pour que la personne du roi fût en sûreté. Nous avons trouvé partout le plus grand zèle et le plus grand dévoûment à la chose publique, le courage le plus ferme, mais en même temps la tranquillité, le bon ordre, signes de la force et de la sagesse. Partout aussi les troupes de ligne nous ont témoigné le plus entier dévoûment à l'exécution des décrets de l'assemblée nationale, et le zèle le plus courageux pour la défense du royaume. Tels ont été les objets qui nous ont occupés jusqu'à ce moment. L'assemblée nationale devra des éloges au zèle infatigable des gardes nationales, aux dispositions de tous les citoyens qui partout ont été dans le plus grand ordre. Notre marche s'est faite avec la plus grande rapidité possible. Nous n'avons été incommodés par aucun inconvénient, sinon par la chaleur de la saison, et par les embarras ordinaires des voyages.

Nous sommes partis ce matin de Meaux à six heures et demie.

Le nombre des gardes nationales s'est successivement accru, au point que n'ayant d'abord voulu avoir avec nous que des cavaliers, nous avons été bientôt suivis d'une nombreuse infanterie, ce qui ralentit notre marche. Elle a encore été retardée par le concours immense de citoyens qui se trouvèrent sur la route; c'est ce qui a fait qu'ayant annoncé que nous arriverions à trois heures, nous n'avons pu arriver qu'à sept, presque à chaque instant nous étions arrêtés par l'affluence des citoyens. Malgré la lenteur de cette marche, aucun accident, même aucune tentative ne l'a troublée. Arrivés à Paris, nous avons mis le roi, la reine, madame royale, le dauphin, madame Elisabeth, ainsi que les trois gardes-du-corps vêtus en courriers, nous avons, dis-je, déposé ces différentes personnes dans le château des Tuileries, sous la garde du commandant-général de la garde nationale de Paris, et nous leur avons annoncé que nous allions rendre compte de ces faits à l'assemblée nationale, et attendre ses ordres. Voilà le résultat de notre mission. Nous devons vous donner l'assurance que la tranquillité publique a été maintenue, et que nous avons partout recueilli des témoignages de confiance envers l'assemblée nationale.

M. Pétion, l'un des commissaires. Je n'ai rien à ajouter aux faits généraux qui vous ont été exposés par mon collègue; mais je crois devoir vous rendre compte d'un fait particulier qui pourrait être altéré dans l'opinion publique. Il vous a dit avec beaucoup de raison que les gardes nationales ont donné, dans cette circonstance, les preuves de leur dévoûment et de leur zèle pour le maintien de l'ordre. Cependant, lorsque la voiture contenant les membres de la famille royale a été arrêtée devant le château des Tuileries, il y a eu un mouvement qui pourrait être mal interprété, quoiqu'il n'ait cependant été occasionné que par un excès de zèle. Le peuple et la garde nationale ne demandaient autre chose que l'exécution de la loi; mais craignant que les particuliers qui étaient sur le siége de la voiture, ne s'échappassent, ou même ne fussent pas arrêtés, ils voulurent s'emparer de leur personne. Mais aussitôt que vos commissaires annoncèrent la loi par laquelle l'assemblée ordonnait leur arrestation, ils furent conduits au château sans aucun obstacle.

Comme une grande affluence de citoyens se portait à l'une des portes, et que je m'y présentai pour empêcher le désordre, un garde national qui ne me connaissait pas, me prit au collet; mais aussitôt que mon caractère de député fut connu, je fus environné de tous les égards que le peuple et la garde nationale sont accoutumés à rendre aux membres de l'assemblée nationale. J'ai cru devoir rendre compte de ces faits, parce qu'ils auraient pû être altérés, et qu'il est important de ne laisser répandre aucune calomnie contre les dispositions du peuple.

L'assemblée décrète que le ministre de la guerre donnera des ordres pour que les corps administratifs de Paris fassent transférer les trois gardes-du-corps arrêtés avec le roi, dans une maison d'arrestation.

M. Goupil. Je fais la motion que l'assemblée s'occupe incessamment du licenciement absolument important des quatre compagnies des gardes du roi, et je demande le renvoi de ma motion au comité militaire.

M. Bonnai. On avait fait déjà la motion du licenciement des gardes-du-corps. Les comités réunis de constitution et militaire, auxquels elle avait été renvoyée, ou ne s'en sont pas occupés ou ne l'ont pas présentée à l'assemblée. De ce que trois gardes-du-corps qui, peut-être, ne sont plus en activité de service, ont servi de courriers au roi, il ne me paraît pas dans la justice d'en conclure qu'il faut licencier le corps entier. (Il s'élève des murmures.) Ce corps a fait ses preuves. (Les murmures augmentent.) Sans entrer dans aucun détail, sans vouloir dire que peut-être ils n'auraient pas dû se refuser à l'ordre du roi, et que si j'avais été désigné pour cet emploi, je me serais résigné, et je serais mort pour le roi. (Une grande partie de l'assemblée murmure. — L'extrémité supérieure de la droite applaudit.)

Malgré cette improbation qui n'est pas celle de la mésestime, je dis que sur le fait de trois individus, on ne peut condamner tout un corps; que d'ailleurs cette cause me paraît ne pouvoir être jugée sans un rapport des comités. Je demande donc qu'on sursoie à la décision jusqu'à ce rapport.

M. Menou. J'ai l'honneur d'observer qu'il ne s'agit pas de savoir si les gardes-du-corps sont coupables, mais si le roi doit avoir des gardes-du-corps pour sa garde. Je ne crois pas qu'il soit de la dignité de l'assemblée de décider cette question avant d'avoir entendu ce rapport. Je demande qu'il soit fait très-promptement.

M. Voidel. Je le crois d'autant plus instant que les comités des rapports et des recherches ont lieu de soupçonner que tous les gardes-du-corps sont plus attachés au roi qu'à la patrie. M. Bonnai en est la preuve : je l'établis par un fait que je vais citer. Mardi soir, les comités furent instruits que M. Bonnai avait demandé pour lui, par son jockei, au piqueur des écuries du roi à Versailles, un cheval nommé l'*Incertaine*. M. Bonnai est venu au comité, et nous a déclaré qu'il voulait s'occuper de sa sûreté. Les membres du comité lui ont observé qu'ils étaient étonnés que quand tous les représentans de la nation s'oubliaient pour ne songer qu'au salut public, un de leurs collègues ne pensât qu'à fuir. (On applaudit.) Je dis donc que si ce représentant de la nation a pu méconnaître ses devoirs, parce qu'il était attaché au roi, d'autres hommes, dans le même cas, liés par moins d'obligations, n'auraient pas une conduite différente. Je demande que le rapport soit fait demain.

M. Bonnai. Je prie l'assemblée d'entendre la défense avec le calme qu'elle a donné à l'accusation. J'étais mardi à la campagne, à quatre lieues de Paris, sur la route de Pontoise. A onze heures, deux particuliers dirent que Paris était dans un état de désordre tel qu'on pouvait le croire et le craindre. (Il s'élève des murmures.) J'ignorais cet état. J'avais deux domestiques; j'envoyai l'un à Paris et l'autre à Versailles, aux écuries des gardes-du-corps, dont les chevaux sont la propriété. Je voulais avoir un cheval de chasse, et je demandai l'*Incertaine*, attendu qu'elle est la meilleure et qu'elle a un trot plus déterminé. (Nouveaux murmures.) Je donnai à ce domestique un billet pour le commandant de notre équipage. Ces deux hommes ne purent revenir le mardi. Celui qui était à

Paris arriva le mercredi matin, et me dit que l'assemblée avait continué ses séances. Il était onze heures. A onze heures deux minutes, j'étais en voiture, et depuis ce temps, je n'ai pas quitté Paris. Je vous prie d'observer que le roi était parti lorsque j'ai demandé un cheval, et que je suis revenu à Paris sitôt que j'ai su que l'assemblée avait repris ses séances.... (Plusieurs voix : *Elle ne les a pas quittées.*) Je me suis rendu à mon devoir dès le moment où j'ai connu que je pouvais le remplir.

Quant au cheval que j'ai demandé, si Paris eût été dans l'état qui n'a été empêché que par le zèle de la garde nationale et des citoyens, il n'y a pas d'homme qui y fût rentré. (Il s'élève des murmures.) Je demande si l'on peut interpréter défavorablement la précaution que j'ai prise. Je crois que ceux qui voudraient le faire d'une manière peu convenable ne s'adresseraient pas à moi pour me le dire. (On rit et on murmure.) J'ignore encore davantage comment on peut dire qu'ainsi que moi les gardes-du-corps sont plus attachés au roi qu'à la patrie. Je déclare que je crois le roi et la patrie indivisibles, et qu'ayant juré de mourir pour l'un comme pour l'autre, quel que fût celui qui demandât mon bras, j'obéirais. (On murmure.) J'irais partout où le devoir m'appellerait, soit pour le roi, soit pour la nation. Si le roi m'avait appelé à ses conseils, je l'aurais déconseillé de ce départ ; mais s'il m'avait choisi pour le suivre, je répète que je serais mort à ses côtés, et que je me glorifierais d'une telle mort.

M. *Latour-Maubourg.* J'avais demandé la parole pour appuyer la proposition de M. Goupil. S'il est de la justice de l'assemblée de ne pas prendre de décision précipitée, il est aussi de sa bonté de s'occuper de gens qui peuvent être en danger. Je crains en effet que si le licenciement est séparé de l'arrestation de trois gardes-du-corps, les autres gardes-du-corps ne courent de grands risques. Je demande donc que l'assemblée prononce aujourd'hui le licenciement des gardes-du-corps, et renvoie au comité pour présenter demain les moyens d'exécution.

L'assemblée consultée décrète le licenciement des gardes-du-corps, et renvoie au comité pour lui présenter les moyens d'exécution.

M. Latour-Maubourg. Dans le compte qui vous a été rendu de la mission dont nous avons été chargés, MM. Barnave, Pétion et moi, on vous a parlé de la manière dont M. Dumas a exécuté nos ordres. Sans son activité, nous ne serions pas arrivés ici avant lundi. Je demande que l'assemblée nationale fasse de la conduite de M. Dumas une mention honorable dans son procès-verbal.

Cette proposition est décrétée.

M. Praslin. Je demande que M. le président soit chargé de témoigner aux commissaires sa satisfaction de la manière dont ils ont rempli leur mission.

Cette proposition est décrétée.

L'assemblée arrête que toutes les tribunes seront réservées aux gardes nationales des départemens qui ont accompagné le roi.

La délibération est suspendue. Il est onze heures.

Le 26, dix heures du matin.

La nuit se passe, la séance toujours tenante, sans que la délibération soit reprise.

Deux officiers généraux sont introduits dans l'assemblée, où ils prêtent le serment des fonctionnaires publics militaires.

Un de MM. les secrétaires fait lecture d'une délibération de la municipalité du Mans, ainsi conçue :

« ...... La municipalité instruite que M. Brézé, maître des cérémonies du roi, a été arrêté dans cette ville le mercredi 22 juin, comme n'ayant point de passeport; considérant que, dans la séance royale du 23 juin 1789, ledit sieur Brézé a donné des preuves d'incivisme qui le rendent suspect; que la place qu'il occupe à la cour doit l'avoir mis à portée d'avoir des renseignemens sur la fuite du roi, a arrêté qu'il serait mis en état d'arrestation dans la chambre de l'accusateur public. »

A cette délibération, est joint un interrogatoire, auquel M. Brézé répond que le mardi matin, à 11 heures seulement, on vint l'éveiller et lui annoncer le départ du roi, en lui conseillant de quitter le château et de se sauver ; qu'en conséquence, il prit la route du district de ....., où il a un bien de campagne; mais que d'ailleurs il ne peut donner aucun renseignement sur la fuite du roi.

L'assemblée ordonne l'élargissement de M. Brézé.

M. Noailles propose de donner les chevaux des ci-devant gardes-du-corps au régiment des chasseurs d'Alsace, envoyé à la frontière. — Cette proposition est renvoyée au comité militaire.

On fait lecture de différentes lettres écrites, soit par des municipalités, soit par des sociétés de citoyens amis de la constitution. Toutes donnent à l'assemblée nationale des témoignages éclatans de la confiance publique.

M. Duport, au nom des comités de constitution et de législation criminelle. Il s'agit de l'exécution du décret que vous avez rendu hier. Vous vous rappelez qu'il ordonne que les personnes qui accompagnaient la famille royale, seront mises en état d'arrestation pour être interrogées sans délai, et qu'il sera ensuite procédé à une information. La manière d'exécuter ce décret est très-simple. L'information doit être faite par le tribunal de l'arrondissement où le délit a été commis. L'interrogatoire et l'audition des témoins doivent donc être faits par des commissaires du tribunal de l'arrondissement des Tuileries. Relativement à la déclaration du roi, nous avons cru qu'elle devait être reçue par des commissaires de l'assemblée nationale. (Il s'élève des murmures.)

Les motifs des comités sont d'abord la distinction que vous avez établie entre l'interrogatoire que subiront les personnes qui accompagnaient la famille royale, et la déclaration qu'on recevra du roi. Nous avons pensé que les rapports entre l'assemblée nationale et le roi, ne devaient pas cesser, et que l'assemblée nationale devait s'instruire par elle-même des faits qui détermineront les résolutions ultérieures qu'elle aura à prendre. Nous vous proposons, en conséquence, le projet de décret suivant :

Art. 1er L'assemblée nationale décrète qu'il sera, par le tribunal de l'arrondissement des Tuileries, lequel à cet effet nommera dans son sein deux commissaires, informé partout où besoin sera, sur l'événement arrivé dans la nuit du 20 au 21 juin dernier, ainsi que sur les faits antérieurs qui y sont relatifs.

II. Il sera par lesdits commissaires procédé sans délai à l'interrogatoire de tous ceux qui ont été mis en état d'arrestation en vertu du décret du 25 de ce mois, ainsi qu'à l'audition des témoins qui pourront être désignés dans ces interrogatoires.

III. L'assemblée nationale nommera trois commissaires, pour entendre les déclarations du roi et de la reine, le tout pour être rapporté à l'assemblée nationale, pour la déterminer dans les mesures ultérieures qu'elle aura à prendre.

M. Chabroud. Le délit dont il s'agit, n'est pas de la compétence des tribunaux ordinaires. Les juges chargés de la connaissance des crimes de lèse-nation, peuvent seuls en connaître.

Je demande que cette instruction soit renvoyée, ou à la cour provisoire séante à Orléans, ou à un extrait du tribunal de cassation.

M. Duport. Le préopinant se trompe dans l'application des principes généraux de la justice. Il ne s'agit pas encore de juger un crime de lèse-nation. Le délit n'est pas encore qualifié. Il faut qu'une information première soit faite sur les faits. Ce n'est qu'après que cette première instruction aura été rapportée à l'assemblée nationale, qu'elle qualifiera le délit, et qu'elle renverra aux tribunaux chargés des crimes de lèse-nation. Elle ne doit pas pour cet événement, dénaturer les formes de la justice. Dans aucun cas, le tribunal de cassation ne doit faire les premières informations lorsque le corps-législatif a déclaré y avoir lieu à accusation. Alors l'affaire est renvoyée à un haut-juré, dans laquelle le tribunal de cassation fait les fonctions de juge. C'est par l'observation de tous ces degrés, que vous prouverez qu'un événement aussi grand n'a point changé votre marche.

M. Buzot. Je demande qu'il soit ajouté à l'article premier, ces mots : sur la plainte de l'accusateur public.

M. Duport. Lorsque l'assemblée nationale ordonne à des commissaires du tribunal d'informer, la fonction nécessaire de l'accusateur public est d'assigner les témoins qui sont indiqués. Le décret même de l'assemblée forme la plainte; c'est lorsqu'après cette première information, l'assemblée aura décrété qu'il y a lieu à accusation contre tel ou tel individu, qu'elle nommera des procureurs généraux pour poursuivre l'accusation. L'amendement de M. Chabroud est donc inutile.

L'assemblée décrète l'article premier tel qu'il a été présenté par M. Duport. L'article second est pareillement adopté.

M. Robespierre. Je demande à parler contre l'art. III, qui ordonne que des commissaires de l'assemblée nationale recevront les déclarations du roi et de la reine; il faut que la même autorité qui est chargée d'une partie des informations, soit chargée de les prendre toutes; c'est là le principe, il n'y a aucune raison pour en charger des commissaires de l'assemblée nationale, et qu'on ne dise pas que la confiance que le peuple témoigne à l'assemblée nationale lui en imposé le devoir; car, plus la confiance de la nation se rallie autour de nous, plus nous devons la ménager avec soin et avec délicatesse. Or, nous ne mériterions plus cette confiance, si nous violions le principe, si nous faisions une exception pour le roi et la reine; qu'on ne dise pas non plus que l'autorité royale sera dégradée. Un citoyen, une citoyenne, un homme quelconque, à quelque dignité qu'il soit élevé, ne peut jamais être dégradé par la loi. La reine est une citoyenne; le roi, dans ce moment, est un citoyen comptable à la nation, et en qualité de premier fonctionnaire public, il doit être soumis à la loi. (On applaudit.)

M. Bouchotte. Anciennement, lorsque le roi et la reine avaient connaissance d'un délit, les juges leur demandaient leur déclaration par écrit, nos tribunaux peuvent bien faire ce que faisaient nos ci-devant parlemens. Si vous avez besoin de la confiance publique, il est également important que les juges en soient environnés. Je demande que ce soient les commissaires du tribunal des Tuileries qui entendent les déclarations du roi et de la reine.

M. Buzot. J'ajoute que vous n'êtes point le pouvoir judiciaire.

Si les déclarations du roi et de la reine doivent être des pièces de procédure, vous n'avez pas le droit de les recevoir : si elles ne sont pas des pièces de procédure, elles sont inutiles. Quoi donc ! après avoir laissé les fonctions du pouvoir exécutif entre les mains de ceux qui en étaient chargés, vous vous empareriez du pouvoir judiciaire ! Toute exception à la loi est dangereuse. Vous avez déjà assez de la responsabilité que vous avez prise sur vous dans le moment actuel, pour ne pas vous charger encore de celle-ci.

M. Duport. Il est pour l'assemblée nationale deux fonctions à remplir : faire la loi, et rendre responsables ceux qui sont chargés de l'exécuter. Cette dernière entraîne celle de poursuivre tous ceux qui encourent la responsabilité. Or, pour poursuivre, il faut qu'elle ait une connaissance personnelle des faits qui peuvent l'éclairer dans ses fonctions de juré d'accusation. Il ne s'agit donc pas ici de faire exercer par l'assemblée nationale des fonctions judiciaires. On ne lui propose pas de juger, mais de prendre les éclaircissemens dont elle a besoin pour déclarer s'il y a lieu à accusation. Relativement à l'égalité de l'application de la loi à tous les citoyens, je dirai qu'on ne peut pas considérer le roi comme un citoyen, parce qu'il est un pouvoir. Par vos différens décrets constitutionnels, vous l'avez mis dans une classe à part des autres citoyens; non pas qu'il soit au-dessus de la loi, mais parce que la manière dont la loi doit lui être appliquée est différente que pour les autres citoyens : il ne doit pas être soumis à l'action de ses subordonnés. Son caractère individuel et son caractère politique sont réunis ensemble ; et lorsqu'il exerce les fonctions suprêmes du pouvoir exécutif, il ne peut être soumis au dernier échelon de ce pouvoir ; il ne doit pas être soumis aux lois civiles seulement, mais aux lois civiles et aux lois politiques.

On vous a exposé ce qui se passait anciennement relativement aux déclarations du roi. Or, je dis que l'ancien ordre ne peut s'appliquer ici ; d'abord il ne paraît pas convenable que le roi remette sa déclaration contresignée par un secrétaire-d'état : il ne faut pas qu'il y ait d'intermédiaire, il faut que la déclaration vienne de la bouche même du roi, et qu'elle soit recueillie de sa bouche; il y a d'ailleurs de la différence entre les cas dans lesquels les juges demandaient autrefois au roi des déclarations et celui-ci; lorsqu'un crime avait été commis à sa connaissance, il donnait sa déclaration comme témoin; ici, au contraire, la déclaration supplée à l'interrogatoire. Il s'agit de la connaissance d'un délit dans lequel le roi est personnellement intéressé, et dont il est personnellement l'objet : c'est sur cette déclaration que vous aurez un jour un parti important à prendre. Vous avez la confiance publique : en faisant recevoir cette déclaration par des commissaires nommés par vous, vous lui donnerez plus d'authenticité. Quant à l'objection qu'on a faite que vous ôteriez aux juges la confiance qui leur est due, je crois que, lorsque vous laissez tout l'empire sous leur juridiction, c'est les investir d'une assez grande confiance.

Je dois ajouter que ce n'est pas ici une procédure qui se fait directement contre le roi, par les formes ordinaires; il est de votre prudence de ne pas encore pénétrer dans l'avenir, d'attendre, pour prendre de plus grandes résolutions, que les faits soient découverts, éclaircis et prouvés. En renvoyant aux tribunaux à recevoir la déclaration du roi, vous sembleriez préjuger la question. Il ne s'agit pas encore ici d'une action criminelle; il s'agit seulement d'une action politique de l'assemblée nationale contre le roi, laquelle ne concerne pas les tribunaux. Je répète donc que la marche que vous propose le comité de constitution est la seule qui puisse faire voir au peuple que les relations de l'assemblée nationale avec le roi n'ont pas encore cessé, et par conséquent que rien n'est encore préjugé sur les importantes questions qui vont s'élever. Si nous considérons enfin l'assemblée nationale comme devant faire dans cette circonstance les fonctions de juré d'accusation, nous nous convaincrons qu'elle ne doit pas prononcer sur une affaire de cette importance, sans avoir acquis par des commissaires nommés par elle une connaissance personnelle des faits.

M. Malouet. Lorsque j'ai combattu hier la forme impérative dans laquelle vous avez décrété que le roi serait entendu dans sa déclaration, je prévoyais bien que l'on irait jusqu'à proposer que le roi fût interrogé par ses propres officiers. (On murmure.) S'il est décrété que la personne du roi est inviolable et sacrée, personne n'a le droit de se présenter devant lui pour lui demander des déclarations ; et même vos commissaires devront mettre la plus grande réserve dans la manière dont ils lui parleront (on rit, on murmure); car dès-lors il y aurait une autorité supérieure au roi. (Plusieurs voix: *La loi.*) Sans doute la loi est au-dessus du roi ; mais vous devez prendre garde à ne pas dénaturer l'inviolabilité du roi ; car en déclarant sa personne sacrée et inviolable, vous l'avez rendu étranger à tout crime (on murmure) et à toute poursuite. Je déclare donc que je m'oppose à ce que des juges viennent recevoir la déclaration du roi. Je demande que les commissaires de l'assemblée nationale soient chargés de dire au roi, purement et simplement, qu'ils viennent par les ordres de l'assemblée nationale recevoir les déclarations qu'il voudra bien leur donner. (Plusieurs voix de la gauche: *Allons donc !*) Toute autre parole proférée par eux serait un manque de respect, un attentat à la dignité royale.

M. Chabroud. Pour me servir des expressions de l'opinant, je m'oppose à ce que la déclaration du roi soit reçue par des commissaires. Le rapporteur vous a dit que l'assemblée remplit les fonctions du jury d'accusation ; mais les renseignemens qu'il s'agit de prendre sont des actes nécessaires à la conviction : or, l'assemblée ne peut pas faire des actes de cette nature ; cependant la déclaration du roi doit être une pièce essentielle à la procédure. Il est donc impossible que cette déclaration ne soit pas reçue par des juges. On vous a dit qu'il était des convenances à observer : cela est vrai quand vous correspondez avec le roi comme roi ; mais les mesures ne sont pas les mêmes lorsque vous correspondez avec lui comme individu. M. Malouet a dit que vous avez déclaré le roi inviolable ; mais on ne va pas à lui comme accusé : on lui demande seulement des renseignemens sur un fait qui est à sa connaissance. J'ajoute d'ailleurs que tous les actes de cette nature entraînent une grande responsabilité, et que cette responsabilité doit être plus sévère que jamais. L'assemblée sortirait de son poste, si elle appelait sur la tête de quelqu'un de ses membres une telle responsabilité.

M. Saint-Martin. Je demande que les juges soient accompagnés de deux ou de plusieurs commissaires de l'assemblée, soit à cause de la dignité des personnes, soit pour inspirer plus de confiance au peuple. (Il s'élève des murmures.)

M. Dandré. Il est impossible d'admettre une commission de juges et de membres de l'assemblée nationale. Je ne m'arrête point à cette idée; car il n'est pas besoin de la combattre, puisqu'elle ne saurait être défendue. Je passe à la question. Il ne s'agit pas de faire une information juridique; ainsi tous les raisonnemens relatifs au pouvoir judiciaire ne sont pas applicables à la question. (Il s'élève des murmures.) Je vous supplie de ne pas exiger que je vous donne le développement des conséquences d'une procédure qui serait prise ainsi. Il n'y a pas de plainte, il n'y a donc pas de procédure; ces déclarations ne sont donc ni des interrogatoires ni des dépositions; car il faudrait qu'il y eût assignation. Si ce ne sont ni des interrogatoires ni des dépositions, il n'y a donc là rien qui soit du ressort des juges. Il a été commis un délit; si nous l'avions caractérisé, nous aurions moins d'embarras. Il est de nature à être poursuivi par la nation. Il faut donc, pour cette poursuite, que les représentans de la nation recueillent tous les renseignemens nécessaires. Le roi peut en donner; il faut donc lui envoyer des commissaires. Quand vous aurez ordonné à des juges de poursuivre les auteurs de ce délit, alors viendront les raisonnemens du préopinant; les juges, s'ils en ont besoin, prendront aussi pour eux une déclaration du roi. C'est ainsi que vous suivrez les principes, et que vous empêcherez qu'en envoyant des juges vers le roi, on ne dise que vous commencez un procès contre lui. Quand vous aurez réuni tous vos renseignemens, il vous sera fait un rapport, et si l'affaire est renvoyée à des juges, l'assemblée n'aura qu'à la poursuivre.

Je demande qu'on mette aux voix l'article proposé par le comité.

M. Barrère. Ce n'est pas avec des subtilités de forme qu'on doit juger la question qui est agitée. Je vais ramener le préopinant au décret qui a été rendu hier. Vous avez ordonné que les personnes qui sont à la suite du roi soient mises en état d'arrestation et interrogées ; mais vous avez voulu mettre une nuance en faveur de la dignité royale, en décrétant que le roi et la reine seront entendus dans leurs déclarations. Vous avez suivi, d'après le vœu du rapporteur, les formes usitées jadis au parlement de Paris. Ainsi, en supprimant le mot, c'est la même chose que vous avez décrétée. Vous avez voulu qu'on entendît sur un grand délit les personnes qui en ont été les agens ou les témoins ; mais pour cela il n'est pas nécessaire d'une plainte ou d'une procédure commencée pour investir l'autorité judiciaire. Chaque jour on voit, lorsqu'un meurtre ou un enlèvement a été commis, les juges entendre les personnes qui en ont été les victimes, comme celles qui sont accusées par le cri public d'en être les auteurs ; car le pouvoir judiciaire commence aussitôt qu'un délit a été commis.

Je dirai d'ailleurs à M. Dandré : Ou la déclaration du roi et de la reine est une base de la procédure qui aura lieu, ou elle lui est étrangère. Si elle est une base quelconque de la procédure, c'est aux tribunaux à la poser ; autrement elle est inutile. (Il s'élève des murmures.)

M. Dandré. Les deux bases de votre dilemme sont fausses.

M. Barrère. Cet argument est d'autant plus pressant, que vous venez d'entendre toutes les considérations d'influence et de responsabilité que l'assemblée nationale ne peut et ne doit pas prendre sur elle. Je n'y reviendrai pas.

Enfin vous devez dans ce moment investir les tribunaux de toute la force de la loi. Un grand délit national a été commis ; il a menacé la sûreté de l'Etat : vos juges doivent avoir du courage et de la confiance. Si vous mêlez les juges avec des comités de l'assemblée, vous atténuez leur pouvoir, vous affaiblissez leur caractère. La dignité royale ne peut rien devant les organes de la loi.

Je conclus à ce que les juges seuls reçoivent par écrit la déclaration du roi et de la reine.

M. Muguet. Vous avez regardé la déclaration comme un compte que le roi rendrait pour la nation à l'assemblée nationale, qui seule a le droit de la recevoir. C'est d'après cette déclaration que vous déterminerez les rapports de la nation avec le roi ; alors vous renverrez aux tribunaux s'il y a lieu. Je pense aussi qu'on doit charger des commissaires de demander une déclaration au roi, mais que les juges peuvent recevoir celle de la reine. (On applaudit.)

M. Tronchet. La difficulté n'est née que de la confusion de l'ancienne hypothèse, où l'on demandait des déclarations au roi et à la reine, avec la position où nous nous trouvons. On demandait ces déclarations dans un procès criminel formé contre un individu : c'était une véritable déposition. L'hypothèse actuelle est différente : vous n'avez pas arrêté qu'il y avait lieu à accusation, vous n'avez pas qualifié le délit, vous n'avez pas indiqué le tribunal ; vous cherchez seulement le moyen de vous procurer des renseignemens pour déterminer le parti que vous devez prendre. Ce n'est réellement, comme l'a dit le préopinant, qu'un compte demandé au roi ; et, sans m'appesantir sur les inconvéniens indiqués par M. Dandré, je crois qu'il y aurait du danger à donner un caractère judiciaire à vos démarches. Je pense qu'il n'y a pas lieu à délibérer sur tous les amendemens proposés.

La discussion est fermée à l'unanimité.

L'assemblée décide qu'il n'y a pas lieu à délibérer sur les amendemens.

L'article du comité, mis aux voix, est adopté en ces termes.

Art. V. L'assemblée nationale nommera trois commissaires pris dans son sein pour recevoir les déclarations du roi et de la reine ; elles seront reçues séparément de la bouche du roi et de la reine, mises par écrit et signées de l'un et de l'autre. Le tout sera rapporté à l'assemblée nationale, pour être pris par elle les dispositions qu'elle croira convenables.

(La séance toujours tenante, les membres de l'assemblée se retirent successivement dans les bureaux pour procéder à l'élection de trois commissaires. Ils doivent être nommés à la majorité absolue. Il est deux heures.)

A trois heures moins un quart.

M. *le président.* Avant de prononcer le résultat du scrutin, l'assemblée ne désapprouvera pas que je fasse entrer les gardes nationales de Varennes, qui ont montré tant de courage dans l'arrestation du roi.

Ces gardes nationales sont introduites. M. Georges, député, maire de Varennes, les présente. — On remarque parmi eux MM. Leblanc et Pellerin, qui ont arrêté les courriers en menaçant de tirer dans la voiture, et M. Georges fils, commandant de la garde nationale de Varennes.

M. le président lit la formule, et ces gardes nationales prêtent le serment au milieu des applaudissemens de l'assemblée.

M. *le président.* Par un décret rendu mardi matin, vous avez arrêté que la séance serait toujours tenante, et qu'elle ne pourrait être levée que par un autre décret. Avant de lire le résultat du scrutin, je vais mettre aux voix la question de savoir si la séance sera levée.

L'assemblée décide que la séance sera levée.

Le résultat du scrutin pour la nomination des commissaires donne, sur 599 votans, 433 voix à M. Tronchet, 354 à M. Dandré, et 351 à M. Duport.]

SÉANCE DU 27 JUIN.

[M. Lanjuinais fait lecture d'une adresse du directoire de Rennes, et M. Goupil d'une adresse du corps administratif d'Alençon; l'une et l'autre contiennent le détail des mesures prises par ces directoires pour assurer les décrets de l'assemblée nationale, et le récit des preuves de patriotisme et de confiance dans l'assemblée nationale, données par les gardes nationales et les troupes de ligne.

M. Gossin lit une adresse du directoire du département de la Meuse, dans laquelle se trouve la ville de Varennes. Ce directoire rend compte à l'assemblée du zèle qui anime tous les citoyens de ce département, pour la défense des lois constitutionnelles, de l'ardeur qui animait toutes les gardes nationales, lorsque de fausses alarmes répandues par les marches errantes des détachemens envoyés pour protéger l'évasion du roi, firent croire que les ennemis étaient sur les frontières. A cette adresse est joint un arrêté par lequel le directoire défend aux municipalités de recevoir les déclarations de parjure qui sont données par des prêtres, qui d'abord s'étaient soumis au serment attaché à l'exercice des fonctions publiques ecclésiastiques.

Une députation des électeurs du département de Seine-et-Marne est admise à la barre. L'un d'eux porte la parole :

« Nous étions réunis dans le chef-lieu du département, et nous allions procéder aux élections ordonnées par la loi du 29 mai. L'événement qui alarmait toute la France, n'avait pu arrêter notre zèle. Nous avons au contraire pensé que plus la chose publique est en danger, plus il importe que les bons citoyens se réunissent pour la défendre. Vous avez, par votre décret du 24 juin, suspendu nos travaux. Nous avons seulement vérifié nos pouvoirs, afin d'assurer le titre des électeurs, pour qu'ils puissent procéder incessamment dans leurs districts respectifs, au remplacement des curés qui ont refusé de prêter le serment prescrit par la loi, ou qui l'ont rétracté. Mais avant de nous séparer, nous avons unanimement arrêté de renouveler entre vos mains le serment de vivre et mourir libres. Nous jurons d'obéir à tous vos décrets, et particulièrement à ceux que vous avez rendus depuis la désertion du premier fonctionnaire de l'empire.

» Continuez, sages législateurs, le grand ouvrage que vous avez entrepris; ne craignez pas qu'aucune puissance ose tenter de le détruire. Tous les patriotes sont unis plus que jamais; les rivalités, les dissentions sont anéanties. C'est dans les grandes circonstances que les vrais amis de la liberté doivent se rallier autour de la loi, et se presser sous son égide sacrée. Elle seule peut sauver les empires, elle seule peut réunir tous les habitans d'une vaste contrée, les animer du même esprit, leur inspirer la même volonté, et faire de toutes les forces individuelles, une seule force qui renverse tous les obstacles. Un peuple libre ne peut triompher que par la loi.

» Vous êtes nos représentans, nos législateurs; la puissance de la nation est entre vos mains. Nous vous promettons un courage égal au vôtre, la plus prompte soumission à la loi. Nous avons juré de maintenir la constitution. Nous n'imiterons pas ceux qui sont parjures à leurs sermens. Toute volonté particulière doit fléchir devant la volonté de la nation.»

M. le président à la députation. Dans une crise politique excitée par des efforts contre la liberté publique, tout citoyen s'empresse à montrer son devoûment à la patrie; son zèle pour resserrer le lien social qu'on a en vain tenté de rompre; cette crise n'a servi qu'à prouver qu'une organisation politique établie sur les principes du droit naturel, fondée sur l'amour de la patrie, est indestructible, comme l'amour de la liberté, lorsqu'une fois ce feu sacré brûle dans le cœur des citoyens français.

Les électeurs du département de Seine-et-Marne offrent à tous les électeurs l'exemple utile de la soumission à la loi. Bientôt ils nommeront nos successeurs. Bientôt ils nommeront ceux qui doivent consolider notre ouvrage. L'imposante fermeté de ce peuple nous assure que nos travaux pourront continuer avec la même activité, puisque son humanité généreuse a empêché les troubles intérieurs, et que sa fierté et sa contenance nous préserveront des efforts extérieurs.

L'assemblée nationale doublement satisfaite, et par votre conduite, et par vos hommages, vous invite à assister à sa séance.

M. Bonnay. Je suis chargé par plusieurs de mes camarades, gardes-du-corps, de vous présenter une attestation de M. le maire de Versailles qui constate que lors de la nouvelle du départ du roi, ils ont mis le plus grand zèle à maintenir l'ordre et la tranquillité publique.

L'assemblée décide qu'il en sera fait une mention honorable dans le procès-verbal.

Un de MM. les secrétaires fait lecture d'une lettre de M. le maire de Paris, qui annonce l'adjudication de plusieurs maisons nationales.

L'assemblée charge son comité diplomatique de lui faire incessamment un rapport pour que les étrangers puissent sans obstacle sortir du royaume.

M. Tracy fait lecture d'une adresse des membres du département de l'Allier, relativement aux précautions qu'ils ont prises pour le maintien de l'ordre.

M. Nérac présente une autre adresse du directoire du département de la Gironde, contenant à peu près les mêmes détails, l'expression des mêmes témoignages de confiance dans l'assemblée nationale. Elle annonce que dans la matinée du 23, deux mille quatre cents gardes nationaux se sont fait inscrire pour voler à la défense de l'État.

Un de MM. les secrétaires lit une lettre par laquelle un citoyen de Paris fait la soumission de payer 1,200 livres pour la solde des gardes nationaux, à compter du jour où des ennemis extérieurs seront assez téméraires pour attaquer l'empire français.

Un autre citoyen offre une somme de 300 liv.

Une lettre de MM. les trois commissaires envoyés à Douai, et une autre de ceux envoyés à Arras, annoncent qu'ils ont pris toutes les dispositions nécessaires pour l'exécution des décrets de l'assemblée nationale.

On lit une adresse du directoire séant à Nantes, qui annonce que tous les citoyens pleins de zèle pour la défense de la constitution, se sont ralliés autour de la loi et de l'assemblée nationale ; que le nom de l'assemblée nationale a été substitué au nom du *roi*, dans le serment de fidélité prêté par les officiers des troupes de ligne.

JUIN (1791)

M. Vieillard fait lecture d'une lettre de M. Dumourier, lieutenant-général, commandant les troupes de ligne dans le département de la Loire-Inférieure ; elle porte en substance :

« Nous sommes prêts à voler à la défense de l'assemblée nationale et de la sublime constitution qui nous régit. Nous partirons avec les gardes nationales et les troupes de ligne de notre département ; la tranquillité publique n'en sera pas troublée et les contre-révolutionnaires seront mis à la raison, etc. »

On fait lecture d'une lettre de M. Estaing, ainsi conçue :

Paris, le 25 juin.

« Aucune démarche n'est indécente quand on exprime le vœu de ses concitoyens. J'ignore quel est l'officier chargé de recevoir le serment militaire dans ce département, je l'envoie par écrit à l'assemblée nationale. Je la prie de recevoir l'assurance de mon zèle pour le maintien de la constitution. Lieutenant-général et vice-amiral, je voudrais qu'il existât un élément nouveau, dans lequel je pusse combattre pour elle. »

M. le président annonce qu'il a reçu un nombre infini d'adresses, soit des corps administratifs, soit des gardes nationales, soit de citoyens ; l'assemblée en renvoie la lecture à une séance extraordinaire de ce soir.

M. Tronchet. En exécution de votre décret d'hier, M. Dandré, M. Duport et moi, nous sommes réunis et nous sommes rendus au château des Tuileries, vers les neuf heures du soir. Nous avons été introduits dans la chambre du roi, où nous l'avons trouvé seul. Après lui avoir fait lecture de votre décret, j'ai cru devoir observer que la déclaration du roi devait se référer, selon l'intention du décret, aux évenemens du 21 de ce mois, ainsi qu'aux faits y relatifs tant antérieurs que postérieurs. Le roi a pris la parole, et après avoir observé qu'il n'entendait point subir un interrogatoire, mais qu'il ferait une déclaration conformément à la demande qui lui en a été faite par l'assemblée nationale, il fit la déclaration que vous rencontrerez dans le procès-verbal que nous avons rédigé et que le roi lui-même a signé et paraphé à toutes les pages. Après avoir reçu la déclaration du roi, nous

nous sommes transportés à l'appartement de la reine. Nous l'avons trouvée avec madame Élisabeth, prêtes à se mettre à table. Madame Élisabeth nous ayant observé que la reine ne pouvait pas nous recevoir parce qu'elle était dans le bain, nous l'avons priée de nous indiquer l'heure, et elle nous a indiqué celle de ce matin à onze heures. En conséquence nous nous sommes retirés. Ce matin, à onze heures, nous avons été introduits dans sa chambre à coucher où elle se trouvait seule. Nous lui avons fait lecture du décret de l'assemblée nationale, en y ajoutant la même observation que nous avions faite au roi. Elle nous a dicté sa déclaration, et après avoir relu le procès-verbal, elle l'a signé et en a paraphé les pages.

M. Duport fait lecture des deux procès-verbaux qui sont conçus en ces termes :

Déclaration du roi.

Cejourd'hui dimanche 26 juin 1791, nous François-Denis Tronchet, Adrien-Jean-François Duport et Antoine-Balthasar-Joseph Dandré, commissaires nommés par l'assemblée nationale, pour l'exécution de son décret de ce jour, ledit décret portant que « l'assemblée nationale nommera trois commissaires, pris dans son sein, pour recevoir par écrit de la bouche du roi sa déclaration, laquelle sera signée du roi et des commissaires, et qu'il en sera usé de même pour la déclaration de la reine. »

Nous étant réunis au comité militaire, nous en sommes partis à l'heure de six et demie, pour nous rendre au château des Tuileries, où étant, nous avons été introduits dans la chambre du roi, et seuls avec lui, le roi nous a fait la déclaration suivante :

Je vois, messieurs, par l'objet de la mission qui vous est donnée, qu'il ne s'agit point ici d'un interrogatoire ; mais je veux bien répondre au désir de l'assemblée nationale, et je ne craindrai jamais de rendre publics les motifs de ma conduite.

Les motifs de mon départ sont les outrages et les menaces qui ont été faits, le 18 avril, à ma famille et à moi-même. Depuis ce temps, plusieurs écrits ont cherché à provoquer des violences contre ma personne et ma famille, et ces insultes sont restées jusqu'à présent impunies ; j'ai cru dès-lors qu'il n'y avait pas de sûreté, ni même de décence pour moi de rester à Paris.

J'ai désiré en conséquence de quitter cette ville. Ne le pouvant faire publiquement, j'ai résolu de sortir de nuit et sans suite : jamais mon intention n'a été de sortir du royaume ; je n'ai eu aucun concert sur cet objet ni avec les puissances étrangères, ni avec mes parens, ni avec aucun des autres Français sortis du royaume.

Je pourrais donner pour preuve de mon intention, que des logemens étaient préparés à Montmédy pour me recevoir, ainsi que ma famille. J'avais choisi cette place, parce qu'étant fortifiée, ma famille y aurait été en sûreté, et qu'étant près de la frontière, j'aurais été plus à portée de m'opposer à toute espèce d'invasion dans la France, si on avait voulu en tenter quelqu'une, et de me porter moi-même partout où j'aurais pu croire qu'il y avait quelque danger. Enfin, j'avais choisi Montmédy comme le premier point de ma retraite, jusqu'au moment où j'aurais trouvé à propos de me rendre dans telle autre partie du royaume qui m'aurait paru convenable.

Un de mes principaux motifs, en quittant Paris, était de faire tomber l'argument qu'on tirait de ma non-liberté ; ce qui pouvait fournir une occasion de troubles.

Si j'avais eu intention de sortir du royaume, je n'aurais pas publié mon mémoire le jour même de mon départ, mais j'aurais attendu d'être hors des frontières.

Je conservais toujours le désir de retourner à Paris, et c'est dans ce sens qu'on doit entendre la dernière phrase de mon mémoire dans lequel il est dit : *Français, et vous surtout Parisiens, quel plaisir n'aurais-je pas à me trouver au milieu de vous !*

Je n'avais dans ma voiture que 15,200 liv. en or, et 56,000 liv. en assignats, contenus dans le portefeuille qui m'a été renvoyé par le département.

Je n'ai prévenu Monsieur de mon départ que peu de temps auparavant ; il n'a passé dans le pays étranger que parce qu'il avait été convenu entre lui et moi que nous ne suivrions pas la même route; et il devait revenir en France auprès de moi.

J'avais fait donner des ordres peu de jours avant mon départ aux trois personnes qui m'accompagnaient en courriers, de se faire faire des habits de courriers, parce qu'ils devaient être envoyés porter des dépêches. Ce n'est que la veille que l'un d'eux a reçu verbalement mes ordres.

Le passeport était nécessaire pour faciliter mon voyage; il n'a été indiqué pour un pays étranger que parce qu'on n'en donne pas au bureau des affaires étrangères pour l'intérieur du royaume; et la route indiquée pour Francfort n'a pas même été suivie dans le voyage.

Je n'ai jamais fait aucune autre protestation que dans le mémoire que j'avais laissé à mon départ.

Cette protestation même ne porte pas, ainsi que le contenu au mémoire l'atteste, sur le fond des principes de la constitution, mais sur la forme des sanctions, c'est-à-dire sur le peu de liberté dont je paraissais jouir, et sur ce que les décrets n'ayant pas été présentés en masse, je ne pouvais pas juger de l'ensemble de la constitution : le principal reproche qui est contenu dans ce mémoire, se rapporte aux difficultés dans les moyens d'administration et d'exécution.

J'ai reconnu dans mon voyage que l'opinion publique était décidée en faveur de la constitution. Je n'avais pas cru pouvoir connaître pleinement cette opinion publique à Paris; mais dans les notions que j'ai recueillies personnellement dans ma route, je me suis convaincu combien il était nécessaire, même pour le soutien de la constitution, de donner de la force aux pouvoirs établis pour maintenir l'ordre public.

Aussitôt que j'ai reconnu la volonté générale, je n'ai point hésité, comme je n'ai jamais hésité de faire le sacrifice de ce qui m'est personnel, pour le bonheur de mon peuple, qui a toujours été l'objet de mes désirs.

J'oublierai volontiers tous les désagrémens que je peux avoir essuyés, pour assurer la paix et la félicité de la nation.

Le roi, après avoir fait lecture de la présente déclaration, a observé qu'il avait omis d'ajouter que la gouvernante de son fils, et les femmes de la suite, n'ont été averties que peu de temps avant son départ. Et le roi a signé avec nous.

Signé, Louis, Tronchet, Adrien Duport, Dandré.

Déclaration de la reine.

Cejourd'hui lundi 27 juin 1791, nous, François-Denis Tronchet, Adrien-Jean-François Duport, et Antoine-Balthasar-Joseph Dandré, commissaires nommés par l'assemblée nationale pour l'exécution de son décret d'hier, ledit décret portant que « l'assemblée nationale nommera trois commissaires pris dans son sein pour recevoir par écrit de la bouche du roi sa déclaration, et qu'il en sera usé de même pour la déclaration de la reine.» Nous étant réunis au comité de constitution, nous en sommes partis à dix heures et demie du matin, pour nous rendre au château des Tuileries, où étant, nous avons été introduits dans la chambre de la reine, et seuls avec elle, la reine nous a fait la déclaration suivante :

Je déclare que le roi désirant partir avec ses enfans, rien dans la nature n'aurait pu m'empêcher de le suivre; j'ai assez prouvé depuis deux ans, dans plusieurs circonstances, que je ne le quitterais jamais.

Ce qui m'a encore plus déterminée, c'est l'assurance positive que j'avais que le roi ne voudrait jamais quitter le royaume. S'il en avait eu le désir, toute ma force aurait été employée pour l'en empêcher.

La gouvernante de mon fils, qui était malade depuis cinq semaines, n'a reçu les ordres que dans la journée du départ; elle ignorait absolument la destination du voyage; elle n'a emporté avec elle aucune espèce de hardes; j'ai été obligée moi-même de lui en prêter.

Les trois courriers n'ont pas su la destination, ni le but du voyage. Sur le chemin on leur donnait l'argent pour payer les chevaux, et ils recevaient l'ordre pour la route.

Les deux femmes de chambre ont été averties dans l'instant même du départ ; et l'une d'elles, qui a son mari dans le château, n'a pas pu le voir avant de partir.

Monsieur et Madame devaient venir nous rejoindre en France, et ils n'ont passé dans les pays étrangers que pour ne pas embarrasser et faire manquer de chevaux sur la route.

Nous sommes sortis par l'appartement de M. Villequier, en prenant la précaution de ne sortir que séparément et à diverses reprises.

Et après avoir fait lecture à la reine de la présente déclaration, elle a reconnu qu'elle était conforme à ce qu'elle nous avait dit ; et elle a signé avec nous.

Signé, MARIE-ANTOINETTE, TRONCHET, Adrien DUPORT, DANDRÉ.]

— Les autres séances relatives à la fuite du roi, offrent assez peu d'intérêt pour ne pas être données textuellement. Toutefois, pour l'intégrité du fait parlementaire, nous en donnerons le sommaire.

SÉANCE DU 27 AU SOIR.

Les commissaires des guerres prêtent, à la barre, le serment exigé des fonctionnaires militaires. — Députation des élèves en chirurgie ; discours de Martin, chirurgien-major, orateur. — Adresse des sous-officiers et soldats du 12ᵉ régiment, ci-devant d'Artois ; ils déclarent qu'ils n'ont aucune confiance en leurs officiers nobles, et envoient le procès-verbal de la démission du capitaine-commandant Bataille et de divers autres officiers nobles. — Adresses des départemens de la Côte-d'Or, du Jura, du Bas-Rhin, de la ville d'Eu, de Villeneuve-l'Archevêque, des municipalités de Bar-sur-Aube, Huningue, Villepreux, Saint-Dizier, des citoyens de Provins, de Lyon, du département de la Manche et du district de Sedan. Cette dernière annonce l'arrestation de trois officiers de Royal-Allemand. Prieur fait décréter qu'ils seront transférés à Paris, ainsi que Damas, Choiseul et Floriac.— Adresses du district de Rennes, des départemens de la Mayenne et d'Eure-et-Loir, de la commune d'Amiens, du district d'Arras, d'Alençon, de la municipalité de Langres, du département de la Haute-Vienne; des districts de Longwy, d'Amiens et de Joigny. — L'assemblée primaire de Beaugency annonce qu'elle s'est réunie au cri de *vive la nation, la loi et l'assemblée nationale !* et qu'elle a supprimé *le roi* de ses sermens. — Le district de Montmédy donne différens détails sur les opérations et préparatifs de Bouillé et de Klinglin. Renvoi au comité des recherches et des rapports des procès-verbaux joints à cette adresse. — Sur les observations de Muguet, l'assemblée rapporte le décret qu'elle avait rendu pour la translation à Paris, des officiers arrêtés à Verdun et à Sedan. — Le département de la Moselle annonce que Bouillé avait fait préparer des logemens pour le roi dans l'abbaye d'Orval.

SÉANCE DU 28 JUIN.

Biron, Boullé et Alquier, commissaires dans les départemens du Nord, du Pas-de-Calais et de l'Aisne, rendent compte de leurs opérations ; ils demandent que l'assemblée se hâte de prescrire les formalités du serment militaire, et annoncent l'émigration d'un grand nombre d'officiers. — Décret, sur le rapport de Fréteau, pour interdire la sortie du royaume, sauf les exceptions déterminées. — Poulain-Bouttancourt communique une lettre du département des Ardennes et différentes pièces relatives à l'arrestation de Mandin, lieutenant-colonel du régiment de Royal-Allemand, et à celle d'un capitaine et d'un sous-lieutenant. Renvoi aux comités.

Le roi invite, par un billet, les commissaires qui ont reçu sa déclaration, à passer chez lui. Sur la demande de Tronchet, l'assemblée les y autorise. — Décret, sur le rapport de Larochefoucault, pour le paiement des contributions. — Tronchet rend compte de la nouvelle entrevue des commissaires avec le roi ; elle avait pour objet, de la part de celui-ci, de faire connaître les ordres qu'il avait donnés à Bouillé. — Desméuniers propose un décret pour l'exécution de celui du 25, relatif à la nomination d'un gouverneur pour le dauphin. Defermont demande au rapporteur si les membres de l'assemblée ne doivent point être exclus de cette place. Desmeuniers expose des raisons pour n'en pas exclure les députés ; il ajoute, au reste, que le comité n'a pris aucune décision. Buzot, Garat aîné, Lavigne, Foucault, Prieur et Tronchet pensent qu'il y a incompatibilité. Rewbell, Dédelay, Toulongeon et Vernier soutiennent l'opinion contraire. A la suite d'observations de Desmeuniers, Pétion insiste pour l'inéligibilité des députés à la place de gouverneur du dauphin. Elle est décrétée à une grande majorité. Adoption, à la suite, des quatre premiers articles du projet. Loys combat l'article 5, qui met sous les ordres du gouverneur toutes les personnes attachées au même prince; il réclame l'intervention du roi dans la nomination de ces personnes et la surveillance à exercer sur elles. Desmeuniers convient que cette question est d'une grande sagesse, et que le comité l'a laissée indécise jusqu'à ce qu'il s'occupât des bases de l'éducation de l'héritier présomptif. Lavigne appuie l'article du projet. Goupil et Dandré demandent le renvoi au comité. L'assemblée décrète l'ajournement. — Noailles annonce une députation de Givet, et rend compte des sacrifices faits par la garnison pour accélérer les travaux de la place. (Nombreux applaudissemens.) — Baudouin dénonce et désavoue un prétendu interrogatoire du roi, circulant avec une fausse indication de l'imprimerie de l'assemblée nationale ; il demande l'insertion de son désaveu au procès-verbal. Martineau appuie cette demande et propose de plus de faire informer par l'accusateur-public. Buzot fait ajouter : *Attendu qu'il s'agit d'un faux.* Ces propositions sont décrétées.

Le garde-des-sceaux fait connaître une lettre de Duveyrier qui a été reçu avec égards par le prince de Condé, et qui le suit à Coblentz pour attendre sa réponse.

SÉANCE DU 28 AU SOIR.

Adresse de la municipalité de Dunkerque annonçant la fuite des officiers de Colonel-Général et de quelques-uns de Viennois. Lettre de Déon au régiment pour l'inviter à rejoindre ses officiers à Furnes. Renvoi au comité des recherches. — Adresse du département du Nord. — Serment civique de députations nombreuses de gendarmes nationaux. — Des députés des communes de Givet et de Charlemont rendent compte des dispositions des citoyens et du patriotisme des soldats; ils prêtent le nouveau serment.

SÉANCE DU 29 JUIN.

Renvoi au comité des recherches d'une lettre de la municipalité de Quillebœuf, annonçant l'arrestation de huit cent dix-sept marcs d'argent. — Dambly annonce la violation de ses propriétés.—Au nom du comité de constitution, Duport propose de décréter une fédération générale pour le 4 août, époque de cette nuit célèbre où tous les abus tombèrent avec le système féodal, afin de consacrer la preuve de l'attachement des Français à la constitution. Buzot pense que ce projet n'est bon à rien; il demande qu'on se borne à lever le décret qui suspend la nomination des députés. Dandré croit qu'il serait très-impolitique de convoquer les électeurs dans un moment où les assemblées sont travaillées afin de revenir sur la constitution; il prétend qu'on ne peut se sauver que par la réunion la plus complète, parce qu'on ignore quelles seront les suites de la fuite du roi, et si l'on n'aura pas à soutenir une guerre étrangère. Camus appuie la proposition de Buzot, et rejette le projet du comité, comme annonçant de l'incertitude et de la défiance. Desmeuniers développe les motifs de ce projet. Pétion le trouve puéril, inutile et dangereux. Chapelier invoque la question préalable sur toutes les propositions. Elles sont successivement rejetées. — Des gardes nationaux, qui ont accompagné le roi à son retour, sont admis et renouvellent le serment civique.

SÉANCE DU 30 JUIN.

Vernier fait adopter plusieurs articles d'un projet relatif à l'organisation intérieure de la trésorerie nationale. — Décret sur le rapport de Menou, pour que le premier drapeau de chaque régiment, tant d'infanterie que de cavalerie, porte désormais les trois couleurs nationales, ainsi que toutes les cravates des drapeaux, étendards ou guidons.

— La séance est terminée par la lecture suivante.

[*M. le président.* Je viens de recevoir un paquet contenant deux lettres adressées, l'une au président de l'assemblée nationale, et l'autre à l'assemblée. Elles sont de M. Bouillé. La lettre qui m'est adressée est ainsi conçue : « M. le président, je vous envoie, ci-joint, une lettre pour l'assemblée nationale; je la crois assez intéressante pour vous engager à la mettre sous ses yeux. »

Signé, le marquis DE BOUILLÉ.

M. Biauzat. C'est une lettre fort insolente. (*Plusieurs voix de la partie gauche* : C'est égal, il faut la lire.)

M. le président. Je n'y ai jeté qu'un coup-d'œil, et j'ai vu qu'elle contenait les expressions les plus vives. (*Les mêmes voix* : Qu'importe, lisez toujours.)

Luxembourg, 26 juin.

Le roi vient de faire un effort pour briser ses fers; une destinée aveugle à laquelle les empires sont soumis, en a décidé autrement; il est encore votre captif. Ses jours ainsi que ceux de la reine, sont, et j'en frémis, à la disposition d'un peuple que vous avez rendu féroce, et qui est devenu l'objet du mépris de l'univers. Il est intéressant pour le roi, pour vous, pour ce que vous appelez la nation, pour moi, que le grand objet qui devait être le résultat de cette démarche soit connu; il est important que l'on sache que le roi ne cherchait que le salut d'un peuple injuste et cruel. Dégagé maintenant de tous les liens qui m'attachaient à vous, je vais vous parler le langage de la vérité que vous n'entendrez pas, sans doute. Le roi était devenu le prisonnier de son peuple : attaché à mon souverain, quoique détestant les abus résultant d'une autorité trop étendue, je gémissais de la frénésie du peuple, je blâmais vos opérations; mais j'espérais qu'enfin les méchans seraient confondus, que l'anarchie finirait, et que nous aurions un gouvernement au moins supportable. Mon attachement pour le roi et pour la patrie m'a donné assez de courage pour supporter l'humiliation de communiquer avec vous. J'ai vu que l'esprit de faction dominait, que les uns voulaient la guerre civile, que les autres voulaient une république, et que dans ce dernier parti était M. la Fayette.

Des clubs se sont établis pour détruire l'armée, et la populace n'a plus été dirigée que par la cabale et l'intrigue. Le roi étant sans forces et même sans considération, l'armée sans chefs et sans autorité, ce fut alors que je proposai au roi et à la reine de sortir de Paris, persuadé que cela pouvait opérer un changement utile; ils s'y refusèrent, alléguant la promesse qu'ils avaient faite de ne pas se séparer de l'assemblée nationale. La journée du 28 février me donna lieu de renouveler mes instances; j'éprouvai le même refus. Le roi craignait le désordre et l'effusion du sang; la reine pensait de même. Je savais que toutes les puissances armaient contre la France, que le roi pouvait les arrêter, que les places étaient démantelées, que le papier ne pouvait suppléer à la disette du numéraire, et que le peuple ne tarderait pas à se jeter dans les bras du roi, pour le supplier d'arrêter les malheurs dont il était menacé. Après les obstacles qui furent mis au voyage de Saint-Cloud, le 18 avril, je lui fis envisager qu'il ne lui restait que ce seul parti pour sauver la France; il se décida enfin, et résolut d'aller à Montmédy, concevant le projet d'annoncer aux puissances étrangères le motif de sa démarche, et de faire en sorte de suspendre leur vengeance (on rit dans toute la partie gauche), jusqu'à ce qu'une nouvelle assemblée, qu'il aurait convoquée sur-le-champ, leur eût donné la satisfaction qu'elles devaient attendre. Il devait faire paraître une proclamation pour ordonner la convocation d'une législature avec des cahiers et des mandats impératifs, et devenir ainsi le médiateur entre les puissances étrangères et son peuple. (On entend de nouveaux éclats de rire dans la partie gauche.)

Le peuple, placé entre la crainte de voir le territoire français envahi et le rétablissement de l'ordre, aurait confié ses intérêts à des hommes sages qui auraient enfin réprimé les crimes sortis du despotisme populaire, et auraient rétabli le règne de la raison, à la lueur du flambeau de la liberté; c'est cette belle idée qui a engagé le roi à se soustraire à la vigilance de M. la Fayette et de ses satellites. Croyez-moi, tous les princes de l'univers reconnaissent qu'ils sont menacés par le monstre que vous avez enfanté, et bientôt ils fondront sur notre malheureuse patrie, car je ne puis m'empêcher de la reconnaître encore. Je connais nos forces : toute espèce d'espoir est chimérique, et bientôt votre châtiment servira d'exemple mémorable à la postérité; c'est ainsi que doit vous parler un homme auquel vous avez d'abord inspiré la pitié. N'accusez personne du complot contre votre infernale constitution ; le roi n'a pas fait les ordres qu'il a donnés; c'est moi seul qui ai tout ordonné; c'est contre moi seul que vous devez aiguiser vos poignards et préparer vos poisons. Vous répondez des jours du roi et de la reine à tous les rois de l'univers: si on leur ôte un cheveu de la tête, il ne restera pas pierre sur pierre à Paris. (On rit.... On rit.... On rit.) Je connais les chemins; je guiderai les armées étrangères. Cette lettre n'est que l'avant-coureur du manifeste des souverains de l'Europe; ils vous avertiront d'une manière plus prononcée de la guerre que vous avez à craindre. Adieu, Messieurs.

L'assemblée passe à l'ordre du jour.]

Presse et club des Jacobins. — (*Du 22 au 30.*)

Nous ne savons sur quelle autorité M. Thiers, dans son *Histoire de la Révolution*, a dit du retour du roi : « Le voyage était lent, parce que la voiture suivait le pas des gardes nationales. *Il dura huit jours de Varennes à Paris.* » (T. 1, p. 520.) Le roi fut arrêté le 21, à onze heures du soir ; le 25, il rentrait aux Tuileries, à six heures et demie du soir. (1)

Nous allons emprunter aux journaux les détails intéressans de ce voyage :

Desmoulins explique ainsi la cause de l'arrestation du roi :
« A quoi tiennent les grands événemens ! A Sainte-Menehould. Ce nom rappelle à notre Sancho-Pança couronné les fameux pieds

(1) Nous aurions beaucoup d'inexactitudes du même genre à relever dans l'histoire de M. Thiers; nous en ferons l'objet d'une préface.
(*Note des auteurs.*)

de cochon. Il ne sera pas dit qu'il aura relayé à Ste-Menehould sans avoir mangé sur les lieux des pieds de cochon. Il ne se souvient plus du proverbe : *Plures occidit gula quàm gladius.* Le délai de les apprêter lui fut fatal. » (*Révolutions de France.*)

« Lors de son arrestation, Louis XVI a pleuré comme un enfant, en disant : Me fera-t-on du mal? *Non, on vous fait prisonnier.* — Bah! a-t-il répondu d'un air hébété. Voilà l'homme qui occupait le premier trône du monde, et que de misérables journalistes, dignes aujourd'hui d'être promenés sur l'âne, tels que l'auteur de la *Gazette de Paris*, l'abbé *Royou*, le sieur *Gautier*, du journal de la cour et de la ville, ne cessaient de vanter et de plaindre. Nos nobles fugitifs étaient partis sans payer un seul de leurs fournisseurs. Ce roi, *le plus honnête homme de son royaume,* ce père du peuple, ce restaurateur de la liberté française, était la cause de la rareté du numéraire. On assure qu'ils ont payé le louis jusqu'à 5 liv. » (*Annales patriotiques*, 25 juin.)

« Au moment où la reine fut reconnue, le tocsin sonna de toutes parts. Marie-Antoinette en fut affligée, et ordonna qu'on cessât. *Voire, not'dame,* lui dit un franc laboureur, *j'vous voyons pour la première fois, et vous nous mettez en branle; y faut bien que je vous carillonions.* » (*L'Orateur du peuple*, t. 6, p. 595.)

Aux narrations officielles du retour du roi, contenues dans les séances de l'assemblée, nous ajouterons ce que madame Campan a dit tenir de la bouche même de la reine :

« Dès le jour de mon arrivée, la reine me fit entrer dans son cabinet, pour me dire qu'elle aurait grand besoin de moi pour des relations qu'elle avait établies avec MM. Barnave, Duport et Alexandre Lameth. Elle m'apprit que M. J*** était son intermédiaire avec ces débris du parti constitutionnel, qui avaient de bonnes intentions malheureusement trop tardives, et me dit que Barnave était un homme digne d'inspirer de l'estime. Je fus étonnée d'entendre prononcer ce nom de Barnave avec tant de bienveillance. Quand j'avais quitté Paris, un grand nombre de personnes n'en parlaient qu'avec horreur. Je lui fis cette remarque ; elle ne s'en étonna point, mais elle me dit qu'il était bien changé;

que ce jeune homme, plein d'esprit et de sentimens nobles, était de cette classe distinguée par l'éducation, et seulement égarée par l'ambition que fait naître un mérite réel. « Un sentiment » d'orgueil que je ne saurais trop blâmer dans un jeune homme » du tiers-état, disait la reine en parlant de Barnave, lui a fait » applaudir à tout ce qui aplanissait la route des honneurs et de » la gloire pour la classe dans laquelle il est né : si jamais la puis- » sance revient dans nos mains, le pardon de Barnave est d'avance » écrit dans nos cœurs. » La reine ajoutait qu'il n'en était pas de même à l'égard des nobles qui s'étaient jetés dans le parti de la révolution, eux qui obtenaient toutes les faveurs, et souvent au détriment des gens d'un ordre inférieur, parmi lesquels se trouvaient les plus grands talens ; enfin, que les nobles, nés pour être le rempart de la monarchie, étaient trop coupables d'avoir trahi sa cause, pour en mériter leur pardon. La reine m'étonnait de plus en plus par la chaleur avec laquelle elle justifiait l'opinion favorable qu'elle avait conçue de Barnave. Alors elle me dit que sa conduite en route avait été parfaite, tandis que la rudesse républicaine de Pétion avait été outrageante ; qu'il mangeait, buvait dans la berline du roi avec malpropreté, jetant les os de volaille par la portière, au risque de les envoyer jusque sur le visage du roi ; haussant son verre, sans dire un mot, quand madame Élisabeth lui versait du vin, pour indiquer qu'il en avait assez ; que ce ton offensant était calculé, puisque cet homme avait reçu de l'éducation ; que Barnave en avait été révolté. Pressé par la reine de prendre quelque chose : « Madame, répondit Barnave, les députés de l'assemblée nationale, dans une circonstance aussi solennelle, ne doivent occuper vos majestés que de leur mission, et nullement de leurs besoins. » Enfin, ses respectueux égards, ses attentions délicates et toutes ses paroles avaient gagné non-seulement sa bienveillance, mais celle de madame Élisabeth.

» Le roi avait commencé à parler à Pétion sur la situation de la France et sur les motifs de sa conduite, qui étaient fondés sur la nécessité de donner au pouvoir exécutif une force nécessaire à son action pour le bien même de l'acte constitutionnel, puisque

la France ne pouvait être républiqué... « Pas encore, à la vérité, lui répondit Pétion, parce que les Français ne sont pas assez mûrs pour cela. » Cette audacieuse et cruelle réponse imposa silence au roi; qui le garda jusqu'à son arrivée à Paris. Pétion tenait dans ses genoux le petit dauphin ; il se plaisait à rouler dans ses doigts les beaux cheveux blonds de l'intéressant enfant ; et, parlant avec action, il tirait ses boucles assez fort pour le faire crier.... «Don-
» nez-moi mon fils, lui dit la reine; il est accoutumé à des soins,
» à des égards qui le disposent peu à tant de familiarités. »

» Le chevalier de Dampierre avait été tué près de la voiture du roi, en sortant de Varennes. Un pauvre curé de village, à quelques lieues de l'endroit où ce crime venait d'être commis, eut l'imprudence de s'approcher pour parler au roi : les cannibales qui environnaient la voiture se jettent sur lui. « Tigres, leur
» cria Barnave, avez-vous cessé d'être Français ? Nation de bra
» ves, êtes-vous devenus un peuple d'assassins ?.... » Ces seules paroles sauvèrent d'une mort certaine le curé déjà terrassé. Barnave, en les prononçant, s'était jeté presque hors de la portière, et madame Élisabeth, touchée de ce noble élan, le retenait par son habit. La reine disait, en parlant de cet événement, que dans les momens des plus grandes crises, les contrastes bizarres la frappaient toujours; et que, dans cette circonstance, la pieuse Élisabeth, retenant Barnave par le pan de son habit, lui avait paru la chose la plus surprenante. Ce député avait éprouvé un autre genre d'étonnement. Les dissertations de madame Élisabeth sur la situation de la France, son éloquence douce et persuasive, la noble simplicité avec laquelle elle entretenait Barnave, sans s'écarter en rien de sa dignité, tout lui parut céleste dans cette divine princesse; et son cœur, disposé sans doute à de nobles sentimens, s'il n'eût pas suivi le chemin de l'erreur, fut soumis par la plus touchante admiration. La conduite des deux députés fit connaître à la reine la séparation totale entre le parti républicain et le parti constitutionnel. Dans les auberges où elle descendait, elle eut quelques entretiens particuliers avec Barnave. Celui-ci parla beaucoup des fautes des royalistes dans la révolu-

tion, et dit qu'il avait trouvé les intérêts de la cour si faiblement, si mal défendus, qu'il avait été tenté plusieurs fois d'aller lui offrir un athlète courageux qui connût l'esprit du siècle et celui de la nation. La reine lui demanda quels auraient été les moyens qu'il lui aurait conseillé d'employer.—« La popularité, Madame. » — Et comment pouvais-je en avoir ? repartit sa majesté ; elle m'était enlevée. — Ah ! Madame, il vous était bien plus facile à vous de la conquérir qu'à moi de l'obtenir. » Cette assertion fournirait matière à commentaire ; je me borne à rapporter ce curieux entretien. » (*Mém. de madame Campan*, t. 2, p. 150 et suiv.)

Arrivée. « Je l'ai vu, ce ci-devant roi, cette Antoinette, avec le dauphin, son louveteau ; j'ai vu cette bourbonaise Élisabeth, et la petite madame Royale. Dieu, quel spectacle ! Plus de cent cinquante mille hommes les escortaient.

» On a remarqué que, près de Pantin, le patriote Santerre, qui commandait son bataillon, a été reconnu par le roi, qui a voulu lui parler ; mais Santerre, le saluant, lui a dans l'instant tourné le dos. Le sieur Mottié a trouvé le moyen d'approcher de la voiture, et il a parlé à Louis XVI et à sa femme, tandis que la voiture marchait. Il leur faisait leur thème ; mais comme cette conversation durait un peu de temps et devenait suspecte, les gardes nationales lui ont fait sentir que ce n'était pas là son poste.

» Monté sur son cheval blanc, il s'est mis alors à la tête de cette armée, comme pour se faire, aux yeux du peuple, un mérite de ramener Louis XVI dans la capitale ; tandis qu'au lieu d'avoir contribué à son retour, il a favorisé sa fuite. Braves citoyens, intrépides Français ! que vous m'avez paru grands et dignes de la liberté !

» Le roi et la reine étaient dans la première voiture ; M. Barnave avait le dauphin entre ses jambes ; la reine paraissait agitée et affectait de pleurer ; le roi, d'après le rapport des gardes nationales, qui le long du chemin parlaient aux citoyens qui bordaient la route, le roi s'était enivré lui-même à Pantin. Ce n'était pas une marche triomphale, c'était le convoi de la monarchie ! Mais quel intérêt de curiosité ne s'empara point de toutes les âmes, quand on apprit que le ci-devant duc de Guiche, Gouvernet, Latour-du-Pin et d'Agout, exempt des gardes-du-corps, étaient sur le devant de la voiture, habillés en postillons, avec une veste chamois, et enchaînés par les pieds! (L'*Orateur du peuple*, t. 6, p. 402.)

« Combien les Capets devaient espérer en lisant cette affiche, portée au bout d'une pique, placardée dans le faubourg Saint-Antoine, et colportée dans tous les journaux : *Quiconque applaudira le roi, sera bâtonné; quiconque l'insultera sera pendu.* (*Révolutions de France*, etc., n° LXXXIII.)

« Des spectateurs de tout rang, et en grand nombre, ne manquèrent pas de se trouver sur le chemin depuis Pantin jusqu'au pont tournant du jardin des Tuileries. Le poids de la chaleur ne rebuta personne, et l'on ne s'ennuya pas d'attendre. On s'étonnait d'avoir été si long-temps dupe de ce rustre couronné, dont les piéges avaient été aussi grossiers que la personne.

» Parmi les gardes nationales parisiennes à pied on eût désiré un plus grand nombre de piques des faubourgs Saint-Antoine et Saint-Marceau; elles auraient masqué la voiture beaucoup moins que les grands bonnets de peau d'ours; elles auraient rappelé d'une manière tranchante les fugitifs à leur devoir, et le triomphe eût été complet. Mais les grenadiers n'eurent pas la générosité de donner leur poste à des gens dont la présence était un reproche tacite du peu de surveillance, pour ne pas dire plus, des habillés de *bleu-de-roi*.

» La plupart de ces piques avaient un pain embroché dans le fer de la lance, comme pour faire entendre à Louis XVI que l'absence d'un roi ne cause point la famine. Si notre ci-devant avait la vue moins courte, il aurait pu lire cette inscription en tête d'un piquet de citoyens mal vêtus, mal armés, mais pénétrés des bons principes : *Vive la nation! vive la loi!*....

» C'était un spectacle imposant et magnifique, vu des Champs-Élysées, que ces vingt milles baïonnettes parsemées de lances, escortant avec gravité, à travers une population de trois cent mille individus, un roi caché dans le fond de son coche, et cherchant à se dérober aux regards de toute une multitude, dont il se promettait, trois jours auparavant, la conquête et l'esclavage.

» Un peu avant d'entrer dans la place de *Louis-le-Vicieux*, tous les glaives s'agitèrent dans les mains des gens à cheval, en signe de fraternité.

» Le peuple a fait quelques mouvemens attentatoires à la vie des trois postillons-gardes-du-corps. Son instinct lui disait que le glaive de la justice passerait sur leurs têtes sans les toucher.

» Les valets du château des Tuileries, postés aux fenêtres, se découvrirent du plus loin qu'ils aperçurent leur maître. La garde nationale, en les couchant en joue, leur enjoignit de se couvrir la tête à l'instar des citoyens; ils n'attendirent pas une seconde injonction de cette nature. Les femmes de chambre et d'honneur de l'Autrichienne se mirent en devoir de battre des mains aussitôt qu'elles aperçurent leur maîtresse. La garde préposée réprima aussitôt ces élans de reconnaissance servile. » (*Révolutions de Paris*, n° CIII.)

« Lorsque Louis XVI fut rentré dans son appartement aux Tuileries, il se jeta dans un fauteuil en disant : Il fait diablement chaud.—Puis : J'ai fait là un f.... voyage.... Enfin cela me trottait depuis long-temps dans la cervelle..... Ensuite, regardant les officiers de la garde nationale présens : —Oh ! c'est une sottise que j'ai faite, j'en conviens.— *Eh bien ! ne faut-il pas que je fasse aussi mes farces comme un autre !...* Allons, qu'on m'apporte un poulet..... Un de ses valets de chambre paraît.— Ah ! te voilà, toi,.... et moi aussi, me voilà..... On apporte le poulet. Louis XVI boit et mange de bon appétit, comme il avait fait tout le long de la route; puis il va dormir. Antoinette montra plus de sensibilité : sa physionomie sombre, son silence farouche, peignaient les sentimens de rage et de désespoir qui dévoraient son âme; ses yeux de sang se fixent de toutes parts en lisant le calme et le mépris sur tous les visages. » (*Annales patriotiques*, 27 juin.)

« Tout le monde assurait que M. Barnave avait été gagné par la reine, et que ce que le roi et la reine devaient dire avait été préparé par lui. » (*L'Orateur du peuple*, t. 6, p. 432.)

Nous ne nous arrêterons pas à citer les mille détails plus ou moins bizarres, toutes les légendes qui eurent cours sur la conduite du roi et celle de la reine, pendant la première semaine qui suivit leur retour. Voici cependant quelques-uns de ces *ana* :
« On assure que le roi a voulu donner hier (fin de juin (1)) un ordre à un officier national, qui lui à répondu qu'il ne pouvait pas l'exécuter, parce qu'il était, lui roi, interdit de ses fonctions. Louis XVI est entré alors dans la plus violente fureur; il a frappé un garde national, et ne se connaissant plus, il a vomi mille imprécations, et a brisé glaces, pendules et autres meubles. Tels étaient les accès de démence de Charles VI. » (*L'Orateur du peuple*, t. VI, p. 452.)

Après avoir répété cette anecdote, Desmoulins ajoute : « Il s'est apaisé depuis, et on m'assure qu'il s'est tellement apprivoisé, qu'il va jusqu'à s'amuser de ses arrêts. Son plus grand plaisir est de se cacher sous le lit, et là, de se divertir de l'embarras de ses gardes, qui cherchent où est le roi, quand tout à coup il sort brusquement le museau du sire de dessous la couverture, pour donner place à sa grosse joie, et se livrer aux éclats d'un rire inextinguible. Il y a loin de ce jeu de *cache, cache, Nicolas*, au temps où sa femme jouait au *décampativos* à Trianon. » Desmoulins fait là dessus la note suivante : « Je voudrais pouvoir croire à la bonhomie que suppose cette anecdote dans le ci-devant roi, mais je vois qu'elle ne suppose plus que l'imbécillité, quand je me rappelle une multitude de traits du susdit Capet; celui-ci par exemple : Il rencontre un jour un paysan et son âne. — Combien veux-tu me vendre ton âne? — Dix écus. — Aussitôt Louis XVI prend un bâton, et frappe le pauvre Martin jusqu'à ce qu'il ait eu le plaisir d'être bien sûr qu'il était assommé. Puis il fait donner 20 francs au paysan. Celui-ci se récrie que son âne lui en a coûté 50. Le roi, *honnête homme*, ordonne qu'on

---

(1) *L'Orateur du peuple* n'étant pas daté, ce n'est que par la chronologie des autres journaux sur les faits dont lui-même s'occupe, que nous pouvons approximativement calculer la date de ses numéros.
(*Note des auteurs.*)

le chasse. Un des amusemens du meilleur des rois était encore, quand à la chasse il voyait un chien dans les bras d'une femme, de le faire mettre à terre, puis de le tuer d'un coup de fusil; et les femmes de crier, et le roi de rire aux éclats. Je pourrais citer cent traits pareils, c'est sans doute pour cela que l'Académie l'appelait *Louis-le-Sévère*, comme M. Lally l'avait appelé le *Restaurateur de la liberté*, pour son habileté à péter en tenant sa cour, et de se tourner devant les femmes *pour expulser le superflu de sa boisson.* » (*Révolutions de France*, etc., n° LXXXIV.)

La presse patriote revenant sur le passé, interprétait maintenant quelques passages des feuilles royalistes publiées avant la fuite. « Voyez maintenant, dit Desmoulins, le n° III de Suleau, imprimé huit jours avant l'événement; note de la page 30, on lisait : « C'est une bien déplorable fatalité pour le roi d'être calomnié par ceux qui connaissent les embarras de sa position, et jugé à contre-sens par ceux qui les ignorent. J'en demande bien pardon à mes abonnés; mais, pour moi, je ne désespère pas encore qu'en définitive, il n'aura été Russe qu'à la manière de Pierre-le-Grand, dans les chantiers de la Hollande. » Et plus loin, p. 37 : « Si au contraire de grands événemens se préparent..... » — Et p. 82 : « Les grands événemens politiques dont il eût été criminel de troubler indirectement le concert mystérieux touchent enfin à leur maturité. » — Et le jour même de la fuite, on lisait dans le *Journal de la cour et de la ville*, n° LII, 21 juin, le paragraphe suivant : « Tous ceux qui pourront être compris dans l'amnistie du *prince de Condé* peuvent se faire enregistrer à notre bureau d'ici au mois d'août. Nous aurons 1,500 registres, pour la commodité du public; nous n'en excepterons que 150 individus dont nous donnerons incessamment le nom et le signalement. » — On lisait encore cette phrase, p. 414 : « *L'avocat* des rois, qui va plaider la cause du nôtre et celle des honnêtes gens, commence *à router pour se rendre à son poste.* » (*Révolutions de France*, etc, n° LXXXIII.)

La *Chronique de Paris* et *Brissot* soutenaient toujours la Fayette. Desmoulins affirme que trois heures avant l'arrivée du courrier de Varennes, Brissot lui disait chez Pétion : « Soyez sûr que si la Fayette a favorisé l'évasion du roi, c'est pour nous donner la république. » (N° LXXXII.) Dans son n° LXXXIII, p. 198, il dit : « Un journaliste imagine une tournure fort adroite pour soutenir le crédit ébranlé de M. la Fayette. Il se garde bien de parler des crimes de haute trahison dont l'a convaincu Danton à la tribune des Jacobins; mais en revanche voyez comme il se fait rigoriste et atrabilaire pour des peccadiles. « Pourquoi, dit-il, fermer les Tuileries ? pourquoi l'inquisition aux ports ? pourquoi les très-ridicules passeports ? pourquoi déployer vendredi, le spectacle d'une ville militaire à propos de la citation de Montmorin devant l'assemblée nationale ? — *La Chronique* aussitôt appelle notre homme le *mâle et sévère Brissot*, et ses lecteurs qui le trouvent effectivement si rébarbatif et si inexorable sur des vétilles, le voyant passer sous silence les crimes du commandant-général ne manquent pas d'en conclure qu'il faut bien qu'il soit innocent, puisque le *sévère Brissot* n'en parle point. Voilà comme on crève l'autre œil à un peuple qui est déjà borgne. »

Nous trouvons dans Royou, 28 et 29 juin, la même opinion sur les facilités de fuir données à Louis XVI, mais dans un tout autre but. « Le départ du roi n'a été un secret que parce que ses ennemis, ceux qui semblaient avoir le plus d'intérêt de l'empêcher, ont affecté à dessein de l'ignorer. Ils avaient donc le projet, en faisant arrêter le roi à l'extrémité de son royaume, en lui faisant traverser tous ses États dans l'appareil d'un criminel et d'un malfaiteur, d'avilir sa personne, de la rendre odieuse et méprisable pour les peuples, et de hâter, par cette infâme manœuvre, l'anéantissement de l'autorité royale et la chute de la monarchie. Un pareil raffinement de scélératesse est sans doute bien coupable; voilà les hommes dont la nation devrait éclairer les démarches; c'est à la découverte d'un si infâme complot qu'elle devrait uniquement s'attacher, et c'est contre ceux qui seraient convaincus d'y avoir trempé, qu'elle devrait solliciter la vengeance de la loi. »

La grande question traitée par les clubs et par les journaux, consistait à savoir ce que l'on ferait du roi. Le club des Cordeliers adressa une pétition à l'assemblée nationale, que nous citons plus bas dans le compte-rendu des séances des Jacobins. On verra quelle furieuse opposition trouvèrent ceux qui voulaient la république. La société fraternelle, séante aux Jacobins, fit aussi une pétition à la constituante, dans laquelle elle demandait que le *ci-devant roi et sa femme fussent mandés à la barre de l'assemblée, pour y répondre aux différentes questions qui leur seraient faites par le président, au nom de la nation.*

Le *Journal des Clubs* de Leroux et Revol renferme une insinuation fédéraliste que nous devons citer : « *De Paris, ce 30 juin.* — Différentes sociétés d'Amis de la constitution ont déjà fait à l'assemblée nationale une pétition pour demander qu'elle ne prononce pas sur le roi avant d'avoir obtenu le vœu des 83 départemens. Toutes les sociétés, tous les corps administratifs, toutes les assemblées primaires doivent se hâter d'émettre le même vœu. » (T. 4, p. 384.)

Brissot analysait ainsi la polémique : « On propose six partis.

» 1° Abolir la royauté, et substituer le gouvernement républicain.

» 2° Faire juger le roi et la question de la royauté par la nation.

» 3° Faire juger le roi par la cour nationale.

» 4° Avoir son abdication.

» 5° L'interdire et avoir un régent.

» 6° Le laisser sur le trône, en lui donnant un conseil électif.

» Tout Français qui n'examinera pas ces questions avec la plus grande attention n'est pas digne d'être libre.

» La première opinion qui a été présentée au public est tranchante. — *Plus de roi, soyons républicains.* — Tel a été le cri du Palais-Royal, de quelques sociétés, de quelques écrivains ; mais leur enthousiasme pour le gouvernement républicain n'a pas fait, hors du Palais-Royal, tant de prosélytes qu'on pouvait l'attendre. Les Jacobins n'ont reçu qu'avec improbation une députation du club des Cordeliers, qui venait leur présenter cette idée. Il semblait que ce fût un blasphème à leurs yeux. Cette répugnance pour le *nom d'un état* où l'on est, paraît bien singulière aux yeux du philosophe ! Cette singularité n'est que le fruit d'un secret calcul. »

Brissot transcrit après cela un article de la *Bouche de fer*, où le fédéralisme est encore plus explicite que dans l'extrait du *Journal des Clubs*, cité plus haut. Cet article dit qu'il ne faut ni roi, ni protecteur, ni régent; qu'il est temps d'en finir avec les *mangeurs d'hommes* de toute espèce. « Que les 83 départemens se confédèrent et déclarent qu'ils ne veulent ni tyrans, ni monarques, ni protecteurs, ni régens, qui sont des ombres de roi aussi funestes à la chose publique que l'ombre du Bóhon Upas, qui est mortelle. En nommant un régent, la guerre civile s'allume, et l'on combattra bien plutôt pour un maître de son choix que pour la liberté. » *(Patriote français, 25 juin.)*

La bibliographie du mois nous fournit la première mention que nous ayons encore eu à faire d'un jeune homme destiné à de grandes fonctions. Le *Moniteur* du 23 juin rend compte d'un livre intitulé : *Esprit de la révolution, et de la constitution de France,* par Louis Léon de Saint-Just, électeur du département de l'Aisne.

Nous terminerons nos extraits de la presse par la lettre suivante que fit insérer dans presque tous les journaux Louis-Philippe d'Orléans ; elle était adressée au journal *l'Assemblée nationale*.

« Ayant lu, Monsieur, dans votre journal, n° DCLXXXIX, votre opinion sur les mesures à prendre, d'après le retour du roi, et tout ce que vous a dicté sur mon compte votre justice et votre impartialité, je dois vous répéter ce que j'ai déclaré publiquement, dès le 21 et le 22 de ce mois, à plusieurs membres de l'assemblée nationale, que je suis prêt à servir ma patrie sur terre, sur mer, dans la carrière diplomatique, en un mot, dans tous les postes qui n'exigeront que du zèle et un dévoûment sans bornes au bien public; *mais que s'il est question de régence, je renonce dans ce moment, et pour toujours, aux droits que la cons-*

titution m'y donne. J'oserai dire qu'après avoir fait tant de sacrifices à l'intérêt du peuple et à la cause de la liberté, il ne m'est plus permis de sortir de la classe de simple citoyen, où je ne me suis placé *qu'avec la ferme résolution d'y rester toujours, et que l'ambition serait en moi une inconséquence inexcusable.* Ce n'est point pour imposer silence à mes détracteurs que je fais cette déclaration ; je sais trop que mon zèle pour la liberté nationale, pour l'égalité qui en est le fondement, alimenterait toujours leur haine contre moi ; je dédaigne leurs calomnies : ma conduite en prouvera constamment la noirceur et l'absurdité ; mais j'ai dû déclarer dans cette occasion mes sentimens et mes résolutions irrévocables, afin que l'opinion publique ne s'appuie pas sur une fausse base dans ses calculs et ses combinaisons relativement aux nouvelles mesures que l'on pourrait être forcé de prendre.

» Ce 26 juin 1791.

» *Signé,* L.-P. D'ORLÉANS. »

CLUB DES JACOBINS.

La séance du 22 fut vivement agitée à l'occasion de l'adresse des Cordeliers à l'assemblée nationale. Voici cette adresse ; nous en avons pris le texte dans le tome 6, p. 181, de l'*Orateur du peuple.*

« Nous étions esclaves en 1789 ; nous nous étions crus libres en 1790 ; nous le sommes à la fin de juin 1791. Législateurs, vous aviez distribué les pouvoirs de la nation que vous représentez ; vous aviez investi Louis XVI d'une autorité démesurée ; vous aviez consacré la tyrannie en l'instituant roi inamovible, inviolable et héréditaire ; vous aviez consacré l'esclavage des Français en déclarant que la France était une monarchie.

» Les bons citoyens ont gémi ; les opinions se sont choquées avec véhémence ; mais la loi existait, et nous lui avions obéi : nous attendions notre salut du progrès des lumières et de la philosophie.

» Ce prétendu contrat entre une nation qui donne tout, et un individu qui ne fournit rien, semblait devoir être maintenu ; et jusqu'à ce que Louis XVI eût été traître et ingrat, nous croyions ne pouvoir imputer qu'à nous-mêmes d'avoir gâté notre propre ouvrage.

» Mais les temps sont changés. Elle n'existe plus cette prétendue convention d'un peuple avec son roi ; Louis a abdiqué la royauté ; désormais Louis n'est plus rien pour nous, à moins qu'il ne devienne notre ennemi.

» Nous voilà donc au même état où nous étions après la prise de la Bastille : *libres et sans roi*. Reste à savoir s'il est avantageux d'en nommer un autre.

» La société des Amis des droits de l'homme pense qu'une nation doit tout faire ou par elle ou par des officiers amovibles et de son choix ; elle pense qu'aucun individu dans l'État ne doit raisonnablement posséder assez de richesses, assez de prérogatives pour pouvoir corrompre les agens de l'administration politique ; elle pense qu'il ne doit exister aucun emploi dans l'État, qui ne soit accessible à tous les membres de l'État ; elle pense enfin que plus un emploi est important, plus sa durée doit être courte et passagère. Pénétrée de la vérité et de la grandeur de ces principes, elle ne peut donc plus se dissimuler que la royauté, que la royauté héréditaire surtout, est incompatible avec la liberté. Telle est son opinion : elle en est comptable à tous les Français.

» Elle prévoit qu'une telle proposition va faire lever une légion de contradicteurs ; mais la déclaration des droits elle-même n'a-t-elle pas éprouvé des contradictions ? Quoi qu'il en soit, cette question est assez importante pour mériter une discussion sérieuse de la part des législateurs. Déjà ils ont manqué une fois la révolution, par un reste de condescendance pour le fantôme de la royauté ; il a disparu ce fantôme : agissons donc sans crainte et sans terreur, et tâchons de ne pas le faire revivre.

» La société des Amis des droits de l'homme et du citoyen n'aurait peut-être pas de si tôt demandé la suppression de la royauté, si le roi, fidèle à ses sermens, s'en fût fait un devoir ; si les peuples, toujours dupes de cette institution funeste au genre humain, n'eussent enfin ouvert leurs yeux à la lumière ; mais aujourd'hui que le roi, libre de garder la couronne, l'a volontairement abdiquée ; aujourd'hui que la voix publique s'est fait entendre, aujourd'hui que tous les citoyens sont désabusés, nous nous faisons un devoir de servir d'organe à leur intention, en demandant instamment et à jamais la destruction de ce fléau de la liberté.

» Législateurs, vous avez une grande leçon devant les yeux; songez qu'après ce qui vient de se passer, il est impossible que vous parveniez à inspirer au peuple aucun degré de confiance dans un fonctionnaire appelé roi; et d'après cela, nous vous conjurons, au nom de la patrie, ou de déclarer sur-le-champ que la France n'est plus une monarchie, qu'elle est une république; ou au moins, d'attendre que tous les départemens, que toutes les assemblées primaires aient émis leur vœu sur cette question importante, avant de penser à replonger une seconde fois le plus bel empire du monde dans les chaînes et dans les entraves du monarchisme (1). »

SÉANCE.—*M. Robert.* « Vous avez envoyé six commissaires à la section de Saint-Roch, où j'étais détenu : je viens, en vous faisant mes remercîmens, vous faire part des motifs de ma détention :

« J'étais à quatre heures au club des Cordeliers : je fus envoyé avec deux autres membres du club, pour porter à la société fraternelle une adresse pour demander la destruction de la monarchie. » (Des cris d'improbation s'élèvent de toutes parts.)

(1) L'assemblée nationale avait aussi reçu une lettre de 30 jeunes gens qui, prenant le titre collectif de *Mucius-Scévola*, demandent la mise en accusation de Louis XVI, l'arrestation de la Fayette et de Bailly, et ils sommaient le président de lire leur pétition à l'assemblée « s'il ne voulait pas être compté lui-même au nombre des tyrans et grossir leur liste d'une victime de plus. » Cette lettre fut communiquée au club des Cordeliers avec un billet d'envoi. Signé, LEBRUN. Le *P. S.* de ce billet déclare que la société des Mucius-Scévola (tyrannicides) est secrète. (*L'Orateur du peuple*, tome 6, p. 423.)

M. Boutidoux. « Sur le début du préopinant, j'ai l'honneur de vous observer que vous êtes les Amis de la constitution, et que la monarchie est dans la constitution. Je demande qu'on passe à l'ordre du jour. » (L'assemblée, consultée sur l'ordre du jour, se lève tout entière.)

M. Gorguereau. « Messieurs, sans nous appesantir sur l'objet de l'adresse des Cordeliers, je déclare, moi, que je la regarde comme une scélératesse. » (On applaudit.)

M. Chépy. « Je crois devoir, monsieur le préopinant, vous engager à vouloir bien ménager vos expressions. » (Quelques applaudissemens : murmures violens. M. Boutidoux demande à parler contre M. le président.)

M. Chépy. « M. Boutidoux demande la parole contre moi ; je vous prie, Messieurs, de vouloir bien lui prêter le plus grand silence. »

M. Boutidoux. « S'il était possible qu'au milieu du tumulte qui règne dans cette séance, un président pût conserver entièrement sa présence d'esprit, je demanderais que M. le président fût rappelé à l'ordre pour avoir émis un sentiment sans avoir préalablement consulté l'assemblée. Je me borne à demander à cette occasion qu'aucune députation de Cordeliers ne soit admise ici qu'ils n'aient rétracté cette adresse. » (On applaudit. M. Gorguereau monte à la tribune.)

M. Danton. « Je demande qu'on passe à l'ordre du jour sur ce que M. Gorguereau peut dire touchant l'objet qui l'amène à la tribune. »

M. Gorguereau. « Ce n'est qu'avec un extrême regret que je me suis servi de l'expression dure que je viens d'employer ; mais si je voulais exprimer toute l'indignation que m'a inspirée, ainsi qu'elle l'a fait à tout bon citoyen, la pétition des Cordeliers, j'avoue que je ne saurais laquelle employer qui ne fût au-dessous de la vérité, et je crois que lorsque la société semble adopter pour principe d'accorder la plus grande latitude à des écrits tels que ceux de Marat, il serait bien étonnant qu'elle trouvât quelque difficulté à faire entendre à la tribune avec une égale latitude les opinions qui peuvent y être contraires. »

M. Chépy, fatigué, propose de céder le fauteuil à Danton. M. Dubois de Crancé y monte et ramène le silence.

M. Dubois-Crancé. « Messieurs, je vous fais observer que plus les circonstances sont pressantes, plus il est essentiel de conserver sa dignité; l'assemblée nationale, le peuple de Paris, vous donnent le plus bel exemple. (On applaudit.) Vous n'ignorez pas que les ennemis du bien public, sous le nom du roi, ont calomnié cette société : l'assemblée nationale vient de rendre justice à vos principes. »

— A la séance du 25, on délibéra sur la conduite que l'assemblée nationale devait tenir au retour du roi. Voici le discours de Danton :

Danton. « L'individu déclaré roi des Français, après avoir juré de maintenir la constitution, s'est enfui, et j'entends dire qu'il n'est pas déchu de sa couronne. Mais cet individu, déclaré roi des Français, a signé un écrit par lequel il déclare qu'il va chercher les moyens de détruire la constitution. L'assemblée nationale doit déployer toute la force publique pour pourvoir à sa sûreté. Il faut ensuite qu'elle lui présente son écrit; s'il l'avoue, certes il est criminel, à moins qu'on ne le répute imbécille. Ce serait un spectacle horrible à présenter à l'univers, si, ayant la faculté de trouver ou un roi criminel, ou un roi imbécille, nous ne choisissions pas ce dernier parti.

« L'individu royal ne peut plus être roi dès qu'il est imbécille, et ce n'est pas un régent qu'il faut, c'est un conseil à l'interdiction : ce conseil ne peut être pris dans le corps-législatif. Il faut que les départemens s'assemblent, que chacun d'eux nomme un électeur, qu'ils nomment ensuite les dix ou douze membres qui devront composer ce conseil, et qui seront changés, comme les membres de la législature, tous les deux ans. »

—Immédiatement après ce discours, on lit une lettre adressée au président par M. la Fayette, qui s'excuse de ne pouvoir se rendre aujourd'hui à la société sur l'invitation qu'il en avait reque, à raison des devoirs qu'il est obligé de remplir ce soir, et comme député à l'assemblée nationale et comme commandant-général. Il promet d'y venir à une des plus prochaines séances.

— A la séance du 24, Drouet vint répéter à la tribune des Jacobins son récit de l'arrestation du roi, récit qu'il colporta dans tous les clubs.

— A la séance du 25, après quelques débats sans intérêt, Dufourny demanda « que pour éviter la facilité avec laquelle certains membres prêtent leur carte, et parer aux inconvéniens qui peuvent en résulter, chacun fût tenu de la porter, dans l'assemblée sur la poitrine ou à la boutonnière. » Cette motion fut mise aux voix et adoptée. Toulongeon (Histoire de France, depuis la révolution, *pièces justificatives*, p. 105 et suivantes) attribue à la séance du 25 deux faits dont l'un n'est nullement mentionné dans le *Journal des Débats des Jacobins*, et dont l'autre se passa à la séance du 26. Le premier est la lecture de l'adresse suivante :

Adresse du club de Marseille au peuple Français.

« Français, hommes vraiment libres des quatre-vingt-trois départemens, vos frères et amis les Marseillais vous invitent à rendre hommage à Robespierre, ce digne représentant de la nation, cet apôtre de la liberté nationale. Reconnaissez avec lui l'attentat énorme commis contre vos droits. Il est cette sentinelle vigilante que rien n'a pu surprendre, cet unique émule du Romain Fabrice, dont le despote Pyrrhus louait les vertus par ces mots célèbres : Il est plus facile de détourner le soleil de sa course, que d'écarter Fabrice de la voie de l'honneur.

» Voûte sacrée des Jacobins, pourrez-vous retentir de plus de vérités que Robespierre et Danton vous en ont fait entendre? Prolongez-en les sons dans tous les clubs de l'empire. Nos voûtes retentiront comme les vôtres, et répéteront leurs noms.

» Sachez, Français, que vos frères de Marseille ont juré de veiller à la conservation précieuse de ces hommes rares, que la capitale a l'heureux avantage de posséder dans son sein, et dont les nombreux essaims des noirs, des impartiaux, méditent la perte, si, par une constance fière, vous n'arrêtez les projets ambitieux de ces prétendus zélés qui se sont coalisés pour éterniser leur pouvoir. Répondez-nous de la vie, des jours de Robespierre et de Danton ; que vos corps leur servent de rempart. Fixez surtout vos regards autour du fauteuil constitutionnel que quelques traîtres à la patrie veulent ériger en trône. Ralliez-vous contre les attaques et les plans machiavéliques d'un Dandré ; ne souffrez pas que la constitution soit livrée à un membre si dangereux pour la chose publique. Des Marseillais, à la moindre lueur de danger, voleront auprès de vous, pour vous servir de leurs bras, et suivis des excellens patriotes des départemens, ils iront dans la capitale arracher le masque aux hypocrites, et placer la vérité sur le fauteuil national entre Robespierre et Danton. »

Le second fait est le récit de Barnave touchant le voyage du roi. Or, ce récit n'eut lieu que le 26, et le *Journal des Débats* le rapporte en effet à cette séance. La seule circonstance qui fut relevée, parce qu'elle démentait un trait accrédité depuis la veille, c'est que les trois courriers enchaînés sur le siége de la voiture du roi n'étaient ni d'Agoust, ni le duc de Guiche, ni Gouvernet, mais les trois gardes-du-corps Valory, Malgan et Dumoutier.

— A la séance du 27, on reprit la question de savoir comment l'assemblée nationale devait traiter le roi. Voici le discours de M. Girey-Dupré, et la discussion qui en fut la suite.

M. Girey-Dupré. « Vous avez donné, Messieurs, un grand exemple aux peuples en proclamant vos droits et en les reconquérant ; vous avez maintenant une grande leçon à donner aux rois, en leur apprenant que le tribunal suprême de la justice céleste n'est pas le seul auquel ils puissent être cités, et qu'ils ont aussi des juges sur la terre. On a commis un grand crime, le plus grand de tous les crimes, si l'on considère quel est l'offenseur, quel est l'offensé, quelle est la nature de l'offense. — L'offenseur est un homme dans lequel vous vous étiez plu à concentrer tout l'éclat de l'empire, que vous aviez voulu environner de toute votre majesté ; un homme qui ne devait songer qu'à vous faire oublier, à force de repentir et de vertu, tous les crimes et tous les malheurs de son gouvernement; un homme qui aurait dû s'estimer heureux, et trop heureux, si, au lieu de le combler de vos bienfaits, vous lui eussiez seulement permis de chercher dans votre mépris un asile contre votre exécration. — L'offensé est un grand peuple, bon, magnanime, qui s'est obstiné à ne voir qu'un ami faible dans son cruel ennemi, qui ne s'est jamais lassé de lui pardonner, qui lui pardonnerait encore peut-être, s'il n'était persuadé qu'il y va de sa gloire et de son salut d'être une seule fois rigoureux et inflexible. — L'offense est la plus noire des ingratitudes, le plus révoltant des abus de confiance, la plus atroce des rébellions, le signal de la guerre civile et étrangère, et la source de tous les désastres, s'il n'eût dépendu que de l'offenseur.

» Eh bien! je ne viens pas crier vengeance, je viens demander justice, en mon nom, au nom de la France, au nom de l'univers. Oui, l'univers a les yeux fixés sur nous; oui, l'univers attend un grand acte de justice pour crier à ses tyrans : *Comprenez, princes des peuples; instruisez-vous, ô vous qui jugez la terre!*

» Messieurs, nous pouvons punir un roi parjure; nous le devons.

» Nous le pouvons, si le commettant est au-dessus du commis, si la puissance qui délègue est au-dessus du pouvoir délégué, si le souverain est au-dessus de ses fonctionnaires. Nous le pouvons, à moins qu'on ne vienne nous dire que la royauté est faite pour le roi, à moins qu'on ne vienne nous parler de ces droits divins et irrévocables, de ces droits de naissance indépendans de la volonté des nations; à moins que le fanatisme, éternel avocat de la tyrannie, ne nous montre l'oint du Seigneur dans le mandataire du peuple. Nous le pouvons, si nous pouvons être libres, si nous pouvons être hommes.

» J'entends déjà et ces vils idolâtres de l'individu royal, et ces petits ambitieux, à qui il faut une cour pour y exercer le vil métier de flatteurs et d'esclaves importans, et ces patriotes égoïstes, qui se souviennent encore d'avoir été nobles, et qui se cramponnent de toutes leurs forces à des distinctions qui leur échappent; je les entends s'écrier qu'on en veut à la constitution, qu'on veut attaquer le décret d'inviolabilité. Certes, ou ces gens-là sont de bien mauvaise foi, ou ils entendent bien mal la constitution, et surtout le décret d'inviolabilité de la personne du roi. Qu'est-ce qu'a voulu, qu'est-ce qu'a pu dire l'assemblée nationale en déclarant le roi inviolable? Elle a voulu dire qu'il n'était pas responsable des actes du gouvernement; et cela est si vrai, qu'elle en a déclaré les ministres responsables : car, sous une bonne constitution, il ne faut pas qu'il y ait une seule action dont la loi n'ait le droit de demander compte. Mais quant aux actes individuels du monarque, quant à ses actions privées, lui seul peut et doit en être responsable; donc il n'est pas inviolable sous ce rapport. En effet, je suppose qu'un roi commette un assassinat, quel est l'homme assez stupide pour prétendre que dans ce cas le roi serait inviolable? ce ne serait pas là une inviolabilité, ce serait, si je puis m'exprimer ainsi, une *impunissabilité*. Ne confondons point deux choses aussi distinctes. L'inviolabilité du roi n'est rien autre chose que son *irresponsabilité* comme chef du pouvoir exécutif, et c'est une suite nécessaire du système de la monarchie héréditaire. L'*impunissabilité* du roi serait la liberté de commettre, comme individu, tous les forfaits possibles sans pouvoir être atteint par la loi. Décidez, si vous voulez avoir un roi qui puisse, au gré de ses nobles fantaisies, vous arracher vos biens, votre vie, votre honneur. Mais pour éclaircir encore davantage cette question, faisons une autre hypothèse. Supposons qu'un membre du corps-législatif commette un crime capital, croyez-vous qu'il serait bien fondé à opposer son inviolabilité au glaive de la loi? Eh bien! l'hypothèse est absolument la même; le législateur n'est inviolable que dans l'exercice de ses fonctions législatives; le roi n'est inviolable que dans l'exercice de ses fonctions royales. Or, il est bien évident que la fuite du roi, que son odieuse désertion n'est pas un acte de son gouvernement, mais un acte purement individuel, un acte dont ses ministres ne peuvent être responsables; donc c'est en vain qu'on allègue ici son inviolabilité; donc nous pouvons le punir.

« Mais le devons-nous? Oui, nous le devons. Voici en effet à quoi se réduit cette question, qui même n'en est pas une : voulons-nous conserver notre constitution et n'avoir plus Louis XVI pour roi; ou bien, voulons-nous conserver Louis XVI pour roi et n'avoir plus notre constitution. Il vous l'a dit lui-même; cette constitution ne lui convient pas; il ne voulait revenir au milieu de nous que quand cette constitution serait détruite, et que sur ses débris serait élevée la constitution *vraiment monarchique*, dont il a lui-même jeté les fondemens dans sa déclaration du 23 juin 1789. Et qu'on ne me parle pas de le soumettre à de nouvelles épreuves; de lui faire prêter de nouveaux sermens. Vous l'avez vu courir lui-même au-devant des sermens, vous l'avez entendu cent fois attester lui-même son caractère connu, son respect pour la foi du serment. N'en doutez pas, il fera toutes les déclarations que vous exigerez de lui; sa bouche jurera de maintenir votre constitution, et son cœur jurera de l'anéantir; et soyez persuadés qu'autant qu'il le pourra, il ne sera pas parjure à ce serment intérieur. Quelle serait alors notre position? Attaqués de toutes parts par les princes qui vont s'armer pour sa querelle, et qui ne croiront pas à sa conversion, parce qu'ils connaissent le cœur des rois, nous serions encore trahis au-dedans par celui qui serait essentiellement chargé de notre défense, par le chef suprême de la force publique. Car ne doutez pas qu'il ne mette ses complices à la tête de notre gouvernement et de nos armées; ne doutez pas qu'après avoir formé au milieu de nous un parti contre nous-mêmes, il ne finît par aller grossir avec tous ses esclaves et ses courtisans la foule de nos ennemis.

» Mais, me dira-t-on, nous lui ôterons la nomination des ministres et des généraux. Fort bien; mais vous lui ôterez sans doute aussi la disposition de la liste civile? Oui; mais vous lui ôterez sans doute aussi le droit de sanctionner vos décrets et de les frapper de son veto? Sans doute. — C'est-à-dire que vous voulez vous dissimuler à vous-mêmes qu'il ne peut plus être votre roi.

C'est-à-dire que vous voulez prendre encore ce que les gens sans principes appellent *une mesure*. Français, au nom de votre gloire, au nom de votre salut, au nom de votre liberté, rejetez loin, bien loin de vous les conseils lâches et pusillanimes de ces hommes qui ne veulent que vous déshonorer. Deux fois les Anglais vous ont donné un grand exemple, vous êtes dignes de l'imiter. On vous a dit hier que ce peuple témoignait tous les ans sa douleur d'avoir été trop rigoureux; que l'on sache que les aristocrates seuls et les esclaves célèbrent la mémoire du prétendu martyr Charles Ier, et que tous les patriotes ne le regardent que comme martyr de sa fierté tyrannique et de son despotique entêtement.

» Je conclus en demandant que Louis de Bourbon soit dépouillé provisoirement de toutes fonctions royales, jusqu'à ce que son procès lui ait été fait et parfait par-devant un haut jury, qui s'assemblera au plus tard au 30 août prochain. » (On demande l'impression.)

N.... « J'observe à la société qu'elle a pris l'arrêté de ne rien délibérer qu'en présence des membres de l'assemblée nationale. »

N.... « Si cet arrêté existe, il est indigne de la liberté de cette assemblée, je demande qu'il soit ôté de ses registres; car enfin les membres de l'assemblée nationale, en fût-ce même le président, n'ont et ne veulent avoir ici d'autre avantage que celui de la raison. »

(Après de longues discussions, un membre propose pour amendement de retrancher du discours la phrase qui a trait à Charles Ier.)

N.... « J'accède volontiers à l'amendement proposé; mais à condition qu'on réunira dans cette salle toutes les histoires de France et d'Angleterre ensemble, toutes les gravures et pamphlets auxquels cet événement a donné lieu, pour les brûler publiquement. » (On applaudit à cette épigramme.)

M. Antoine. « Un descendant de cette longue suite de tyrans sous lesquels la France fut asservie et malheureuse pendant tant de siècles; cet homme dont la faiblesse avait comblé la mesure de nos maux; cet homme que l'empire des circonstances avait replacé constitutionnellement sur le trône; Louis XVI, à la faveur des ténèbres, s'échappe et fuit le trône de ses ancêtres. Parjure, il a violé le serment solennel prêté par lui, le 14 juillet, à la face de toute la France; perfide, il a fait semblant d'aller de lui-même au-devant de la constitution qu'il abhorre; cruel, il a exposé son peuple et ses plus zélés défenseurs au meurtre et à une guerre intestine; lâche, il a fui : le patriotisme l'a arrêté dans sa fuite, et c'est dans ce moment que nous avons à délibérer.

» Tous les Français ont juré à l'instant d'être eux-mêmes les restaurateurs de la liberté. Ils ont reconnu qu'un roi pouvait fuir sans qu'elle souffrît de ses atteintes.

» Louis XVI a fui avec sa femme, autrefois l'idole, aujourd'hui l'horreur de la nation. Les intrigans se coalisent, les ignorans craignent, et le peuple pressé entre ces divers sentimens attend avec impatience ce qui doit en arriver.

» J'attirerai, s'il le faut, sur ma tête la calomnie, les haines et la persécution; mais dussé-je mourir, je ne peux taire la vérité. Louis XVI doit-il conserver l'exercice du pouvoir exécutif : si l'on se détermine pour la négative, à qui doit passer ce pouvoir? Si l'on arrête l'affirmative, lui donnera-t-on un conseil?

» Si un fonctionnaire public quelconque abandonnait le poste qu'on lui aurait confié, que croirait-on devoir à ce fonctionnaire? La destitution ne serait-elle pas la plus douce punition qu'on devrait infliger à sa lâcheté? Après s'être uni aux Français dans la fédération, après être venu trois fois dans l'assemblée nationale protester de son attachement à la constitution; après avoir fait écrire en son nom une lettre que ne désavouerait pas le plus ardent défenseur de la constitution, Louis XVI fuit mécontent de son peu de pouvoir; il attend des armes sans doute le changement de cette constitution qu'il a juré de maintenir.

» Louis XVI, en partant, a déclaré la guerre à la constitution, son manifeste en est la preuve.

» Un fonctionnaire public quelconque, mais surtout un fonctionnaire héréditaire, un roi, pour être utile à la nation, doit être entouré du respect et de la confiance : or, le respect et la confiance doivent être à jamais perdus pour lui. Il a lu le mépris dans les yeux de huit cent mille Français, et depuis huit jours tous les courriers lui apportent des départemens des certificats de honte. (On applaudit.)

» Le roi des Français ne peut être un homme déshonoré : d'ailleurs tous ses projets vous forcent de vous assurer de sa personne, ne pouvant vous assurer de sa foi. Il est prisonnier, il le sera toujours, car vous savez que le premier moment de sa liberté serait celui de sa fuite. Or, je vous le demande, un prisonnier peut-il être le chef du pouvoir exécutif d'un grand empire?

» On vous a proposé d'achever la constitution, de la lui présenter ensuite tout entière, et de lui laisser à cette époque le choix de l'accepter ou de rejeter l'une et l'autre. Qui pourrait nier que tous les rois ne soient encroûtés du préjugé qui leur fait croire que les trônes sont leur héritage, et les peuples, leur propriété, que rien ne peut les en déposséder. Eh bien! Louis XVI a menti, il mentirait encore, et tous les despotes applaudiraient à son mensonge. Mais pourquoi s'appesantir sur leurs crimes, puisque hors d'une constitution libre, il n'y a, il ne peut y avoir que des tyrans?

» L'assemblée nationale doit donc le destituer, et après sa destitution il doit être gardé. On vous fait craindre que cette démarche ne vous attire une guerre de la part des despotes; que vous importe? S'ils la croient nécessaire à leurs intérêts, quelle que soit votre conduite, vous ne l'éviterez pas; et alors votre défense en serait-elle plus sûre pour avoir à votre tête un roi parjure, un roi votre ennemi déclaré; jurez d'abord que vous voulez être libres, et ensuite ne craignez rien, soyez les maîtres; et quand vous aurez fait ce que vous devez à votre gloire et à votre sûreté, songez ensuite à ce que vous pourrez faire pour votre roi parjure.

» L'inviolabilité défend qu'on lui fasse subir aucun supplice : je conçois les sophismes au moyen desquels on peut chercher à obscurcir cette vérité; mais rien ne peut la détruire; et vous, Français, n'enviez pas à cet égard le sort d'une nation voisine.

» Je ne parlerai pas du sort que l'on doit réserver à l'épouse criminelle sans doute, mais infortunée de ce monarque. Nous les avons en notre puissance, et dès-lors tout désir de vengeance doit s'éteindre dans nos cœurs. Mais qu'ils doivent être humiliés, ces nobles, ces anciens courtisans, qui nous ont répondu du zèle, du patriotisme et de la conduite de l'infâme Bouillé! Qui donc les cautionnera eux-mêmes maintenant? Ne doivent-ils pas craindre que le sang des soldats de Châteauvieux ne retombe sur leurs têtes coupables?

» La couronne étant ôtée à Louis XVI, à qui doit-elle être dévolue? Le dauphin, suppléant constitutionnel du roi, est appelé naturellement à ce trône avec un régent.

»Mais qui aura cette régence? L'absence, la conduite coupable des deux frères du roi les en éloigne. M. de Condé, sur nos frontières, les armes à la main, ne peut être appelé. M. d'Orléans l'accepterait-il? M. de Conti serait-il propre ou disposé à la remplir?»

Une voix forte. Non.

M. Antoine. « Peu importe au reste qui soit régent; il suffit qu'il y en ait un, et peut-être même que s'il était pris hors de la famille de Louis XVI, celui qui en serait investi serait-il mieux disposé à remettre à son pupille la couronne à laquelle il ne pourrait avoir aucune prétention pour lui-même.

» L'autre parti serait de conserver la couronne à Louis XVI, en lui donnant un conseil de régence. Je crois avoir démontré qu'il y avait impossibilité morale, honte pour la France de réintégrer le roi. Voyez si le conseil de régence remédiera à ces défauts.

» Si l'on donne au roi un conseil de régence, ce conseil sera composé de nobles et de gens riches qui sauront bien se faire élire par les départemens et l'assemblée nationale, ce qui serait véritablement élire un conseil de fripons dirigés par un roi. Réunissons tous nos efforts pour éviter à notre patrie une telle honte; rallions-nous autour de notre constitution, examinons-en les défauts pour les en effacer légalement ; ayons un dauphin, ayons un régent, ayons un roi enfin, puisque pour quelque temps encore nous avons besoin qu'une seule tête, par sa hauteur, abaisse celle des ambitieux.

» Où sont-ils, ces grands hommes qui remplissent les administrations, les comités, qui ont déserté cette tribune, depuis qu'ils ont vu que leurs discours n'étaient plus des oracles, depuis que vous avez senti qu'il vous fallait des choses et non des mots, qui ont reparu un moment lorsqu'ils ont senti qu'il était prudent de chercher un asile dans le sein des Amis de la constitution!» (On applaudit.)

(M. Charles Lameth veut parler pour une motion d'ordre, le tumulte empêche qu'on l'entende; il insiste; le président veut consulter l'assemblée.)

M. *Biauzat.* « Il y a une règle établie dans toutes les sociétés; le président doit la maintenir : c'est que toutes les fois qu'il se fait une motion d'ordre, le membre qui la fait doit avoir la parole. »

M. *Charles Lameth.* « Je n'abuserai pas long-temps de la faveur et de l'indulgence que me témoigne l'assemblée; mais j'observerai qu'il y a dans le discours de M. Antoine des inculpations qui dans ce moment-ci n'ont pas le caractère de franchise qui convient à une société d'amis. (On applaudit.) Ce n'est pas que je me sois reconnu aux inculpations souvent odieuses qui se trouvent dans ce discours. (Brouhaha.)

» Il y a dans cette opinion un seul objet qui ne peut convenir ni à moi, ni à un ami que j'estime autant que je le chéris. On dit qu'on est venu chercher un abri dans cette société: c'est à la fois calomnier les personnes vers qui cette phrase est dirigée et le peuple. Je prie M. Antoine de vouloir bien nommer les personnes qu'il entend désigner. » (Quelques applaudissemens; murmures excessifs. On invoque de toutes parts l'ordre du jour : la société demande à y passer. M. Lameth sort de l'assemblée : quelques personnes applaudissent).

M. *Biauzat.* « Ces applaudissemens sont infâmes; je demande la parole pour une motion d'ordre. Il s'agit d'examiner à présent quel parti nous avons à prendre sur la fuite du roi. Je demande que M. Antoine veuille bien se renfermer dans la discussion de cet objet sans s'adresser aux personnes. Les circonstances qui peuvent avoir éloigné de nous pendant un temps quelques-uns de nos collègues ne sont point l'objet de la discussion. »

(M. Charles Lameth rentre dans l'assemblée ; il est couvert d'applaudissemens. On demande la continuation de l'ordre du jour.)

M. Biauzat. « Et moi aussi, je la demande ; mais qu'il ne soit question que de cela. »

M. Antoine. « J'ai cru de mon devoir de vous dénoncer une coalition qui n'est que trop évidente entre les nobles et les militaires ; je déclare que personne n'est plus disposé que moi à excepter de cette coalition M. Lameth et le généreux colonel qui, dans votre dernière séance, a déclaré qu'il marcherait à l'ennemi comme simple soldat, si l'on croyait que sa place pût être mieux remplie. »

M. Rœderer. « Avant que M. Antoine descende de la tribune, je lui demanderai la permission de lui faire deux questions qui n'auront aucun trait aux personnes. »

M. Antoine. « Je connais aussi le patriotisme du préopinant. »
Plusieurs voix. Au fait, la conclusion.

M. Antoine. « Méfiez-vous de la coalition des nobles et des militaires : pourquoi ne viennent-ils pas ici nous échauffer de leur patriotisme, ou plutôt y puiser des lumières et y prendre des leçons d'égalité ? Voyez ce qu'ils ont fait ; voyez leur fureur depuis qu'ils ont perdu l'espoir de se faire continuer dans leur législature. Songez que de tous les maux, celui de l'oligarchie est le pire ; méprisons qui nous menace de la division, car la division est absolument nécessaire entre les intrigans et les vrais amis de la liberté, et surtout ne désespérons pas de la patrie. » (On applaudit.)

— M. le président annonce que le résultat du scrutin a donné pour président M. Bouche, et pour secrétaires, MM. Antoine, Billecoque, Laclos, Réné neveu et Bourdon.

— La séance du 30 fut occupée par la lecture de diverses lettres. Regnier neveu fut le seul orateur qui parla sur la question à l'ordre du jour (ce qu'il fallait faire). Vers la fin de la séance on annonça que Dubois de Crancé était dangereusement malade de la petite-vérole.

JUILLET 1791.

Alexandre Beauharnais préside jusqu'au 3; le 3, Charles Lameth est élu président; Defermont, le 19; Alexandre Beauharnais est réélu le 31.

Les événemens du mois de juillet se distinguent de tous ceux que nous avons racontés jusqu'à ce jour, en ce qu'ils mettent dans la plus complète évidence le nombre, le caractère, la volonté des partis qui divisaient la France. Ici ce ne sont plus des discussions vagues, des tendances diverses, mais éloignées, et qu'à cause de cela même un nœud commun peut encore retenir. De part et d'autre les conclusions sont posées, et des actes à l'appui témoignent qu'elles sont irrévocablement résolues.

Les quatre partis entre lesquels la question de la fuite du roi opéra une réaction définitive étaient les royalistes, les royalistes-constitutionnels, les constitutionnels, les républicains.

Les royalistes de l'assemblée furent les premiers qui donnèrent le mot à leurs partisans. Dès le 29 juin, ils publièrent une protestation contre les décrets qui suspendaient l'exercice de l'autorité royale, déclarant qu'une telle mesure portait atteinte à *l'inviolabilité de la personne sacrée du roi.* Deux cent soixante-dix députés signèrent cette pièce. Dans la séance du 5 juillet au matin, Foucault demanda la parole pour annoncer cette déclaration. Le *Moniteur* ne renferme là-dessus que les lignes suivantes.

[*M. Foucault.* Nous sommes ici au nombre de trois cents dont je me fais honneur.... (La partie gauche demande à grands cris l'ordre du jour.) Je dis....

L'assemblée consultée passe à l'ordre du jour.

M. *Foucault.* C'est la déclaration....

M. le président lève la séance à trois heures.]

Voici le texte de la déclaration et le nom des signataires :

«*Nous députés soussignés.* Trois mois se sont à peine écoulés depuis l'époque où nous avons fait connaître à nos commettans nos réclamations sur un décret qui attaquait le principe sacré de l'inviolabilité de la personne du roi. Le zèle avec lequel il fut défendu par plusieurs de nous à l'époque du 28 mars, la persuasion où nous étions qu'il était impossible de porter impunément atteinte à ce principe essentiel à toute monarchie, ne sont que trop justifiés par les événemens qui se passent sous nos yeux, et par le spectacle affligeant dont nous avons la douleur d'être les témoins.

»Le roi et la famille royale conduits prisonniers par l'autorité des décrets de l'assemblée nationale; le monarque gardé dans son palais par des soldats qui ne sont point à ses ordres; la famille royale confiée à une garde sur laquelle le roi n'a aucun pouvoir; le droit de présider à l'éducation de l'héritier présomptif du trône, enlevé à celui qui, en qualité de père et de roi, avait le droit le plus certain et l'obligation la plus étroite de la diriger; enfin le monarque, dont l'inviolabilité était prononcée, même par la nouvelle constitution, suspendu par un décret de l'exercice de son autorité. Voilà le spectacle déchirant sur lequel nous gémissons avec tous les bons Français, et voilà les trop faciles et trop funestes conséquences d'une première atteinte portée à ce principe fondamental et sacré.

»Et, nous devons le dire, puisque nous sommes réduits à rappeler le décret même contre lequel nous avons réclamé et contre lequel nous réclamons encore plus aujourd'hui, il n'est aucune de ces mesures qui ne fût proscrite d'avance par la constitution, au nom de laquelle elles sont prises. La personne sacrée du roi était déclarée inviolable : un seul cas avait été prévu, où, contre tous les principes essentiels à la monarchie, on croyait pouvoir faire cesser cette inviolabilité. Ce cas même n'est pas arrivé, et cependant le roi est traîné comme un criminel dans sa capitale, on le constitue prisonnier dans son palais, on le dépouille de sa prérogative. Ainsi, après avoir porté atteinte à l'inviolabilité du roi par les décrets, on les annule pour achever de la détruire.

» Au milieu de ces outrages faits au monarque, à son auguste famille, et dans leur personne à la nation entière, qu'est devenue la monarchie? Les décrets de l'assemblée nationale ont réuni en elle le pouvoir royal tout entier : le sceau de l'État a été déposé sur son bureau; ses décrets sont rendus exécutoires sans avoir besoin de sanction; elle donne des ordres directs à tous les agens du pouvoir exécutif; elle fait prêter en son nom des sermens dans lesquels les Français ne retrouvent plus même le nom de leur roi; des commissaires qui ont reçu leur mission d'elle seule parcourent les provinces pour recevoir les sermens qu'elle exige, et donner des ordres à l'armée : ainsi, du moment où l'inviolabilité de la personne sacrée du monarque a été anéantie, la monarchie a été détruite, l'apparence même de la royauté n'existe plus : un intérim républicain lui est substitué.

» Loin de tous ceux qui connaissent les règles de notre conduite (et nous osons croire qu'il est bien peu de Français qui ne les apprécient) l'idée que nous avons pu concourir à ces décrets. Ils contristent nos âmes autant qu'ils s'éloignent de nos principes. Jamais nous n'avons senti avec plus de douleur la rigueur de nos devoirs, jamais nous n'avons gémi davantage sur les fatales conséquences que l'on tire de la mission dont nous sommes chargés, que lorsqu'il nous a fallu rester les témoins d'actes qui n'étaient à nos yeux que des attentats coupables; que lorsque ceux de nous qui sont le plus souvent notre organe, devenus timides pour la première fois, ont été forcés de se condamner au silence, pour ne pas faire partager à une cause sacrée la défaveur dont on a si bien su nous investir.

» Sans doute, si nous ne consultions que les règles communes; si nous cédions à l'horreur que nous inspire l'idée de laisser croire que nous approuvons par notre présence des décrets auxquels nous sommes si opposés, nous fuirions sans retour; nous

nous séparerions sans hésiter d'une assemblée qui a pu rompre elle-même avec les principes qu'elle avait été forcée de conserver. Mais dans des circonstances aussi étranges, ce ne sont ni les règles communes, ni nos propres sentimens, que nous pouvons prendre pour base de notre conduite. Quand nos principes, quand notre honneur, peut-être, dans l'opinion d'un grand nombre, nous font la loi de nous éloigner, des motifs plus impérieux encore nous prescrivent un sacrifice pénible, celui de rester à une place où nous conservons l'espérance d'empêcher de plus grands maux.

»Avant l'époque désastreuse où nous sommes arrivés, nous pouvions du moins embrasser le fantôme de la monarchie, nous combattions sur ses débris : l'espoir de la conserver justifiait notre conduite. Aujourd'hui le dernier coup a été porté à la monarchie ; mais, au défaut de ce grand motif, des devoirs d'un autre ordre se présentent. Le monarque existe ; il est captif : c'est à l'intérêt du roi que nous devons nous rallier ; c'est pour lui, c'est pour sa famille, c'est pour le sang chéri des Bourbons, que nous devons rester au poste d'où nous pouvons veiller sur un dépôt aussi précieux. Nous la remplirons donc encore cette obligation sacrée, qui seule doit être notre excuse, et nous prouverons par-là que dans nos cœurs le monarque et la monarchie ne peuvent jamais être séparés l'un de l'autre.

»Mais lorsque nous obéissons à ce pressant devoir, que nos commettans ne s'attendent plus à entendre notre voix sur aucun objet qui y soit étranger ; lorsqu'un seul intérêt peut nous forcer à siéger auprès de ceux qui ont élevé une république informe sur les débris de la monarchie, c'est à ce seul intérêt que nous nous dévouons tout entiers. Dès ce moment, le silence le plus absolu sur tout ce qui n'y sera pas relatif, annoncera notre profonde douleur, en même temps qu'il sera la seule expression de notre constante opposition à tous les décrets.

«Enfin, que nos commettans, dans les circonstances où nous sommes, détournent leurs regards de nous ; si, jusqu'au moment où nous sommes arrivés, nous nous sommes faits une gloire de marcher les premiers dans la route que l'honneur indiquait, et pour eux, et pour nous, notre position nous impose aujourd'hui des devoirs qui ne sont que pour nous seuls. Pour nous l'honneur ne se trouve plus dans la route commune ; pour nous il n'en est plus d'autre que de faire triompher la cause sacrée qui nous est confiée ; mais qu'ils apprennent d'avance que, quoi qu'il puisse arriver, à quelques extrémités que nous puissions être réduits, jamais rien n'effacera de nos cœurs le serment inaltérable qui nous lie irrévocablement au monarque et à la monarchie.

»D'après les considérations ci-dessus, qui nous paraissent appuyées sur l'intérêt vrai de la nation, et sur l'avantage éternel des peuples, essentiellement dépendant de la monarchie, NOUS DÉCLARONS à tous les Français :

»Qu'après nous être constamment opposés jusqu'à présent à tous les décrets, qui, en attaquant la royauté ou dans son essence, ou dans ses droits, ont préparé les peuples à recevoir sans indignation, comme sans examen, les principes anti-monarchiques que ces jours d'anarchie ont vu éclore ;

»Qu'après avoir défendu jusqu'à ces derniers momens, la monarchie minée dans ses fondemens ;

»Qu'après avoir vu consommer son anéantissement par les délibérations de l'assemblée nationale ; car attaquer la personne du monarque, c'est anéantir la monarchie ; suspendre la monarchie, c'est la détruire ;

»Rien ne peut plus nous autoriser à prendre part à des délibérations qui deviennent, à nos yeux, coupables d'un crime que nous ne voulons point partager ;

»Mais que la monarchie existant toujours dans la personne du monarque dont elle est inséparable ;

»Que ses malheurs et ceux de son auguste famille nous imposant une obligation plus étroite que jamais de nous rallier autour de sa personne, et de la défendre de l'application des principes que nous réprouvons ;

»Nous plaçons notre unique honneur, notre devoir le plus

sacré, à défendre de toutes nos forces, de tout notre amour pour le sang des Bourbons, de tout notre attachement aux principes que nos commettans nous ont transmis, les intérêts du roi et de la famille royale, et leurs droits imprescriptibles.

»Qu'en conséquence nous continuerons, par le seul motif de ne point abandonner les intérêts de la personne du roi et de la famille royale, d'assister aux délibérations de l'assemblée nationale; mais que ne pouvant ni avouer ses principes, ni reconnaître la légalité de ses décrets, nous ne prendrons dorénavant aucune part aux délibérations qui n'auront pas pour objet les seuls intérêts qui nous restent à défendre.

Fait à Paris, le 29 juin 1791.]

»L'abbé Maury; Belbeuf; le vicomte de Malartic; Dufreisse du Chey; Desclaibes, comte de Clermont; le marquis de Foucauld Lardimalie; le comte de Bournazel; le comte de Lassigny de Juigné; de Puch de Montbreton; Rochechouart de Mortemart; François, marquis de Beauharnais; de Mascon; Bouville; †J. R. archevêque d'Aix; Luillier-Rouvenac; Bernigaud-de-Grange; Bailli de Crussol; Lachèse; Faydel, † D. cardinal de la Rochefoucauld; l'abbé Royer, conseiller-d'état; Planelli, marquis de Maubec; Thimoléon, chevalier de Murinais; Ricard; † A. J., évêque de Châlons-sur-Marne; le comte de Lévis; †C. M., évêque de Saint-Flour; † F. G., évêque du Mans; Yvernault; Jean-François, vicomte de Rafelis-Broves; le marquis de Vaudreuil; Le Clerc, baron de Juigné; Charrier; Lelubois; Lefort; †Fr.-J., évêque de Beauvais; Villebanois, curé de Saint-Jean-le-Viel; de Guilhermy; Costel; De Plas de Tanne; Tailhardat de la Maisonneuve; Choiseul d'Aillecourt; Rozé, curé d'Emalleville; Regnaud de Montlozier; L. A. de Castellas; † M. C. JS. de Mercy, évêque de Luçon; Roy; Lolier; de Voisins; Dubois, archiprêtre, curé de Saint-Remi, Sainte-Magdeleine et Saint-Frobert; l'abbé de Meric de Montgazin; † M. S. de Beaupoil de Saint-Aulaire, évêque de Poitiers; Vaneau, recteur d'Orgères; Dufresne, curé de Menil-Durand; l'abbé Montesquiou; Ayroles; Le Clerc, curé de la Cambe; † Do. de Lastic, évêque de Couserans; Hardouin de Chalon; marquis Duhart; Boisrouvraye; Martin, curé de Béziers; Desvernay, curé de Villefranche-en-Beaujolais; † Pi. L. de la Rochefoucault, évêque de Saintes; Samary, curé de Carcassonne; † René, évêque de Dijon; Mathias, curé d'Église-Neuve; Le Tellier, curé de Boneuil; Bouthillier; Paccard; † François de Pierre de Bernis, archevêque de Damas, coadjuteur d'Alby; Piffon, curé de Valeyrac en Médoc; † A. F. de Talaru, évêque de Coutances; Chevreuil, Farochon; Augier; † François de Bonal, évêque de Clermont; l'abbé de Chapt de Rastignac; Mayet, curé de Rochetaillée; l'abbé de La Combe; l'abbé Texier; chevalier de la Coudraye; Claude de la Chastre; comte de Lambertye; d'Iversay; Irland de Bazoges; d'Arsac, marquis de Ternay; Gayla, supérieur-général de la congrégation de la mission; Le François C. du Mage; J. Valette; Bottex, curé; † J.-B.-A., évêque d'Oléron; Lefebvre, curé; Rouph de Varicourt; de la Place; Melon de Pradoux; Pochet; † L. C. du Plessis d'Argentré, évêque de Limoges; Aurillac; Périer, curé; Pont, chanoine-curé; De la Lande, curé d'Illiers-l'Évêque; Menonville; l'abbé de Pradt; † J. M., archevêque d'Arles; d'Argenteuil; Fougère; Pous, curé; Cauneille, curé de Belvis; † L. de Béthisy, évêque d'Usès; Bonnet, curé de Villefort; † A. Félix d'Esponchés, évêque de Perpignan; Houdet; Dupuis, curé d'Ailli-haut-Clocher; † P. MM. Cortois-de-Balore, évêque de Nîmes; Grandin, curé d'Ernée; Privat, curé de Craponne; Allain, recteur de Notre-Dame de Josselin; Hardy-de-la Largère; Thomas, curé de Mormant; Gros, curé de Saint-Nicolas-du-Chardonnet; de la Rêne; Ludières; Madier de Montjau; Girard, doyen, curé de Lorris; Banassat, curé de Saint-Fiel, Montcalm Gozon; Durget; Guedan, curé; † A. C. d'Anterroches, év. de Condom; † Jos.-Fr. de Malide, év. de Montpellier; Guiraudez de Saint-Mézard, archiprêtre; Hingant, recteur d'Andel; Bengy de Puyvallée; Clermont Lodève; Rivière, curé de Vic; le Rouvillois, curé de Carentilly; Louis-Charles-Amédée, comte de Faucigny-Lucinge; Delfau, archiprêtre de Baglan; Laslier; Leymarie, curé de Saint-Privat; du Castaing, curé de Lanux;

de la Salle; le marquis d'Angosse; D. Cheveux; Landreau, curé de Meragne; Wolter de Neubourg; Malrieu, curé de Loubous; Fournets, curé de Puymiclan; Guyon, curé; le chevalier de Verthamon; Lusignan; Seurrat de la Boulaye; Cairon; Chatrian, curé de Saint-Clément; Fleury; Malartic; Gontier Biran; Colson; la Porte; l'abbé Coster; Barbotin, curé de Prouvy; Benoit, curé du Saint-Esprit; Bertereau, curé de Teillé; Martinet, prieur-curé de Daon, Jacquemard; Touzet; Joyeux; Tridon, curé de Rongères; Bigot de Vernières, curé de Saint-Flour; Pellegrin, curé de Sommerecourt; la Brousse Beauregard; Couturier, curé de Salives; David, curé de Lormaison; † J.-L. évêque d'Agen; † S. évêque de Rodez; le marquis de Juigné; comte du Ludre; Guepin, curé de Saint-Pierre; la Goille Lochefontaine; Cornus; Lambert de Frondeville; Pinnellière, curé de Saint-Martin de l'île de Ré; Novion; Thomas, curé; le marquis de Thiboutot; le baron de Rochebrune; Symon, recteur de la Houssaye; Achard de Bonvouloir; Beaudrap; Artur de la Villarmois; de Chambors; l'abbé de la Rochefoucault; Rollin, curé de Verton; l'abbé de Poulle; Henri de Crussol; Goze; Chabrol; d'Ormesson; † l'évêque de Montauban; Thirial, curé de Château-Thierry; Gulant; Lévis Mirepoix; le baron de Gonnès; Mathieu Buttafoco; Peretti; Henri de Virieux; Bérardier; Gleises de la Blanque; l'abbé de Bruges; le Pelletier Feumusson; Blandin; de Ferrières.

»J'adhère à cette déclaration.

» Bouex de Villemort.

»Tout à Dieu et tout au roi.

» Goullard, curé de Roanne.

J'adhère de tout mon cœur aux principes sur lesquels est fondée la déclaration ci-dessus, et je les maintiendrai au prix de tout mon sang.

» Le Berthon.

» Je me réserve d'opiner quand je le croirai nécessaire.

» Le comte de la Roque.

»J'adhère aux principes de la déclaration. Ils ont fait et ils feront constamment la règle de ma conduite, dans l'exercice de mes fonctions à l'assemblée nationale.

» Henri.

»J'adopte tous les principes ci-dessus, dont je suis pénétré. Cependant, je crois devoir continuer à prendre part aux délibérations, pour m'opposer de toutes mes forces à ce qui sera proposé de contraire à la monarchie et au bien de la nation.

» Charles de Dortan.

»Nous soussignés, adoptons l'opinion de M. de Dortan.

»Chatelet; l'abbé de la Boissière, de Lage; Griffon; G.-L. Breuvart, curé de Saint-Pierre de Douai; de Bailly de Fresnay; de Hercé; Murat; J.-B.-J. Roussel, curé de Blaringhem; Simon, curé de Woël; du Hautoy; Loras; de Vincent de Panette; Diot.

»J'adhère à la déclaration ci-dessus, persuadé que le vœu de mes collègues n'est pas de se dépouiller du droit de voter, si, lors de la révision des décrets, il s'agit de rétablir dans tous ses droits la religion catholique, apostolique et romaine, dont les intérêts ne me sont pas moins chers que ceux de la monarchie.

» J.-C. Gandolphe.

»J'adhère sous la réserve ci-dessus.

» Genetet.

»Nous adhérons aux principes sur la monarchie et l'inviolabilité du roi, contenus dans la présente déclaration.

»Ant.-Ch.-Gabriel de Folleville; C.-J.-Antoine Ambly d'Ambly; Jersé; Guingand Saint-Mathieu; Mazancourt; Failly; Ballidart; Clapiers; Galbert; Moncorps.

»Je signe cette déclaration, pour manifester, ainsi que l'ont fait mes collègues, mon attachement à la monarchie, mon respect pour le trône, mon dévoûment à la personne du roi, de la reine, et de leur auguste famille; mais je déclare que je n'entends pas m'ôter la liberté de quitter l'assemblée, lorsque je cesserai de croire que ma présence peut y être utile.

» Le baron de Luppé.

» Invariablement attaché aux principes de la monarchie; convaincu qu'il n'est pas au pouvoir de l'assemblée nationale de rompre le lien qui depuis plusieurs siècles unit le souverain à la nation, et que la doctrine contraire est subversive de tout ordre, de toute subordination et de toute sociabilité, je déclare que je ne prendrai aucune part à toutes les délibérations et résolutions de l'assemblée, jusqu'à ce que la liberté étant rendue au roi, et sa majesté étant réintégrée dans la totalité de ses droits, elle concoure activement et librement aux décrets du corps-législatif, sauf en ce qui concerne les prérogatives du trône, et la sûreté personnelle du roi et de la famille royale.

»Thoret, docteur-régent de la Faculté de médecine de Bourges.

»L'inviolabilité de la personne sacrée du roi étant le principe conservateur de la monarchie et l'un des plus essentiels de la constitution décrétée, j'adhère aux principes sur la monarchie et l'inviolabilité du roi énoncée en la présente déclaration.

» J.-A. Teissier-Marguerittes.

»J'adhère à la déclaration de M. de Marguerittes.

» Hennet; Chabannettes,

»Je me suis opposé de toutes mes forces et tant qu'on m'a laissé parler, au décret qui prive le roi et la famille royale de leur liberté et qui suspend l'exercice de l'autorité royale. J'ai dénoncé avec aussi peu de succès l'audacieuse et criminelle affiche qui invite tous les Français à abolir la royauté. Je ne reconnais dans aucun pouvoir délégué par la nation, celui de porter atteinte à l'indépendance et à l'inviolabilité de la personne du roi; je m'unis à toutes les déclarations qui lui assurent des sujets fidèles : c'est pour défendre ces principes, et c'est uniquement pour les défendre, que je m'impose la pénible obligation de continuer à remplir mes fonctions de député à l'assemblée nationale.

Paris, ce 3 juillet 1791.

» Malouet.

»J'adhère aux principes énoncés dans cette déclaration, en ce qui concerne la monarchie et l'inviolabilité de la personne sacrée du roi, qui, dans aucun cas, ne peut être justiciable d'une assemblée qui a reconnu ne devoir jamais réunir dans son sein tous les pouvoirs : et c'est en qualité de sujet fidèle que je déclare non-seulement n'avoir coopéré à aucun des décrets qui attaquent les prérogatives du trône et les principes de l'ancienne monarchie française, mais au contraire, m'y être opposé constamment, ainsi que plusieurs de mes opinions imprimées le constatent. *A Paris, ce 3 juillet* 1791.

» Le comte de la Gallissonnière.

»Je soussigné, détenu pour cause de maladie dans mon appartement, déclare que j'adhère aux déclarations souscrites par une grande partie de l'assemblée, contre les atteintes portées par les derniers décrets, aux droits du roi et de la monarchie, ainsi qu'au respect et égards qui lui sont dus : en foi de quoi j'ai signé la présente déclaration.

A Paris, ce 3 juillet 1791.

»Gagnière, curé de Saint-Syr-les-Vignes.

»Nous réduisons notre déclaration aux termes suivans :

»Nous n'avons pas participé au décret de l'assemblée par lequel le roi a été suspendu de ses fonctions. Nous le regardons comme inconstitutionnel et hors des pouvoirs de l'assemblée nationale; nous regardons pareillement comme frappés de nullité tous les actes du corps-législatif, auxquels le roi n'aurait pas librement concouru. Notre conduite sera dirigée sur ces principes, jusqu'au moment où la liberté et les justes prérogatives du trône seront rendues au monarque.

»Grangier; † J.-A. de Chastenet de Puységur, archevêque de Bourges; Meusnier du Breuil; Verdet; Langon; L.-Alp. de Savary de Lancosme; Pierre-Bremond d'Ars; de Froment; Marsanne; Lannoy; Nedonchel; Blacons; de Laipaud; Lourmau du Pont; Salle de Chou.

»En prévenant, comme nous avons fait, M. le président de l'assemblée nationale, que nous cessions de prendre part à ses délibérations, et d'assister à ses séances, nous avons déjà fait connaître que nos principes sont les mêmes que ceux qui ont dicté toutes les différentes déclarations ci-dessus. *Paris, le 3 juillet 1791.*

» C.-F. de Bonnay; A. de Serent; le marquis de Digoine.

»Je me réunis à ceux de mes collègues, qui, ainsi que moi, ont été et veulent être éternellement fidèles au roi, qui se croiraient criminels envers la nation, s'ils ne manifestaient point et l'horreur que leur inspire la détention de sa personne inviolable et sacrée, et la douleur de ne pouvoir opposer qu'un inutile suffrage à sa captivité, et à celle de son auguste et malheureuse famille. *Paris, ce 4 juillet 1791.*

» De Batz.

»Nous avons été appelés pour la réforme des anciens abus, et pour établir cette liberté protégée par la loi, qui n'est ni la licence, ni l'anarchie. Tels sont les principes sur lesquels se sont dirigées toutes nos opinions, et nous déclarons que n'ayant jamais été d'avis d'aucuns des décrets qui pouvaient attaquer les justes prérogatives du trône, et ébranler la monarchie, nous continuerons à opiner contre tous les projets de décret, qui pourraient tendre à priver le roi de la plénitude de pouvoir et de liberté qui lui sont dus, d'après les articles constitutionnels concernant le pouvoir exécutif décrété le 1er octobre 1789, que nous ne cesserons de réclamer.

»La Blache; Mesgrigny; Cl.-Ch. de Pierrre; Toustain Viray; Godefroy; Meffray de Cezarges; de Villebranche; d'Avary; Bonneville; de Ruillé; Félix de Wimpfen; Bertrand de Mont-Fort; Revol; Saint-Albin; Grieu; Maquerel de Quémi.»

Les royalistes-constitutionnels s'efforcèrent à tout prix de tourner sans l'entamer la question de l'inviolabilité. Ils ne contestèrent pas le principe invoqué par leurs adversaires; mais il s'agissait pour eux, et avant tout, de ne pas se laisser dériver au républicanisme. Ce fut donc pour résister à un fait, c'est ainsi qu'ils appelaient le mouvement républicain, qu'ils entrèrent euxmêmes dans les voies de fait. Ils consommèrent un vrai coup d'État, seul moyen, selon eux, de sauver la constitution; ils annoncèrent clairement leurs intentions en se séparant des Jacobins, où ils ne laissèrent que six cents constitutionnels. Le 15, ils portèrent le fameux décret; le 17, ils l'appuyèrent par le drapeau rouge et les massacres du Champ-de-Mars. Pendant le reste du mois, ils excitèrent le zèle des autorités judiciaires et administratives à poursuivre sans relâche *les factieux*.

Ainsi, le compromis qu'ils voulaient fut réalisé avec une vigueur sans exemple dans l'histoire de ce parti, depuis 89. Nous avons à faire connaître: 1° la scission qui engendra le feuillantisme; 2° les principaux discours prononcés dans la constituante sur la question de l'inviolabilité royale et le décret qui intervint; 3° les massacres du Champ-de-Mars et les suites. Avant d'exposer les vues des constitutionnels, et afin que nos lecteurs puissent mieux apprécier l'opinion que nous venons d'examiner, nous transcrirons ici les réflexions de Brissot sur la séance du vendredi 15 juillet.

« *Consommatum est*. — Le déshonneur de nos législateurs est consommé: le décret des comités est adopté. Observez l'amas de turpitudes qui se rencontre ici: l'assemblée a eu l'intention de décréter qu'un roi, quoique parjure, traître et conspirateur, que Louis ne pouvait ni être jugé ni puni; et cependant elle n'a osé le décréter formellement et positivement. Le vœu de la France entière l'a effrayée; elle n'a pas osé la heurter directement; elle n'a pas osé décréter une inviolabilité qui répugne au bon sens, qui renverse la constitution; mais elle a cru la décréter négativement, en ne comprenant point dans la procédure criminelle contre Bouillé et les trois courriers, le premier auteur du projet d'évasion. A cette escobarderie, digne des manœuvres des comités, il faut joindre une foule de contradictions. Aussi, quoique le roi soit déclaré inviolable, on le retient en arrestation jusqu'à la fin de la constitution ; et quoique par-là on viole son inviolabilité, on le déclare hors de la loi. — Ni l'excellent discours de M. Buzot, ni les réflexions de M. l'abbé Grégoire n'ont pu dessiller les yeux des membres prévenus par l'effroi que leur inspire le mot de *républicain*. Il faut que justice se fasse et des plattes bouffonneries du vieux radoteur Goupil, qui a la lâcheté de m'attaquer dans une arène où je ne puis me défendre ; et de ce très-insignifiant Regnaud, qui croit déjà, le *Postillon* à la main (journal dont Regnaud faisait le feuilleton) obtenir une place dans le temple de l'immortalité ; et de l'astucieux Salle, qui a fait décréter des niaiseries pour sauver un grand coupable ; et du plagiaire universel, M. Barnave, que les rudes mercuriales dont il a été gratifié n'ont pas encore guéri de son insolence et de son audace à attaquer la philosophie, dont il ignore les élémens. Cependant, malgré tous les vices du décret, il est rendu ; il faut obéir, sauf à le faire réformer par la prochaine législature. » (*Patriote français* du 16 juillet.)

Les constitutionnels voulaient qu'on jugeât le roi ; sa déchéance leur paraissait la moindre peine que dût lui mériter sa désertion du poste de premier fonctionnaire national. Leur polémique, leurs discours aux Jacobins, ceux qu'ils prononcèrent dans l'assemblée, ne sont que le développement de ce thème. Entre eux et les républicains il n'existait qu'une dissidence, mais elle était profonde. Les premiers ne séparaient point dans le vœu qu'ils manifestaient, la déchéance de Louis XVI, de son remplacement par les moyens constitutionnels ; les seconds demandaient ouvertement l'abolition de la royauté. Cependant leur accord mutuel sur la déchéance entraîna presque une démarche commune.

Le 15 juillet, au moment où le club des Jacobins fermait sa séance, arrivaient quatre mille citoyens venant du Palais-Royal. Le président reprit le fauteuil, » et à l'instant la salle fut remplie par une députation de ces citoyens, hommes, femmes de tous états, portant dans leurs yeux et leurs gestes l'énergie et la tranquillité qui conviennent à des hommes libres. Après le premier mouvement de bruit, l'orateur de la députation obtient la parole, et annonce l'intention de ces citoyens d'aller demain au Champ-de-Mars jurer de ne jamais reconnaître Louis XVI pour roi. Il demanda que la société se joignît à eux soit en corps, soit par députation.

» Après la réponse de M. le président à cette intéressante députation, plusieurs membres, entre autres M. Laclos, montent à la tribune. Après une assez longue discussion, on arrête que demain à onze heures la société se rassemblera pour entendre la lecture de cette pétition, pour la rédaction de laquelle on nomme des commissaires; que cette pétition sera ensuite portée au Champ-de-Mars à la signature de tous les citoyens qui voudront s'y présenter; que l'on fera des milliers de copies littérales de cette pétition, qui seront envoyées à toutes les sociétés du royaume, pour être renvoyées à la société munies chacune de cent signatures, et être ensuite présentée à l'assemblée. » (*Journal des débats des Jacobins*, n° XXVII.) Ce fut Brissot, à ce que nous apprend Bonneville dans la *Bouche de fer* du 17 juillet, qui rédigea la pétition. Nous la consignons ici.

« LES FRANÇAIS soussignés, membres du souverain, considérant que dans les questions auxquelles est rattaché le salut du peuple, il est de son droit d'exprimer son vœu pour éclairer et diriger ses mandataires;

» Que jamais il ne s'est présenté de question plus importante que celle qui concerne la désertion du roi;

» Que le décret rendu le 15 juillet ne contient aucune disposition relative à Louis XVI;

» Qu'en obéissant à ce décret, il importe de statuer promptement sur le sort futur de cet individu; que sa conduite doit servir de base à cette décision;

» Que Louis XVI, après avoir accepté les fonctions royales et juré de défendre la constitution, a déserté le poste qui lui était confié; a protesté, par une déclaration écrite et signée de sa main, contre cette même constitution; a cherché à paralyser, par sa fuite et par ses ordres, le pouvoir exécutif, et à renverser la constitution par sa complicité avec des hommes accusés aujourd'hui de cet attentat;

» Que son parjure, sa désertion, sa protestation, sans parler de tous les autres actes criminels qui les ont précédés, accompagnés et suivis, emportent une abdication formelle de la couronne constitutionnelle qui lui avait été confiée;

» Que l'assemblée nationale l'a jugé ainsi en s'emparant du pouvoir exécutif, suspendant les pouvoirs du roi, et le tenant dans un état d'arrestation;

» Que de nouvelles promesses de la part de Louis XVI d'observer la constitution ne pourraient offrir un garant suffisant à la nation contre un nouveau parjure et contre une nouvelle conspiration;

» Considérant enfin qu'il serait aussi contraire à la majesté de la nation outragée, que contraire à ses intérêts, de confier désormais les rênes de l'empire à un homme parjure, traître et fugitif;

» Demandent formellement et spécialement que l'assemblée nationale ait à recevoir, au nom de la nation, l'abdication faite le 21 juin par Louis XVI, de la couronne qui lui avait été déléguée, et à pourvoir à son remplacement *par tous les moyens constitutionnels*;

» Déclarant les soussignés qu'ils ne reconnaîtront jamais Louis XVI pour leur roi, *à moins que la majorité de la nation n'émette un vœu contraire à celui de la présente pétition.* »

Le lecteur a dû reconnaître dans cet écrit une argumentation identique à celle de l'article de Brissot sur le décret du 15. La pétition fut apportée le 16 au soir au Champ-de-Mars. Bonneville, témoin et acteur de la réunion préparatoire, y revient dans plusieurs numéros consécutifs de la *Bouche de fer*. « Les Amis de la constitution ont déclaré à la municipalité que des citoyens paisibles et sans armes devaient se réunir au Champ-de-Mars pour signer une pétition; *ils en ont obtenu l'aveu.*

» Cette pétition a causé de vifs débats. Les Amis des droits de l'homme (club des Cordeliers) se sont signalés en ce grand jour,

Sur le nom du rédacteur, le patriote Brissot, nous différons de rendre compte des violens soupçons qui se sont élevés à la lecture (arrières-pensées Orléanistes); nous ne les partageons plus. Brissot est un patriote intègre; au reste l'article qui avait alarmé les Amis de la liberté a été retranché au Champ-de-Mars seulement. »

Bonneville insère ici la pétition d'où, en effet, est retranché le passage, *et a pourvoir à son remplacement par tous les moyens constitutionnels*. Il ajoute ensuite qu'elle a été imprimée à l'imprimerie du Cercle social, c'est-à-dire à la sienne. » (B. de F. 17 juillet.)

« *Champ-de-Mars*, le 16. — Diverses sociétés patriotiques se sont rendues à l'autel de la patrie. On a remarqué les Amis des droits de l'homme, qui portaient pour bannière leur *appel à la nation*, surmonté du *bonnet de la liberté*, avec ces mots sur les bannières, *la liberté ou la mort*. Les commissaires de la société des Amis de la constitution sont arrivés avec une pétition arrêtée définitivement. Elle était conçue comme nous l'avons imprimée; mais on lisait: *le vœu de remplacer Louis XVI constitutionnellement*. On s'est élevé contre cette rédaction, on a mis aux voix; après nombre d'explications sages et patriotiques, le vœu du remplacement a été effacé. Dans la soirée, la rédaction au Champ-de-Mars a été l'objet de très-vives discussions au club des Jacobins; elle n'a point été adoptée; ce matin, par un nouvel arrêté, la société a fait suspendre les impressions de cette pétition. » (B. de F. du 18 juillet.) Bonneville expose plus loin (n°ˢ 19 et 20 juillet.) le drame même de la discussion qui avait eu lieu le 16, au Champ-de-Mars. Ce récit étant entrecoupé d'allusions et de formules maçonniques, selon la manière de l'auteur, et, d'ailleurs, ne renfermant d'essentiel que ce qui précède, nous ne le reproduirons pas. Seulement il donne une explication que nous devons relever. A son retour du Champ-de-Mars, le 16, il fit son n° du 17 juillet, dans lequel il mit la pétition qu'on venait d'amender, et le livra immédiatement à l'impression. Il alla ensuite aux Jacobins. Laclos occupait la tribune; on doit se rappeler les querelles de ce dernier avec les rédacteurs de la *Bouche de fer*. Bonneville écouta le discours de Laclos dirigé contre ceux qui avaient tronqué la pétition. Il entendit prononcer par le club le retrait pur et simple de cet écrit, et s'en alla convaincu que la faction orléanaise l'emportait (1).

Avant d'entrer dans l'histoire du mois, nous avons voulu justifier, par les pièces précédentes, ce que nous avons dit en commençant, de la division des partis. On a vu le manifeste des royalistes; on a vu, par l'article de Brissot, le sens du décret porté par les royalistes constitutionnels; on a vu la pétition des constitutionnels et l'objet de leur dissidence avec les républicains.

Ceux-ci ne s'étaient pas bornés à discuter un membre de phrase pour s'entendre avec les constitutionnels. La pétition des Cordeliers, citée par nous (voir le mois de juin), fut portée au président de l'assemblée nationale, Charles Lameth, qui refusa de la lire. Ils dénoncèrent *ce crime* par une affiche. Les sociétés fraternelles, conduites par les Amis des droits de l'homme, ajoutèrent à leurs adresses, que nous avons aussi mentionnées, de nombreuses et énergiques publications. Le *Patriote français*, du 11, dit que le jeudi 7, à la section du Théâtre-Français, une députation d'ouvriers demanda à être introduite, et que l'orateur prêta ce serment: « Citoyens, nous jurons à Dieu et aux hommes d'être fidèles à la nation et à la loi! — et point de roi. » Condorcet prononça au Cercle social un long traité de la république. Brissot, qui avait presque réussi par un tour de force diplomatique à réunir les républicains et les constitutionnels, écrivit pendant ce mois la matière d'un gros livre: il ne quitta pas la plume. Quant aux motions et aux discours en plein vent,

(1) Le journal des débats des Jacobins ne mentionne même pas la séance du 16. Nous trouvons au début du compte rendu de la séance du 17, cette note; « La pétition arrêtée dans la séance du 15, n'ayant pu être rédigée à raison de l'affluence du peuple qui avait inondé la salle, cet objet n'a eu aucune suite. » On peut juger par ce singulier démenti aux pièces citées par nous, du soin et de l'exactitude qui présidaient à la rédaction de ce journal.
(Note des auteurs.)

il est impossible d'en calculer le nombre. Tout Paris fut sur pied jusqu'à la crise du 17. Parmi les placards républicains qui tapissaient les murs de la capitale, nous analyserons le suivant, qui fut affiché, le 1ᵉʳ juillet, à la porte même de l'assemblée nationale, et que Malouet dénonça à la tribune: c'était le prospectus d'un journal.

Avis aux Français. — « Frères et concitoyens, la tranquillité parfaite, la confiance mutuelle qui régnaient parmi nous pendant la fuite du ci-devant roi, l'indifférence profonde avec laquelle nous l'avons vu ramener, sont des signes non équivoques que l'absence d'un roi vaut mieux que sa présence, et qu'il n'est pas seulement une superfluité politique, mais encore un fardeau très-lourd qui pèse sur toute la nation.

» Ne nous laissons point tromper par des subtilités. Tout ce qui concerne cet homme-là se réduit à ces quatre points :

» 1° Il a abdiqué; il a déserté son poste dans le gouvernement.

» 2° La nation ne peut jamais rendre sa confiance à qui, infidèle à sa fonction, parjure à ses sermens, ourdit une fuite clandestine, obtient frauduleusement un passeport, cache un roi de France sous le déguisement d'un domestique; dirige sa course vers une frontière plus que suspecte, couverte de transfuges, et médite évidemment de ne rentrer dans nos États qu'avec une force capable de nous dicter la loi.

» 3° Sa fuite est-elle son propre fait, ou le fait de ceux qui sont partis avec lui? A-t-il pris sa résolution de lui-même, ou la lui a-t-on inspirée? — Que nous importe? — Qu'il soit imbécille ou hypocrite, idiot ou fourbe, il est également indigne des fonctions de la royauté.

» 4° Il est par conséquent *libre* de nous comme nous sommes *libres* de lui. Il n'a plus d'autorité: nous ne lui devons plus obéissance. Nous ne le connaissons plus que comme un individu dans la foule, comme M. Louis de Bourbon. »

Ici se trouve une récapitulation des crimes des rois. Puis viennent des sarcasmes sur la royauté constitutionnelle : « office abandonné au hasard de la naissance, qui peut être rempli par un idiot, un fou, un méchant, comme par un sage. Un tel office est évidemment *un rien.* » L'affiche parle ensuite des frais énormes qu'entraîne cette *utile inutilité*, et elle ajoute : « Quant à la sûreté individuelle de M. Louis Bourbon, elle est d'autant plus assurée que la France ne se déshonorera pas par son ressentiment contre un homme qui s'est déshonoré lui-même. Quand on défend une grande cause, on ne veut pas la dégrader, et la tranquillité qui règne partout démontre combien la France libre se respecte elle-même.

» Animée des sentimens énergiques que renferme cet avis, *une société de républicains* a résolu de publier, par feuilles détachées, un ouvrage sous ce titre : LE RÉPUBLICAIN. Son objet est d'éclairer les esprits sur ce républicanisme *qu'on calomnie*, parce qu'on ne le connaît pas; sur l'inutilité, les vices et les abus de la royauté, que le préjugé s'obstine à défendre, quoi qu'ils soient connus. On ne fixe point les jours où paraîtra cette feuille. Le premier numéro est actuellement sous presse. On fournira aux souscripteurs douze feuilles in-8° de petit-romain pour 5 livres.

» On souscrit à Paris, chez Bailly, libraire, près la barrière des Sergens; Desenne, libraire au Palais-Royal; Brunet, près le Théâtre-Italien. — *Signé*, DUCHASTELLET, colonel des chasseurs et président de la société. »

Le *Patriote français*, d'où nous avons tiré cette pièce, analyse ainsi la discussion mue à ce sujet au sein de la constituante : « M. Malouet n'a pu lire ce robuste prospectus sans pâlir; il a cru trouver une excellente occasion de diviser les patriotes, en les dénonçant; il a demandé que l'auteur fût poursuivi par l'accusateur public.—Qu'il soit mis sur-le-champ en arrestation! s'est écrié l'illuminé Martineau. Pas tant de précipitation, a dit M. Pétion avec calme; il faut, avant de le condamner, lire l'affiche.— Et la bande noire de sortir aussitôt pour arracher l'affiche. Elle paraît : on veut la lire. M. Chabroud s'y oppose. Il ne voyait dans cette pièce que le délire d'un insensé qu'il fallait renvoyer aux soins de ses parens. Il n'est pas de lecteur qui, se rappelant cette affiche, ne suppose, pour l'honneur de M. Chabroud, qu'il ne l'avait pas lue : il faut le croire léger, pour ne pas le croire imbécille ou esclave.

» M. Malouet voulait répondre, attiser le feu ; on criait aux voix sur l'ordre du jour. A la honte de la révolution et de l'assemblée, l'épreuve a été douteuse.

» M. Chapelier a bien senti le ridicule qui allait couvrir l'assemblée, et il a levé des doutes adroitement.... L'affiche, disait-il, contient des paradoxes absurdes; mais la déclaration des droits laisse la liberté aux paradoxes : cette dénonciation est jetée ici comme une pomme de discorde pour nous diviser : hâtons-nous de l'écraser... Oui, s'écriaient MM. Dugué et Prieur, les opinions sont libres, et accueillir cette dénonciation serait violer cette liberté. Ces mots ont ramené les bons esprits; la majorité n'a plus été douteuse, et les applaudissemens vifs, réitérés, éloquens, des tribunes, ont décélé à l'assemblée quelle était l'opinion du peuple sur cette question du républicanisme. » (*Patriote français* du 2 juillet.)

Sieyès fut aussi accusé de républicanisme. Il écrivit là-dessus la profession suivante, insérée par le *Moniteur* du 6 juillet.

« J'ai cru que je pourrais passer ma vie sans répondre jamais ni aux injures, ni aux inculpations sans preuves. Quant aux injures, je ne sens pas encore le besoin d'y faire attention, quelque riche que fût ma moisson en ce genre, si je m'amusais à la recueillir. Il peut en être autrement des inculpations. Il y a des circonstances où il est utile de les repousser. Par exemple, on répand beaucoup que je profite en ce moment de notre position pour *tourner au républicanisme*. On dit que je cherche à faire des partisans à ce système. Jusqu'à présent on ne s'était pas avisé de m'accuser de trop de flexibilité dans mes principes, ni de changer facilement d'opinion au gré du temps. Pour les hommes de bonne foi, les seuls à qui je puisse m'adresser, il n'y a que trois moyens de juger des sentimens de quelqu'un : ses actions, ses paroles et ses écrits. J'offre ces trois sortes de preuves ; elles ne sont point cachées; elles datent d'avant la révolution, et je suis sûr de ne m'être jamais démenti. Mais si l'on préfère de s'en rapporter aux allégations de la calomnie, il ne reste qu'à se taire. Ce n'est ni pour caresser d'anciennes habitudes, ni par aucun sentiment superstitieux de royalisme, que je préfère la monarchie. Je la préfère, parce qu'il m'est démontré qu'il y a plus de liberté pour le citoyen dans la monarchie que dans la république. Tout autre motif de détermination me paraît puéril. Le meilleur régime social est, à mon avis, celui où, non pas un, non pas quelques-uns seulement, mais où tous jouissent tranquillement de la plus grande latitude de liberté possible. Si j'aperçois ce caractère dans l'état monarchique, il est clair que je dois le vouloir par-dessus tout autre. Voilà tout le secret de mes principes, et ma profession de foi bien faite. J'aurai peut-être bientôt le temps de développer cette question. J'entrerai en lice avec les républicains de bonne foi. Je ne crierai point contre eux à l'impiété, à l'anathème ; je ne leur dirai point d'injures. J'en connais plusieurs que j'honore et que j'aime de tout mon cœur. Mais je leur donnerai des raisons, et j'espère prouver, non que la monarchie est préférable dans telle ou telle position, mais que dans toutes les hypothèses, on y est plus libre que dans la république. Actuellement je me hâte d'ajouter, pour qu'on ne s'y trompe pas, que mes idées à cet égard ne sont pas tout à fait celles que se forment de la monarchie *les amis de la liste civile.* Par exemple, je ne pense pas que la faculté de corrompre et de conspirer soit un élément nécessaire de la véritable royauté. Je crois, au contraire, que rien n'est plus propre à la gâter et à la perdre. Un traitement public de 30 millions est très-contraire à la liberté, et dans mon sens, très-*anti-monarchique*, etc.

» Qu'il me soit permis de saisir cette occasion pour faire remarquer à ceux qui ne s'en doutent pas, que les hommes qui me traitent de républicain forcené, sont les mêmes qui, tout à côté, tentent de me faire passer pour monarchien contre-révolutionnaire. Ils savent toujours à propos le langage qu'il faut tenir aux différens partis : on sent bien que ce qu'ils veulent n'est pas de dire ce qu'ils pensent, mais de dire ce qui peut nuire. Cet esprit est tellement perfectionné, que j'ai vu des aristocrates accuser très à propos d'aristocratie un patriote qu'ils n'aimaient pas, et tel républicain ne pas leur céder dans le même genre d'habileté. Si ces hommes là savaient nuire à leur ennemi en l'accusant d'être honnête homme, ils l'en accuseraient. Emm. Sieyès. »

Thomas Payne répondit à Sieyès par une longue lettre datée du 8 juillet, et publiée par le *Patriote français* du 11. Voici l'analyse de cette pièce : L'auteur annonce qu'il allait partir pour l'Angleterre au moment où il a lu le défi proposé par Sieyès aux républicains de bonne foi. « J'accepte, dit-il, votre défi avec plaisir ; et j'ai une telle confiance dans la supériorité du système républicain sur cette nullité de système nommé monarchie, que je m'engage à ne point excéder l'étendue de cinquante pages, en vous laissant la liberté de prendre toute la latitude qui vous conviendra. Mon respect pour votre réputation morale et littéraire vous est un sûr garant de ma candeur dans notre discussion ; mais quoique je me propose d'y mettre autant de sérieux que de bonne foi, je dois pourtant vous prévenir que je ne prétends point m'ôter la liberté de ridiculiser, comme elles le méritent, les absurdités monarchiques, lorsque l'occasion s'en présentera. » Thomas Payne déclare ensuite que c'est le système américain qu'il prétend démontrer supérieur à toute autre forme gouvernementale. Il termine par une déclamation très-emphatique sur les malheurs de l'humanité, sur son attachement pour elle, et ferme sa lettre par ces mots : « Enfin, c'est à TOUT L'ENFER de la monarchie que j'ai déclaré la guerre (1). »

Ce préambule était nécessaire pour que nos lecteurs nous suivissent, dans les faits, avec l'intelligence des causes qui les engendrèrent. Avant de diviser les matières, nous ferons connaître la position particulière de quelques écrivains, dont les uns ne figurèrent pas dans les événemens antérieurs au 17, et dont les autres disparurent après pendant un certain temps. Fauchet visitait son

---

(1) La lettre de Payne fut insérée dans le *Moniteur* du 15 juillet, avec un commentaire de Sieyès qui occupe plus de trois colonnes in-folio de petit texte. (*Note des auteurs.*)

diocèse ; Marat était malade. Voici ce que nous lisons à cet égard dans l'*Orateur du peuple*, t. VII, p. 47: « Quelle douleur pour les amis de la liberté de savoir en proie à la maladie la plus alarmante, le plus intrépide défenseur des droits du peuple, un des écrivains les plus honorés de la haine de tous les conspirateurs qu'il a démasqués sans relâche, un citoyen enflammé du patriotisme le plus pur et le plus infatigable ; en un mot, de M. Marat, l'*Ami du peuple*. On a voulu révoquer en doute son existence ; mais cette opinion qu'on avait des motifs puissans d'accréditer, n'a pas fait fortune auprès de ceux qui connaissent personnellement M. Marat. Je suis de ce nombre, et j'ose certifier qu'il y a une quinzaine de jours (1) j'ai dîné avec lui à Vincennes, et que les convives étaient, entre autres, MM. Feydel, Legendre, Maisonneuve, Lapoype, tous membres des Amis de la constitution, dont j'invoque ici le témoignage pour faire tomber l'absurde calomnie de son assassinat. Puisse cet écrivain, cher à la patrie, être bientôt rendu à ses vœux ! » — A la suite de la journée du 17, un grand nombre d'écrivains furent arrêtés ou obligés de fuir. Du côté des royalistes, Suleau fut mis en prison ; Royou se cacha, et son frère, l'avocat de ce nom, reprit l'*Ami du roi*, le 6 août, jusqu'à ce que l'abbé pût reparaître. Du côté des républicains, Deflers, rédacteur du *Journal des Débats des Jacobins*, fut arrêté ; Danton, Desmoulins et Fréron échappèrent par la fuite à un mandat d'arrestation.

Nous diviserons le mois de juillet en deux parties. Dans la première, nous tracerons une analyse succincte des travaux de l'assemblée jusqu'à la séance du 15. Nous placerons à la suite les principaux discours pour et contre l'inviolabilité, et nous terminerons par le décret du 15. La première quinzaine des débats du club des Jacobins ayant roulé sur ce même sujet, nous y emprunterons le meilleur discours, celui de Brissot, lu à la séance du 10, et imprimé par ordre de la société. Il précédera avec une indication les discours prononcés à la constituante. Cette pre-

(1) Le 20 juin, Marat parle lui-même de ce dîner et donne cette date.
(*Note des auteurs.*)

mière partie sera terminée par l'affaire du Champ-de-Mars, exposée selon ses circonstances parlementaires et extra-parlementaires.

La deuxième partie du mois se composera : 1° des pièces historiques importantes sur la scission de la société des Jacobins ; 2° des suites de l'affaire du Champ-de-Mars, prises dans les séances de ce club et dans la presse ; 3° d'une analyse des travaux de la constituante pendant la seconde quinzaine de juillet.

Nous rapporterons ici deux faits en dehors de ce cadre. L'un est la translation de Voltaire ; l'autre, la commémoration du 14 juillet.

La secte janséniste fit et afficha une pétition pour s'opposer à l'apothéose de l'*impie*. Mais les habitués de Saint-Médard, au nombre desquels il y avait plusieurs fonctionnaires publics, furent repoussés dans cette étrange démarche plutôt avec des railleries qu'avec de la colère. Le mot le plus dur qu'on leur appliqua fut celui de fanatique. Prudhomme les appelle des *innocens*.

La translation, qu'on avait arrêtée pour le 10, n'eut lieu que le 11, à cause du mauvais temps. Pastoret en prévint l'assemblée nationale par une lettre simplement mentionnée dans le *Moniteur*, et sur laquelle Royou nous fournit le détail suivant : « A l'ouverture de la séance (lundi 11), on lit une lettre du procureur-syndic du département, qui témoigne à l'assemblée *son dépit contre la basse jalousie du ciel aristocrate, qui, pour retarder le triomphe du grand homme,* du grand Voltaire, rival et vainqueur de la Divinité, verse des torrens de pluie. » (*L'Ami du roi*, du 13 juillet.) Nous empruntons au *Moniteur* le récit de la cérémonie du 11.

Apothéose de Voltaire.

[Dimanche, 10 de ce mois, M. le procureur-syndic du département et une députation du corps municipal se sont rendus, savoir : le procureur-syndic aux limites du département, et la députation de la municipalité à la barrière de Charenton, pour recevoir le corps de Voltaire. Un char de forme antique portait le sarcophage dans lequel était contenu le cercueil. Des branches de laurier et de chêne entrelacées de roses, de myrtes et de fleurs des champs entouraient et ombrageaient le char sur lequel étaient deux inscriptions; l'une : *Si l'homme est né libre, il doit se gouverner;* l'autre : *Si l'homme a des tyrans, il les doit détrôner.* Plusieurs députations, tant de la garde nationale que des sociétés patriotiques, formaient un cortége nombreux, et ont conduit le corps sur les ruines de la Bastille. On avait élevé une plate-forme sur l'emplacement qu'occupait la tour dans laquelle Voltaire fut renfermé; son cercueil, avant d'y être déposé, a été montré à la foule innombrable de spectateurs qui l'environnaient, et les plus vifs applaudissemens ont succédé à un religieux silence. Des bosquets garnis de verdure couvraient la surface de la Bastille; avec des pierres provenant de la démolition de cette forteresse, on avait formé un rocher sur le sommet, et autour duquel on voyait divers attributs et allégories. On lisait sur une de ces pierres : *Reçois en ce lieu où t'enchaîna le despotisme, Voltaire, les honneurs que te rend ta patrie.*

La cérémonie de la translation au Panthéon français avait été fixée pour le lundi 11; mais une pluie survenue pendant une partie de la nuit et de la matinée avait déterminé d'abord à la remettre au lendemain; cependant tout étant préparé et la pluie ayant cessé, on n'a pas cru devoir la retarder. Le cortége s'est mis en marche à deux heures après-midi.

Voici l'ordre qui était observé, un détachement de cavalerie, les sapeurs, les tambours, les canonniers et les jeunes élèves de la garde nationale, la députation des colléges, les sociétés patriotiques avec diverses devises. On a remarqué celle-ci : *Qui meurt pour sa patrie meurt toujours content.* Députation nombreuse de tous les bataillons de la garde nationale, groupe armé des forts de la halle. Les portraits en relief de Voltaire, J.-J. Rousseau, Mirabeau et Desilles environnaient le buste de Mirabeau, donné par M. Palloy, à la commune d'Argenteuil. Ces bustes étaient entourés des camarades de d'Assas, et des citoyens de Varennes et de Nancy. Les ouvriers employés à la démolition de la Bastille, ayant à leur tête M. Palloy, portaient des chaînes, des boulets et des cuirasses trouvés lors de la prise de cette forteresse. Sur un brancard étaient le *procès-verbal des électeurs de 1789, et l'insurrection parisienne, par M. Dufaulx.* Les citoyens du faubourg Saint-Antoine portant le drapeau de la Bastille, avec un plan de cette forteresse représentée en relief, et ayant au milieu d'eux une citoyenne en habit d'amazone, uniforme de la garde nationale, laquelle a assisté au siége de la Bastille, et a concouru à sa prise. Un groupe de citoyens armés de piques, dont une était surmontée du bonnet de la liberté, et de cette devise : *De ce fer naquit la liberté.* Le 83ᵉ modèle de la Bastille, destiné pour le département de Paris, porté par les anciens gardes-françaises, revêtus de l'habit de ce régiment. La société des Jacobins. (On a paru étonné que cette société n'ait pas été réunie avec les autres.) Les électeurs de 1789 et de 1790. Les cent-suisses et les gardes-suisses. Députation des théâtres précédant la statue de Voltaire, entourée de pyramides chargées de médaillons portant les titres de ses principaux ouvrages. La statue d'or couronnée de laurier était portée par des hommes habillés à l'antique. Les académies et les gens de lettres environnaient un coffre d'or renfermant les 70 volumes de ses œuvres donnés par M. Beaumarchais. Députation des sections, jeunes artistes, gardes nationaux et officiers municipaux de divers lieux du département de Paris. Corps nombreux de musique vocale et instrumentale; venait ensuite le char portant le sarcophage dans lequel était renfermé le cercueil.

Le haut était surmonté d'un lit funèbre sur lequel on voyait le philosophe étendu et la renommée lui posant une couronne sur la tête. Le sarcophage était orné de ces inscriptions :

Il vengea Calas, la Barre, Sirven et Montbailly.

Poète, philosophe, historien, il a fait prendre un grand essor à l'esprit humain, et nous a préparés à devenir libres.

Le char était traîné par douze chevaux gris-blancs, attelés sur quatre de front, et conduits par des hommes vêtus à la manière antique. Immédiatement après le char venaient la députation de l'assemblée nationale, le département, la municipalité, la cour de cassation, les juges des tribunaux de Paris, les juges de paix, le bataillon des vétérans. Un corps de cavalerie fermait la marche.

Ce cortége a suivi les boulevards depuis l'emplacement de la Bastille, et s'est arrêté vis-à-vis l'Opéra. Le buste de Voltaire ornait le frontispice du bâtiment; des festons et des guirlandes de fleurs entouraient des médaillons sur lesquels on lisait : *Pandore, le Temple de la Gloire, Samson.* Après que les auteurs eurent couronné la statue, et chanté une hymne, on se remit en route, et on suivit les boulevards jusqu'à la place de Louis XV, le quai de la Conférence, le Pont-Royal, le quai Voltaire.

Devant la maison de M. Charles Villette, dans laquelle est déposé le cœur de Voltaire, on avait planté quatre peupliers très-élevés, lesquels étaient réunis par des guirlandes de feuilles de chêne qui formaient une voûte de verdure, au milieu de laquelle il y avait une couronne de roses que l'on a descendue sur le char, au moment de son passage. On lisait sur le devant de cette maison : *Son esprit est partout, et son cœur est ici.* Madame Villette a posé une couronne sur la statue d'or. On voyait couler des yeux de cette aimable citoyenne des larmes qui lui étaient arrachées par les souvenirs que lui rappelait cette cérémonie. On avait élevé devant cette maison un amphithéâtre, qui était rempli de jeunes citoyennes vêtues de blanc, une guirlande de roses sur la tête, avec une ceinture bleue et une couronne civique à la main. On chanta devant cette maison, au son d'une musique exécutée en partie par des instrumens antiques, des strophes d'une ode de MM. Chénier et Gossec. Madame Villette et la famille Calas ont pris rang à ce moment. Plusieurs autres citoyennes vêtues de blanc, de ceintures et rubans aux trois couleurs, précédaient le char.

On a fait une autre station devant le théâtre de la nation. Les colonnes de cet édifice étaient décorées de guirlandes de fleurs naturelles. Une riche draperie cachait les entrées; sur le fronton on lisait cette inscription : *Il fit Irène à 83 ans.* Sur chacune des colonnes était le titre d'une des pièces de théâtre de Voltaire, renfermées dans 52 médaillons. On avait placé un de ses bustes devant l'ancien emplacement de la Comédie-Française, rue des Fossés-Saint-Germain ; il était couronné par deux génies, et on avait mis au bas cette inscription : *A 17 ans, il fit OEdipe.* On exécuta devant le théâtre de la nation un chœur de l'opéra de *Samson.* Après cette station, le cortége s'est remis en marche, et est arrivé au Panthéon français, à 10 heures, le cercueil y a été déposé, mais il sera incessamment transféré dans l'église de Sainte-Geneviève, et sera placé auprès de ceux de Mirabeau et de Descartes.

Cette cérémonie a été une véritable fête nationale. Cet hommage rendu aux talens d'un grand homme, à l'auteur de la Henriade et de Brutus, a réuni tous les suffrages. On a cependant remarqué quelques émissaires répandus dans la foule, et qui critiquaient avec amertume le luxe de ce cortége ; mais les raisonnemens des gens sensés les ont bientôt réduits au silence. Partout on voyait les bustes de Voltaire couronnés ; on lisait les maximes les plus connues de ses immortels ouvrages ; elles étaient dans la bouche de tout le monde.

Dans toute la longueur de la route que ce superbe cortége a traversée, une foule innombrable de citoyens garnissait les rues, les fenêtres, les toits des maisons. Partout le plus grand ordre ; aucun accident n'est venu troubler cette fête. Les applaudissemens les plus nombreux accueillaient les divers corps qui composaient la marche. On ne peut trop louer le zèle et l'intelligence de ceux qui ont ordonné cette fête. On doit particulièrement des éloges à MM. David et Cellerier. Le premier a fourni les dessins du char, qui est un modèle du meilleur goût. Le second s'est distingué par son activité à suivre les travaux de cette fête, et par le talent dont il a fait preuve dans l'ingénieuse décoration de l'emplacement de la Bastille.

Le temps qui avait été très-orageux toute la matinée, a été beau pendant tout le temps que le cortége était en marche, et la pluie n'a commencé qu'au moment où il arrivait à Ste-Geneviève ;

Cela nous rappelle l'époque de la fédération. Cette fête a attiré à Paris un grand nombre d'étrangers.]

— Presque tous les journaux, sauf la *Chronique de Paris* et Prudhomme, font un récit très-court : les graves circonstances au milieu desquelles tombait cette apothéose, ne permirent d'y songer qu'un instant. Des extraits ne seraient ici d'ailleurs que la répétition du long panégyrique que nous venons de copier. Nous remarquons dans l'*Orateur du peuple* (t. VII, p. 27) une anecdote qui sera notre seule citation. « Lundi soir, le cortége de Voltaire s'étant arrêté à la place du Théâtre-Français, deux Italiens, nommés Tromp et Nort, aperçurent trois personnes qui claquaient des mains devant M. Bailly : on leur demande pourquoi elles applaudissent ; elles répondent que c'est pour mettre les autres en train. Les Italiens ne peuvent s'empêcher de leur observer qu'il faut qu'ils soient payés pour cela. *Et quand nous le serions, qu'en diriez-vous?* répliquent les mouchards. Il faut nous amuser aux dépens de Bailly, dit un des Italiens à son camarade ; il pleut à verse ; passe d'un côté et moi de l'autre ; nous allons d'ici à Sainte-Geneviève faire un feu roulant d'applaudissemens tout le long de la route ; nous aurons le plaisir de faire incliner à chaque instant la nuque du maire, en signe de remerciment ; il baissera le cou, et Dieu sait comme il aura le dos trempé ! Aussitôt dit, aussitôt fait. Le maire est applaudi à outrance ; il sourit et répond par mille courbettes ; l'invention réussit à merveille : je laisse à penser la joie de nos deux Italiens, à voir Bailly transformé en fleuve et son grand nez en gouttière. »

Commémoration du 14 juillet.

Presque tous les journaux patriotes gardent un silence absolu sur le second anniversaire de la prise de la Bastille. Nous tirons du *Moniteur* le programme suivant :

[Le 13 de ce mois, les électeurs de 1789 ont fait chanter dans l'église métropolitaine le *Te Deum* qu'ils se sont engagés à faire célébrer tous les ans, en commémoration de la révolution. M. Hervier a prononcé un discours très-patriotique. La *Prise de la Bastille*, hiérodrame de M. Désaugiers, a été exécuté avec le plus grand succès ; l'effet en a été superbe.

Le 14, les officiers municipaux, les juges, les députés des sections, les gardes nationaux du département de Paris, et une députation de vingt-quatre membres de l'assemblée nationale, se sont réunis sur les ruines de la Bastille, et se sont de là rendus au champ de la Fédération, pour solenniser l'anniversaire de la conquête de la liberté. M. l'évêque de Paris a célébré la messe sur l'autel de la patrie ; ensuite un corps nombreux de musiciens a exécuté le *Te Deum*. Le cortége marchait dans le plus grand ordre. Le temps était beau, le nombre des spectateurs considérable. Le soir, les façades des maisons ont été illuminées d'après l'invitation du corps municipal. De sages précautions avaient été prises pour éviter les accidens, et aucun événement n'a troublé cette réunion.]

TRAVAUX DE LA CONSTITUANTE DU 2 AU 15 JUILLET.

Nous empruntons cette analyse presque tout entière au journal de la correspondance de la Société des amis de la constitution.

« 1° L'assemblée a reçu une multitude d'adresses des départemens, des municipalités et des assemblées primaires : toutes respirent l'amour de la liberté, toutes témoignent leur confiance dans la représentation nationale, toutes promettent l'obéissance à la loi, quelle que soit sa forme, et s'en réfèrent pour le sens, à cette belle phrase prononcée par le président du tribunal de cassation : « La loi ne cessera pas d'être complète, car elle sera toujours l'expression de la volonté générale. »

» 2° Les commissaires envoyés dans les départemens des frontières, ont rendu compte à l'assemblée de leurs missions respectives. Il en résulta que partout le courage est le même, que partout les gardes nationales fraternisent avec les troupes de ligne ; mais que quelques-unes de nos places ont besoin d'être mises promptement en état de défense.

» 3° L'assemblée décrète une loi fort étendue sur l'organisation de la trésorerie nationale.

» 4° Le Code pénal a été terminé. En général les nouvelles lois criminelles nous paraissent avoir concilié autant que le permet la nature des choses, ce que l'humanité inspire, avec ce que l'intérêt de la société réclame.

» 5° Suite des décrets sur les fortifications.

» 6° On a fait lecture et affiché dans l'assemblée la liste indicative de ceux qui ont été désignés pour la place de gouverneur de l'héritier présomptif de la couronne. On a décrété que le nom de M. Bouillé qui s'y trouvait, serait effacé.

» Voici cette liste :

Agier, président d'un tribunal de district de Paris; d'Allonville, ci-devant chevalier; Armand d'Aupeley de Breteuil, département de l'Eure; l'abbé Auger, de l'Académie des inscriptions; Baccon, électeur; Barberin, colonel d'artillerie; Baudin, maire de Sedan; Béranger; auteur de *l'Esprit de Mably*; Bernardin-de-Saint-Pierre, auteur des *Études de la nature*; Berquin, auteur de *l'Ami des enfans*; Beugnot, procureur-syndic du département de l'Aube; Bigot de Préameneu; Bochard de Sarron; l'abbé Bossu; du Bouchage, officier d'artillerie de la marine; de Bougainville; Bourbon-Conti; Bret, place des Victoires; Broussonnet, secrétaire de la Société d'agriculture; Callet, principal du collége de Vannes; Cérutti; ci-devant duc Charrost-Béthune; de Châteaugiron; le coadjuteur de Sens; Emmanuel de Coëtlogon; Condorcet; Coste, maire de Versailles; ci-devant duc de Croï; Dacier, secrétaire perpétuel de l'Académie des belles-lettres; Desmares de Gacey, du département de l'Orne; Despaulx, directeur en chef de la ci-devant École militaire de Sorrèze; Devon de Forbonnais; Ducastel, homme de loi, à Rouen; Ducis; Duduit de Romainville, ci-devant gouverneur des pages; Dumesnil; Duport Dutertre, ministre de la justice; du Verger; Duverryer, secrétaire du sceau; Fleurieu; François de Neufchâteau; Garran de Coulon; Geres-Vaquey, du département de la Gironde; Guyton-Morveau, procureur-général-syndic du département de la Côte-d'Or; d'Harcourt; Hérault de Séchelles; d'Herbouville, président du département de Rouen; Hom, homme de loi; Jourdan, ci-devant président du district des Petits-Augustins; Kersaint, de Brest; la Cépède, administrateur du département de Paris; la Cretelle; Lafond, médecin; Lametherie, frère du député; Leger ou Legier, juge de paix de la section des postes; Lehoc, commandant de bataillon de la garde nationale de Paris; Leroy, de l'Académie des sciences; Mulhe, procureur-général-syndic de la Haute-Garonne; Malesherbes, ancien ministre; Mariette, caissier des ponts-et-chaussées; Mayot, membre du département de Paris; Mollien, rue de la Michodière; Monge, de l'Académie des sciences; Montbel; Montciel, maire de Dôle; Montmorin, ministre; Morel de Vindé, juge d'un tribunal de district de Paris; Necker; Noël, rédacteur de la *Chronique*; d'Ormesson, ci-devant contrôleur-général; Pastoret, procureur-général-syndic du département de Paris; Perron, officier municipal de Paris; Pieyres, de Nîmes, auteur de *l'École des Pères*; du Pujet, colonel d'artillerie; Quatremère de Quincy; Quesnay de Saint-Germain; Roucher, président de la section de Saint-Étienne-du Mont; Sainte-Croix, ministre en Pologne; Saint-Martin, auteur du *Livre des erreurs et de la vérité*; Séguin, évêque de la métropole de l'Est; Ségur, ambassadeur à Rome; Servan, ancien avocat général; l'abbé Sicard; Terrede, médecin à l'Aigle, département de l'Orne; du Tremblay, administrateur du département de Paris; Valence; Valfort; Vandœuvre; Vauvilliers; Vergennes, commandant de bataillon; de Villes, ancien fermier général.

»7° Plusieurs départemens ayant témoigné leurs inquiétudes sur quelques incursions qu'ils ont dit avoir été faites par les troupes espagnoles sur le territoire français, il a été fait lecture d'abord d'une lettre de l'ambassadeur d'Espagne, qui protestait que ces nouvelles étaient fausses et croyait pouvoir se porter garant de la loyauté du *roi son maître*; en second lieu d'une note de *sa majesté catholique*, dans laquelle elle cherche à excuser sa *majesté très-chrétienne* sur sa fuite, et donne de petits conseils au peuple français, d'un ton fort charitable et fort honnête. Sur cette note, l'assemblée passe à l'ordre du jour.

» 8° L'assemblée a déclaré que ses décrets des 27 et 28 juin, prohibitifs de l'exportation du numéraire, ne comprenaient pas les espèces monnayées étrangères, lesquelles pourraient sortir comme devant.

» 9° Le général Lukner et plusieurs autres officiers généraux, ont envoyé leur serment à l'assemblée.

» 10° Décret comprenant un grand nombre de dispositions relatives à la défense des frontières.

» 11° Les chambres des comptes ont été définitivement supprimées, et il a été décidé que le corps-législatif verrait, apurerait par lui-même les comptes de la nation.

» 12° Deux lois d'une très-grande importance ont été décrétées : L'une concernant la police correctionnelle; l'autre la police municipale.

» 13° Décret qui accorde aux hôpitaux un secours de trois millions.

» 14° Un très-grand nombre de citoyens ont fait don de sommes plus ou moins considérables, pour l'entretien des gardes nationaux qui vont défendre les frontières.

» 15° Divers décrets ont été rendus sur l'émission des assignats de cinq livres.

» 16° Décrété qu'il sera fourni à la caisse de l'extraordinaire une somme de 24,618,000 liv. pour supplément aux dépenses du mois de juin.

» 17° L'assemblée a déclaré par un décret que les seuls effets dont elle entend prohiber le transport à l'étranger, sont les armes et munitions de guerre, les matières d'or et d'argent en lingots, et les espèces monnayées au cours de France; l'exportation des vaisselles d'or et d'argent nouvellement fabriquées, et des bijoux demeurant libre.

» 18° *Loi sur les émigrans.* Après une discussion fort longue, pendant laquelle on a rejeté deux projets successivement proposés par les différens comités réunis, parce que ces projets ne se conciliaient ni avec le respect pour les propriétés, ni avec la liberté individuelle, on a décrété (séance du 9 juillet) sur la proposition de Rewbel, que les émigrés, s'ils ne rentraient dans un mois, paieraient le triple de leurs impositions de 1791.

» 19° Décrets relatifs à la caisse d'amortissement.

» 20° Il a été décrété que les régimens coloniaux seraient à l'avenir sous la direction du département de la guerre.

» 21° Décret relatif à la nouvelle fabrication des monnaies. Les pièces d'argent seront assez mêlées d'alliage, pour qu'il n'y ait aucun intérêt à les fondre pour les exporter.

» 22° Enfin, décret relatif à l'évaluation des bois de futaie ou destinés à le devenir ou des tourbières, relativement à l'assiette de la contribution territoriale. »

L'auteur de cette analyse n'a omis d'essentiel que le décret suivant, sur l'appel nominal, rendu dans la séance du 11 ;

L'assemblée nationale considérant qu'en exécution de son décret de juin dernier, il doit être fait demain un appel nominal de ses membres, pour connaître les absens, décrète que la séance de demain 12, sera indiquée pour huit heures, pour être ouverte à huit heures et demie; que l'appel nominal commencera à dix heures, et qu'il sera imprimé une liste des membres présens, et une liste des absens, et que cette dernière sera envoyée au comité des finances chargé de délivrer des mandats à MM. les députés. »

L'appel nominal eut lieu le 12. Le nombre des absens était de 132, parmi lesquels plusieurs avaient envoyé leur démission ; de ce nombre étaient MM. de Sérent, de Bonnay, Cazalès.

Comme nous ne pourrions terminer ce volume en suivant le mois de juillet, sans aboutir à une solution de continuité fâcheuse, nous nous arrêterons ici, et nous profiterons de l'espace qui nous reste pour faire connaître à nos lecteurs une brochure de Marat contre les académiciens. Ce sont douze lettres écrites quelques années avant leur publication, sauf cependant les dernières, car elles parlent de faits qui appartiennent aux années 1789, 1790 et même 1791. Nous donnerons celles-là. On ne sera pas étonné des détails d'intérieur connus par Marat, sur le compte des académiciens, pour peu que l'on réfléchisse qu'il s'occupait beaucoup de travaux scientifiques, et qu'il devait être au courant de tous les scandales de ce petit monde. Nous transcrivons les lettres X, XI et XII.

LETTRE X.

Tu me demandes des renseignemens sur l'académie royale des sciences ; parce qu'ayant beaucoup vécu avec ses membres, personne (dis-tu) n'est plus en état que moi de t'en donner d'exacts; mais tu devrais savoir aussi que personne n'aime moins que moi ces sortes de détails, et tu as besoin de toute ma complaisance pour n'être pas refusé.

Ainsi que les autres corps, l'académie des sciences a ses mœurs, ses usages, son régime, ses maximes et sa politique, dont aucun membre ne peut s'écarter sans se rendre suspect à tous les autres : mais laissons là ce qu'elle a de commun avec les autres sociétés savantes, pour ne parler que de ce qui la caractérise.

Elle a pris pour symbole un soleil radieux, et pour devise cette modeste épigraphe : INVENIT ET PERFECIT ; non qu'elle ait jamais fait aucune découverte, ou qu'elle ait jamais rien perfectionné ; car il n'est sorti de son sein qu'une lourde collection de mémoires avortés (1), qui servent quelquefois à remplir un vide dans les grandes bibliothèques. En revanche, elle s'est assemblée 11,409 fois ; elle a publié 380 éloges, et elle a donné 3,956 approbations, tant sur de nouvelles recettes de fard, de pommades pour les cheveux, d'emplâtres pour les cors, d'onguens pour les punaises, que sur la forme la plus avantageuse des faux tou-

(1) S'ils ont si peu de valeur pour le fond, ils en ont beaucoup pour la forme ; l'impression en est superbe, et la gravure magnifique. Dans le nombre il est tel mémoire sur un simple ou un instrument complétement inutile, mais représenté sur tous les sens, dont les planches ont coûté cent pistoles.

pets, des têtes à perruque, des canules de seringue, et sur mille autres objets de pareille importance : travaux glorieux, bien faits pour nous consoler des sommes immenses qu'elle nous coûte annuellement.

Prise collectivement, elle doit être regardée comme une société d'hommes vains, très-fiers de s'assembler deux fois par semaine, pour bavarder à leur aise sur les fleurs de lys ; ou si tu l'aimes mieux, comme une confrérie d'hommes médiocres, sachant peu de choses, et croyant tout savoir, livrés machinalement aux sciences, jugeant sur parole, hors d'état de rien approfondir, attachés par amour-propre aux anciennes opinions, et presque toujours brouillés avec le bon sens.

Elle est divisée en plusieurs classes, dont chacune se met sans façon au-dessus de toutes les autres, et fait bande à part.

Dans leurs séances publiques et particulières, ces classes ne manquent jamais de se donner réciproquement des marques d'ennui et de mépris. Il y a plaisir à voir les géomètres bâiller, tousser, cracher, ricaner, lorsqu'on y lit un mémoire de chimie ; et les chimistes ricaner, cracher, tousser, bâiller, lorsqu'on y lit un mémoire de géométrie.

Si chaque classe en use de la sorte, les individus ne s'y traitent pas mieux ; et les confrères se prodiguent charitablement cent épithètes gracieuses. Condorcet (1) est appelé le faquin lit-

(1) Panégyriste de la confrérie ; il mendie pour lui-même, disent ses confrères, les éloges qu'il distribue aux autres. Lorsqu'il a débité quelqu'une de ces petites phrases précieuses dont il brillante ses discours, il fait pause, dans l'attente des applaudissemens.

Mais admirez jusqu'où va la calomnie. Non content de le peindre comme un fat, ils l'accusent d'insolence. Moi je soutiens qu'il n'est rien de si humble. Entre cent traits que je pourrais citer en preuve, en voici un qui dispense de tout autre, et dont on assure l'authenticité. » Jolie ou non, sa patrone plût au marquis de Kers. Comme toute peine mérite salaire, elle en reçut un billet de 30,000 liv. Après le décès du galant, on trouva dans ses papiers de petits renseignemens sur cette créance : les héritiers, de mauvaise humeur, en contestèrent la validité ; mais notre académicien en exigea l'acquit. Le mystère allait être dévoilé aux yeux du public, lorsqu'un petit voyage, concerté avec le procureur de la partie adverse, lui fournit les moyens d'obtenir sentence par défaut. Or la dette fut changée en contrat ; et aujourd'hui le docte marquis touche par quartier les fruits de la-

téraire ; Rochon, le paysan parvenu ; la Lande, le chat des gouttières ; Lavoisier, le père éternel des petites maisons; Cadet, le torche-cul des douairières (1). Voilà, cher Camille, quelques échantillons de cette tendre fraternité dont ils font parade.

Toujours divisés entre eux, s'ils se réunissent quelquefois, c'est pour accabler l'auteur de quelque découverte, à laquelle ils n'ont pu atteindre. Ainsi, à la vue des menées qui déshonorent ces oracles privilégiés des sciences, en comparant leurs beaux discours à leurs vilains procédés, leur feint respect pour la vérité, à leur acharnement pour l'erreur, on aurait peine à concilier ces étranges contrariétés, si on ignorait qu'à leur intérêt près, rien ne les touche, que la crainte d'être éclipsés.

Venons à la politique de la compagnie.

Pour se donner du crédit, elle admet dans son sein les hommes en place; et pour se donner du relief, elle y reçoit les étrangers de mérite, et dont la réputation est faite.

Crainte de mourir tout entière, elle a pour principe de se reproduire de ses cendres; car chaque membre est ordinairement remplacé par un élève.

Si quelque nouveau venu se présente, la flagornerie seule peut lui ouvrir les portes; et comme les confrères ne sont pas ennemis de la bonne chère, ils donnent toujours la préférence aux favoris de la fortune.

Pris individuellement, ils se ressemblent tous : faux amans de la vérité, apôtres sincères du mensonge, adorateurs de la fortune, peu appliqués, peu instruits, peu dociles, mais très-dissipés, très-présomptueux, très-entêtés; ils sont curieux de distinctions et passionnés pour l'or ; ils ont le même ton, les mêmes principes, la même allure, les mêmes procédés, et rien au

---

heurs de sa patronne. S'il fût venu au monde un an plus tôt, disent ses confrères, on aurait pu le croire fils de gentilhomme; mais aux goûts de la bonne dame, il pourrait bien descendre de quelque Turcaret. »

(1) Il a commencé sa fortune en récrépissant le teint des catins de la cour : il l'achève en rapetissant leurs appas secrets.

monde ne ressemble plus à un académicien qu'un autre académicien.

LETTRE XI.

Tu veux donc à toute force des particularités sur chacun de ces messieurs? Depuis vingt ans que je les vois, j'ai eu le temps de les connaître à fond, et je pourrais au besoin les peindre trait pour trait; mais crainte de médire, je me contenterai de te parler de ceux qui se distinguent le plus dans chaque classe.

Mathématiciens. — Au nombre des meilleurs sont La Place, Monge et Cousin : espèces d'automates, habitués à suivre certaines formules et à les appliquer à l'aveugle, comme un cheval de moulin à faire certain nombre de tours avant de s'arrêter.

Monge est célèbre par son bonheur; car c'est être heureux que d'avoir obtenu la place d'examinateur des élèves du génie, pour avoir appris à compter au maréchal de Castries.

Cousin est illustre par son physique de crocheteur et un estomac de fer.

La Place est fameux par sa jolie moitié, et surtout par sa vue de lynx : il a vu, à travers une couche de quinze mille lieues d'épaisseur, que le noyau de la terre est d'une densité moyenne.

Chimistes. — Les plus vantés sont : Sage, Beaumé, Cornette, infatigables manipulateurs, auxquels le ciel accorda le talent d'humecter, de sécher, de calciner, de dissoudre, de décanter, et auxquels il refusa celui de bien voir et de bien raisonner.

Tu connais Beaumé par son vin de groseilles; Cornette par sa belle expérience d'Essone; Sage par son beau laboratoire, ses petites manipulations, et son babil éternel.

Mais il fallait placer à la tête Lavoisier, le père putatif de toutes les découvertes qui font du bruit (1). Comme il n'a point

---

(1) Rien de si commode pour l'académicien plagiaire, que les mémoires de la compagnie. A l'instant qu'il a vent d'une découverte qui lui plaît, il en accroche ce qu'il peut, sur des relations souvent erronées, et toujours incomplètes : puis il se met à brocher un mémoire ; et sans s'inquiéter s'il déraisonne sur le sujet en question, il se contente d'y consigner les termes qui la caractérisent : ensuite, pour prendre date, il s'empresse de lire dans quelque séance particulière : lorsque l'ouvrage original paraît, il refond

d'idée en propre, il s'arrange de celles des autres; mais ne sachant presque jamais les apprécier, il les abandonne avec autant de légèreté qu'il les a prises, et il change de système comme de souliers. Dans l'espace de six mois, je l'ai vu s'accrocher tour à tour aux nouvelles doctrines du feu principe, du fluide igné, de la chaleur latente. Dans un espace encore plus court, je l'ai vu s'engouer du phlogistique pur, et le proscrire impitoyablement. Il y a quelque temps que, d'après Cawendish, il trouva le précieux secret de faire de l'eau avec de l'eau; ensuite ayant rêvé que ce liquide n'est que de l'air pur et de l'air inflammable, il le métamorphosa en roi des combustibles. Si tu me demandes ce qu'il a fait pour être tant prôné, je te répondrai qu'il s'est procuré cent mille livres de rentes, qu'il a donné le projet de faire de Paris une vaste prison, et qu'il a changé le terme d'acide en celui d'oxygène, le terme de phlogistique en celui d'azote, le terme marin en celui de muriatique, le terme nitreux en ceux de nitrique et de nitrates. Voilà ses titres à l'immortalité. Fier de ses hauts faits, il s'endort maintenant sur ses lauriers; tandis que ses parasites l'élèvent jusqu'aux nues, et que son petit disciple Fourcroy fait les quatre coins de Paris pour propager ces belles découvertes.

Astronomes. — Ils ont à leur tête Cassini et Lalande (1).

Lalande, non moins fameux par sa galanterie grotesque, sa

---

son mémoire; et comme le volume où ce mémoire est inséré ne s'imprime que plusieurs années après la date qu'il porte, il vient effrontément, ce volume à la main, disputer à l'inventeur l'honneur de la découverte.

(1) Si tu es curieux de le connaître, vas à Ruggiéri, et si tu vois un sapajou crotté, menant en laisse trois ou quatre jouvencelles de l'autre siècle, c'est là ton homme.

Tu pourrais aussi le voir à Popincourt, car il joue souvent la comédie; mais comme il n'y paraît qu'en habit de caractère, voici son signalement. Demi-nain très-décharné, et d'un âge plus que mûr; portant surtout merde-d'oie à basques fort courtes; veste olive, à basques fort longues; culottes lie de vin, n'atteignant pas le genou; petit chapeau; grande bourse, énormes manchettes; bas jonquille; souliers carrés. Cet habillement, jadis de mode, n'est pas tout-à-fait de son goût; mais il le porte par devoir: c'est un bien de famille substitué: Monsieur son père en hérita du dernier maître qu'il servit: à sa mort, il le légua à l'aîné de ses enfans mâles, à la charge de l'endosser les jours de représentation.

fureur de prophétiser (1), que par son acharnement contre les novateurs. Comme il ne fait point de découvertes, il ne veut pas que les autres en fassent. Tu ne me demanderas pas, sans doute, à quelle hauteur vont ses talens; tu n'as pas oublié qu'il en fit preuve au sujet de la fameuse comète de 1774.

Je ne connais Cassini que par ses commentaires sur les étoiles doubles et les étoiles colorées (2). Il y a loin, dit-on, de lui à Dominique, son aïeul, et je l'accorde. Ce qui démontre assez clairement qu'il n'en est pas d'une race d'astronomes transportée en France comme d'une race de chiens de chasse.

Physiciens. — Petits amateurs à grandes prétentions, parmi lesquels on compte Rochon et Leroi.

Rochon n'inventa jamais rien; mais il a le mérite de s'approprier les inventions d'autrui. A peine eut-il entendu parler du micromètre à deux prismes de Maskeline, qu'il s'en attribua l'invention; à peine eut-il entendu parler de la lunette aquatique de l'architecte de Calscroon, qu'il s'en attribua l'invention; à peine eut-il entendu parler du procédé polytype du sieur Hoffmann, qu'il s'en attribua l'invention. Il ne dédaigne même aucun genre de gloire: un habile ouvrier lui avait fait une lunette passable, et vite il s'attribua l'honneur de l'avoir construite; un pauvre ouvrier lui avait soudé des morceaux de verre, comme il en soudait pour les lunettiers, et vite il s'attribua l'application de ce procédé à l'optique. Cher Camille, il faut bien lui pardonner sa nullité, en considération de son envie de bien faire.

A l'égard de Leroi, c'est le répertoire ambulant de toutes les erreurs, de toutes les sottises, de toutes les extravagances physiques publiées depuis deux siècles. Prodige de curiosité autant que de mémoire, on ne fesse pas un chat à l'un des bouts de la capitale, qu'il ne soit de la fête. Le talent de se multiplier, qu'il

(1) Les Parisiens ont tant de confiance en ses prédictions, que lorsqu'il leur annonce la pluie, ils se mettent en bas blancs, et qu'ils prennent leur parapluie, lorsqu'il leur annonce le beau temps.
(2) Cette rare découverte se réduit tout bonnement à la déformation de l'image des étoiles par les iris du télescope d'Herschel, à travers lesquelles on les aperçoit.

possède si éminemment, lui a valu l'emploi honorable de factotum de sa compagnie, et il s'en acquitte à ravir. Ses amis les plus familiers ne savent s'il aime autant la flagornerie que la table; et c'est là un problème que je n'ai pas la présomption de vouloir résoudre. En attendant la solution, voici ses titres à la célébrité : Depuis trente ans il a rédigé, vaille que vaille, deux cent trente-trois rapports; il a fait huit cent cinquante fois antichambre chez les hommes de la cour; il a dîné onze cent dix-neuf fois en ville, et il a eu onze cent dix-neuf indigestions.

Tels sont les coryphées de l'académie. Sois content, cher Camille, et n'en demande pas davantage; tu connais comme moi le romancier de l'Atlantide, et il y aurait conscience à te parler des autres.

LETTRE XII (1).

Il n'est que trop vrai, Monsieur, que les académies n'ont jamais fait de découvertes, bien que leurs membres se soient souvent approprié celles des autres. Je pourrais, à ce sujet, vous citer cent traits d'infidélité de MM. les académiciens de Paris, cent abus de dépôt, cent inventions revendiquées publiquement par leurs auteurs, et ce qui est plus étrange encore, cent mémoires escamotés et publiés sans façon sous le nom de ces déhontés plagiaires ; mais je ne veux point vous faire broyer de noir : je me bornerai donc à fixer vos doutes par deux anecdotes qui vous amuseront, et dont vous pouvez acquérir la preuve très-facilement, puisqu'elles viennent de se passer sous nos yeux.

Vous vous souvenez de l'enthousiasme qu'excita l'enlèvement du premier globe aérostatique, et de l'engouement du public pour ce genre de spectacle; vous vous souvenez aussi des merveilleuses découvertes dont cette nouvelle expérience devait être la source ; vous vous souvenez encore des tentatives aussi vaines que multipliées faites pour diriger les balons. Eh bien! des sots

(1) Quoique la lettre suivante ne soit pas de la même plume, je me fais un devoir de l'insérer ici, parce qu'elle contient des faits piquans, très-propres à faire sentir la parfaite inutilité des sociétés scientifiques, et à dévoiler le charlatanisme effronté de leurs membres.   (*Note de Marat.*)

qui croient que le génie s'est réfugié à l'académie des sciences, lui ont remis douze mille livres pour travailler à découvrir quelque moyen de direction. Qu'est devenu cet argent? Vous pensez peut-être qu'il est allé à sa destination? détrompez-vous. Vous pensez qu'il a été employé à quelque recherche utile? que vous êtes simple! Apprenez que nos savans en ont fait entre eux le partage, et qu'il a été mangé à la Rapée, à l'Opéra et chez les filles. Vous rougissez pour eux; mais ce n'est là qu'un bibus, écoutez une autre gentillesse un peu plus gaillarde.

Il y a quelques mois qu'un député à l'assemblée nationale, soufflé par un auteur, proposa de décréter l'égalité des poids et mesures pour tout le royaume; la proposition fut accueillie et renvoyée à l'académie des sciences, pour déterminer les moyens d'exécution. Aussitôt MM. les scientifiques de se rengorger, puis de mettre leurs scribes à l'œuvre, et d'accourir au sénat pour annoncer que l'académie avait trouvé que la meilleure méthode de remplir les vues de l'assemblée, était de déduire toutes les mesures de celle de la circonférence du globe terrestre; méthode que des plumes vénales ont aussitôt annoncée comme une superbe découverte de nos docteurs. Mais d'où croyez-vous que vienne cette méthode sublime? des Égyptiens. C'était pour la transmettre aux siècles à venir, que furent élevées ces fameuses pyramides que tant d'ignares voyageurs ont prises pour des monumens éternels de la grossièreté de ces peuples. Eh! d'où croyez-vous que nos académiciens ont tiré ce magnifique système? Ils l'ont tiré mot à mot du traité sur les poids et mesures des Anciens, publié par Romé de l'Isle, savant distingué, dont ils ont eu soin de taire le nom, pour le piller impunément depuis sa mort, après l'avoir persécuté toute sa vie. Mais le beau du jeu, c'est que, sous prétexte de mesurer un degré du méridien (si bien déterminé par les anciens, et dont il serait impossible d'altérer aujourd'hui la mesure, sans renverser cet admirable système), ils se sont fait accorder par le ministre mille écus pour les frais de l'opération; petit gâteau qu'ils se partageaient en frères.

Jugez maintenant de l'utilité des académies et de la vertu de leurs membres. Celles de la capitale, qui n'ont jamais rien fait pour les progrès des connaissances humaines, que de persécuter les hommes de génie, seront conservées par les pères conscrits, par cela seul qu'elles sont à charge à la nation et qu'elles sont composées de vils suppôts du despote, de lâches prôneurs du despotisme.

FIN DU DIXIÈME VOLUME.

TABLE DES MATIÈRES

DU DIXIÈME VOLUME.

PRÉFACE. — Du danger des doctrines qui sont formées par l'assemblage de conséquences détournées de leur origine philosophique, et élevées au rang de principes. — Réponse à un article du *National* sur le caractère originel de la nationalité française.

HISTOIRE PARLEMENTAIRE. — MAI 1791. — Rapport de Chapelier sur le droit de pétition et d'affiche, p. 1. — Objection de Robespierre, p. 4. — Discussion sur le droit de pétition, p. 6. — Discussion sur le droit d'affiche, p. 17. — Rapport de Thouret sur l'organisation du corps-législatif, p. 22. — Motion de Robespierre pour la non-rééligibilité des membres de la constituante, p. 25. — Objections de Merlin, p. 26. — Réponse de Robespierre, p. 27. — L'assemblée vote la non-rééligibilité de ses membres à la prochaine législature, p. 34. — Sur la réélection des membres des législatures suivantes, p. 35. — Discours de Duport, *pour*, p. 35. — Discours de Robespierre, *contre*, p. 46. — Proposition pour la formation de deux chambres, p. 52, 53. — Décret qui ordonne la réunion des électeurs, p. 53. — Nombre des députés à fournir par chaque département, p. 53. — Nouvelle et inutile motion de Robespierre pour la réforme du marc d'argent, p. 54. — Discussion sur le Code pénal, p. 54. — Discussion sur la peine de mort, p. 55. — Opinion de Prugnon, p. 55. — Opinion de Robespierre, p. 66. — Opinion de Duport, p. 70. — Situation des

Colonies, p. 90. — Discours de Grégoire sur les discussions entre les hommes de couleur et les blancs, p. 91. — Discussion et décret sur les Colonies, p. 95. *Histoire de Paris pendant le mois de mai*, p. 98. — Excommunication lancée par le pape, p. 99. — On brûle la bulle du pape au Palais-Royal, p. 101. — Coalition d'ouvriers, p. 102. — Procès-verbaux de la commune, p. 102. — Réflexions de Prudhomme sur les coalitions, p. 105. — Réflexions de Marat sur le même sujet, p. 107. — Dénonciation de quelques entrepreneurs enrichis aux dépens des ouvriers, p. 111. — Opinion des annales patriotiques, p. 113. — Nouvelles appellations des rues, p. 114. — État de la population, p. 115. — *Polémique sur les Actes parlementaires*, p. 117. — Réflexions de Desmoulins sur l'abbé Siéyès, p. 119. — *Idem* sur l'abbé Raynal, p. 120. — Critique des lois sur le droit de pétition et d'affiche, p. 121. — Opinion de Brissot, p. 121, 125, 126. — Gensonné élu juge à Bordeaux, p. 127. — *Cercle social :* Discours de Condorcet sur les conventions nationales, p. 128. — Article de Prudhomme sur l'abolition de la royauté, p. 159. — Polémique entre journalistes, p. 142. — Brissot, ami de Lafayette, p. 142. — Desmoulins faisant débauche avec les royalistes, p. 143. — Population de la France, p. 144. — Désordres dans le bataillon des cordeliers, p. 144. — Club des Cordeliers; il se nomme société des droits de l'homme et du citoyen, p. 145. — Citation, pour exemple, d'une motion faite dans un club, p. 148, 151. — Journal des débats des jacobins, p. 147. — Transport des cendres de Voltaire à Sainte-Geneviève, p. 151. — *Provinces.* Troubles à Tulle, p. 155. — Combats dans l'Avignonais, p. 156. — État de l'Europe, p. 157. — Révolution de Varsovie, p. 158. — Arrestation de mademoiselle de Théroigne en Belgique, p. 164.

JUIN 1791. — Duport refuse la présidence d'un tribunal ou Robespierre est accusateur public, p. 165. — Notice sur les événemens du mois, 166. — Alarmes et dénonciations de la presse sur les projets de départ du roi, p. 166, 170. — Continuation de la discussion sur le Code pénal, p. 171. — Séance du club des jacobins, p. 172. — Discussion sur le licenciement de l'armée, p. 172, 178. — Discours de Robespierre sur ce sujet, 177. — L'assemblée nationale s'occupe du licenciement, p. 178. — Discours de Robespierre sur ce sujet à l'assemblée, p. 179. — Réponse de Cazalès, p. 182. — L'assemblée arrête un nouveau serment, p. 184. — Sommation au prince de Condé et à ses adhérens, pour rentrer, p. 184. — Rapport de Fréteau sur les dispositions des nations étrangères, et sur l'état intérieur de la France, p. 184. — Discussion et décret sur les coalitions d'ouvriers,

p. 193, 197. — Singulier hommage des enfans qui venaient de faire leur première communion, à l'assemblée nationale et au club des jacobins, p. 197, 201. — Pétition pour la réforme du marc d'argent, p. 202. — *Provinces*, p. 202. — Affaire du château de Quincey, p. 203. — Révolte religieuse en Corse, p. 205. — Affaire de Brie, p. 210. — *Finances*. Renvoi d'une réclamation du duc d'Orléans, p. 213. — Notice de la création des assignats et de leur emploi, p. 213. — Notice sur les domaines nationaux, p. 214. — Opérations du comité de liquidation, p. 216. — Cloches converties en monnaie, p. 216. — *Histoire de Paris du 1er au 21 juin*, p. 217. — Réunion des non-conformistes à l'église des Théatins, p. 217. — Discussion entre Santerre et Lafayette, p. 218. — *Élections*. Candidats pour la députation, p. 220, 226. — *Séances du club des jacobins*, p. 226. — Son instruction pour les élections rédigée par Robespierre, p. 231. — Dénonciation contre Siéyès pour colportage d'une pétition demandant les deux chambres, p. 233. Discours de Danton, p. 234. — *Affaire de la fuite du roi à Varennes*, p. 235.

Lettre de la reine supposée par Fréron, et qui fut pendant quelques jours considérée comme vraie, p. 238. — Départ du roi, narration de Desmoulins, p. 240. — Mouvement dans Paris, invasion des Tuileries, p. 241. — On efface partout le nom de roi, et on brise ses bustes, p. 244. — Séance permanente de l'assemblée nationale, p. 245, 400. — L'assemblée se saisit du pouvoir exécutif, p. 246, 252. — Proclamation au peuple de Paris, p. 250. — Proclamation du roi à sa sortie de Paris, p. 269. — Décret pour la formation d'une armée de garde nationale, p. 282. — Clubs des cordeliers et des jacobins, p. 284. — Manifeste de Marat, p. 285. — Séance du club des jacobins, p. 289, 301. — Discours de Robespierre, p. 291. — Dénonciation de Danton contre Lafayette, p. 297. — Réponse de Lafayette, p. 299. — Adresse de l'assemblée nationale aux Français, p. 313. — Arrestation du roi, p. 318. — Lettre de la municipalité de Varennes, p. 319. — Lettre de Sainte-Menehould, p. 329. — Pièces relatives à l'arrestation, p. 338. — Passeport du roi, p. 341. — Rapport de Drouet, p. 354. — Décret de l'assemblée sur l'interrogatoire à subir par le roi, l'arrestation des complices, etc., p. 360, 366. — Rapport de Barnave chargé avec Pétion de ramener le roi, p. 372. — Rapport de Pétion, p. 375. — Interrogatoire du roi, p. 394. — Interrogatoire de la reine, p. 397. — Décret sur le drapeau tricolore, p. 401. — — Lettre de Bouillé à l'assemblée nationale, p. 402. — Presse. Narrations et discussions diverses sur le retour du roi, p. 404. — Lettre du duc d'Orléans sur la régence, p. 415. — *Club des jacobins.* Adresse des cordeliers, p. 416. — Société des tyrannicides, p. 418.

Adresse du club de Marseille, p. 421. — Discussion sur le sort futur du roi, p. 419, 422, 431.

Juillet 1791. — Notice sur les événemens de ce mois, p. 432. — Déclaration des députés royalistes sur l'inviolabilité du roi, p. 433, 442. — Réflexions de Brissot sur la non-accusation du roi par l'assemblée, p. 443. — Pétition des jacobins sur la déchéance du roi, rédaction de Brissot, p. 445. — Première réunion du 16 au Champ-de-Mars, p. 447. — Avis aux Français, placard républicain, p. 449. — Défense de Siéyès, accusé de républicanisme, p. 451. — Réponse de Thomas Payne, p. 453. — Maladie de Marat, p. 454. — Apothéose de Voltaire, p. 455. — Commémoration du 14 juillet, p. 460. — Travaux de la constituante du 2 au 15 juillet, p. 461. — Lettres de Marat sur l'académie de sciences, p. 466.

FIN DE LA TABLE DES MATIÈRES.

www.ingramcontent.com/pod-product-compliance
Lightning Source LLC
Chambersburg PA
CBHW060229230426
43664CB00011B/1594